U0660662

中国社会科学院金融研究所
Institute of Finance & Banking, Chinese Academy of Social Sciences

特华博士后科研工作站
Tehua Postdoctoral Programme

Thesis Series on China's Finance

中国金融论丛

（2018）

总　编　李　扬　　李光荣
主　编　王　力　　黄育华

中国金融出版社

责任编辑：吕　楠
责任校对：孙　蕊
责任印制：陈晓川

图书在版编目（CIP）数据

中国金融论丛（2018）/ 李扬，李光荣总编 . —北京：中国金融出版
社，2019. 7
ISBN 978 – 7 – 5220 – 0129 – 6

Ⅰ. ①中…　Ⅱ. ①李…②李…　Ⅲ. ①金融—研究—中国—文集
Ⅳ. ①F832 – 53

中国版本图书馆 CIP 数据核字（2019）第 105774 号

中国金融论丛（2018）
Zhongguo Jinrong Luncong
出版
发行　**中国金融出版社**
社址　北京市丰台区益泽路 2 号
市场开发部　（010）63266347，63805472，63439533（传真）
网 上 书 店　http://www.chinafph.com
　　　　　　　（010）63286832，63365686（传真）
读者服务部　（010）66070833，62568380
邮编　100071
经销　新华书店
印刷　北京市松源印刷有限公司
尺寸　165 毫米 ×235 毫米
印张　34
字数　549 千
版次　2019 年 7 月第 1 版
印次　2019 年 7 月第 1 次印刷
定价　89.00 元
ISBN 978 – 7 – 5220 – 0129 – 6
如出现印装错误本社负责调换　联系电话(010)63263947

论金融信托的本源

当前中国信托业正处于转型的关键时期，各家公司都在探索实践，归根结底不外乎三条路径，或依靠自营投资业务，或依靠创新信托业务，或自营和信托两个轮子协调运转、齐头并进。

近年来，虽然少数信托公司通过投资并购实现了骄人业绩，但追根溯源，信托公司的本源是"受人之托，代人理财"，原中国银监会信托部邓智毅主任曾说道："信托业务是信托公司的主业，是公司利润主要来源，是公司资本自我积累的主要源泉，是信托公司安身立命之本。"如果信托公司丢弃了这一本源，即使业绩再好，也和一般投资公司无异。

因此信托公司转型的根本仍是"受人之托，代人理财"，这既是信托制度诞生、发展、完善的初衷，也是发挥信托制度优势，促进经济社会高效运转的关键，更是全体信托从业者的责任和担当。

但一个无法回避的事实是，当前行业创新业务模式仍未成型，加上部分客观条件不具备，因此暂时还无法充当信托公司的主营业务，在收入利润方面的贡献还有限。面对生存与发展，信托公司一是要立足当前，在做好做大传统业务的基础上，放眼长远，布局未来，探索实践创新业务模式，形成核心竞争力，为实现可持续发展创造条件；二是要遵从多数私益信托、大多数受益人设立信托的目的，保证信托资金安全，实现投资人财富保值增值；三是信托财产运用要融资与投资并用，过去融资类业务推动信托行业实现了快速发展，但这并不是信托的本源业务。因此，未来必须培育和发挥信托公司在投资业务上的专长和优势，加强对投资业务的能力掌握。

认清了信托本源，就不难处理信托公司自营投资业务和创新信托业务之间的关系，创新信托业务是根本，自营投资业务是辅助。虽然在目前宏观经济呈现新常态，信托行业增速放缓的情况下，信托公司将自营投资业务提升到了更加重要的地位，但无论何时，信托公司的信托主业地位都不能动摇，这是信托公司作为持牌金融企业，发挥资金融通功能的根本。信托公司应把握好信托业务和固有业务的关系，在信托业务报酬率下降的趋势下，不能将实现盈利目标的重担转移到固有业务上，以防损害固有资产的安全性和流动性，制约其对信托业务的风险化解和损失吸收能力；也不能为追求利润目标片面扩张高风险信托业务，必须要强化资本约束机制，严守资本底线，以防杠杆水平不断上升加大行业脆弱性而产生风险外溢。当然，不可否认，在目前信托主业风险加大、转型艰难的情形下，信托公司将自营投资业务提升到了更加重要的地位，匹配更多资源，可以为信托主业的成功转型争取较为宽裕的时间和空间，是战略转型的必要策略安排。

谈到信托本源，就不能不提养老信托、家族信托、公司债信托、公益信托、知识产权信托、土地流转信托等本源业务，尤其是财富传承信托，或者叫家族信托。有人认为财富传承信托是专为资本家服务的，是为富人服务的，不得不强调这种观点是极其片面的。中国40多年的改革开放，涌现了一大批有实力、有品牌的民营企业，为地方经济发展作出了贡献，解决了大量社会就业。当年筚路蓝缕的第一代创业者已经到了或即将到达退休年龄，第二代不一定具备接班能力，或者具备接班能力却缺乏接班意愿，因此，为了民族品牌的延续，经济和就业的稳定，引入信托机制，发挥信托制度优势，成为比较好的选择。再者，财富传承信托通过专业金融服务，可以将更多资金引入经济社会发展迫切需要的地方，优化了社会资金配置。因此，财富传承信托不仅是为富人服务，更是为芸芸众生服务，为民族、国家、社会服务。

作为金融信托从业者，对此一定要有深刻的认识，要有责任感和使命感，既要提升自己的认识，也要向社会大众普及这样的认识，借佛学的话讲，既要度己，也要度人。

目录

金融篇

发挥绿色金融在供给侧改革中的资源优化配置作用
·················· 阎庆民　刘宏海（3）
绿色金融：问题和建议
——以京津冀协同发展为案例 ·········· 刘宏海　魏红刚（8）
国际金融监管沙箱创新及对我国互联网金融监管的启示
·················· 刘绪光　杨　帅（15）
"供给侧改革"下电力行业循环经济产业融资创新研究
·················· 梅　佳　兰　强（20）
区块链革命的监管因应·················· 史广龙（27）
银行理财产品的发展与转型·················· 苏薪茗（36）
互联网时代面向无水港的供应链金融创新服务模式研究
·················· 梅　佳　兰　强（44）
互联网金融消费者保护机制：反思与重构·················· 史广龙（54）
以基金模式开展农村金融创新·················· 杨利峰　胡　滨（65）
绿色金融与实体经济融合创新，促进经济绿色增长·········· 刘宏海（70）
金融支持西部欠发达地区循环经济发展研究·················· 梅　佳（74）
区块链技术在金融服务领域的应用研究·········· 刘绪光　杨　帅（78）

农村土地收益保证贷款市场化思考 ······················· 杨利峰（83）

旅游产业投融资模式及对策研究 ····················· 梅　佳　兰　强（90）

证券篇

股权众筹公开发行制度探析 ···························· 范文波（99）

说说当前的新三板市场 ··················· 朱元甲　刘　坤（104）

董事异质化 ··································· 林少伟（110）

自贸试验区证券业发展思考与建议 ······ 朱元甲　刘　坤　杨利峰（129）

私募基金行业的发展与转型 ························ 苏薪茗（136）

正视风险资本市场的"独角兽"现象 ·········· 朱元甲　孙晓筱（145）

股权众筹法律供给及制度构建 ····················· 范文波（157）

公募基金行业的发展与转型 ························ 苏薪茗（168）

我国上市公司滥用停牌之表现、根源与治理路径 ··········· 林少伟（176）

发展REITs助力房地产行业转型 ·············· 朱元甲　孙晓筱（198）

电子交易所全球竞争格局下的衍生品上市供给侧制度改革

··· 史广龙（214）

券商资产管理行业的发展与转型 ··················· 苏薪茗（234）

创业板市场公司治理的监管制度供给分析

　　——基于会计信息披露的博弈视角 ·········· 朱元甲　孙晓筱（242）

保险篇

落实十九大精神大力推进绿色保险发展 ············· 丁玉龙（257）

"一带一路"倡议助力我国保险产业快速发展

·· 陈春萍　罗龙林（262）

创新"中国特色"医保体系 ······················ 宋占军（270）

国际保险科技发展实践与监管趋势研究 ··········· 刘绪光　徐天骄（273）

深圳巨灾保险试点的初步成效和意义 ·················· 丁玉龙（282）

基于风险管理视角的"一带一路"倡议与财产保险联动分析

·················· 陈春萍　郭钟亮（286）

大病保险"实际支付比"不等于"政策报销比" ·········· 宋占军（293）

信用信息的国际发展及其在我国保险业的应用研究

·················· 刘绪光　王田一（296）

我国境内巨灾风险证券化的可行性分析 ·············· 丁玉龙（306）

险资对"一带一路"倡议实施的影响及政策建议

·················· 陈春萍　罗龙林（312）

大病保险应防止平均数掩盖大多数 ·················· 宋占军（319）

大数据在保险业的应用及其对保险监管的影响 ··· 刘绪光　王田一（323）

我国巨灾保险试点开展情况综述 ···················· 丁玉龙（331）

大病保险再升级 ································ 宋占军（337）

指数保险在我国巨灾保险中的运用分析 ·············· 丁玉龙（342）

低利率环境下如何追求保险投资收益率 ·········· 宋占军　莫　骄（346）

综合篇

篮球产业发展的战略选择及相关问题阐述 ············ 胡冰洋（355）

论"一带一路"倡议中的文化自信与文化自觉 ·········· 夏陆然（359）

派生诉讼何以可能：日本的启示 ···················· 林少伟（363）

篮球运动的本质和战术特征、功能的若干研究 ·········· 胡冰洋（379）

国际商法统一规则解释论的构建 ···················· 史广龙（383）

英国公司法现代化历程及其评析 ···················· 林少伟（402）

上海实体商业转型升级困境及对策建议 ·········· 曹建涛　冯叔君（417）

中国 M_2/GDP 变动指数与消费价格指数的关系 ·········· 曹建涛（425）

篮球运动的文化内涵与发展特征分析 ················ 胡冰洋（439）

公司利益辨析：传统与变革之间 ···················· 林少伟（442）

中国（广东）自由贸易试验区发展研究 ················ 吴　迪（467）

上海国际金融中心软环境的现实问题与改革路径 ········ 史广龙（471）

目 录

"一带一路"倡议与自贸区建设之关系研究 ·············· 夏陆然（483）

大数据时代个人信用评分的新趋势 ·············· 张 晶（489）

英国不公平损害救济制度述评 ·············· 林少伟（501）

管理决策创新创业人才培养平台的建设与实践 ··· 张 晶 宋福根（516）

跨境资金池监管的域外经验与中国道路 ·············· 史广龙（525）

金

融

篇

发挥绿色金融在供给侧改革中的资源优化配置作用

阎庆民　刘宏海

　　产能过剩背后是供需失衡和资源错配。过热投资催生产能泡沫，裹挟金融资源，加大债务杠杆。当外需和投资需求滑落，真实消费增长不足以填补需求缺口，错配资源需重置。与之伴生的是环境资源过度消耗，水、空气和土壤严重污染。货币政策难以从根本解决错配资源重置的难题，供给侧改革应当在经济结构性改革、培育新动力、拓展新空间中发挥决定性作用。上一投资周期结束时投入资金如何退出？新资金如何有效配置以启动新投资周期？供给侧改革需起到承上启下的作用。

一、市场出清风险需对冲，新经济动力仍不足

　　上一投资期资源错配产生过剩产能，积压了库存，逐渐滚动加大债务杠杆。"去产能、去库存、去杠杆"有效调节资源错配，但带来多重风险。传统产业"去产能"增加失业风险，也不利于稳增长；房地产"去库存"与加杠杆并存，挤出消费，滋生资产泡沫；防风险需"去杠杆"，急速去杠杆却易引爆资产和债务泡沫。"降成本、补短板"能改善企业盈利、增加有效供给，但仍需创新生产与商业模式、技术推动，短期内经济转型和升级动力仍然疲弱。

二、绿色生产与绿色升级契合供给侧改革目标

　　在供给侧改革中，应以结构调整和转型升级为主线，坚持绿色发展理

念，落实绿色化发展，更加注重生态环境保护与污染治理，走布局合理、资源节约、环境友好、产出高效、产品安全的绿色可持续生产之路。在出清过剩产能和僵尸企业的同时，降成本、补短板，促进优势企业高效、绿色生产和绿色升级。矫正要素配置扭曲，扩大有效供给，提高供给结构对需求变化的适应性和灵活性，提高全要素生产率。

三、绿色金融可引导助力经济"绿化"与绿色升级

供给侧改革离不开资金支持。去产能既是去除过剩产能、淘汰落后产能，更是集中高效产能，绿色升级、节能减排、清洁生产，提供有效供给。绿色生产与绿色升级催生绿色投资、绿色创新创业、绿色产业，有利于去库存和补短板。绿色金融为生产绿化和产业绿色升级提供资金，在低效、落后经济生产方面去杠杆，在高效、先进绿色生产方面加杠杆、提效率、降成本，引导错配资源重置，促进生产—销售—再投资良性循环。

四、制约绿色金融支持供给侧改革的问题

G20 绿色金融研究小组认为，"绿色金融"为能够产生环境效益以支持可持续发展的投融资活动。环境效益包括减少空气、水和土壤污染，降低温室气体排放，改善资源使用效率，应对和适应气候变化及其协同效应。然而绿色金融仅仅在概念层面的定义还缺乏分专业的统一技术性解释，进而影响绿色金融实施。

根据《G20 绿色金融综合报告》，多数国家和市场对绿色金融的界定达成一定共识，基本将可再生能源、可持续建筑、能效管理、垃圾处理等核心行业纳入绿色金融支持范围，不少机构将环境治理和污染防范（如污水和固废处理、空气污染治理、土壤修复）等纳入绿色的范畴，但对核电、清洁煤炭、水电等项目的争议较大，不少发达国家不认为这些项目属于"绿色"，而许多发展中国家倾向于将其列为"绿色"范畴。

中国去除过剩产能、淘汰落后产能释放环境效益，绿色升级先进产能和治理过剩产能造成的环境污染产生环境效益。然而环境效益难以度量，

也无法分配。企业及其行为的绿色化、金融机构及其行为的绿色化、政府政策的绿色化亟须完善统一、公平、一致的绿色认证、绿色标准和绿色效益度量。当绿色绩效可度量时，市场内外对绿色绩效的充分正向激励与负向惩罚将成为可能。为应对企业和金融机构的绿色行为反馈激励或惩罚，构建适应绿色化转型的考核机制、制度体系、激励机制迫在眉睫。

五、完善配套政策，充分发挥绿色金融优化资源配置作用

供给侧改革拓展了绿色金融的含义，绿色金融不仅仅通过贷款、私募投资、发行债券和股票、保险等金融服务，将社会资金引导到环保、节能、清洁能源、清洁交通等绿色产业，还可以资金支持传统产业节能减排、绿色升级，支持过剩产能中的优质产能并购重组、提质增效、环保治理，支持环境资源过度消耗地区生态修复和土壤治理。当前，需研究落实绿色金融配套政策，积极发挥绿色金融在供给侧改革中的资金杠杆和资源配置作用，去除过剩产能和补短板并重，通过有效绿色投资，对冲经济下行和失业风险。

首先，应明确界定供给侧改革中产生绿色效益的生产、项目和投资范畴，发布生产、项目和投资的绿色标准，并给予具体绿色认证，设定环保标准。仅去除过剩产能解决不了整个行业的节能减排和环保治理绿色问题，淘汰劣质过剩产能的同时，仍需弥补优势产能环保治理和绿色升级短板。去产能应和绿色升级考核并重，严重低于环保标准的强制关停，轻度低于环保标准的，通过技改、技术升级和环保治理达标，鼓励引入民间资本、新建先进产能，一次性实现产能绿色升级和环保达标。明确存量劣质产能淘汰、优质产能绿色升级、增量产能门槛准入，是解决绿色投资问题、培育绿色经济新动能的前提和需要。

其次，给予绿色投资方、资金提供方补偿激励。当前一段时期，绿色改造和升级虽创造外部绿色效益，但无法用于覆盖绿色投资成本、满足绿色投资收益要求，更谈不上产出激励。先期急需建立外部绿色效益补偿机制，中长期培育内生绿色投资转移价格补偿机制。财政补贴、税收优惠、低成本资金可获得性是当前激励产业绿色升级、激发绿色投资的必要制度

安排，在环保硬约束前提下，引导和激励绿色升级和绿色投资。中长期应市场化解决外部绿色效益内部化，通过产品价格和征税向消费端传递环保成本，通过收益导向吸引更多资金投入到绿色产业和绿色升级环保项目。现期应尽快完善绿色金融体系，建立绿色金融补偿和激励机制，撬动更多民间资金投入到产业绿色升级、环境治理和绿色创业中来，推动我国产业绿色转型，化解环境风险。

最后，完善环保立法，加强绿色监管，强制绿色信息披露。企业经营要逐利，污染治理也得有人埋单，当前急需在法律约束和信息公开方面加大力度，营造更有利于环保产业发展的市场环境、法制环境。项目要环评，投资要过环评，经营要经得起环保核查，要受绿色监管，要有绿色信息披露。出了问题，依据法律和监管问责。不仅问责投资方和经营方，还要问责出资方。金融机构融资行为应当在绿色监管之下，绿色监管要求应嵌入融资决策。对规避绿色监管的地下融资加强执法、严惩不贷。积极发挥金融机构相对集中的优势，努力提高金融绿色程度，前瞻引领经济绿色发展，在供给侧改革中以绿色金融优化资源配置。

六、以绿色金融绿色深化京津冀协同发展

京津冀协同发展核心任务是京津冀交通一体化、生态环境保护、产业升级转移。去除过剩产能改善生态环境，交通一体化有利于去库存和降成本，产业转移弥补区域短板，协同发展与供给侧改革目标相容。绿色金融连接京津冀协同发展和供给侧改革，引导资金流向节约资源技术开发和生态环境保护产业，约束企业使之在生产中注重绿色环保，支持京津冀三地发展绿色深化。

首先，政策支持绿色金融。京津冀三地环境治理要求高、难度大，相关投入具有回报时间长、环境效益高的特点，但对投资人内部收益率偏低、项目风险偏高。政府需拟定绿色项目优先名录，政策支持绿色项目融资，给予绿色项目投资方和资金提供方贴息或税收优惠，降低企业融资成本，提高金融机构融资收益，激励具有环境效益的绿色项目实施。在项目进行中，金融部门需发挥专业的风险管理能力，对企业绿色项目起到重要的风险防范和监控作用。

其次，建立标准化、定量化绿色评价指标体系，对京津冀三地供给侧改革项目、协同发展项目的环境保护和治理的收益、成本、风险进行统一衡量与审核，分享评估信息，消除绿色信息不对称，促进绿色投融资透明决策，充分发挥价格在调节市场和资源配置中的作用，并完善相关风险管理机制，及时风险预警、风险管控。通过技术主导、效率主导、定价主导、环境效益主导，集中运用资金。坚持绿色投资理念，发展绿色产业和促进传统产业绿色升级。

最后，绿色金融优先支持京津冀协同发展核心任务。重点支持京津冀交通一体化等大项目建设，加快北京非首都功能有序疏解；京津冀一体化背景下，优先支持高污染、高能耗、低效益的产业将向低污染、低能耗、高效益的产业转移，通过产业转移和分工协作优化京津冀三地产业结构和产业绿色升级；积极创新绿色金融支持方式，为符合国家产业政策导向的企业以及以循环经济和节能减排为目标的技术改造项目提供资金，改善京津冀三地大气、水、土等方面的环境问题。

（原载《中国金融》2016 年第 24 期）

绿色金融：问题和建议

——以京津冀协同发展为案例

刘宏海　魏红刚

《京津冀协同发展规划纲要》指出，推动京津冀协同发展是一个重大国家战略，核心是有序疏解北京非首都功能，要在京津冀交通一体化、生态环境保护、产业升级转移等重点领域率先取得突破。其中环保和交通是先行领域，是京津冀协同发展的突破口。没有交通一体化和环保一体化，就没有京津冀一体化。产业升级转移是绿色转移、绿色升级，是根据绿色化的要求升级转移或就地升级，或按照新的环保标准就地升级。在面对水资源紧缺、环境污染严重、生态系统退化的严峻形势下，京津冀协同发展急需绿色金融创新，以绿色金融支持重点领域的突破，将环保、节能、低碳作为投融资决策的考量依据，通过绿色金融产品和服务推动经济结构转型升级，对产业绿色转移、环境保护、新兴产业和现代农业等项目，包括转变落后生产技术、提高能效、降低污染等在内的项目，进行资金支持，促进环境改善，提升经济发展质量和效益。

一、绿色发展与绿色金融

20 世纪以来，全球工业经济和消费得到极大发展，随之而来的是资源和环境日趋恶化，未来可持续发展面临严峻挑战，绿色发展和绿色增长十分紧迫。世界银行 2012 年 5 月研究报告《包容性绿色增长》（*Inclusive Green Growth*），对新古典增长理论，也就是 GDP 的增长来自有形资本（physical capital）、人力和生产率的增长这一论断，提出质疑，因为新古典增长模式没有意识到经济生产直接依赖于自然资源存量和环境质量，所以世界银行最新的环境战略提出要走"绿色、包容、高效、可承负"的增长道路，即绿色增长。如今，绿色增长已经成为美国金融危机之后全球经济增长的主旋律，欧盟以"智慧、绿色和包容性增长"战略取代了2010年的里斯本战略；韩国、澳大利亚、日本、英国、丹麦、挪威等国发起成立全球绿色增长机构（GGGI），在多个国家推行绿色增长计划；经合组织（OECD）也提出绿色增长战略；联合国环境规划署（UNEP）提出绿色经济行动合作（PAGE）框架；联合国产业发展机构（UNIDO）也推出绿色产业拓展方案；丹麦、墨西哥、韩国、德国等多个国家政府都已经采取实际行动，试图引领绿色增长潮流。世界各国积极倡导绿色需求或绿色消费、绿色供给或绿色生产。

金融是绿色经济的催化剂，经济向环境友好转型的实践需要大量迅速增长的投资。而绿色金融作为支撑绿色产业发展和传统产业绿色改造的金融要素的总和，其创新力度和广度攸关绿色增长。加快发展绿色金融，核心就是要通过绿色金融机制创新和绿色金融发展，为实体经济提供高效融资服务，从而推动实体经济发展，最终实现绿色增长。当前和今后相当长的时期，我国经济增长由高速向中高速转变、经济结构进行战略性调整成为新常态，需要寻找新的经济增长点；特别是经济发展越来越受到国内资源环境容量的制约，迫切需要加快节能环保、新能源、绿色低碳产业的发展。通过强化金融支持绿色发展，提高金融服务绿色经济的效率，形成金融与绿色产业发展的良性互动格局。2015年9月21日，中共中央、国务院发布《生态文明体制改革总体方案》，首次明确建立中国绿色金融体系的顶层设计。该方案提出，面对"新常态"所呈现出不同以往的阶段性特征，"十三五"期间，绿色金融体系将培育新的经济增长点。绿色金融体系的构建包括银行和企业发行绿色债券，鼓励对绿色信贷资产实行证券化。2015年11月4日，中共中央《关于制定国民经济和社会发展第十三个五年规划的建议》公布，提出创新、协调、绿色、开放、共享的发展理念，就"坚持绿色发展，着力改善生态环境"提出若干建议，其中包括"发展绿色金融，设立绿色发展基金"。2015年11月19日，国务院印发《关于积极发挥新消费引领作用加快培育形成新供给新动力的指导意见》，提出健全环境政策体系部分，强调要建立绿色金融体系，发展绿色信贷、绿色债券和绿色基金。

二、绿色金融发展国际借鉴

绿色金融要求金融业引导资金流向节约资源技术开发和生态环境保护产业，引导企业生产注重绿色环保，引导消费者形成绿色消费理念；同时，要保持可持续发展，避免注重短期利益的过度投机行为。现阶段，绿色金融的关注点仍主要集中在银行业，尤其是银行的信贷业务方面，即"绿色信贷"。从这个角度，绿色金融发展可追溯到 20 世纪 70 年代。1974年，联邦德国成立世界第一家政策性环保银行，命名为"生态银行"，专门负责为一般银行不愿接受的环境项目提供优惠贷款。2002 年，世界银行下属的国际金融公司和荷兰银行，在伦敦召开的国际知名商业银行会议上，提出一项企业贷款准则，即国际银行业赫赫有名的"赤道原则"。这项准则要求金融机构在向一个项目投资时，综合评估该项目可能对环境和社会产生的影响，并且利用金融杠杆促进该项目在环境保护以及周围社会和谐发展方面发挥正面作用。如今，"赤道原则"已经成为国际项目融资的一个新标准，全球已有 60 多家金融机构宣布采纳"赤道原则"，其项目融资额约占全球项目融资总额的 85%。那些采纳"赤道原则"的银行被称为"赤道银行"。我国的银行业中，现仅有兴业银行一家"赤道银行"，反映出我国"绿色金融"发展尚处于起步阶段。

国际上，德国是绿色金融主要发源地之一。经过几十年发展，德国绿色金融相关政策已经较为成熟，体系也比较完善。德国发展"绿色金融"最重要特征是国家参与。德国出台政策，对环保、节能项目予以一定额度的贷款贴息，对于环保节能绩效好的项目，可以给予持续 10 年、贷款利率不到 1% 的优惠信贷政策，利率差额由中央政府予以贴息补贴。结果表明，国家利用贴息的形式支持环保节能项目的做法取得了效果，国家利用较少的资金撬动一大批环保节能项目的建设和改造，"杠杆效应"非常显著。利用环保补贴的绿色金融政策，德国复兴信贷银行等金融机构发挥了政策性银行的作用，不断开发出绿色金融产品，主动开展节能环保的金融产品和服务的融资活动，通过信贷手段调控环境污染主体的信贷供给和资金价格，同时为清洁能源技术发展和节能降耗行为提供信贷支持，从而达到利用金融杠杆实现环保调控的信贷政策。德国该类银行在环保领域绿色信贷的发放占整个信贷量的比重很高，且每年都保持大幅度的增长。这些享受特殊优惠的贷款为德国环保领域、可再生领域、节能建筑领域的建设与发展提供了强大的资金杠杆和资源配置作用。另外，为确保政府环保补贴政策的正向激励效果，每个节能环保项目要想得到贴息贷款，必须得到当地或上级环保部门的认可后才能申请。在德国绿色金融政策实施过程中，环保部门进行前端项目审核，以确保贴息政策能够准确地支持节能环保项目。

三、绿色金融发展障碍

绿色金融要求金融机构在投融资决策中考虑潜在的环境影响，把与环境条件相关的潜在的回报、风险和成本都要融合进银行的日常业务中，在金融经营活动中注重对生态环境的保护以及环境污染的治理，通过对社会经济资源的引导，促进社会的可持续发展。但在具体实践中却又面临着诸多的障碍。

缺乏绿色项目的经济外部性激励约束机制。绿色项目一方面通过节能减排或治理污染使许多人受益，具有正经济外部性，但并非所有受益人都会向该项目付钱，反而节能减排或治理污染需要额外的成本。另一方面，高能耗、高污染的项目即使过度消耗资源和污染环境，产生负经济外部性，但并未充分受到约束和惩罚。相关政策的不完善，结果导致高能耗或高污染项目积累了过多的负经济外部性，同时高成本的节能、环保和治理污染技术创新和应用受到抑制。现有的绿色金融政策中，相对容易实施的限制污染的金融政策较多，但需付出成本的节能减排或治理污染等项目的激励性措施力度较小。

项目绿色信息不对称。项目投资者或贷款人绿色分析能力不足，即使了解企业污染排放的基本信息，但也没有足够能力判断哪些项目是"深绿"的，哪些是"浅绿"的。尤其节能减排或治理污染技术的专业性强，甚至许多银行也没有专业能力判断环境风险是否会导致借款人的信用风险，从而给予恰当的项目融资。缺乏项目绿色分析能力阻碍了金融机构向绿色项目配置资源。目前，国内仍缺乏官方和民间的项目绿色第三方认证和绿色评级、能进行环境压力测试的专业机构。对企业而言，既缺乏主动的环境信息的披露，也缺乏外部强制的环境信息披露要求，更缺乏可操作性强的针对绿色项目融资和绿色信息的行业性标准。项目绿色信息披露、金融机构技术识别能力的不足，合法机构绿色认证和评级的缺失，利益相关方绿色信息沟通机制的不完善，共同导致绿色金融业务风险较高、收益偏低，影响金融资源向绿色项目的流入。

绿色金融产品不足。当前，虽然建设生态文明已经上升到国家战略，但国家扶持绿色产业和项目的资金量仍远远达不到市场的需求。由于缺乏国家层面的绿色金融政策足够支持，国家资金未撬动更大的社会资金进入绿色产业，绿色金融产品也供给不足。具体表现为：绿色项目占用资金期限长，而传统银行负债资金期限短，银行很难为长期绿色项目提供大量的信贷，否则会面临严重的期限错配风险；支持绿色企业和绿色项目的资本市场融资工具较少，一些前景好的绿色企业或项目暂时无法达到监管部门和市场融资所需条件（如某些财务指标），导致绿色企业或项目融资难、融资贵；缺乏能用一种低风险的方式把资金投到"绿色"项目上，既能以较低风险获得一定收益，又履行了社会责任的具有流动性的标准化产品，难以满足保险公司、养老基金、公益基金等大型机构投资者长期的可持续的绿色可投资需求。

四、绿色金融支持京津冀协同发展建议

京津冀地区是产能过剩、资源过度消耗和环境污染的重灾区，面临更大的"去产能、去库存、去杠杆、降成本、补短板"压力，在经济下行期实现生态文明与环境发展、结构优化与稳增长的多重目标十分艰难。京津冀协同发展的本质是治理污染、改善环境、发展生态的绿色发展。首要的是以绿色金融支持去过剩产能、治理污染、改善生态、发展绿色经济，推动京津冀生态文明建设。

第一，应明确京津冀绿色金融发展的战略定位、政策框架和重点领域，推动更多正向激励的绿色金融政策在京津冀地区试点，通过政策和体制安排，纠正在市场价格体系下绿色投资的正经济外部性或污染投资的负经济外部性无法被内生化的缺陷，引导足够的社会资金投入到绿色产业，促进国家的总体污染减排目标。为引导社会资金投向与社会福利最大化一

致的绿色项目，在机制和政策层面，设计提高（降低）绿色（污染）项目的产出价格、降低（提高）绿色（污染）项目的投资成本，提高企业和消费者的社会责任。政府须为绿色金融发展创造良好的环境，加大在财政税收方面的扶持力度，健全财政对绿色贷款的高效贴息机制，加大贴息力度，发挥撬动社会资金投向绿色产业和项目的杠杆作用。

第二，对交通拥堵、雾霾严重、"高能耗、高污染、产能过剩"的京津冀地区实行严格的污染项目核准和听证制度，对经核准的污染项目实施减排强制约束，并承担环境修复义务。对已有的高能耗、高污染产能进行分类处置：关停无经济效益的产能；有经济效益的产能进行节能减排技术改造；坚决关停损害环境修复的产能企业。并从源头控制污染、高能耗企业和项目的资金来源，通过行政和监管约束，如绿色金融相关指引、IPO绿色通道、征收污染税和强制性的绿色保险，限制污染和高能耗项目新增，推动企业积极开发绿色产业，降低能耗、减少排放。并制定与绿色金融市场化建设相关的法律保障体系，加强生态保护的条款，增强商业银行法、证券法和保险法在环境保护方面条款的可操作性。

第三，京津冀先行先试验，解决市场失灵和准确定价问题。政府有关部门须首先发挥积极作用，推动建立环保信息交流与共享平台，加大环评的广度、深度和执行力度；完善绿色金融监管体系，加快出台绿色金融项目认证规则，以差别化的监管和激励政策引导金融机构发展绿色金融业务。监管部门须强制上市公司进行环保信息披露机制，强化环境信息披露的监管与执法。金融机构须加强与有关环保部门的交流合作，建立绿色信息平台，根据绿色企业或项目名单目录和评级信息实施差别化信贷政策和金融服务。培育有专业能力、国际化的本土绿色认证或评级中介机构，发挥中介机构对环境信息披露的评价、监督、引导和激励作用，鼓励绿色认证。积极参与国际绿色金融规则的制定，争取在全球绿色金融体系中拥有更大的话语权、参与权和主动权。最终形成社会各界广泛参与、共同行动，政府调控、市场引导、各方参与的绿色金融发展机制。

第四，在京津冀区域战略推进绿色金融发展模式创新，健全多元化、市场化的绿色金融体系。做好绿色产品、绿色服务和绿色创新工作，综合运用市场化手段，推出绿色PPP项目、绿色信贷项目，发展绿色债券、绿色基金、绿色保险等标准绿色金融产品。尝试推出诸如能源购买计划，设计能源购买计划违约保险工具，为融资项目创设长期外汇套期保值工具、结构化担保基金以及信用违约掉期（CDS），积极探索碳基金理财产品、碳资产证券化、碳交易 CDS 等结构性金融工具创新，推广优先损失基金、主权风险保险、基于项目产出的弹性利率贷款等降低绿色投资风险的创新金融产品，发挥公共投资的杠杆作用，降低私人投资的风险。进一步放开和扩大银行业的综合经营范围，创造性地通过贷款、理财、担保、租赁、信托等多种金融工具积极发展绿色金融市场。按照"政府主导、股权多元、市场运作、国际参与的原则"，成立国家级的绿色银行，加快构建绿色银行体系。引入"互联网＋"思维，发挥互联网在绿色金融发展中的作用。

（原载《银行家》2016 年第 12 期）

国际金融监管沙箱创新及对我国互联网金融监管的启示

刘绪光　杨帅

新一轮科技驱动的金融创新，正引领全球金融理念和格局的变革。如何既支持有效的金融创新，又严控潜在的金融风险，是各国监管面临的共同挑战。2016 年 5 月，英国金融行为监管局（以下简称 FCA）率先推出"沙箱监管"项目，致力于打造"金融科技领域的全球领导者地位"、引领金融科技国际监管规则的制定。沙箱监管概念被提出后，得到新加坡、澳大利亚、日本以及中国香港等国家和地区金融监管部门的认同和采纳，取得良好成效。研究英国沙箱监管制度，对于创新监管理念，促进金融科技创新，建立适合我国国情的沙箱监管机制，具有重要借鉴意义。

一、什么是沙箱监管

沙箱（Sandbox），取自计算机用语，特指一种虚拟技术，且多用于计算机安全领域。它是在受限的安全环境中运行应用程序，并通过限制授予应用程序的代码访问权限，为一些来源不可信、具备破坏力或无法判定程序意图的程序提供实验环境。

"沙箱监管"由英国首创，指从事金融创新的机构在确保消费者权益的前提下，按 FCA 特定简化的审批程序，提交申请并取得有限授权后，允许金融科技创新机构在适用范围内，向客户推出创新产品和服务。不难看出，监管沙箱实际上就是监管机构主导的金融科技企业的创业孵化器。

❑二、沙箱监管提出的背景及意义

（一） 提出背景

沙箱监管是在金融科技发展如火如荼的背景下产生的。英国在全球金融科技领域一直处于领先地位。2016 年，国际权威机构安永（Ernst & Young）发布的一份报告显示，伦敦以及整个英国在金融科技产业的实力位居世界之首。据统计，2015 年，英国金融科技产业的收入为 66 亿英镑，从业人员达 6.1 万人，仅次于以 7.4 万名员工排名第一的美国硅谷。英国政府也认识到 FinTech 产业对经济增长的贡献作用，专设机构支持 FinTech 发展，并在税收和投资方面给予初创企业适当优惠，尤其提出金融监管环境要有助于促进 FinTech 行业创新发展。

在此背景下，英国 FCA 于 2014 年设立了创新项目（Project Innovate），并增设创新中心（Innovation Hub），为创新企业提供与监管对接、帮助取得有限授权等各种支持。在创新中心设立一年后，由于实验效果良好，FCA 开始研究监管沙箱的可行性，并公开征询意见。最终，于 2015 年设立监管沙箱制度，并于 2016 年 5 月正式推出 "沙箱监管" 项目。截至 2016 年 11 月，FCA 已经累计收到 69 份沙盒测试申请，其中 24 家通过了初步审核，有 18 家即将开始测试。预计不久之后，我们有望看到第一批沙盒实验项目结束实验期并发布结果。

（二） 现实意义

沙箱监管的诞生，对于创新监管理念、丰富监管工具、保护金融消费、平衡创新与风险等方面，具有重要现实意义。

首先，沙箱监管概念的提出，是英国对未来金融顶层设计的反映之一，透射出监管部门 "应时而变、寻找创新与风险新平衡" 的新监管理念，并辅之以监管体系和规制的变革。同时，沙箱是监管领域一种新工具，它依赖的是一种真实但受限的测试环境，是监管者测试与了解创新、评估风险、决定是否推广、并判定现有监管规则是否需要调整的工具，有利于监管者动态把握创新项目，提高监管机构应对金融创新的决策能力。

其次，沙箱监管能够促进金融市场有效竞争，让消费者获益。它能保障参加测试的消费者权益，发现互联网金融创新产品存在的固有缺陷，确保其完善消费者保护措施，引导互联网金融向有利于消费者的方向发展。正如 FCA 所述，沙箱监管的目的是"支持可以真正改善消费者生活的创新"，即创新促进有效竞争，有效竞争让消费者获益。

最后，从金融科技行业方面看，监管沙箱能够减少监管的不确定性，增加创新产品的种类和数量，缩短创新产品和服务进入市场的时间，改善金融科技公司估值，提高其融资水平，推动金融科技新业态整体健康发展。

三、沙箱监管的主要内容

（一） 适用条件

FCA 推出的沙箱监管适用条件包括：一是测试的产品服务属于金融行业；二是测试的产品服务属于创新或与现有方案显著不同；三是测试的产品服务有使消费者明显受益的前景；四是存在沙箱测试的必要；五是申请者在新产品服务上有足够的资源投入，对适用法律法规有充分了解，能采取措施减轻相关风险。

（二） 测试要求及标准

除满足以上适用条件，FCA 还制定并公布了包括持续期限、客户数量、信息披露、测试计划等内容的测试要求及标准（见表1）。FCA 每年将接受两组符合条件的企业进行沙箱测试。

表1 FCA 沙箱监管的主要测试要求及标准

测试项目	具体标准
持续期限	必须在有限时间内开展，一般为 3~6 个月
客户数量	严格限制测试规模及客户参与数量，同时 FCA 也认为大量的客户数量能保证统计相关数据的可获性
客户选择	需要找到适合开展测试的市场，以及能够承受相关风险的测试用户
客户保障	客户保障体系必须符合 FCA 规定，且保证客户保障措施实施到位
信息披露	测试前，对测试及补偿（如公司倒闭等情况）的信息有向测试用户披露的义务
测试计划	为避免客户参与测试的负面影响，测试计划需列出时刻表、重要事件、成功举措、测试参数、客户保障、风险评估、退出策略等内容

（三） 配套措施

FCA 还采取相关配套措施推动监管沙箱的发展：一是建立专门的沙箱管理团队负责沙箱使用的申请审核、监测评估等工作。二是对相关法规进行修改，以符合监管沙箱的需要。三是推动行业共同建立非营利性的沙箱伞公司。沙箱伞公司是取得 FCA 完整许可授权的公司，它可以向拟测试创新产品服务的公司提供代表授权。取得代表授权的公司不需要 FCA 的完全许可授权或限制性许可授权就能使用监管沙箱。四是推动行业建立虚拟沙箱。与 FCA 的监管沙箱不同，虚拟沙箱是使用数据测试金融产品服务的虚拟环境，部分大公司已建立，但数据并不共享，小公司没有资源和财力建立。FCA 将推动建立行业性的虚拟沙箱，实现数据的共享和使用，使所有金融科技公司特别是初创公司受益。

四、对互联网金融及保险业发展的启示及建议

目前，我国政府和监管机构尚未就沙箱监管机制开展实质性探索和应用，还停留在媒体宣传和理论研究阶段。我们基于英国沙箱监管实践，结合我国互联网金融发展和保险业科技创新现状，初步得出以下启示及建议。

首先，总体上看，建议以互联网金融领域为突破口，探索建立沙箱监管机制。我国互联网金融发展迅速，但也存在监管迟滞的情况。表现在监管机构对互联网金融新模式、新产品、新技术缺乏深入了解，风险控制反应迟缓。我们可以借鉴 FCA 的做法，尝试建立沙箱监管制度。监管机构应建立专门的沙箱监管团队，本着"由点到面、宽严相济"的原则，推动沙箱监管制度落地。初期，对于有金融产品服务创新需求的市场主体，监管机构可筛选相对成熟的企业，如蚂蚁金服、众安保险等，共同制定完善产品测试机制，全程监测、评估测试情况，最终根据测试情况及时出台或调整监管政策。在产品测试机制建立后，放宽参加测试的门槛要求，扶持互联网金融初创公司，推动互联网金融产品测试数据的共享，增强行业整体创新能力。

其次，具体到保险业科技创新领域，近年来以大数据、区块链、物联网、人工智能等为代表的新技术，正快速向保险业渗透融合。在英国，仅 2016 年前三个季度，保险科技行业获得约 1650 亿英镑的投资规模，达到其 2015 年整个金融科技领域获得的投资总额，其中，沙箱监管制度的实施起到了重要推动作用。反观我国保险科技行业发展现状，保险科技在促进国内保险业发展方面作用有限，与发达国家相比差距加大。我们可以借鉴 FCA 做法，针对互联网保险、车联网保险、社交保险等创新型产品和服务，尝试运用沙箱监管方式，鼓励传统金融机构和新型技术公司运用技术创新改进保险服务，促进行业健康发展。

最后，作为保险业重要基础设施，行业信息共享平台可以利用自身技术、人才、资源等优势，配合监管部门建立行业虚拟沙箱，建立测试系统和数据库，促进沙箱测试数据共享和使用等，助推沙箱监管制度的落地和完善。

我们也要认识到，作为新生事物，沙箱监管也存在一定局限性，表现为测试成本可能较高、测试效果准确性受限、可能产生新的不公平竞争以及监管资源受限等。但随着金融科技产业的快速发展，沙箱监管会被越来越多的国家地区认可和采纳。风物长宜放眼量，无论是政府监管机构还是金融市场主体，皆应研究适合我国国情的沙箱监管机制，站到维护国家金融安全、促进金融科技行业健康平稳发展之高度，集智汇力，共同为沙箱监管在中国的落地奠定良好基础。

（原载《金融经济》2017 年第 3 期）

"供给侧改革"下电力行业循环经济产业融资创新研究

梅 佳 兰 强

中央提出"供给侧改革"的新思路，主要是针对当前经济社会发展中遇到的各种矛盾和问题，特别是有效供给不足、供需出现严重矛盾的现状，转换工作思路，调整工作方法，变过去重视需求端为更重视供给端，以优化产能、提高效率。

电力作为现代能源体系的主体，也是能源甚至其他行业的枢纽。"十二五"时期，电力行业发展呈现新态势，电力消费增速明显放缓、能源结构性矛盾开始凸显。"十三五"期间，我国将注重落实党的十八届五中全会提出的五大发展理念，从供给侧发力、注重调结构并加大对电力行业循环经济产业的培育，实现清洁生产，构建能源高效利用新模式，加速产业链拓展升级并不断创新产品完善服务，形成人与自然和谐发展现代化建设新格局将成为电力行业发展的趋势。

一、"供给侧改革"下的电力行业循环经济发展趋势

结合中央关于"供给侧改革"的有关要求和精神，从我国电力行业循环经济发展趋势看，应着重考虑如下几种发展模式。

（一）煤电一体化模式

煤电一体化是一种产业纵向结合的模式。基于产业链，煤炭企业向发电企业供给煤产品；发电企业与煤炭企业互动合作，可以确保资源供给、提高效率。煤电一体化模式及相关产业政策是为适应我国能源发展战略调

整而提出的，引导国有大型能源企业以产业链为纽带，注重通过先进循环经济技术促进资源高效利用及合理配置，积极进行跨所有制、跨区域、跨行业合作并带动能源、环保、服务业等产业优化发展。

（二） 热电联产模式

热电联产是高效的能源生产方式，在发电时能利用汽轮发电机做完功产生的蒸汽来供热。在节能、环保、提升城市配套服务方面有很大优势，是循环经济的重要运行模式。电力企业应依照国家相关政策，改进现有生产模式，如使用超临界循环流化床发电技术、洁净煤技术、超超临界燃煤发电技术等先进技术手段；采用天然气、生物质能等清洁能源供热，形成基于燃气、蒸汽联合循环的发电模式；加强对相应固体、液体废弃物的综合利用促进循环发展、可持续发展。

（三） 港电一体化模式

港电一体化模式主要通过在临港地区设立电厂，利用港口区位交通优势，以符合循环经济发展要求为基础，对各类资源及相应废弃物进行最大化利用，拓展电力行业循环经济产业链并推动相关项目实施。港电一体化模式可有效降低运输成本，随着临港地区配套基础设施不断完善可显著带动第二、第三产业发展并提升人气，增强区域经济发展后劲。

（四） 新能源替代模式

当前煤、石油等传统的化石燃料的使用在我国经济建设领域仍居于主导地位，给生态环境保护带来严重挑战，阻碍了经济转型升级的步伐。逐步使用新能源替代传统能源已成为解决当前环境问题和资源问题、实现可持续发展的趋势。相关企业应提高太阳能、风能以及核能等新能源在发电能源提供中的比例。加强技术研发，克服新能源发电的缺点和不足，为加快经济增长方式转变、大力发展现代循环经济奠定基础。

□二、电力行业循环经济产业融资的特点

在上一部分中,我们结合中央提出的"供给侧改革"有关精神,探讨了电力行业循环经济今后发展的主要模式。从总体上看,电力行业属于资本密集型产业,发展循环经济需要大量资金的投入。从规模经济性和基础行业特征分析,电力行业循环经济产业的融资特点主要有如下两个方面:

(一) 电力行业循环经济项目融资需求

1. 降低资金成本

有效降低资金成本对电力行业循环经济融资非常重要:首先进行投资结构的优化,效益优先并注重分散风险,从而获取低成本的债务资金;其次是与各金融机构充分对接,广开渠道,合理选择,提高资金使用灵活性;最后是结合"营改增"和政府相关优惠措施,充分利用会计准则降低融资成本。

2. 提倡完全融资

在融资结构设计中,以确保项目现金流量平衡为出发点和着力点,投资者股本金的融入可以考虑以担保、租赁、发债、基金等非传统的形式替代传统的资金注入方式,从而实现完全融资,进一步提高资金使用效率。

3. 实现风险分担

风险分担是电力行业循环经济产业融资模式选择的基本原则之一,应结合项目各阶段特点统筹考虑投资者、施工单位、金融机构等项目参与主体间风险划分,最大限度地降低债务追索的发生。

(二) 电力行业循环经济产业融资所面临的制约条件

1. 长久稳定的投融资机制尚未建立

国家对电力行业循环经济产业的财政支持力度在不断加大,但是由于技术门槛要求高、初始资金投入大、建设周期长且项目进度容易受多种因素影响,因而存在一定的风险。当前,国家在体制机制及政策方面缺乏相

应支持，金融机构由于风险厌恶更是积极性不高，专项产业投资基金和银、证、保综合金融支持体系还有待确立，稳定的产业投融资机制尚未建立。

2. 间接融资比例偏高

近年来，以五大央企发电集团和粤电集团合计，间接融资占八成以上，主要来源于银行贷款和票据融资。例如，超过 2 万亿元电力贷款由国家开发银行发放，建成装机容量（包括水电、火电、核电）超过全国 1/3。从国有银行（国开行以及五大国有商业银行）取得的融资总体规模在80%左右。当前我国电力行业循环经济产业相关项目主要由国有企业承建运营，其融资模式也大多以间接融资为主，原因在于国有企业融资成本承受能力较高且对价格不敏感。商业银行出于风险和利润考虑，限制民营企业贷款较为普遍，大量的贷款最终涌入国有企业，不利于民间资本参与合作（PPP 模式）。

3. 投融资效率有待提高

当前电力行业循环经济投融资效率、科学性、合理性等还有待提高。一些园区在招商引资方面比较盲目，引入的企业虽打着循环经济的旗号，但往往技术落后、与市场脱节，因而效率奇低。资金使用方面则表现为缺乏监督及评估，重复投入、投入产出比严重偏离预期等现象。由于相关配套政策（如电力企业税收优惠政策、企业知识产权的保护政策）制定及实施的滞后，企业缺乏创新活力和进取精神。

三、电力行业循环经济产业融资创新模式

结合电力行业循环经济产业融资的特点，为克服以往融资模式的弊端，加大对行业"供给侧改革"的支持，增强行业整体竞争力，我们给出了如下融资创新模式。

（一）产业链票据融资

中小企业集合债券、区域集优中小企业票据和中小企业私募债等债券品种近年来活跃于银行间债券市场，促进了中小企业在债券市场上融资。

2014 年，首只定向可转票据成功发行，使得信用增进措施匮乏的中小企业更容易进入直接融资领域。

电力行业循环经济产业链中，以发电企业为代表的核心企业由于规模、实力占突出地位，往往资金充裕，较上下游各中小企业居于主导地位。根据这一特点，我们对电力行业循环经济产业链票据融资模式设计如图 1 所示：产业链票据一般由核心企业发行，并将所募集资金委托核心企业下属财务公司、资本控股公司或商业银行管理（设立专项资金管理账户），为整个循环经济产业链上下游企业融资。票据的期限较贷款期限长，因此债券到期前贷款可以多次循环使用（贷款企业需按时还本付息）。这样依托于核心企业的信用资源，便利了产业链上下游企业融资，并能够实现资金的循环使用。在债券的增信措施方面，可通过核心企业下属财务公司、资本控股公司或商业银行提供的定向保理业务为中小企业增信，与传统的贸易融资授信业务相比，定向保理业务不再局限于单独的一户或几户授信客户的银行信用，而是对整个循环经济产业链进行授信评估，从而有利于推动产业链各类要素资源整合，提升产业链的整体竞争力。

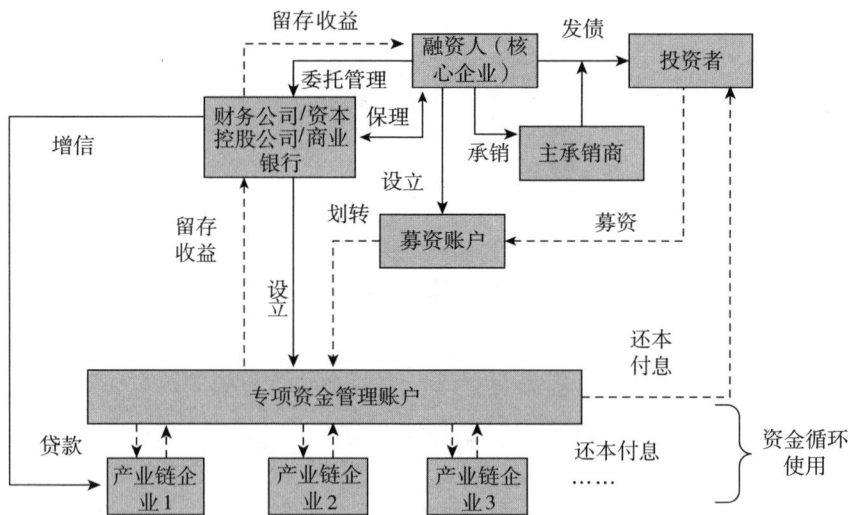

图 1　电力行业循环经济产业链票据融资模式

（二） 基于产业链的融资租赁

一般地，电力行业循环经济产业链中的核心企业——发电企业实力强，信用好，融资方面有很大的便利。基于产业链的融资租赁模式，是由核心企业提供担保分担租赁公司风险，解决产业链内中小企业自身经营风险高又不能提供可靠抵押担保的现实困境。具体模式如图2所示：承租企业采用售后回租的方式向融资租赁公司融资，核心企业为承租企业提供担保（一般为与融资租赁公司签订的回购协议），保证在承租企业无力偿还融资租赁公司租金时，核心企业代承租企业退还融资租赁公司购买设备的资金。在这一模式下，租赁公司可以将租赁风险降到可控的范围内，核心企业也能通过下游客户的融资租赁促成交易，而得到最大实惠的还是融资成功的中小企业。这可以算是一种"三赢"的模式。

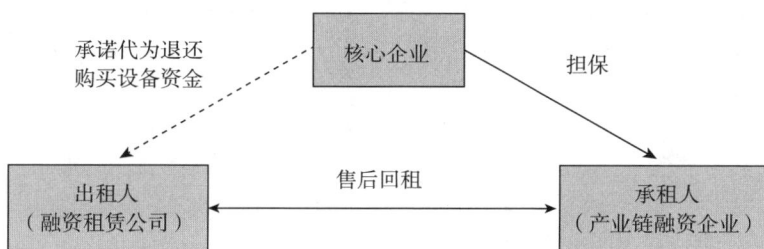

图2　电力行业循环经济产业链融资租赁模式

（三） 国有混合制双 GP 产业投资基金

电力行业循环经济产业整体上看项目投资巨大、回报周期长，容易遭遇商业信贷缺位。而政策性扶持资金往往缺乏使用的灵活度，从而影响了项目推进过程中资金供给的稳定性。

为拓宽投资渠道，提高投资效率，应建立国有混合制双 GP 产业投资基金支持电力行业循环经济产业的发展。GP 即"普通合伙人"。普通合伙人除享有事务管理决策权和收益分享权外，对合伙债务负无限责任或连带责任。双 GP 包括两个普通合伙人（Double General Partners），相比一个普通合伙人，双 GP 的优势明显：双 GP 对应混合制经济（国有混合制），其既包含国有资产又有民营资本，混合制经济充分体现了安全规范与灵活高效的双重优势，结合得好就会产生"1+1>2"的效果，甚至会产生倍增效应。

四、结语

"供给侧改革"需要找准制度突破口，经济制度和模式的转变至关重要，以理性需求调动有效供给，以有效供给创造理性需求，创造可复制、可推广的经验。电力行业循环经济产业推动资源循环利用，从生产领域加强优质供给，倒逼产业结构升级和环境综合整治，是"供给侧改革"的重点领域。同时，电力行业循环经济产业和金融二者之间相辅相成，除了上一部分中提出的具体创新模式外，还应注重加强市场体制的适时调节、合理提升金融监管水平，以宏观为导向，以市场为机制，才能实现金融体系更好的创新，从而实现在"供给侧改革"的大背景下更好地服务电力行业循环经济产业的发展。

（原载《华北电力大学学报》2016 年第 5 期）

区块链革命的监管因应

史广龙

比特币之父中本聪认为，网络交易借助于金融机构作为可信赖的第三方来处理电子支付信息，不仅不能避免潜在的损失，还会增加交易成本，因此有必要创建一种不需要信用中介的电子支付系统。比特币本质上是一个基于密码学原理而非基于信用模式的点对点电子现金系统，它使得任何达成一致的双方，能够直接进行支付。比特币正式发布后，逐步在欧美国家获得了一定程度的市场接受。采用区块链技术电子货币的快速发展，引发了各国监管者对于数字货币的密切关注，金融领域应用区块链技术随之展开。

◼一、监管与治理：金融行业应用区块链的场景流变

（一）数字加密货币背后的电子现金系统陷入瓶颈

数字加密货币形成的点对点电子现金系统扩张步伐逐步陷入停滞，从根本上说是因其可能与中央银行功能的发挥发生冲突，具体而言主要集中在以下方面：一是物价稳定。数字加密货币的不断增长，实质上改变了货币数量，影响货币周转速度、现金的使用以及调节货币流动总量机制，可能对实体经济产生一定的替代效应。二是金融稳定。数字加密货币游离在银行系统之外，与现实世界联系的增强可能成为潜在的不稳定因素。数字加密货币只有交换价值，没有使用价值。数字加密货币没有最后贷款人的支持，它的影响力取决于活跃使用者的数量与愿意接受的商家数量，网络规模决定货币价值。三是支付系统稳定。数字加密货币面临信用风险、流

动性风险、经营风险、法律风险，可能冲击现有支付系统的稳定。

有鉴于此，主要国家的中央银行均对非法定数字加密货币采取了相对谨慎的态度，纷纷否定其法币地位，甚至采取一定的限制措施，非法定数字加密货币使用规模的扩张进入"瓶颈"期。同时，各国中央银行开始研讨发展法定数字加密货币的计划。2015 年厄瓜多尔率先推出法定数字加密货币，希冀能减少发行成本及增加便利性，让偏远地区无法拥有银行资源的民众也能通过数字化平台，获得金融服务。突尼斯也根据区块链的技术发行法定数字加密货币，除了让国民通过数字货币买卖商品，还能缴付水电费账单等，结合区块链分布式账本的特性，将交易记录记载于区块链中，方便管理。

（二）区块链在跨境支付结算领域可能形成突破

当前跨境支付结算格局的形成与中央银行的权力边界密切相关。中央银行只能在主权国家的范围内行使权力。跨境支付至少涉及两个以上的主权国家，除非基于主权国家间的协议，中央银行对于支付结算系统的规划，难以延展至境外。由于支付结算系统涉及主权国家的金融安全，全球范围内的公约始终无法订立。跨境支付结算企业只能基于各国碎片化的监管规则，在各国中央银行等金融监管机构容许的范围内开展业务。

由此，形成了当前存在以下明显缺陷的跨国支付结算机制：一是操作成本和费用高昂。价值链条上涉及的节点多，导致多次收费，彼此之间不存在竞争，跨境支付结算成本高昂。二是安全性和便利性差。跨境支付清算依赖各国当地银行，支付方必须准确无误地填写银行账户和汇款路径代码，只有在银行工作时间才能发起交易。三是结算流程缓慢而效率低。支付结算流程涉及多个主体，整个链条上任何一方的拖延，都可能降低支付结算效率，导致在途资金占用量大。

将区块链技术应用于跨境支付结算，通过智能合约直接连通付款方银行与接收方银行，能够绕过中转银行，减少中转费用，不但可以全天候支付、实时到账、提现简便及没有隐性成本，也有助于降低跨境支付结算风险及满足跨境对跨境支付结算服务及时性、便捷性的需求。根据麦肯锡的测算，从全球范围看，区块链技术在 B2B 跨境支付与结算业务中的应用将可使每笔交易成本从约 26 美元下降到 15 美元。

（三）金融行业应用区块链技术的场景创新

各国监管者虽然对非法定加密数字货币持非常明确的保留或者负面态度，但是并没有限制区块链技术在其他支付领域的应用。这为传统支付机构运用区块链技术进一步提高竞争力，以及金融科技企业在支付领域的崛起创造了制度环境。

一是内部场景：传统支付机构的变革。虽然各支付机构采取的策略不同，但是都加大力度尝试将区块链技术应用于自身网络的完善之中，扩大市场份额，提高市场竞争力。2015 年 11 月，Visa 欧洲联合实验室与Epiphyte开始合作尝试将比特币区块链应用于跨境汇款，资金通过比特币区块链进行跨境流传，由 Visa 的网络设施接收。2016 年 7 月，Visa 欧洲联合实验室测试将初创公司 SatoshiPay 的技术运用于 Visa 银行卡支付网络，允许客户的 Visa 账户向 SatoshiPay 钱包进行自动小额付款。2016 年 9 月，Visa 欧洲联合实验室与 BTL Group 的合作项目已经开始测试通过智能合同提升银行间的境内和跨境支付活动效率。除此之外，万事达、西联与SWIFT（环球同业银行金融电讯协会）也都在尝试通过区块链技术完善现有的商业网络。其中，万事达与西联都是 Digital Currency Group 的投资者。

二是外部场景：金融科技企业的崛起。区块链技术带来的变革为金融科技企业跨界提供支付服务创造了机遇，并开始挑战传统支付机构的行业地位。成立于美国的 Ripple 为一家利用类区块链概念发展跨境结算的金融科技公司，它并没有采取与支付机构合作的模式，而是构建了一个没有中央节点的分布式支付网络，主要吸收商业银行加入合作，希望提供一个能取代 SWIFT 网络的跨境支付清算平台，打造全球统一网络金融传输协议。Ripple 的商业模式决定了它将逐渐演变为双方结算过程中可信赖的第三方，最终可能形成中心化而非去中心化的商业模式。如果 Ripple 真的向这个方向发展，那么它在商业模式上与 SWIFT 已经没有本质的区别，两者仅仅是技术手段层面的分别。为了应对 Ripple 的挑战，SWIFT 召集占据全球 75% 跨境支付份额的 73 家大型银行探讨显著提高跨境支付的效率和透明度等体验。

□二、底线与竞争：金融行业应用区块链的监管经验

（一）不认可非法定加密数字货币的法币地位

美联储主席耶伦在向美国参议院银行委员会报告中指出，比特币作为创新性的支付工具，游离于银行体系之外，并不属于美联储的监管对象。根据美国《商品交易法》数字加密货币应属于"商品"，由此美国商品期货交易委员会将比特币定义为"商品"。美国联邦税务局（Internal Revenue Service）也认为比特币并非是货币而是财产，其挖矿、买卖和使用行为均应进行纳税申报。2014年6月29日，加利福尼亚州州长签署《数字货币合法化法案》（简称"AB－129法案"），新法案Section200.19表明"虚拟货币不是法定货币，没有政府的信用背书，其账户和价值不受美国联邦存款保险公司（FDIC）和证券投资者保护公司（SIPC）的保护"。加拿大政府财政部官员也指出加拿大不认可比特币的法币地位，加拿大政府将密切关注加密数字货币的发展。

类似地，欧洲央行认为，虚拟货币不符合经济或者法律中对于"货币"的定义。它没有同时满足货币交换媒介、储存价值、记账单位这三个条件，但是可能会对中央银行功能的发挥产生影响。因此，欧洲央行认为其有义务设立机构监管加密数字货币，评估风险，审慎监管，保持金融系统完整性，防范用于非法用途。德国联邦金融监管局（BaFin）与德国联邦财政部均认为比特币等加密数字货币属于记账单位，可归入德国银行业法中的金融工具种类。由于加密数字货币可以基于双方之间的合同成为多方结算的手段，因此它可以替代法定货币。为了避免歧义，德国联邦金融监管局明确指出加密数字货币并非德国支付服务监管法意义上的法定货币。法国中央银行（Banque de France）也声明加密数字货币并非该国法律承认的法定货币也不可以作为支付手段，它本身存在重大风险，已经成为市场投机、洗钱或者其他非法活动的工具。

丹麦金融监管机构（Denmark's Finanstilsynet）认为比特币不属于法币，比特币相关交易也不属于严格意义上的金融活动，比特币系统可以视

为某种应纳税的电子服务。丹麦央行进一步指出，与黄金和白银相比，比特币并没有交易价值，比特币不受存款保险等本国法律机制的保障。俄罗斯法律明确规定卢布为该国唯一法定货币，俄罗斯境内的一切金融交易必须采用卢布定价。据此，比特币不具有法定货币地位，如果双方在特定交易中使用加密数字货币而非卢布进行交易，无论是视其为外币或者外部担保手段都属于违法行为，并可能因此承担法律责任。日本金融服务厅（FSA）将比特币定义为"资产"或者"财产"，与美国联邦税务局的分类一致。

（二）加强非法定加密数字货币的监管

美国联邦层面澄清了法律适用问题，明确现有的法律可以很好地监管虚拟货币产生的犯罪风险，防止虚拟货币的非法使用。相比之下，州政府的监管目的就不仅局限于反洗钱风险的防范，而是更加倾向于消费者保护与网络安全，监管机构对法规的完善程度的要求也相应提升。例如，2014年6月，加州通过了《数字货币合法化法案》，该法案明确规定现行法律禁止在美国发行或流通所有不合法的货币，但并不禁止加密数字货币的发行和使用，其立法目的在于修改现行法律，以确保使用各种形式的替代货币购买商品和服务或汇款时不触犯法律。2015年3月，在AB-129法案的基础上，加利福尼亚州州长签署了AB-1326法案，AB-1326法案在加州金融法下新增加一章节（Financial Code 第11章），专门规范加密数字货币企业，提高了加密数字货币业务制度框架方面的确定性。即接受加密数字货币用于划拨或者划拨该货币，获取、存储、替人代管加密数字货币，从事零售兑换服务，以及控制和管理加密数字货币需要获得许可证，除非是银行法上的特许机构或者与买卖商品和服务有关。被许可人应该向消费者揭示加密数字货币风险，如币值波动，资产不保值等，并让消费者知悉向商业监管部门投诉过程。每个企业必须建立并维持书面政策和程序，以解决消费者投诉的公平和及时性。法案要求被许可人应建设稳定高效的运营系统，配备技术保障措施，定期对系统进行压力测试。为了确保业务在法律法规监督下有序进行，法案要求被许可人应配合合规检查。对于被许可人有违法违规的行为，专员可以用正式的密封函来要求其合法合规，或要求其停止不安全、危害性的作为，在特定情况下甚至暂停、撤销许可证，或将破产的被许可人交由破产管理。

德国联邦金融监管局明确，单纯的比特币挖矿、支付活动并不需要取得许可。但是如果从事为他人交易比特币的商业活动，则应该根据德国银行业法取得许可。此原则亦适用于大规模的比特币挖矿活动。换言之，德国联邦金融监管局认为商业性的比特币行业应受到金融监管，但是在具体监管方式上将根据不同的业态采取不同的方式。一是比特币交易经纪业务。根据德国法如果以自己名义为他人购买和销售比特币，则构成典型的经纪业务，需要取得德国联邦金融监管局的许可证。该种模式下，经纪业务背后的客户并不了解对手的真实身份。比特币经纪人根据客户指示的数量和价格购买或者出售比特币。二是比特币平台业务。如果比特币交易根据平台设计的规则重复进行，则该平台具有了面向大众的多边交易功能，由此，交易各方可以在价格达成一致意见时完成比特币的交易。此类比特币平台业务需要根据德国银行业法取得许可证。三是比特币信息中介业务。如果企业不直接参与比特币的交易，仅仅是提供信息平台，供交易双方了解对拟交易的比特币数量或者价格，则经营比特币信息中介业务的企业属于居间商须取得相应的许可证。四是自营交易。用可支配的资金以自己名义进行比特币交易，属于从事自营交易盈利活动，根据德国银行业法从业者亦应取得相应的许可证。取得上述各类许可证从事比特币业务的企业在经营过程中，需要履行有关反洗钱和反恐怖融资的合规义务。

法国中央银行指出将比特币与法定货币进行兑换属于支付服务，此类业务必须获得审慎监管机构的授权并取得许可证。这一方面有利于降低比特币交易中的欺诈风险，同时也将促进经营主体履行洗钱和恐怖融资方面的合规要求。俄罗斯中央银行认为俄罗斯境内的个人或者企业从事或者协助从事以比特币交易商品、服务或者法定货币的行为将被视为与洗钱或者恐怖融资相关的可疑活动，并建议俄罗斯个人或者企业远离比特币交易。2016 年 5月，日本通过了一项监管国内加密数字货币交易所的法案，要求加密数字货币交易所运营商在日本金融服务厅进行注册，并要求将法定货币、数字货币基金监管和管理分开，同时实施反洗钱法条例以及了解你的客户规则。

（三）区块链监管的跨州跨国监管竞争加剧

尽管各国在非法定加密数字货币的监管态度上形成了最基本的共识，

但是在具体操作上，觊觎支付领域应用区块链技术的潜在商业价值，纷纷结合本地区和本国的情况，采取不同的监管策略。这其中竞争最为激烈的当属美国联邦各州之间以及以放松管制著称的国际金融中心之间。

一是洲际竞争。在支付行业应用区块链技术的监管方面，美国各州之间存在一定差异，监管制度最终表现为结合本州特色的竞争格局。例如，在加密数字货币的监管方面，加州法案构建了虚拟货币业务审批框架，并为消费者提供必要的保障，为初创企业提供健康的成长环境，特别是提供了临时许可证制度。而纽约州作为大型金融机构的聚集地监管相对严苛，无论是监管的范围、资质审核或者获得执照后要持续符合的规定，对任何一个想要申请虚拟货币执照的企业来讲，都将会消耗大量资源。上述规定比较符合纽约州大型金融机构的利益诉求。一些小规模的初创企业在起步阶段会遇到较大的困难。

二是跨国竞争。尽管欧盟成员国大多采取了类似欧洲央行的态度审慎关注加密数字货币的发展，并初步划定最基本的监管规则，英国作为欧盟最重要的金融服务业中心，却对比特币等加密数字货币一直采取相对柔和的监管方式，并没有通过官方途径对于比特币的性质和交易活动做出明确界定或者限制。英联的这种"看看再说"的模式实际上反映了欧盟国家之间对于金融服务业的不同态度。相对于以工业立国的德国和法国，英国有意识地希望成为欧盟范围内加密数字货币和应用区块链技术的中心，增强伦敦作为国际金融中心的竞争力。可以预见，在英国正式脱离欧盟之后，很可能采取更为宽松的监管态度。中国香港和新加坡作为亚洲地区效仿伦敦模式的国际金融中心，对于支付行业应用加密数字货币等区块链技术也采取了尽量模糊的监管策略，避免在金融服务业转移中处于劣势地位。相对而言，瑞士对加密数字货币以及其他区块链技术在支付领域的应用持完全开放的态度。加密数字货币的支付系统与瑞士私人银行一贯遵循的保密原则相吻合。瑞士的银行和证券等金融机构大多开始尝试应用区块链技术，甚至政府层面也直接介入。例如，楚格州以投资环境好和税收显著低的优势吸引了全球对冲基金、大宗商品交易商入驻，并进一步打造区块链产业的竞争优势，当地政府率先允许市民以一定数额的比特币（不超过两百瑞士法郎）缴纳赋税，创造应用场景，吸引初创企业，被形象地称为"加密谷"（Crypto Valley）。

三、秩序与创新：中国金融行业应用区块链的监管启示

2013 年 12 月，中国人民银行等五部委联合发布《关于防范比特币风险的通知》（简称"五部委通知"），确定了比特币的监管框架：一是明确加密数字货币性质。比特币是一种特定的虚拟商品，不具有法偿性与强制性等货币属性，并不是真正意义的货币，不具有与货币等同的法律地位，不能且不应作为货币在市场上流通使用。但是，比特币交易作为一种互联网上的商品买卖行为，普通民众在自担风险的前提下拥有参与的自由。二是隔离正规金融服务。各金融机构和支付机构不得以比特币为产品或服务定价，不得买卖或作为中央对手买卖比特币，不得承保与比特币相关的保险业务或将比特币纳入保险责任范围，不得直接或间接为客户提供其他与比特币相关的服务。三是加强平台监管。作为比特币主要交易平台的比特币互联网网站，应当根据《中华人民共和国电信条例》和《互联网信息服务管理办法》的规定，依法在电信管理机构备案。同时，针对比特币具有较高的洗钱风险和被犯罪分子利用的风险，交易平台应切实履行反洗钱义务。

五部委通知将比特币定义为商品而非法定货币与其他主要国家一致，通过隔离正规金融机构，在一定程度上建立了比特币等非法定数字货币与正规金融活动之间的防火墙，降低了随后比特币价格大幅波动时对正规金融服务的冲击。有别于对发展比特币等非法定数字货币的审慎态度，监管机构认为法定数字货币是历史发展的必然，央行必须推动发行数字货币，最大限度地提升支付交易的便利性和安全性。央行对数字货币的形态和运行框架等问题已形成了初步的研究成果，并将在此基础上进一步探讨技术细节，发展法定数字货币的发行和流通体系。但是，考虑到法定数字货币可能对金融体系乃至国民经济产生的深远影响，监管机构必须审慎择时，并在推出中国版法定数字货币的同时，颁布与之配套的发行、流通、兑换和监管制度，形成完整的加密数字货币监管框架，为应急工作留足空间。否则，一旦发生风险事件，后果不堪设想。

除了数字货币之外，区块链技术在银行、证券、保险和支付领域仍然有非常广泛的发展空间。为此，主要国际金融机构通过组成投资团队与金

融科技企业合作等方式。例如，囊括 40 多家大型国际银行与科技公司的 R3 CEV，探索区块链技术在金融行业的商业应用，场景逐年递增，涉及跨境支付与结算、票据与供应链金融、证券发行与交易、客户征信与反欺诈等领域。由于这些商业应用形式尚未大范围推广，在是否应出台针对性的监管措施以及如何监管区块链技术与金融业结合形成的新型商业模式方面，各国监管机构短时间内不会表态，该策略同样也适用于中国。从根本上说，金融业应用区块链技术形成的新型交易结构是否能够取代以及在多大程度上替代当前中心化的商业模式仍然需要时间观察。伦敦、新加坡、中国香港、瑞士等主要金融中心为吸引国际金融资本转移可能进一步放松管制，这为区块链技术与金融业结合创造了监管新型商业模式的海外场景。中国主要金融监管机构不必急于表态。

但是，这并不意味着中国金融监管机构可以放任区块链技术在金融领域的应用。鉴于区块链技术与金融业结合后，普遍实现交易行为可自动化执行，近年来一再强调的行为监管作用将可能弱化。此外，点对点交易具有明显的去中心化特征，大量交易行为无须经由一个中心化的交易对手进行撮合或者数据交换就能实现，那么长期以来行之有效的机构监管思路也难以为继。为了应对这些挑战，监管部门应该密切关注应用区块链技术金融机构的方案，在一些重要领域和关键行业，保证金融监管者能够获取必要信息从而在一定条件下可追溯相关交易。同时，区块链技术在金融领域的广泛应用，将导致非金融企业涉足正规金融业务。区块链技术与金融结合形成的去中心化交易模式是否能够战胜传统的中心化交易模式，从根本上取决于能否提高金融市场的效率。监管者应为不同技术和交易模式下的金融服务彼此公平竞争创造条件，同时必须避免本质相同的业务由于监管负担的重大差异导致监管套利问题，进而影响竞争环境。为此，金融监管机构应该吸取互联网金融领域的教训，从业务本质出发，不为交易结构迷惑，严守市场准入规则与金融市场秩序，防范和遏制监管套利问题。非金机构在取得正规金融牌照前，不得以区块链等新型技术或新型商业模式为由，跨界独立从事金融服务业。执法部门对洗钱、擅自发行股票债券、集资诈骗、非法或变相吸收公众存款等违法犯罪行为坚决不能姑息。

（原载《金融与经济》2017 年第 8 期）

银行理财产品的发展与转型

苏薪茗

一、银行理财产品的发展现状

　　根据全国银行业理财信息登记监测中心的数据，截至 2016 年底，我国共有 497 家银行业金融机构存续理财产品数 7.42 万只，理财产品存续余额 29.05 万亿元，相比 2012 年底的 7.1 万元，在过去五年里的年平均复合增长率超过 40%，持续保持了高速增长。仅 2016 年一年为居民创造的投资收益就超过了 9700 亿元，为增加居民的财产性收入做出了重要贡献。从资产配置情况来看，债券、存款、货币市场工具是理财产品主要配置的三大类资产。截至 2016 年底，余额占比 73.5%，其中，债券资产占比 43.8%。理财资金投资的"非标"资产占比 16.6%，此外，理财资金还投资了权益类资产、公募基金、私募基金、产业投资基金、金融衍生品、另类资产等其他金融资产。

二、银行理财产品的发展历程概况

　　银行理财产品的发展大致经历了以下几个阶段，一是 2002 年至 2007 年的初步发展阶段，2002 年 9 月，光大银行在国内第一次推出美元结构性存款，成为第一款银行理财产品，2005 年，银监会出台了《商业银行个人理财业务管理暂行办法》和《商业银行个人理财业务风险管理指引》，为开展理财业务提供了监管法规和政策支持，国内的银行理财业务得到了快速的发展，产品种类也迅速变得丰富起来。二是 2008 年至 2012 年的监管套利与监管博弈阶段，银行为绕过宏观调控和信贷规模管控，纷纷通过理财产品和银信合作等方式寻找资产出表通道，部分银行发行"滚动发售、集合运作、期限错配、分离定价"的"资金池—资产池"模式产品，银监会先后出台了近20个监管规范性文件对银信合作和银行理财业务进行规范，但银行开发出更多的交易结构以规避监管，并通过银证、银基、银保合作等新的通道进行监管套利。三是2013年至今的产品转型与监管规范阶段，2013年3月，银监会出台了《关于规范商业银行理财业务投资运作有关问题的通知》（以下简称"8号文"），按照实质重于形式的原则提出了"非标准化债权资产"（以下简称"非标"资产）的概念和双限的比例控制要求，提出拆分"资金池—资产池"，要求每个理财产品"单独管理、建账和核算"，之后又推动银行设立理财事业部和产品向净值型产品转型，研究制定《商业银行理财业务监督管理办法（征求意见稿）》，逐步推动银行理财产品从利率市场化的替代品向真正的资管产品转型。

三、银行理财产品近年来快速发展的原因分析

（一）经济增长与老龄化带来的居民财富保值增值需要

改革开放近40年来，国民经济保持了持续快速增长，居民的财富也有了较多积累。根据波士顿咨询公司数据库测算，2015年底，中国个人可投资资产约为110万亿元，到2020年仍将以13%的年复合增长率增长至约200万亿元。不断积累的居民财富将产生大量的投资理财需求。另外，我国已进入老龄化社会并呈加速发展态势，自2000年以来，60岁以上人口达1.3亿人，占总人口的10.2%，预计到2030年，中国65岁以上人口占比将超过日本。因此，具备增值保值能力和跨期配置属性的银行理财产品拥有巨大增长空间。斯蒂格利茨的研究发现，由于中国社会保障和医疗保障体系建设尚处于初级阶段，中国国民的预防动机相当强烈。相应地，我国投资者的风险偏好相对较低，银行理财产品则较好地满足了这种需求。

（二） 金融抑制下 "资金脱媒" 与利率市场化的选择

如果用戈德史密斯提出的评价金融深化程度的四个指标来看，我国的金融深化程度在近年来有了显著的提高。但是，我国金融市场发展至今，银行业金融机构的资产仍占全部金融资产的90%左右，金融资产结构不合理，信贷结构失衡，股票与债券市场配置效率不高，保费占GDP比重仍较低，金融抑制的情况仍较为严重。金融抑制下，原有的管制低利率导致存款流失而追逐高利率的投资工具，融资方也可以获得银行贷款无法提供的资金支持，这种 "资金脱媒" 也对利率市场化改革提出了要求。因此，银行需要发展理财产品来留住资金和客户，实现向利率市场化的成功过渡。事实上，这也是银行理财产品为我国银行业金融机构顺利实现利率市场化所做的重要历史性贡献。

（三） 过分依靠间接融资体系下商业银行的监管套利

在经济发展顺周期下，我国的金融体系长期结构失衡，过分依赖于银行体系的间接融资，金融资产的90%以上是银行业资产。但也由此带来了明显的弊端：一是需要不断补充资本，以2010年为例，国内12家上市银行需要补充资本超过5000亿元，资本补充占当年整个股票市场融资规模的40%，资本补充的路径不可持续。二是2008年以来为了应对国际金融危机带来的消极影响，中央政府推出了 "四万亿" 经济刺激计划与十大产业振兴规划，银行的资产负债表迅速扩张，资本补充的压力进一步加剧，而信贷资产证券化一直没能实现常态化，银行资产无法正常出表。三是央行为了大规模对冲新增外汇占款，从2003年至2011年共计33次提高法定准备金率，其间仅有4次降低准备金率，2011年法定准备金率达到历史最高的21.5%，而且央行还通过 "合意贷款" 对商业银行进行了贷款限额管理。因此，商业银行有强烈的监管套利动机，而银行理财产品在会计上的处理特点则为银行资产出表和监管套利提供了便利条件。

（四） 银行经营转型与保持竞争力的要求

随着利率市场化进程加快和资本约束增强，传统以存贷利差为主要收入来源的资本消耗型经营模式受到了挑战，国内的商业银行需要加快经营转型，开展中间业务，增加非利息收入，持续保持在未来的竞争力。从国际银行业发展趋势看，开展包括资产管理在内的综合化金融服务已成为银行业保持核心竞争力的重要内容。因此，发展银行理财产品成为实现这一目标的有效路径。

四、银行理财产品中存在的问题与风险

银行理财产品主要存在以下风险：

（一） 投资管理中存在的信用风险、市场风险与流动性风险

银行理财产品中最大的投资资产类别就是信用债和"非标"资产。但目前国内信用债的收益率未能合理反映信用风险的溢价水平，随着经济下行压力加大和产业结构调整，"僵尸企业"加快"去产能"，部分地区和产能过剩行业的信用债和"非标资产"的信用违约风险均有所上升。近年来，国内债券市场发行量大幅度上升，债券收益率显著下行，部分银行理财债券投资采取拉长久期，主动承担利率风险的投资策略，但金融市场环境一旦发生较大变化甚至反转，就会带来较大的市场风险与流动性风险。

（二） 部分银行的"资金池—资产池"模式带来的期限错配与利率风险

部分银行采取的"资金池—资产池"模式是银行赚取期限利差的主要来源，但也带来了期限错配与利率风险。如果负债端的资金成本高于资产端的投资收益，产品就会出现亏损，因此，需要积极管理利率风险敞口，

吸收长期负债，或配置更短期的资产，缓解期限错配带来的利率风险。从根本上讲，需要彻底改变预期收益率和产品滚动发行的模式，将利率风险从资产端完全传递到负债端。

（三）"通道业务"与"委外业务"快速增长背后的监管套利与投资缺乏有效管控的风险

"通道类业务"形成的原因比较复杂，前期主要是不允许银行理财产品独立在银行间债券市场和交易所市场开户，也无法单独对企业发放表外贷款，很多银行借助于信托、基金公司和证券公司开立投资账户和投放各类"非标资产"给融资客户，随着理财业务规模迅速发展，部分银行将其发展成为变相调整存贷比、资本、拨备等监管指标，进行监管套利的工具，有些银行甚至通过多层产品嵌套掩盖资产的真实投向和隐匿风险。

"委外业务"主要指银行将理财资金委托给基金公司、私募证券基金和证券公司进行债券和股票投资，利用这些机构的专业优势合作开展投资。部分中小银行委外业务发展中存在较大的风险，受托机构为了完成目标收益率，经常采取拉长久期、信用下沉和增加杠杆的投资策略，而委托的银行由于缺乏有效的投资风险管控，仍然允许受托机构在一定程度上的"暗箱操作"，没有动态实时地掌握投资的底层资产和风险敞口，出了风险，容易产生纠纷。事实上，2016年底债券市场的较大波动给委外业务带来了较大的风险，真正实现目标收益率并有效控制风险的受托机构并不多。

（四）行业中普遍存在的"隐性担保"与"刚性兑付"带来的声誉风险

银行理财目前仍以预期收益率型的产品为主，没有真正落实风险承担主体，存在一定的法律风险和道德风险。一方面，客户出于对银行的信赖，认为理财产品的预期收益即为应得实际收益，银行具有"隐性担保"职责。另一方面，银行认为按照协议约定，投资风险应由客户承担，由于双方均认为自己不是风险承担者，银行可能会因担心声誉风险而被迫"刚性兑付"。

五、银行理财产品的发展前瞻

银行理财发展的关键就是加快产品转型，打破刚性兑付，将其从利率市场化的替代品发展成为真正的资产管理产品，充分发挥其在大类资产配置上的优势，培育核心竞争力。如果能顺利实现转型，银行理财产品在未来仍然具有很好的发展前景。

（一）建立完善风险管理框架，强化银行理财产品风险管理体系

针对银行理财目前的风险，要建立区别于传统银行业务的理财业务风险管理框架和全流程风险管控体系。对于信用风险，要按照风险分散原则进行资产配置，对理财产品投资实施集中度比例限制，避免对单一客户过度授信，严格控制"非标"资产的投资比例和规模；对于市场风险，要按照安全性、流动性和收益性平衡原则，有效识别、计量、监督和控制各类投资产品的市场风险，按照对"大资管"统一监管要求合理控制债市和股市的杠杆比例，防范融资风险；对于流动性风险，要求理财产品与所投资资产一一对应、单独建账、单独核算，禁止开展资金池业务和期限错配。

（二）积极推动产品转型，彻底打破"刚性兑付"，实现"信息透明、组合投资、公允估值、动态管理、风险分散"

积极推动理财产品转型，一要进一步降低"非标"资产的投资比例和规模，给予一定的过渡期之后，将"非标"资产发展成为只能面向高净值客户的另类投资，而且不能有期限错配；二是推动除结构性产品之外的预期收益率型理财产品向开放式净值型产品转型，实现"信息透明、组合投资、公允估值、动态管理、风险分散"；三是要彻底改变目前部分银行的

"资金池—资产池"模式，关键在于引入第三方强制托管，对于每一个产品都真正实现独立核算，禁止产品间的不当交易，保证资产交易的公允性。

（三）培育核心竞争力，做好大类资产配置，去除不必要"通道"，规范发展"委外业务"，持续提高产品信息透明度和投资风险管控水平

国外的研究发现，资产配置获取的超额收益要远远大于证券选择的收益。相较于大资产管理行业中的其他子行业，银行理财得益于银行是宏观经济中最主要的参与者与市场资金的主要提供者，对于宏观经济研究和大类资产配置有自己独特的优势，有可能实现对各大类资产的分散配置，降低整体资产波动率，提升整体资产风险调整后收益，实现稳健的中长期投资。因此，这是银行理财业务的核心竞争力，需要进一步培育。一方面，要坚持"大资管"的统一标准和平等竞争，去除不必要的"通道"，避免"通道业务"隐匿、转嫁和放大理财业务风险，确保跨行业、跨市场资金"看得见、管得了、控得住"，实现对底层资产的真实"穿透"和有效"还原"。另一方面，要规范发展"委外业务"，做好交易对手的尽职调查、选择和有效管理，发挥银行理财在大类资产配置上的优势，实现资产的战略配置与战术配置相结合，吸收美国等市场上普遍存在的 FOF（基金的基金）与 MOM（管理人的管理人）模式的优点，规范发展此类业务，持续提高产品信息透明度，有效提升委外业务的风险管控水平。

（四）彻底打破"刚性兑付"，积极推动子公司改革，建好"栅栏"，强化与银行体系的风险隔离

在已经完成银行理财事业部制改革的基础上，有关部门应加快出台《银行理财业务监督管理办法》，加快银行理财产品向真正的资管产品转型步伐。同时，基于与基金产品的风险收益特征等方面的较大差别，国家应允许业务发展较为成熟的银行探索成立银行理财子公司，这不仅有利于进一步建立"栅栏"，强化理财业务与传统银行业务的风险隔离，也有利于

打破"刚性兑付",防范理财业务风险向银行体系传染。更重要的是,展望未来,仅靠传统存贷业务不可能一直保持银行的竞争优势,通过市场化的体制与机制,将银行理财业务发展成为真正有竞争力的资产管理业务,将为我国银行业在全球银行业舞台上持续保持竞争力起到积极而重要的作用。

（原载《中国金融》2017 年第 12 期）

互联网时代面向无水港的供应链金融创新服务模式研究

梅 佳 兰 强

"一带一路"倡议是我国首先提出的区域经济一体化战略，意义重大。该倡议将充分利用区位优势与沿线地区经济发展充分互动，进一步发挥我国作为经济增长极的引领示范作用。

我国广袤的中西部内陆地区资源丰富，市场广阔，交通便利。但由于深入内陆，大多远离海港，交通不便，导致物流及交易成本偏高，影响招商引资不利经济发展。无水港是内陆交通运输、物流的重要枢纽和节点。通过建设无水港，能够促进内陆地区对外开放，同时便于开展多式联运、物流金融等增值服务，从而进一步提高生产效率，降低运输成本。文献指出上海建设国际贸易中心应依托无水港，同时应注重软硬件基础设施建设。文献认为无水港建设上升为国家战略，注重市场导向的同时着力优化网络布局。文献认为无水港运行模式分为港口主导型、城市主导型以及海港与城市共同主导型等。结合无水港在西部地区的发展现状，认为应加强相应措施保障无水港发展。就已有对无水港研究来看，主要着重于战略规划层面，操作层面还比较少。随着互联网时代的到来，可以预见，依托无水港将互联网技术与供应链金融深度融合，创新金融服务助推"一带一路"倡议实施，促进区域经济跨越式发展是今后研究的重要方向之一。

一、无水港定义及供应链运营模式分析

1. 无水港定义

无水港是在内陆腹地建立的具有港口服务功能的物流中心，为客户提

供报关、检验等协同服务。货代、船代及综合运输企业直接在无水港区域
设置分支机构提供服务，货物的订舱，报关等操作流程可以就近在所在地
处理，借助虚拟无水港信息共享平台，可显著提高运行效率。

2. 无水港供应链运营模式分析

无水港供应链与海港供应链类似，提供物流集散中心式的服务。借助
无水港供应链能有效整合客户和供应商，提供高效率物流服务并显著降低
物流成本。

一般地，无水港供应链以制造商、大零售商为中心环节，围绕供应商
需求开展业务。货物由内陆运输到无水港，整个供应链包括零售和批发
业、多式联运、货代、船代、货物储运、配送、报关、保理、检验检疫
等。还包括对资金流、物流以及信息流整合及有效控制，最终通过服务客
户构成功能链结构运营模型，结构如图 1 所示。

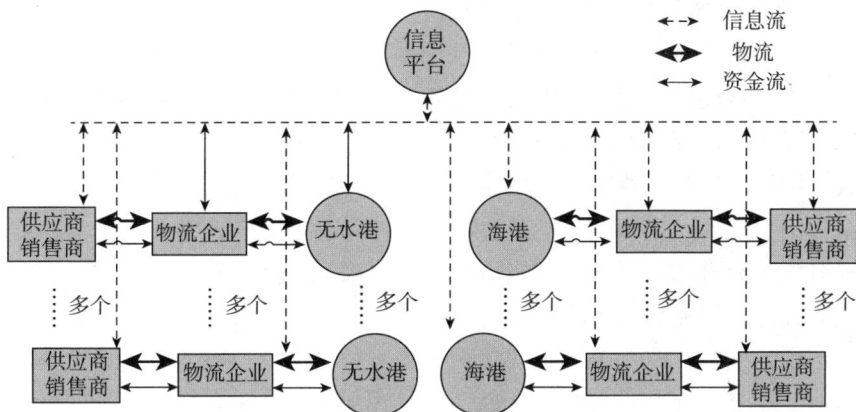

图1　无水港供应链运营模型

二、面向无水港的互联网供应链金融模式创新

与传统的制造业或一般海港供应链相比，无水港供应链具有以下特
征：（1）供应链成员增加。无水港供应链除了供应商、分销商、顾客等组
成成员，还包括了例如海陆（铁路）联运公司、货代公司、港口企业等其
他成员。（2）供应链服务增值方式，这点与海港供应链相似，对于无水港

供应链这种服务型供应链来说，中间少了商品生产这个环节，所有的增值活动都是通过服务完成的。（3）供应链复杂性更高。无水港企业的供应商的来源可以覆盖整个经济腹地，庞大的上游企业数量给无水港运作带来了很大的不确定性。另外，无水港企业及所处不同区域（节点）之间的差异性较强，从而增大了无水港供应链管理运作中的不确定性和复杂性。

由于无水港供应链的独特性，现有的制造业或一般海港供应链金融模式并不很适合，目前金融机构面向无水港供应链主要是为核心企业在采购原料和销售商品阶段，对其供应链上下游企业提供一般性的融资及结算服务，形式比较单一。为了更好地提高无水港运行的效率和竞争力，提升物流服务水平，结合当前互联网金融服务蓬勃发展的趋势，针对无水港供应链的贸易金融和服务业务亟待创新。接下来将探讨虚拟无水港综合性金融服务平台的构建、运作和服务创新。

1. 虚拟无水港和区域通关一体化

所谓虚拟无水港，就是通过信息化手段，采用虚拟技术将有水港口的设施、服务、功能以及进出口配套服务集成到统一的综合性物流信息平台上，借助互联网，内陆城市（无水港腹地）也能实现无水港服务（包括商检、海关、银行、保险、货运等）的全面覆盖，使得货物在仓库中就能完成部分或全部出口操作。虚拟无水港通过信息平台可高效协同各类要素资源，能显著提升物流综合效率并减低成本。图 2 为虚拟无水港功能及结构。以虚拟无水港为媒介，沿海港口为内陆无水港提供相应业务支持和服务是多对多的关系。可以极大地简化内陆无水港货物承揽、报关、检验等工作，高效追踪货物及有关交易，提升物流服务质量，便于收集整合信用基础信息，同时将有水港相应工作疏解到内陆无水港，提高有水港运营效率，降低企业成本，为围绕港口物流的现代物流产业及金融服务业的集聚化铺平道路。

区域通关一体化是海关系统落实"一带一路"倡议、深化改革的重要举措之一，已覆盖全国 42 个直属海关，促进贸易便利化，推动了外贸事业的发展。"属地申报、口岸验放"的模式下，外贸企业可在属地海关或区域内口岸海关间选择办理申报、纳税、放行手续，并能自主选择口岸清关、转关监管等一体化通关方式。实行区域通关一体化有助于降低物流成本，释放企业参与经济的活力。按照有关要求，各海关将建立区域性通关中心，打破关区界限，并在市场导向下打造统一的海关申报平台、风控平台、单据审核平台和现场作业平台。上述"一中心、四平台"的作业架构可促进区域联动，有利于提高海关全面提高跟踪对接服务水平，实现区域统一高效执法，从而拉高贸易活跃度和贸易质量。

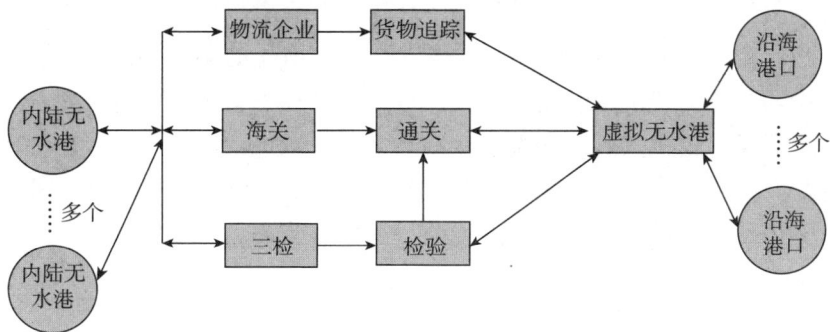

图 2　虚拟无水港功能结构

相当一部分无水港所处地区虽然货运量增长很快，但受限于基础设施和服务能力薄弱，信息化水平低，承载量远远落后于货运量的增长，发展"瓶颈"突出。虚拟无水港叠加区域通关一体化政策，通过打破管理区域界限，使内陆腹地与沿海港口之间的物流运输更为畅通，服务、管理、金融环境更为优良，极大地解放了生产力；进一步，将银行、保险、租赁等金融企业向供应链聚集并依法依规共享翔实有价值的各类客户资源和市场需求信息，使中小企业融资和信用问题得以有效解决。

2. 无水港综合性供应链金融服务的创新模式

（1）基于大数据和云计算技术的融通仓模式

物流、金融整合创新是近年来国内外学者关注的重点，业界也提出了很多有针对性的组合方案。融通仓，即由相关金融机构主导（主要是银行、担保公司等），核心企业（一般在产业链中居于重要地位，可为供应链上下游融资企业提供担保、质押、承诺回购等支持，解决融资难问题）、实力较强的物流公司（为融资需要开展质押物物流以及相应资产的监管、拍卖等）作为第三方机构参与服务供应链上下游中小企业，提供专业、系统、确定的融资方式。从而优化供应链运营，提高供应链物流、资金流运转效率，如图 3 所示。

随着云计算和大数据技术应用的不断泛化和深化，以融通仓模式为基础，结合虚拟无水港的概念，我们提出了集成大数据、云计算技术的融通仓供应链金融创新模式，以"互联网＋"理念为基础，通过建立一体化大数据"云交易平台",整合云计算、大数据、物联网、虚拟现实等技术打造专业化的物流金融信息服务,由核心企业注入保证金确保融资活动正常启动,将供应商、制造商、销售商、物流商和金融机构等所有节点在"云交易平台"直接对接(撮合),连接成一个虚拟化的商业网络集群,将供应链中各节点的线下交易线上化,根据交易方在平台上的行为,结合大数据技术分析、挖掘其资产状况、消费习惯、职业领域、信用等级等指标,作为为其提供供应链金融业务(如担保、贷款、拍卖、抵押等)的重要信用信息依据,从而有效控制金融风险。如图4为其运作模式。

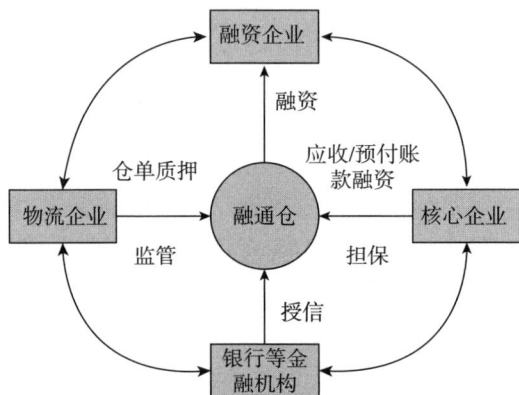

图 3　融通仓融资流程

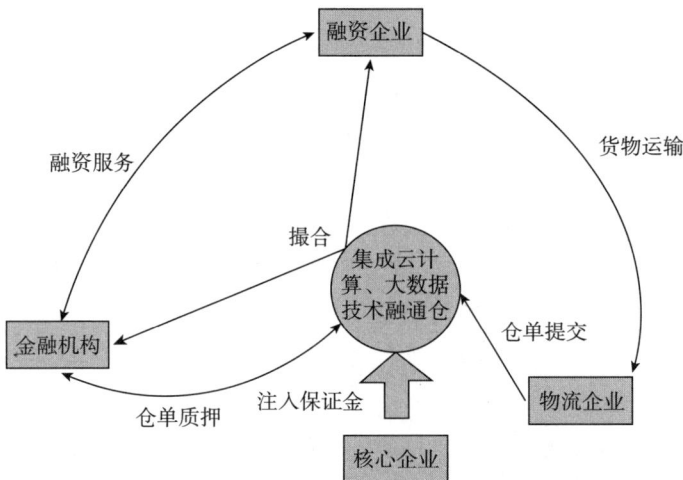

图 4　大数据、云计算技术支撑的融通仓运作模式

（2）无水港供应链资产证券化模式

在区域通关一体化改革全面实施的背景下，借助虚拟无水港平台，有水港口和无水港在政策、空间、电子口岸三方面一体化进程将进一步加快，通过整合多式联运、资源联动、外向型经济联动等运营模式，供应链规模不断扩大，管理水平和经济效益实现同步提升，各企业进一步融资扩大再生产的愿望也更为迫切。股权融资、债券融资虽然是最主要的两种传统融资方式，资产证券化近年来发展迅猛，已成为全球范围内业务量排名第三的融资模式，具有表外融资和风险分离的特征，且近来银行资产证券化也得到了央行的批准实施（2015 年 7 月，建行获准发行 500 亿元资产支持证券，信贷资产证券化试点规模大幅扩大），引入资产证券化用于供应链融资也为解决相关中小企业融资难问题提供了新的思路。

结合虚拟无水港平台供应链融资的特点，并以银行能够发行资产支持证券融资为前提，我们提出了结合有限仓单质押的应收账款资产证券化融资运作模式：通过对供应链上相关节点各企业实力进行评价，找出居于核心地位的一个或多个资金实力雄厚、信用良好、富有发展竞争力的企业，我们称为核心企业，其也是整个供应链的核心。融资需求大，但存在一定困难的企业一般为核心企业的上下游配套企业，且大多数为中小企业。这类企业由于实力弱，且处于卖方弱势地位，往往会接受核心企业不平等的贸易条件，产生大量应收账款而导致流动资金不足。更由于其银行授信水平普遍不高，融资困难，资金链易断裂导致供应链不稳定。我们针对核心企业上下游中小供应商存在的应收账款问题，结合资产证券化有关原理，提出了相应处理流程：为达到银行的贷款审核要求，由银行汇集 N 个中小企业交付的与核心企业相关的应收账款，发货仓单同时在银行有限质押（根据核心企业信用评级灵活实施仓单质押，质押后核心企业仍享有一定的仓单处置权，即银行对质押仓单只有有限处置权，这样既为企业提供了融资便利，也不至于过多影响商品流转效率）。证券化收益由银行提前垫付给中小企业，有限仓单质押的应收账款被汇集打包形成资产池，同时确定证券发行的种类和发行方式，在信用增级机构、信用评级机构的帮助下对证券实施信用增级和信用评级，自行或由相应承销机构向投资者发行有价证券。投资者购买证券，作为发行方的银行即获得应收账款款项和证券发行相关收入。同时，专门的服务商可接受银行委托，对应收账款款项进行收集并管理，相应款项汇至银行指定的受托服务商的专用账户上，到期证券的本息由受托方支付。图 5 为详细流程。

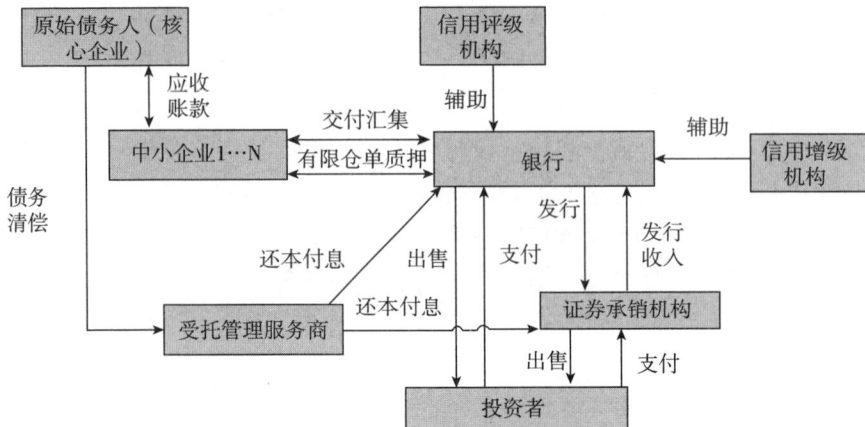

图 5　无水港供应链资产证券化交易流程

传统渠道的贷款和发债会同时增加资产和负债，不利于降低中小企业财务杠杆，容易发生财务风险。而我们提出的通过应收账款证券化对资产类账户的操作是一增一减。对相关企业财务杠杆没有影响，这样的融资模式有利于改善企业财务状况。

（3）基于供应链的融资租赁模式

核心企业凭借其实力强，信用好，在供应链融资方面有很大的便利。无水港供应链融资租赁模式，即由无水港供应链中的核心企业提供担保分担租赁公司风险，解决供应链内中小企业自身经营风险高又不能提供可靠抵押担保的现实困境。具体模式如图 6 所示：承租企业采用售后回租的方式向融资租赁公司融资，核心企业为承租企业提供担保（一般为与融资租赁公司签订的回购协议），保证在承租企业无力偿还融资租赁公司租金时，核心企业代承租企业退还融资租赁公司购买设备的资金。在这一模式下，租赁公司可以将租赁风险降到可控的范围内，核心企业也能通过下游客户的融资租赁促成交易，而得到最大实惠的还是融资成功的中小企业。这可以算是一种"三赢"的模式。

上述三种模式表明，以仓单质押或有限仓单质押将物流与金融结合，使得我们可以根据实际情况，选择融通仓模式、资产证券化融资模式或基于供应链的融资租赁，借助云计算、大数据技术构建虚拟无水港综合性供应链金融服务平台提供创新融资服务。一方面可降低企业融资成本，拓宽融资渠道，加快资金周转，提高使用效率。有利于解决供应链相关中小企业融资难问题；另一方面也便于收集各类信息，从整体上控制供应链融资风险。

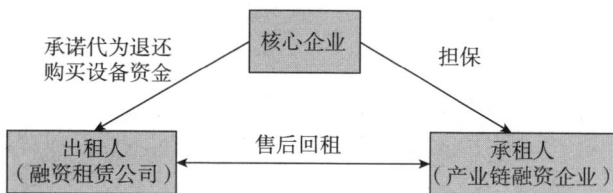

图6　无水港供应链融资租赁模式

三、新金融模式下无水港供应链融资发展思路

1. 适应互联网金融发展趋势优化无水港供应链融资模式

无水港融资业务应与互联网金融融合发展，借助虚拟无水港这一综合信息共享平台创新服务。一是进一步减少成本、提高效率，银行按原有模式做尽职调查要耗费大量的人力物力，而利用虚拟无水港平台可实现移动支付，并且详细的交易记录都有备案，就可以大大方便银行掌握相关情况，缩短审批时间，提高资金使用效率，使整个供应链更具竞争力。二是进一步使各企业能够通过虚拟无水港平台进销存系统共享信息迅速地掌握上下游各有关企业的产销计划、库存状况以及相应地区市场需求预测等信息，使得企业能够在瞬息万变的市场竞争中高效决策，占得先机。由于互联网的开放性，链内链外企业能便利地共享有关信息，无水港供应链融资模式其实是把大量中小企业与核心企业的信誉对接，在边际信誉度水平上中小企业与核心企业几乎持平，形成信誉的"乘数效应"，有利于确保整个供应链的稳定，对核心企业来说也是利好。三是借助虚拟无水港平台积极撮合银行、证券、保险等金融机构对接有融资需求的企业。通过互联网平台可以比较容易地获取企业的运营状况、信誉度及贸易背景。通过大数据分析，金融机构较容易地开发新客户，有针对性地拿出综合金融解决方案，有利于企业的发展，从而实现银企双方"共赢"发展目标。

2. 与产业引导基金结合助力地方经济发展

无水港作为交通的枢纽和物流集散地，本身就是产业集聚区。借助交通的便利性，某一类产业在无水港区域内高度集中，与产业相关的各类资本要素在空间范围内不断汇聚，形成产业集聚区。在产业集聚区内，上下游企业、相关服务业高度密集，规模效益明显，企业协作分工明确、成本得到降低，生产效率大幅提高，为产业升级换代创造了良好条件。为进一步加速产业集聚，解放生产力，应依托无水港设立产业引导基金，大量的货物可以通过虚拟无水港平台在内地迅速办理报关、检验等手续，可缓解港口城市交通拥堵、储位不足等问题。虚拟无水港平台一般都提供相应大数据分析工具，通过分析可以详细了解相关企业生产运营状况、产品销售渠道等各类信息，以市场化运作的方式，筛选出符合产业引导基金投资方向、示范性强的项目，以股权投资的形式对企业进行支持，发挥财政资金的杠杆效应，引导社会资本参与扶持龙头企业及关联配套企业，发展壮大协作企业，构建良好的金融环境，进一步加速产业集聚，最终形成以无水港区域为核心的、合理分布的多个特色产业集聚区。

3. 建设高效的无水港信息服务支撑系统

一方面要以信息化为抓手，建设并完善物流信息基础设施和相关制度，最大限度地提高管理自动化水平。另一方面要加快建设适应多式联运需要的港口电子口岸、大通关协作平台，同时完善各项应用服务实体功能，使港口与腹地无水港电子口岸信息系统无缝对接，实现港陆双方互联互通和信息共享，提高无水港运营效率，进而实现降低社会总体物流成本的目标。

4. 完善无水港供应链融资业务风险控制体系

一是重点考察核心企业，主要考察核心企业与上下游企业之间的合作关系是否稳定，供应链环节联系是否紧密，特别是交易历史应确保清晰完整，辅之以大数据技术分析，有效控制融资的信用风险；二是借助虚拟无水港平台建立健全供应链融资风险监测和评估体系，结合市场行情借助人工智能技术对风险进行有效识别，全面实时监控业务流程各个环节可能出现的风险，对高风险状况实行应急预案管理机制；三是在信用环境、法律环境培育方面下大功夫。进一步完善企业、个人信用登记制度，明确金融机构与供应链条中的企业各自相应权利和义务，积极与政府和第三方机构合作建立健全基于共享信息平台的信用风险评价机制。此外，应注重相关合同文本的合规性，将法律风险降到最小。

5. 加强无水港供应链金融业务人才的引进和培养

无水港供应链金融业务是金融、物流服务的创新模式，对专业人才的要求比较高。为提供更优质的服务，无水港运营企业、金融机构应加强与高校、科研院所、职业培训机构的合作，注重人才培养和储备。可考虑通过在政府相关管理部门或核心企业设立企业博士后工作站从外部引进高层次供应链金融业务人才。同时，加大对现有人才培训力度，建立业务相关人员资质认证制度，探索无水港供应链金融业务、服务的标准化，制定考试标准引导对相关人才进行权威、综合性职业评价，从而推动行业服务水平的提升。

（原载《区域金融研究》2017 年第 6 期）

互联网金融消费者保护机制：反思与重构

史广龙

近年来互联网金融平台倒闭风险事件集中爆发，2015 年 7 月涉案金额高达 430 亿元的泛亚交易所 P2P 类产品"日金宝"陷入兑付危机，同年 12 月投资总额累计超过 750 亿元的 E 租宝网贷平台涉嫌非法吸收公众存款罪被立案侦查，甚至一向以稳健著称的蚂蚁金服招财宝在 2016 年底也发生了旗下侨兴项目相关理财产品的重大违约事件，监管层对于互联网金融可能造成大规模系统性风险愈发警觉。中央政府重拳出击，《关于促进互联网金融健康发展的指导意见》《互联网金融风险专项整治工作实施方案》及相关配套措施正式颁布和实施，标志着以监管部门各司其职为核心的机构监管思维最终落实到了互联网金融领域。然而，实践中规制欠缺、操作不当、监管重叠、机制乏力等问题，依然十分普遍，监管效果大打折扣，严重影响了促进产业健康发展和防范金融风险监管目标的实现，迫切需要引入行为监管，加强对互联网金融消费者权益的保护，实现机构监管与行为监管两条腿走路的格局，变行业危机为监管转机，最终形成中国互联网金融监管的长效机制。

一、危机催生互联网金融消费者保护：改革与应对

历史上，金融监管改革往往与危机相伴而生。"次债"危机使得各国进一步意识到，只关注金融机构的利益诉求而忽视对消费者利益的切实保护，势必会破坏金融业赖以生存及发展的基础。在危机的形成阶段，金融消费者的非理性行为，无疑是导致泡沫不断膨胀的主要原因之一。增强行为监管，改善金融消费者权益保护，成了后金融危机时期各国对金融监管

反思和改革的重要内容，并逐步拓展至互联网金融领域。美国与德国作为英美法系与大陆法系的代表分别重塑了各自的金融监管体系。

（一）美国：以规范创业融资为核心

痛定思痛，美国首先做出了反应，2009年3月，美国财政部发布了《金融管制改革白皮书》，针对现行金融管制体制的弊病提出了系统性的改革方案。该改革方案除了强调完善和加强对金融机构和金融市场的通常管制思路以外，特别指出金融管制立法应重视对于消费者的保护。改革建议得到了奥巴马政府的强烈支持，公布了题为《金融监管改革：一个全新的基础——美国金融监管体制的重构》的"金融白皮书"，明确将创设一个全面保护金融消费者权利的金融消费者保护署。

在这样的背景下，《2010年华尔街改革与消费者保护法》（又以参议院银行委员会主席克里斯托弗·多德和众议院金融委员会主席巴尼·弗兰克命名，简称为《多德—弗兰克法案》）终于获得通过。它是自"大萧条"以来改革力度最大、影响最深远的金融监管改革议案，反映了美国朝野从政府到国会、从法律界到学术界对2007年至2009年金融危机的全面反思，为全球金融监管改革树立新标尺。自此，大型机构的互联网金融消费者保护正式归属于美国金融消费者保护署的职责范围。

此外，传统金融监管部门的职责分工也随着互联网金融的蓬勃发展而与时俱进。国际金融危机发生后，美国为了刺激经济，增加就业，出台了一系列与资本市场密切相关的法律。2012年4月生效的《创业企业扶助法》（*Jumpstart Our Business Startups Act*，简称"JOBS"法案）是在这一大背景下出台的重要法律文件。据此，互联网金融的两种主要业态——股权众筹与债权众筹——落入美国联邦证券监管委员会的管辖范围。互联网金融的运营模式只能在监管者划定的框架之内进行。互联网金融消费者的合法权益得以通过监管机构获得保障。

（二）德国：以减少信息不对称为重点

国际金融危机之后，德国等欧洲国家进一步加强了金融领域的消费者保护立法。为此，德国先后颁布和实施了《财产投资法》《资产投资法》

等重要的法律制度，保护金融消费者的合法权益。尽管如此，随着互联网理财产品的滥觞，普通金融消费者在不具备风险识别与损失承受能力的情况下，大量投资于较少受到监管的灰色金融市场。德国国内集中爆发了多起通过平台发行互联网金融理财产品的知名企业破产，导致金融消费者投资血本无归的风险事件。

为了解决上述问题，从根本上改善金融消费者保护状况，德国政府于2014 年 5 月 22 日颁布了《联邦政府金融消费者保护行动计划》：一是采取措施填充法律漏洞，提高金融产品的透明度，增强机构的信息披露，切实改善对散户投资者的保护；二是增加金融消费者通过调解等非诉讼方式解决与金融机构纠纷的途径，相关信息与德国金融监管局（BaFin）共享；三是提高金融消费者付费咨询的质量，并将其从理财产品拓展至保险和信贷等领域；四是通过法定形式确立德国金融监管局保护金融消费者整体利益的目标，其他消费者保护组织履行市场监督职责；五是实现普惠金融，保障金融消费者获得基本银行服务的权利。

《散户投资者保护法》是落实行动计划，保护灰色市场金融投资者权的重大举措。该法案并不是独立的单行立法，而是修订包括金融服务监管法、财产投资法、证券交易法、招股说明书法、证券收购法、商法典、资本投资法及相关法规在内的一揽子方案，其核心内容包括：一是消除现有法律的无法规制诸如网络贷款、次级债、众筹等的漏洞；二是增强金融产品的透明度和风险披露；三是提高金融消费者对金融产品信息的可获取性；四是确立销售金融产品的补充性规则框架；五是扩大和增加监管工具。据此，各类互联网新型金融产品与经营互联网金融的机构均落入德国金融监管局的管辖范围。

二、我国互联网金融消费者保护机制：现状与反思

互联网金融不仅包括传统金融业务的互联网化，也包括互联网机构主导的平台类非金融业务。近年来，在互联网金融大发展的背景下，传统金融监管体系暴露出了越来越多的缺陷，难以适应新的发展趋势，风险事件频发就是最好的证明。审视中国当前互联网金融消费者保护的现状，可以发现无论是在理念上还是制度上，我国与成熟金融市场国家相比均有较大

的差距，具体表现为：

（一）规制仍有欠缺：互联网金融消费者保护法尚不健全

互联网金融消费者保护并不是新鲜的话题。但是，由于互联网金融往往具有普惠金融与投资理财的双重功能，准确厘定这一领域消费者概念的内涵与外延具有实际困难，导致具有法律意义的互联网金融消费者概念始终没有确立起来，影响了法律制度对互联网金融消费者进行特别保护功能的发挥。这一缺失主要反映在以下三个方面：

一是互联网金融消费者保护的基本立法严重缺失。由于《消费者权益保护法》只是针对一般商品和服务过程中如何保护消费者权利的专门法律，其第2条对消费者的定义非常明确，只有"生活消费"才属于该法的保护范围，对"互联网金融消费"是否属于"生活消费"的范畴，目前无论是理论界还是实务界都争议较大，为法律的适用设置了障碍。此外，互联网金融消费涉及技术性较强的互联网和专业性较强的金融商品和服务，传统的消费者权益保护法律制度无法给出具有针对性的回应，保护性法律的可适用性被大大削弱。与此同时，包括银行法、证券法、保险法、信托法等在内的金融法律体系，相对于蓬勃发展的互联网金融存在严重的滞后并具有很大的局限性，对互联网金融消费者保护鲜有直接涉及，或者是只作原则性规定。

二是互联网金融消费者保护的特别立法层级较低。《关于促进互联网金融健康发展的指导意见》《互联网金融风险专项整治工作实施方案》作为构建互联网金融监管体系的基础性法律文件仅属多部门联合发布的规范性文件层级。目前，已经出台针对互联网支付、网络借贷、比特币等监管制度，基本属于规章和其他规范性文件，效力层级较低，且过于抽象，缺乏可操作性。时至今日，股权众筹融资、互联网基金销售、互联网保险、互联网信托、互联网金融消费的立法均尚未全面展开。

三是互联网金融消费者保护法律体系缺乏针对性。监管机构出台的规定，侧重点主要集中在对互联网金融（中介）机构及其经营行为的合规要求方面，无法对互联网金融消费者的合法权益形成正面而直接的保护。未赋予互联网金融消费者直接的民事请求权，导致其无法以之为依据主张损害赔偿。立法理念的偏差与立法层级的局限导致监管部门在规制互联网金融市场时，多偏重运用行政责任和刑事责任予以制裁，民事救济制度甚为薄弱，无法充分调动互联网金融消费者主动维权，直接监督互联网金融经营者的不法行为。

（二）操作不当：互联网金融（中介）机构机会主义行为泛滥

由于相关规则和监管制度严重缺位，长期以来互联网金融市场各种不规范行为一直大量存在。这些不规范行为一方面扰乱了正常的金融市场秩序，另一方面也严重地损害了互联网金融消费者的合法权益，具体表现为：

一是未正确评估客户。正确的客户评估，是互联网金融机构销售产品和提供服务的基础，也是监管部门三令五申要求履行的法定职责。但现实情况是，这一要求并未得到互联网金融机构足够的重视。互联网金融机构对客户评估流于形式的根本原因在于，它们本身是营利性组织。在与金融消费者存在利益冲突的情况下，互联网金融机构出于自身利益的考虑，不可能站在金融消费者一边。在操作上，互联网金融机构可以要求金融消费者线上确认相关测试文件中的选项和接受风险告知书的方式规避法律风险。在缺乏有效监管的情况下，有关评估客户的规定不仅没有维护金融消费者的合法权益，反倒成为互联网金融机构撇清责任的托词。

二是风险揭示不充分。从行为金融学的角度出发，金融消费者在面对收益与损失时，会表现出截然不同的态度。由于极端厌恶损失，金融消费者往往会对互联网金融机构详细揭示的各类风险尤其敏感，最终决定不投资或者少投资。相反，如果对风险金融模糊处理，则可以避免互联网金融消费者对风险的天然厌恶，提高金融机构的盈利能力。在不存在明确具体的风险揭示内容，强有力的惩戒措施，或者不能保证监管效率的情况下，互联网金融机构没有动力向消费者充分披露风险。

三是夸大宣传收益率。金融产品的盈利具有不确定性，其最高收益率仅是一种理论上的可能性，实现的概率也因不同的产品设计而不同，而普通投资者对此并不了解，互联网金融机构通过不当宣传手段造成金融消费者的误解和过高期待，损害了互联网金融消费者的知情权。同时，互联网金融机构为迎合互联网金融消费者的投机心理，自然会借助历史上极端情况下的高收益率，夸大宣传金融产品的收益能力，吸引尽可能多的线上客户。

四是自律监管难以落实。平台类互联网金融机构的盈利情况，主要取决于收取客户佣金的总额，投资者在金融市场上的实际损失很大程度上并不影响其盈利。同时，由于法律的空白和外部监管的无力，互联网金融机构通常缺乏进行自律监管的动力。实际上，在尚不成熟的互联网金融市场（例如，P2P 网络贷款），严格执行监管红线，规范自身经营行为，促成客户理性投资，会严重影响互联网金融机构的经营业绩。这导致互联网金融机构纷纷向底线竞争甚至无底线竞争，自律监管在商业利益面前沦为空中楼阁，损害互联网金融消费者权益的情况有增无减。

（三）机制欠缺：现行制度难解互联网金融消费者维权难题

互联网金融消费者维权，仍然是无解的难题。现有的监管机构和行业自律组织都没有对互联网金融消费者的维权问题给予关注，整个互联网金融消费纠纷处理机制存在严重不足。中国并没有一个针对金融消费者的保护机构，也不太可能设立保护互联网金融消费者的专业组织。各级消费者协会的工作主要侧重于消费者对非金融性的有形商品消费和劳务消费的保护。此外，由于互联网金融产品和金融服务相对复杂，具有很强的专业性和风险性，受协会工作人员知识结构的限制，普通消费者协会对保护互联网金融消费者权益即使有心，往往也无力承担这一职责。"一行三会"内设的金融消费者保护主要工作是一般性地推动金融机构完善消费者保护机制和进行消费者保护宣传，缺乏针对中介类互联网金融机构的影响力与窗口指导能力。

（四）救济困难：诉讼成本与收益不成比例

司法作为最后的救济途径，应当为互联网金融消费者提供公平、公正、有力的保护。但在实践中，司法救济并不充分。大量网络贷款平台对于借款人及资金使用信息披露非常有限，导致网络贷款的贷款人无法判断借款人风险等级，同时平台明确表示不承诺保证客户本金的安全，导致网络贷款人在遭受投资损失时很难依据违反合同追究网络贷款中介机构的责任。即使互联网金融机构在营业时，未能完全履行监管机关要求的法定义务，由于投资者在取证、举证方面都处于不利地位，而且单个互联网金融消费者的损害通常不是很大，考虑到诉讼成本等问题，金融消费者很少也很难通过诉讼的途径使损害获得补偿。此外，我国现行诉讼法律规定的不足使得法院无法正常发挥其对于金融监管机构进行司法审查的作用，同时，金融机构的特殊地位也在一定程度上造成了法院对待此类案件的回避态度，这些也直接影响到了互联网金融消费者合法权益的保护。

三、行为监管：互联网金融消费者保护机制的建构

无论是《关于促进互联网金融健康发展的指导意见》，还是《互联网金融风险专项整治工作实施方案》，都是建构在机构监管的思路基础之上。各部委在落实指导意见和实施方案的过程中，虽然也设置了部分行为监管的制度，但是整体而言对互联网金融消费者权益的保护过于笼统，难以落到实处。互联网金融领域的行为监管必须立足国情，充分考虑中国金融市场的发展阶段，借鉴国外成熟经验，在坚持一定前瞻性的同时，着眼于为已经暴露出来的突出问题提供解决方案。具体而言，短期内迫切需要做好以下四个方面的工作：

（一）压缩互联网金融机构机会主义行为

互联网金融市场的健康发展离不开完善的制度环境。在互联网金融法律关系中，互联网金融（中介）机构作为一个以追求利益最大化为目标的营利性机构，始终处于信息占有与经济地位的优势，在没有外部规则约束的情况下，根本没有动力维护其交易对手方的基本权益。因此，司法与监管等国家力量的介入必不可少。但是，无论是金融监管部门权力的运行还是司法裁判的开展，都有赖于清晰而明确的法律框架，因此应当以法律形式对互联网金融法律关系予以确定和厘清。

对此，有两种立法模式可供选择：一是分散模式。立法者逐步在银行法、证券法、保险法、信托法以及其他相关法律中有针对性地对各领域的

互联网金融消费者保护法律要点加以专门规定，或者对诸如网络贷款、互联网支付、数字货币等进行专门立法，形成相对完整的互联网金融消费者保护法律框架。二是集中模式。立法者颁布统一的互联网金融消费者保护法案，借此全面修订和完善现存法律中有关互联网金融消费者保护的内容。从短期来看，宜从分散模式入手，利用证券法的修订契机，在该法中对股权众筹等互联网金融消费者保护进行专门规定。随后，银行法、保险法、信托法也应逐步引入上述方式。混合模式可以在短期提高互联网金融消费者保护相关立法的等级，为互联网金融消费者主张权利提供便利，也可以提高法院审判的稳定性和可预见性。在此期间，监管部门和司法机关都可以逐步积累经验。在条件成熟时，应采用专门立法模式，一体化修订互联网金融消费者保护相关法律规定。

（二） 构建公正透明的纠纷处理机制

　　虽然互联网金融消费者在合法权益受损时可以通过诉讼途径来寻求保护，但是出于诉讼成本与结果不确定性等方面的考虑，如果权益受侵害程度并不严重，或者受损金额有限，同时又没有充分的胜诉把握，互联网金融消费者往往会选择放弃法律救济。另外，互联网金融产品种类繁多，涉及面甚广，法院受理的具体金融产品纠纷背后，往往涉及极其庞大的受害者群体。由于司法资源十分有限，我国又没有建立起完善的集团诉讼制度，法院审理案件的压力非常大。如果能以更温和、有效的方式将矛盾化解，使纠纷不至于诉至法院，则对互联网金融消费者、互联网金融机构以及司法机关来说，都百利而无一害。但是上述设想成立的前提在于，该纠纷解决机制的成本相对于诉讼而言更低。

　　有鉴于此，在互联网金融消费者投诉程序设置方面，可以遵循先内部解决，达不到满意结果时再诉诸外部程序处理的原则，即建立一个公正、透明的纠纷解决机制。该机构实际上类似于网上金融消费者仲裁组织，可以由金融监管部门负责运营。一旦互联网金融消费者与互联网金融机构无法私下达成和解协议，则互联网金融消费者单方可以提请互联网金融消费仲裁组织解决纠纷。网上"仲裁庭"成员应由金融监管机构代表、金融机构行业协会代表和金融消费者代表三方构成。该组织的日常经费应由金融监管部门，在对侵害消费者权益的金融机构进行行政处罚的罚款中抵扣。

这样，一方面降低了纠纷解决的成本，另一方面也可以对互联网金融机构进行一定威慑，即如果无法与互联网金融消费者私下和解，则可能面临严重的行政处罚。同时，由于该纠纷解决机制有互联网金融消费者代表参与其中，并定期公布纠纷案件的类型与解决情况，可以在一定程度上避免监管机构对监管对象的偏袒。为进一步发挥该纠纷解决机制的潜在功能，还可以建立能够公开查询的互联网消费者投诉信息数据库，根据互联网消费者投诉的次数和所涉及金额进行分类、调查、核实、调解，并通过定期的信息分析，识别潜在的互联网金融消费者保护问题，为规章政策的制定提供参考，及时发现互联网金融机构的运营风险，对于非法集资、非法吸收公众存款等互联网金融领域频发的违法犯罪案件的预警大有裨益。

（三）建立完善的互联网金融分级机制

互联网金融消费者在接受金融产品及服务时，受制于专业知识的缺乏和信息掌握的缺陷，极易非理性地做出错误的投资决策，为防止互联网金融机构利用互联网金融消费者的非理性行为向其推送那些超出互联网金融消费者认知能力和风险承受底线的金融产品和服务，有必要抬高这些金融产品和服务的准入门槛，实现对普通互联网金融消费者的保护。

通过禁止普通金融消费者参与高风险金融游戏而实现对其利益特殊保护的做法，在他国已有先例。针对我国国情，在具体的制度设计上，一要建立互联网金融产品分级制度，根据每类金融产品的特性，根据其风险状况以及容易理解程度，确定相应的等级，杜绝不适宜网上销售的金融产品面向普通互联网金融消费者。二要建立投资者分级机制，根据互联网金融消费者的资产状况、风险偏好、投资决策模式、需求和投资经验等，进行投资者分级，并针对不同的互联网金融消费者提供有针对性的互联网金融服务。为了保证互联网金融产品分级和互联网金融消费者分级的客观性，应该由相关部门的金融消费者保护部门共同设立金融产品评级和金融消费者分级的平台。互联网金融产品在向金融消费者发售之前，必须再向其主要监管部门备案过程中申请相应分级。互联网金融消费者应该主动到金融消费者保护平台完成个人的评级，随后才能购买互联网金融产品或者接受互联网金融服务。

互联网金融机构在撮合交易过程中必须保证互联网金融交易实现互联

网金融产品分级与互联网金融消费者分类相匹配，限制不合格的互联网金融消费者进入与其风险承受能力和投资能力不匹配的高风险市场。仅在互联网金融机构明确告知其不符合评级标准，并充分揭示风险情况下，金融消费者仍然坚持购买特定金融产品或者金融服务，则互联网金融机构可以适当免责。此外，应加强有关立法，确保评估过程中，互联网金融消费者提供的各类材料，原则上应仅仅服务于最终订立的互联网金融产品交易活动，任何超出合同目的范围使用互联网金融消费者个人资料都必须征得本人的书面同意。

（四）狠抓互联网金融产品信息披露

保护互联网金融消费者权益也包含加强互联网金融消费者自己的责任承担意识、培养成熟互联网金融消费者的要义。就目前互联网金融的实际状况而言，占据主导地位的是缺乏互联网金融基本常识的个人。不法互联网金融机构往往利用互联网金融消费者知识与经验的欠缺，通过对相关金融产品进行夸大，制造高收益的市场热点，趁机向互联网金融消费者兜售高风险产品，鼓动互联网金融消费者进行非理性的投资与消费，作为交易对手直接从中牟利，或者赚取代理费用与佣金。中国互联网金融市场违法犯罪行为相对于国外成熟资本市场更为猖狂，主要原因就在于此。

在这样的大背景下，与成本较高的互联网金融消费者个体自我学习相比，由设计与出售互联网金融产品，并具有专业知识的互联网金融机构进行相关互联网金融商品的风险揭示，成本将大幅度降低。该项费用应该由营利性的互联网金融机构支出，而不应该主要由一般纳税人供养的监管机构分担。对于标准化具有证券性质的互联网金融产品，应该根据其性质强制发布详细的产品说明书，并在整个产品存续期进行持续性的信息披露，互联网金融机构违反信息披露业务则应承担严苛的法律责任。金融消费者对于互联网金融产品的投资额度应该受到其个人资产总额和投资经历的限制，防止互联网金融机构针对高龄老人等互联网金融领域的弱势群体进行欺诈或者误导性销售。

此外，在互联网金融市场风险事故频发的背景下，互联网金融消费者仍然对高风险活动趋之若鹜，这一现象背后隐藏的事实在于，互联网金融消费者往往对其可以避免风险过于乐观，认为自己不会成为最后接盘者，如果操作得当，完全可以在市场高位时将其投资转嫁给后手，或者在多个高收益 P2P 网贷、P2P 股票融资平台投资，一定能够分散风险。对于个人决策过程中不可避免的非理性缺陷，解决方案也仅能从个人决策模型中进一步发掘。对于陷入非理性炒作状态的互联网金融产品，揭示其他投资者已经面临的损失，或者类似交易中出现过的违法犯罪活动，往往比单纯揭示市场风险更有价值。在得与失之间，一般投资者对损失更为敏感。由于金融机构没有动力揭示已经发生的亏损事件，或者市场过度炒作中酝酿出的系统风险，金融监管部门应承担起此种情况，强制要求互联网金融平台在明显位置及时、准确、完整地披露已经发生的互联网金融产品违约或者可能陷入破产的信息。

(原载《国际金融》2017 年第 8 期)

以基金模式开展农村金融创新

杨利峰　胡滨

农业投资需求大，周期长、见效慢，吸引大量社会资本困难，以基金模式开展农村金融创新是引进社会资本投资农业的重要手段之一，能够打破农业发展融资难的瓶颈，为地区和农业企业开辟新的资金来源。

2014 年国务院办公厅发布了《关于金融服务"三农"发展的若干意见》（国办发〔2014〕17 号），鼓励建立农业产业投资基金、农业创业投资、私募股权投资基金和农业科技创业投资基金。本文报道了农业领域三类基金的最新发展进展，并提出了三类基金的发展建议。

一、农业产业投资基金

农业产业投资基金一般是指政府发起，向特定机构投资者包括金融机构、社保基金、国企以及其他财政拨款为主要资金来源的企事业单位等为筹集资本成立的总规模较大的定向投资农业领域的产业基金。2017 年中央 1 号文件《中共中央、国务院关于深入推进农业供给侧结构性改革加快培育农业农村发展新动能的若干意见》第二十八条明确要求，改革财政支农投入机制，包括鼓励地方政府和社会资本设立各类农业农村发展投资基金。产业投资基金主要分为两类：公司型和契约型。其主要是通过对尚未上市的并具有高潜力企业的股权投资等途径来加快企业的上市，再进行股票的抛售获得大量利益从而实现自身资本增值。

2013 年 3 月 21 日，由财政部联合中国信达、中信集团和中国农业发展银行共同发起设立，经国务院批准，中国农业产业发展基金成立，管理的资产规模达 40 亿元。在此之前，各地政府为促进当地农业企业发展，纷纷成立了名目各异的农业产业发展基金。农业产业发展基金的成立，可以改变过去财政支农支出缺乏选择性、资金运用效率低下等问题。该类基金的设立，是国家用财政促进金融支持农业发展的又一次探索，将会对农业产业化发展产生重大影响。2015—2016 年，我国各地纷纷成立政府引导基金。根据清科数据库统计结果，截至 2016 年 6 月末，我国累计成立 911 只政府引导基金，基金规模达 25605.9 亿元人民币。

另外，农业板块的上市公司也开始布局农业产业投资基金。2015 年 12 月，大北农、金正大、普莱柯联手设立农业产业投资基金，该基金将紧紧围绕金正大、大北农和普莱柯的发展战略及业务方向进行投资，着力为三家上市公司培育和孵化优质标的资产。2016 年，雏鹰农牧分别与多方共同发起设立 4 只产业基金，聚焦农业及相关领域的投资机会。2016 年 10 月，敦煌种业与昂巨资产等合作设立农业产业并购基金，拟主要投资于敦煌种业产业链上下游的优质种业及大农业、大健康产业中技术领先或独占市场且盈利模式明确的科研、种植、养殖和食品加工企业。数据显示，自 2016 年 1 月以来，已有 16 家农业板块上市公司通过发起设立或参与设立的方式成立产业投资基金，并且已有上市公司通过产业投资基金进行了对外投资。

二、农业创业投资/私募股权投资基金(VC/PE)

农业创业投资/私募股权投资（VC/PE），是指专门投资于农业类非上市股权的一种投资方式。从投资方式角度看，农业私募股权投资是指通过私募形式对农业类非上市企业进行的权益性投资，在交易实施过程中附带考虑了将来的退出机制，即通过上市、并购或管理层回购等方式，出售持股获利。

据投中研究院的数据显示，2017 年上半年农业行业 VC/PE 融资案例数量仅发生 7 起，融资规模 34 万美元，环比 2016 年下半年的 393.96 万美元下降 91.44%，同比 2016 年上半年的 496.31 万美元下降 93.21%。"上半年，农业行业无论是 VC/PE 融资案例数量还是融资规模都大幅下跌，且跌至历史低位。"投中研究院分析师邓桃指出，受行业结构性矛盾制约，农业行业 VC/PE 融资案例数量自 2015 年起持续走低。行业私募融资金额最高的案例为渔耕田获得 0.23 亿美元天使轮融资，投资方暂未透露。渔耕田是一个鱼菜共生生态农场，农场将蔬菜和鱼共生培育，采用 20 米深水养殖，植物生长有助于水体自净，有效摆脱了鱼的"土腥味"困扰，产品通过互联网售卖。此次融资有利于渔耕田将农场模式移植到更多城市，让更多消费者体验鱼菜共生方式的安全和便利。

2017 年上半年，收益于农业行业共有 10 家企业完成 IPO 的利好影响，农业行业 IPO 退出回报率急速上升创新高。VC/PE 机构 IPO 账面退出回报率为 23.36 倍，同比、环比均大幅上涨，更是达到近年来的历史高峰；VC/PE 机构 IPO 账面退出回报为 4.02 亿美元，环比增长 18.93%，同比增长 298.27%。

三、农业科技创业投资基金

农业科技创业投资基金，又称农业科技风险投资基金，它是定向投资农业科技领域的风险投资，旨在促使农业科技类成果尽快商品化、产业化，以取得高资本收益的一种投资过程。

2016 年，研究机构 AgFunder 将农业科技划分为以下 8 大领域：（1）农业生物技术：包括遗传学、微生物育种在内的农作物与动物技术；（2）农场管理软件、传感器与物联网技术：农业数据采集设备、决策支持软件及大数据分析；（3）机器人、机械化与农业装备：自动化、无人机、农业种植设备等农业机械；（4）新型农业系统：室内农场、昆虫农场、藻类和微生物生产；（5）供应链技术：食品安全与追溯技术、物流配送、食品加工；（6）生物能源与生物材料：非食品提取加工、原料技术；（7）创新食品：替代蛋白质、新型营养物；（8）食品市场与食品电商：在线 F2C 电商、食品包装、食品配送。

研究机构 AgFunder 2016 年报告显示，全球农业科技领域风险投资数量 580 起，总交易额 32.3 亿美元。经过 2013—2015 年连续三年的快速增长，2016 年全球农业科技投资交易额比上一年下降 30%，但仍高于 2014 年。与此同时，交易数量增加了 10%。2016 年获得融资的美国农业科技企业的数量占比为 48%，而这一数字在 2014 年为 90%，2015 年为 58%。

Yiguo.com	$200.0
Bigbasket.com	$150.0
Benlai Life	$117.0
Farmer's Edge Laboratories	$41.0
MissFresh ecommerce	$36.0
Gfresh	$20.0
Wajiu.com	$18.7
Kolonial.no	$18.2
Youpeiliangpin	$18.1
AgriProtein	$17.5
Marley Spoon	$17.0
FreshMenu	$16.5
Ynsect	$15.2
Fruitday	$15.0
Delair-Tech	$14.5
Frichti	$13.4
Gousto	$12.3
Resson	$11.0
TruLeaf	$8.5
SemiosBIO Technologies	$8.0

Financing | $Millions

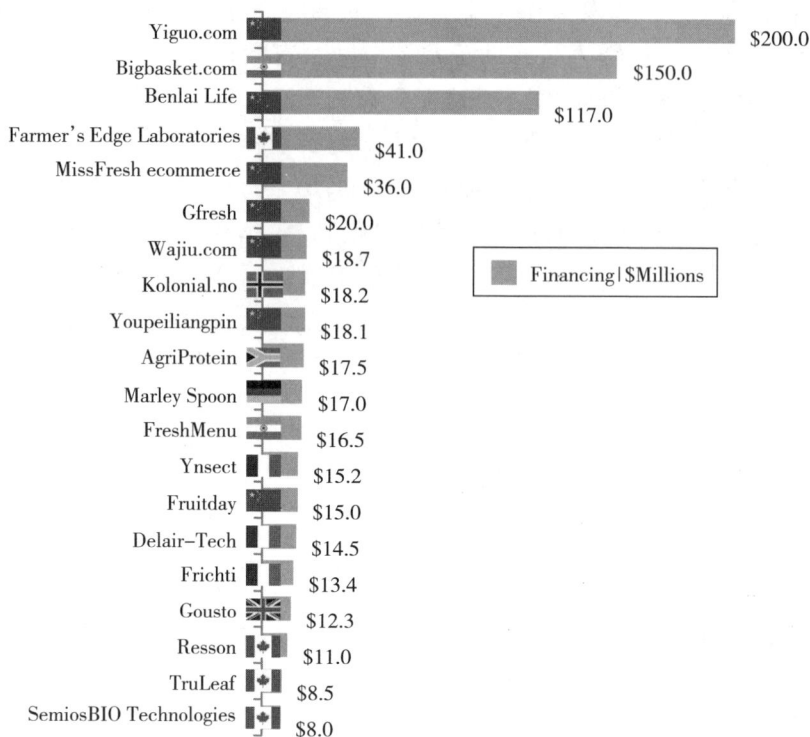

图 1   AgFunder 非美国家 2016 年交易前 20 统计

中国内地共有 10 起交易事件，交易额 4. 27 亿美元，全球非美市场前 20 风险投资交易中中国占据 7 起，前 10 中占据 6 席位。其中，易果生鲜完成 2 亿美元的 C 轮交易排名第一（阿里巴巴联手 KKR 注资约 2 亿美元，图 1 给出了非美市场前 20 风险投资交易）。苏宁于 2015 年 3 月宣布正式进军生鲜市场，开售自营生鲜产品，并命名为"苏鲜生"。预计易果生鲜的入驻将为"苏鲜生"直接增加 4000 个生鲜商品 SKU。据易果官方数据显示，易果生鲜的产品目前全为生鲜类产品，客单价在 150 ~ 200 元之间，综合毛利率超 30%。独立物流公司安鲜达目前拥有 6 地 7 仓，日均可处理订单 10 万元以上，覆盖全国 330 个主要城市和地区，履单成本 20% 出头，损耗在 3% ~ 4%。

四、农业领域三类基金的发展建议

第一，加强各级政府在政策的引导，做大存量。农业三类资金的来源主要来自财政拨款、企业自筹、国外资金和其他资本四个部分。农业领域风险大、投资额度大、收益低，而非政府资金是最重视效率和收益的资金，要制定合理的税收和其他优惠政策以保证增量资投入的收益，吸引更多的非政府资金进入。各级政府要分类施策，给三类基金以不同的优惠政策，引导更多的资金进入农业领域。

第二，资金的重点应放在农业产业基金上，做好存量。农业产业基金是三类基金中体量最大、各级政府参与最广、最深的一类基金，是资金进入农业领域的主力资金。我国大部分省区、各地市，甚至县区市，陆续成立了一系列的政府引导基金，截至 2016 年 6 月末，累计成立 911 只政府引导基金，基金规模达 25605.9 亿元。

第三，资金增量更多的引导到农业科技创业投资基金上，做优增量。高科技的农业领域是非政府资金最感兴趣的细分农业领域，也是市场识别风险相对容易、利润相对高的领域。在农业领域，目前市场完成融资的大部分集中在农业科技领域。

第四，完善和提高各类基金的治理体系。基金治理体系和基金管理层是执行基金运作的实体，资金的所有者（各级政府或国企和非政府组织或民企）要选有农业和投融资背景的人到管理层，尤其是政府资金背景的基金要特别注意。基金业行业协会和证监会要发挥其监督和领导作用，引导农业类基金健康发展。

（原载《银行家》2017 年第 191 期）

绿色金融与实体经济融合创新，
促进经济绿色增长

刘宏海

过去 30 多年经济高速增长创造巨量财富，同时也造成环境污染和资源过度消耗，粗放式经济发展难以为继，水污染、雾霾和土壤退化等环境问题亟待解决。绿色金融旨在以金融支持可减少空气、水和土壤污染，降低温室气体排放，提高资源使用效率，减缓和适应气候变化并体现其协同效应等环境效益的投融资活动。然而绿色金融主旨与金融资金追逐盈利的目的之间存在天然冲突。当前急需加快绿色金融与实体经济融合创新，消弭冲突，使绿色金融与实体经济发展激励相容，加快经济绿色化发展。

一、宏观经济增长中的绿色发展问题

世界经济发展的历史表明，经济早期增长主要依靠投资驱动，随着内燃机等普遍实用技术的出现，经济增长进入技术创新驱动阶段，20 世纪 50 年代后，发达国家进入"信息化驱动"经济增长阶段。尽管从工业化到后工业化，生产效率极大提升，但随着人口增加和人均消费增加，资源消耗和环境负担日趋过重。消费和投资结构扭曲、供需失衡伴随产能过剩也加速了环境危机。中国经济快速进入后工业化，生态环境也愈加脆弱，经济发展进入转折点，印证上述观点。

现实的问题是，技术创新驱动经济高速增长，信息化带动工业化，服务业和制造业互相融合，生产效率进一步提高，然而在满足消费欲望和实现商业利益后，对环境的索取并未得到应有的反哺，生态平衡被打破、气候变暖。也伴随生产和产能过剩，贫富差距拉大。政治家和学者们在反思中提出政治和社会责任承担、经济的绿色增长问题，努力建立和完善环保法律和制度，约束和激励生产者能自律履行环保的社会责任，倡导环保理念，推动低碳生活和绿色消费，并对绿色金融寄予厚望。

中国一直倡导绿色增长、绿色发展。京津冀一体化与河北雄安新区建立等国家战略皆提出环保与绿色发展优先；供给侧结构性改革的主要任务也包括节能减排和缓解环境污染；"十三五"精准扶贫与全面脱贫攻坚也有利于资源保护和生态恢复。但经济如何实现绿色结构调整和全面绿色增长仍有待探索，尤其金融的普遍绿化以及绿色金融与实体经济有效融合存在诸多问题。事实是：绿色的或非绿色的、深绿的或浅绿的经济活动还难以精细差异化和可量化操作，"去产能"还存在仅仅是简单的"去产量"，精准扶贫仍然困惑于不"准"的问题。但令人可喜的是环保法律和制度愈发完善，执行可谓无所不严，经济绿色发展动能初现。

二、绿色金融问题

金融融通资金，形成资产。资产可分为绿色或非绿资产，则金融引导绿色资产配置。绿色经济增长依赖金融的资源配置作用，金融资源的配置方向决定了绿色金融的内涵。当前经济的结构性问题归根结底是绿色发展问题，本质是存量经济的流量绿化和增量经济的绿色增长，内含多视角下多维度的经济绿色化结构调整和增长等转型发展。绿色金融与绿色发展相伴而生，绿色金融与实体经济有效融合，需厘清以下问题。

一是认定绿色金融，绿色证伪或证明问题。环保日趋严厉的情况下，通过环保评估构成项目立项、投产和运营的必要条件，这是证明的逻辑，即假定非绿，证实符合绿的标准，是绿色的。给予环保处罚，则是发现污染等非绿证据证伪的例子。然而非绿和绿色的界限难以精准确定，绿色程度更难以衡量。当前即存在对绿色认定范围过窄、绿色标准界定过于严格且单一的问题，大量经济活动既不能证伪也不能证真。关于绿色界定的问题构成金融现状仍以非绿金融为主的原因之一，也导致绿色生产和消费是奢侈品，绿色金融是少数供给品。绿色金融普适性、普遍性服务不足。

二是认定绿色金融，绿色的具体或抽象定义问题。供给侧结构性改革提出去产能任务，京津冀协同发展提出疏解首都非核心功能目标，历次中央1号文件重点强调"三农"问题和现代农业发展，"十三五"党中央部署精准脱贫任务、提出全面脱贫目标。从产业发展到经济结构调整，从投资、生产到消费，从环境保护到生态文明，从经济发展到社会发展，经济的绿色发展视角众多、维度丰富。绿与非绿、深绿与浅绿、转绿与加绿，绿的含义也多变不同。与绿色经济匹配的绿色金融求实还是务虚，限制了绿色金融的发展。求实或具体方面，受到绿色的量化技术和工具发展的极大约束，抽象或务虚方面，则需要多方达成共识、理论创新和突破。

三是发展绿色金融，有条件或无条件优先问题。行政管理和监管部门鼓励和支持绿色金融发展，除享有政策优惠支持外，甚至给予经济补贴，体现了对绿色金融和非绿色金融的区别对待。但优惠政策或补贴从来都存在白名单，有条件享有。基于经济的复杂性和多变性，白名单的制定滞后于现实的发展变化。对于既未在白名单又未在黑名单上的绝大多数，则是处于未划分颜色状态，无条件等待，其中即使是环境效益产出突出的项目在规制不变的情况下也仍将无限期等待。从微观实体角度，在没有正外部性补偿的情况下，对环境效益好的项目，出于经济利益考虑，也会被束之高阁。优先绿色金融发展实质上是广义绿色金融在有限条件下的狭义发展。

四是发展绿色金融，最大化环境效益或最大化投资利润问题。绿色金融和非绿色金融的资金成本相同，投入预算不同，投资回报率不同，环境效益不同。通常绿色金融投资因环保等投入预算增加而单位产品或服务并未获得更高的市场定价，投资利润率低，甚至投资人不愿意出资。在投资利润率最大化的私人决策下，若无外部环境效益对价补偿，投资人无推动绿色金融经济动机。在最大化环境效益的公共决策下，绿色金融发展能够获得动力，前提是公共投资。综合考虑，在市场经济条件下，以最大化环境效益为目标的绿色金融难以获得私人投资的青睐，绿色金融发展存在投资人的投资目标和环境保护等社会责任目标不一致的问题。

三、绿色金融与实体经济融合创新

上述问题表明，绿色金融与实体经济未密切融合、目标一致、激励相容，限制了绿色金融的广阔发展。社会治理和市场各级主体应着手推动解决上述四个矛盾问题，通过绿色金融与实体经济的融合创新，促进绿色金融普遍发展、社会环境效益显著提升。

一是绿色经济与绿色金融融合，由证真向证伪、具体向抽象创新定义绿色经济和绿色金融。绿色经济与绿色金融无须割裂，只要证伪不是绿色的，其他都是绿色的，为绿色经济融通资金即是绿色金融。证伪经济非绿既要在视角和维度上尽求具体，又要在具体视角和维度下尽求抽象，诸如扶贫是具体的一个视角和维度，其下"精准扶贫"则应力求抽象，避免过于具体而扶贫漏贫。绿色金融应依赖于绿色经济的定义，不应仅局限于具体投向和金融产品，任何投向和金融产品都可能服务于绿色的经济活动、转绿或加绿的过程。创新拓展绿色经济和绿色金融定义的外延，在当前物质产品丰裕，甚至过剩的时代，对促进绿色经济的全面发展和绿色金融的普遍服务更具现实意义。

二是绿色经济与绿色金融融合，创新制定黑名单，二分法全覆盖划分绿色与非绿色经济和绿色金融。虽然拓展绿色经济和绿色金融定义可全覆盖其应有的内涵和外延，但也存在错分的风险。根据二分法，若绿色经济和绿色金融的定义通过证伪划分非绿色经济和非绿色金融，并在绿色经济和绿色金融具体视角和维度下力求抽象定义，避免条件苛刻划绿为非绿，则对划非绿为绿给予较高容忍度。减低错分的办法即是制定更全面的、更细致的非绿黑名单，动态跟踪更新，及时纳入非绿经济活动，鼓励社会力量举报。同时针对环境效益极佳的经济活动制定绿优级白名单，为其提供环境效益政策补偿，对其他绿色经济活动分类，给予其普遍性的绿色金融服务。

三是绿色经济与绿色金融融合，明确为环保投入成本和环境效益埋单。绿色经济需要额外的环保投入产生环境效益，然而环境效益很难通过定价和市场交易变现，导致投资绿色经济的投资人以及绿色金融的目标函数与单一产出企业内部利润的经济活动目标函数不一致。为激励和补偿投资人愿意以绿色经济的方式生产、金融机构愿意为绿色经济活动融通资金，必须确保投资人和绿色金融至少能获得与非绿色金融投资相同的机会利润，即环保成本需要补偿、环境效益产出需要激励。政府和公益基金可发挥资金补偿和激励作用，在绿色经济和绿色金融认证和评估的前提下，通过环保固定资产采购和环保新技术应用补贴、环境效益补偿或采购、税收优惠或退税等手段明确为环保投入成本和环境效益埋单。

（原载《中国金融》2017年第19期）

2018 中国金融论丛

金融支持西部欠发达地区
循环经济发展研究

梅　佳

一、循环经济

（一）　循环经济定义

循环经济以低能耗、低排放、低污染为特征，贯彻可持续发展理念，主要依靠资源合理循环利用、环境适度开发来发展经济，是对过去粗放型经济增长的变革。充分体现了科学发展、绿色发展、可持续发展的要求。党的十八大将发展循环经济的地位和作用提到新的战略高度，把资源循环利用体系初步建立作为 2020 年全面建成小康社会目标之一，要求经济发展方式转变更多依靠节约资源和循环经济推动，着力推进绿色发展、循环发展、低碳发展，加快建设生态文明。

（二）　循环经济主要特征

循环经济的特征主要包括如下几个方面：一是系统协调。循环经济的发展考虑生态系统、生产系统、消费系统等方面的协调，不因发展而破坏环境，造成资源短缺及物价上涨。二是生态经济。过去发展经济，往往不考虑生态承载力，很多项目、产业属于高污染、高耗能，表面上看，各项指标都很不错，但是若把生态环境纳入一起考核，就会发现问题的严重。生态经济要求经济活动遵循自然规律和可持续性，在资源承载力之内形成良性循环，带来良性发展。三是价值取向。循环经济重视自然资源的充分利用，在开发的同时充分考虑生态修复，"既要金山银山也要绿水青山"。

二、西部欠发达地区循环经济融资存在的问题

（一）资金投入不足

循环经济是一种高质量的经济发展方式，对科技创新要求较高，虽然国家在政策、资金方面有一定程度的倾斜，但还不够完善、不够系统。尤其是西部欠发达地区经济基础薄弱，政府扶持力度有限，金融、税收方面缺乏相应政策支撑。企业前期投入较大，短期内效益不是很明显，导致企业积极性缺失。

（二）政策及措施缺位

循环经济具有投入高、资金回收周期长等特点，西部欠发达地区政府主要通过税收返还和奖励机制促进循环经济发展，但对金融支持循环经济相应的诱导及风险补偿机制不足，一些商业银行出于利润和风险的考虑，对循环经济支持有限，制约了循环经济的发展。

（三）融资渠道单一

受社会经济发展制约，西部欠发达地区发展循环经济的融资渠道极为单一，政府拨款占了大头，从金融机构、资本市场上获得融资很少。但由于政府财政资金非常有限，社会资本欲进入又顾虑重重，极大地制约了循环经济的发展。

2018
中国金融论丛

三、对策和建议

（一） 确立有利于循环经济发展的政策体系

政府要从有利于循环经济发展目标出发，把制度建设放在首位，不断完善政策支持体系，通过与具体项目结合确保切实可行，建立良好的发展生态环境，通过制度变革改进现有循环经济投融资体制机制，鼓励金融机构、社会资本加强对循环经济产业发展、技术改造等方面的投入及支持。制定政策应统筹考虑，多部门协调配合。环保、发改、工信、金融机构等单位要一起讨论，制定多方合意的制度或优惠政策，共同设计有利于循环经济发展、风险可控的金融产品，切实把各项政策落到实处，多方合力共同克服循环经济融资难的问题，提升循环经济参与率与经济产出率。

（二） 建立服务循环经济的商业银行信贷体制

一是将循环经济特有的环境、资源等指标特征纳入商业银行信贷审核考虑的因素中，通过相应政策助推企业投资循环经济及相关产业，建立与循环经济各有关要素相结合的企业信用评价制度，将企业履行生产者责任延伸制度信息、资源循环利用企业安全环保信息、再生产品和再制造产品质量信息等纳入全国信用信息共享平台。积极推动企业绿色（环境）信用评价机制，将评价结果向全社会公开，并作为信贷审批、贷后监管的重要依据。对信用记录良好的企业，设计相应信贷产品，在循环经济相关补贴、优惠政策等方面优先支持；对信用不良企业或失信企业要通过"黑名单"制度进行管理，依法依规采取停止发放贷款、缩减额度、提高利率等惩戒措施。二是改革商业银行的绩效评价制度，不仅重视信贷结构、营业收入等常规指标，还要加入循环经济有关因素，并把相应的评价考核指标与商业银行本身的央行再贷款利率和准备金率等监管因素结合起来，确保相关制度得到很好的执行。

（三） 设立支持循环经济的政策性金融组织

单靠市场化去推动建立支持循环经济的金融环境是不够的，还应更进一步改革，发展循环经济相关政策性金融组织。循环经济由于初始投入大，回报周期较长，相当一部分金融机构不愿涉足其中，更不要说就其模式改革。循环经济有其自身的特点，一般前期投资巨大，更加注重资源可持续利用及环境保护，一部分涉及公共服务的项目往往回报周期较长，使得企业参与顾虑较大。因此，设立支持循环经济的政策性金融组织尤为必要，我国现有政策性银行可以作为主要参与者，推动相应制度和体系的建设，对于一些资质较好的企业甚至可以给予低息贷款乃至无息贷款。政策性金融机构的建立和信贷机制的改革能够加强金融对循环经济的支持力度，形成有利于循环经济发展的市场氛围，培育市场不断完善，从而加速产融结合与良性互动。

（四） 加快产业整合拓宽融资渠道

要借助多种金融工具，积极通过资本市场进行产业整合，注重优惠政策的整体倾斜，吸引更多的企业投入循环经济产业，迅速壮大循环经济的发展规模。循环经济是国际经济发展的大趋势，也是我国与国际经济接轨的重要渠道。西部欠发达地区发展循环经济应主动对接世界银行等国际性开发金融机构，广开渠道，加快产业转型升级并形成特色产业集群。

（原载《中国集体经济》2018 年第 1 期）

区块链技术在金融服务领域的应用研究

刘绪光　杨　帅

区块链技术被认为是继大型机、个人电脑、互联网之后计算模式的颠覆式创新，甚至有重构金融业基础架构的潜力，被寄予希望能够解决行业发展的诸多痛点。目前，区块链的开发与应用实践在金融科技领域发展最为迅速，并逐步延伸到物联网、智能制造、数字资产交易等多个领域。

一、区块链技术的内涵与分类

（一）区块链技术的内涵

区块链技术起源于化名为"中本聪"的学者在 2008 年 11 月发表的奠基性论文《比特币：一种点对点电子现金系统》。

从狭义来讲，区块链是一种按照时间顺序将数据区块以顺序相连的方式组合的一种链式数据结构，并以密码学方式保证的不可篡改和不可伪造的分布式账本。

从广义来讲，区块链技术是利用块链式数据结构来验证与存储数据、利用分布式节点共识算法来生成和更新数据、利用密码学的方式保证数据传输和访问的安全、利用由自动化脚本代码组成的智能合约来编程和操作数据的一种全新的分布式基础架构与计算范式。

（二）区块链技术的分类

区块链系统根据应用场景和设计体系不同，一般分为公有链、联盟链和专有链三类。

1. 公有链。公有链的各个节点可以自由加入和退出网络，并参加链上数据的读写，运行时以扁平的拓扑结构互联互通，网络中不存在任何中心化的服务端节点。公有链包括比特币、以太坊、超级账本以及智能合约等，其中公有链的始祖是比特币区块链。

2. 联盟链。联盟链的各个节点通常有与之对应的实体机构组织，通过授权后才能加入与退出网络。各机构组织组成利益相关的联盟，共同维护区块链的健康运转。

3. 专有链。专有链的各个节点的写入权限收归内部控制，而读取权限可视需求有选择性地对外开放。专有链仍然具备区块链多节点运行的通用结构，适用于特定机构的内部数据管理与审计。据了解，Linux 基金会、R3CEV Corda 平台以及 Gem Health 网络的超级账本项目等，是几种不同的正在开发的专有链项目。

二、区块链技术的典型应用场景

区块链的应用领域众多，其应用场景大致可分为价值生成、登记确认、交易流通以及智能合约等，具体包括数字货币、跨境支付、电子商务、投票、公证、知识产权保护、证券发行交易、众筹、担保等各类经济社会事务。

（一）区块链技术在金融服务中的应用

金融服务是区块链技术的第一个典型应用领域，由于该技术所拥有的高可靠性、简化流程、交易可追踪、节约成本、降低操作风险以及改善数据质量等特征，使其具备了重构金融业基础架构的潜力，能够解决行业发展的诸多痛点。

1. 金融行业面临的部分现实困难

在支付结算领域，不同金融机构间的基础设施架构、业务流程各不相同，极大地增加了其对账、清算和结算的业务成本，同时涉及很多人工处理的环节，也容易出现操作风险。在资产管理领域，股权、债券、票据、收益凭证、仓单等资产由不同的中介机构托管，权益确认不便、交易成本高企。在证券领域，证券交易生命周期内的一系列流程耗时较长，增加了金融机构中后台的业务成本。在用户身份识别领域，不同金融机构间的用户数据难以实现高效的交互，重复认证成本较高，间接带来了用户身份信息泄露的风险，也使得反洗钱、反恐怖融资等监管工作较难落到实处。

2. 基于区块链技术的解决思路及应用场景

针对行业发展面临的上述问题和痛点，基于区块链技术的科技创新提出了新的解决办法和思路，可以实现在提高业务处理速度、效率的同时降低交易成本的目标。例如，对于各类资产的管理，如股权、债券、票据、收益凭证、仓单等均可被整合进区块链中，成为链上数字资产，使得资产所有者无须通过各种中介机构就能直接发起交易。特别是对于固定收益证券、回购协议、各种掉期交易以及银团贷款等，可实现合约的自动执行，保证相关合约只在交易对手方间可见，而对无关第三方保密，并通过相应机制确保其运行符合特定的法律和监管框架。

在支付结算领域，通过基于区块链技术的法定数字货币或者是某种"结算工具"的创设，与上文的链上数字资产对接，即可完成点对点的实时清算与结算，从而显著降低价值转移的成本，缩短清算、结算时间。此外，在客户识别（KYC）领域，区块链技术可实现数字化身份信息的安全、可靠管理，在保证客户隐私的前提下提升客户识别的效率并降低成本。

（二）区块链技术在保险服务中的应用

由于区块链技术在交易数据透明度与数据可信度方面具有很大的优势，因此受到了保险行业的高度关注。国内的保险企业在创新发展过程中，正逐步加大对区块链技术的探索和布局。其中的典型案例包括：

1. "安链云"电子保单存储系统。众安保险于近期开发了基于区块链技术的"安链云"平台，并搭建全球第一个部署在云端的保险核心系统，应用区块链实现健康险电子保单存储，将保单、客户及理赔等信息放到去中心化的区块链上。截至 2017 年 2 月底，众安保险已采用区块链存储技术处理健康险电子保单 21.27 万份，涉及保费收入 3736.36 万元。

2. "阳光贝"积分服务。该积分可在阳光积分商城兑换任何商品，用户在享受普通积分功能的基础上，还可以"发红包"的形式通过积分向朋友转赠、与其他公司发行的区块链积分互换。积分流通或兑换时，消费者使用私钥签名并同意积分支付。发行、流通、兑换等环节均记录在区块链中，保证了积分交易的真实性、时序性和完整性。

3. "区块链数据交易技术"应用于保险征信。2017 年 3 月，上海保交所联合 9 家保险机构成功通过区块链数据交易技术验证，从功能、性能、安全、运维四个维度验证了区块链在保险征信方面运用的可行性，借助区块链安全性、可追溯、不可篡改等优势，致力于解决保险业在征信方面长期存在的痛点、难点。

三、区块链与保险业结合的发展趋势及思考

随着区块链技术在保险投保、承保、理赔、客服等价值链环节的有效运用，将有助于解决利用信息不对称骗保、篡改原始病例虚假理赔、投保人客户信息流失被盗卖、保险赔偿金被冒领等一直以来长期困扰保险行业健康发展的问题。

一是基于区块链可溯源、不可篡改的特征，可以确保数据交易的真实性，实现客户信息一致性管理，优化业务流程，解决销售误导、骗保骗赔等问题。二是利用区块链开源、透明的特点，构建各保险机构为节点的联盟区块链，通过共识算法和加密技术，确保数据交易的安全性，实现行业数据在公司内部各业务环节、不同公司间（共保或再保）的跟进与共享，提高经营效率，降低运营成本。三是利用智能合约技术，实现自动理赔，提高理赔效率，降低索赔欺诈的概率。四是基于区块链技术，构建行业的信用共享机制和安全体系，服务于反保险欺诈、反洗钱、防范非法集资、征信等领域。

在积极鼓励创新、探索前沿应用的同时，我们也应该客观地看到，对于金融行业而言，目前区块链技术仍处在早期研发和试水阶段，各种技术方案、应用场景和商业模式仍需进一步探索和完善。

首先，要认真审视区块链技术公认的"特点"。如绝对的信息透明是否可能，是否会带来信息保护难题？基于区块链规则的"智能权责处理"，与线下资产确权如何关联？各种账本维护者是否有道德风险？账本规模会

否膨胀？交易费用与能耗是否会快速上升？这些都需要在鼓励创新实践的同时认真审视。通过技术、金融、法律等跨界合作，共同识别并解决区块链的缺陷和不足，才能使得这一革命性技术具有更长远的生命力。

其次，要深刻理解区块链技术并非一个全新的技术，区块链技术是多种成熟技术共用、衍生而成，它需要和其他已有的以及新兴技术（如生物特征识别技术、云计算、机器学习、量子计算等）一道构成下一代金融业的基础。其应用价值将依赖于物联网、加密、大数据技术的辅助，以及云存储、云计算的支撑。区块链应用于金融等领域，应淡化"去中心化"，而强调分布式、弱中心特征。其与金融业的结合，有利于开拓新市场，降低成本、增加效益，但绝不是颠覆性的，或者说其颠覆作用是最弱的，只是在广泛应用场景中带来链式和点状的优化。

最后，区块链创新监管需要"底线思维"。在实践中，要推动区块链创业企业发展与合作，真正使得有核心竞争力的企业获得有效支持。对于以区块链项目为名，实际却是非法集资的活动、打着数字货币旗号的各类传销币、冒充区块链创业项目的高杠杆风险等违法犯罪活动，要坚决予以打击。同时，可以借鉴"监管沙箱"制度实践，给予区块链技术在金融业的创新进行适当性监管，平衡科技创新与风险并存之间的矛盾。

（原载《财经国家》2017 年第 5 期）

农村土地收益保证贷款市场化思考

杨利峰

土地收益保证贷款是基于《农村土地承包法》，"允许土地承包经营权转让、转包、出租、互换"的规定，将土地承包经营权转让给物权融资公司，由物权融资公司向金融机构出具对农民贷款负连带保证责任承诺的新型融资模式，它合理规避了《担保法》和《物权法》不允许农村土地承包经营权抵押的法律限制。综述试点情况，土地收益保证贷款诞生于农业大省吉林，该项农村金融创新被称为吉林省的"农村金融革命"。

农村土地收益保证贷款是基于农村土地用益物权的重要金融创新，也是农村物权融资的重要创新模式之一。农村土地收益保证贷款突破了现有贷款模式，首次将土地未来收益权作为农民贷款的保证，把农村土地用益物中的收益权资产化，这为创新农村金融产品，解决农民贷款难问题提供了有效方案。为此，本文旨在探讨推动农村土地收益保证贷款市场化的若干思考。

一、农村土地收益保证贷款市场化的基本情况

"三农"问题是长期困扰中国农村经济的难点问题之一，截至2015年，中央1号文件连续12年聚焦"三农"问题，党的十八届三中全会决定要求，在加快构建新型农业经营体系，赋予农民更多财产权利以及健全自然资源资产产权制度和用途管制制度等方面加快推进改革，特别是第二十条明确指出"稳定农村土地承包关系并保持长久不变，在坚持和完善耕地保护制度前提下，赋予农民对承包地占有、使用、收益、流转及承包经营权抵押、担保权能，允许农民以承包经营权入股发展农业产业化经营。鼓励承包经营权在公开市场上向专业大户、家庭农场、农民合作社、农业企业流转，发展多种形式规模经营。"2015年8月24日，国务院出台

《关于开展农村承包土地的经营权和农民住房财产权抵押贷款试点的指导意见》，进一步明确了金融助力破解"三农"问题的方向。吉林、山西、内蒙古等省（自治区、直辖市）积极响应，相继出台了推动农村土地收益保证贷款试点的相关文件。

吉林首创的农村土地收益保证贷款，是在不改变土地所有权集体所有、土地农业用途的前提下，采取用土地未来一年或多年的承包经营收益做质押、通过将土地承包流转合同在当地农经站进行登记备案、再利用物权融资公司作为第三方提供连带保证的方式来实现农民融资目标。继吉林试点后，内蒙古、河北、四川、黑龙江等地也相继开展试点工作。

土地收益保证贷款试点主要集中在东北和四川盆地等人均耕地或草场面积较大的省区。从土地收益保证贷款额度来看（见表1）。吉林土地收益保证贷款额度达到16亿元，超过山西省和四川省等省份的总和。从表1可以看出，吉林、山西、四川都出台了省级层面的配套文件，使试点迅速在全省范围推广，特别是吉林省试点县市占到了全省的72%。而只有县级统筹的河北省（张北县的县级配套文件），发展比较缓慢，截至2015年底只有不到100笔的贷款。根据国家工商总局统计，截至2016年9月，全国有60余家已注册的物权融资公司，主要集中在吉林省、内蒙古自治区、黑龙江省、河北省、山西省等（见表2）。吉林省的物权融资公司数量（占全国的82%），注册资本金（超过100万元的6家、超过亿元的2家）在全国遥遥领先，黑龙江和内蒙古列第二梯队。其中黑龙江有4家，超1000万元的3家，超亿元的1家，内蒙古有5家，但企业规模略逊于黑龙江。综上分析，目前，全国农村土地收益保证贷款的市场规模还非常小，发展也不均衡，贷款规模仅有30亿元左右，且吉林省就占到16亿元，超过土地收益保证贷款总规模的50%。

表1　　　　　　2015年全国开展土地收益保证贷款试点情况

	吉林省	山西省	四川省	河北省
试点时间	2012年6月	2013年12月	2014年2月	2014年5月
试点县市	43/60	13/119	9/181	1/172
试点范围	全省覆盖	全省覆盖	全省覆盖	试点
贷款规模	16.3亿元（2015年11月）	约5亿元（2015年底）*	4.2亿元（2015年7月）	<100笔

续表

	吉林省	山西省	四川省	河北省
出台配套政策文件	《吉林省人民政府关于进一步强化金融服务"三农"发展的指导意见》《吉林省农村金融综合改革试验方案》	《山西省级转型综改试点县土地收益保证贷款试点工作方案》	《四川省农村土地流转收益保证贷款试点工作方案》《四川省农村土地流转收益保证贷款暂行办法》	《张北县土地流转收益保证贷款试点实施方案》

注：* 山西省数据采用某县土地收益保证贷款额度与试点县市数匡算而得。

表2　　　　　　　　物权融资公司在各省分布情况

省区	数量	1000万元数量	注册资金 >1 亿元数量
吉林	50	6	2
内蒙古	5	2	0
黑龙江	4	3	1
山西	1	0	0
河北	1	0	0

注：数据来自各省区的工商局。

二、推进农村土地收益保证贷款市场化遇到的问题

1. 农村土地收益保证贷款市场化存在法律障碍

2015 年 12 月，第十二届全国人民代表大会常务委员会第十八次会议决定，暂时调整北京市大兴区等 232 个试点县（市、区）行政区域，实施《中华人民共和国物权法》《中华人民共和国担保法》关于集体所有的耕地使用权不得抵押的规定。但是，全国大部分县市区还执行集体所有的耕地使用权不得抵押的规定。目前，推进农村土地收益保证贷款市场化存在法律障碍。笔者认为《中华人民共和国物权法》《中华人民共和国担保法》关于集体所有的耕地使用权不得抵押的规定将会调整，为农村物权融资消除法律障碍。

2. 物权融资公司市场化发展极不充分

物权融资公司作为连接农户和银行的桥梁和纽带，缓解了银行和农户之间信息不对称所造成的逆向选择和道德风险问题，降低了贷款的风险。从物

权融资公司股权（民营和国有控股）情况来看，目前，61 余家物权融资公司绝大多数为国有独资（所在县市的财政局控股），其中 10 家民营控股，51 家国有控股，国有控股和民营控股公司数量比例（见图 1）。从数量上来看，民营资本控股的企业少，国有控股企业占绝对主导地位，民营控股的物权融资公司仅起补充作用，农村土地收益保证贷款的市场化发展极不充分。

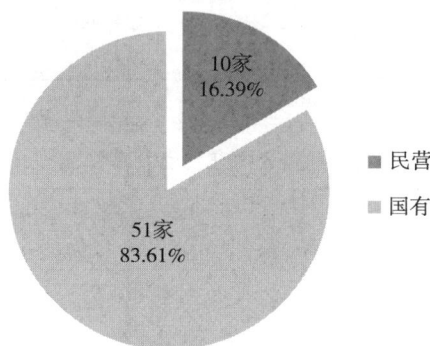

图 1   截至 2016 年 9 月 20 日，
物权融资公司民营控股和国有控股公司数量占比情况

另外，从物权融资公司数量变化分析来看，物权融资公司数量增速在减慢。图 2 给出了从 2012 年至今的物权融资公司的数量变化情况。可以看出，在初创阶段国有控股占据较明显的优势，2012 年 3 家全部是国有独资，其中最早成立的梨树县物权融资农业发展有限公司是梨树县国有独资控股的物权融资公司。物权融资公司数量的减少意味着从事土地收益保证贷款的机构积极性和创新活跃度在下降，因此，迫切需要扶持物权融资公司的发展，特别是支持民营资本参与的物权融资公司发展。

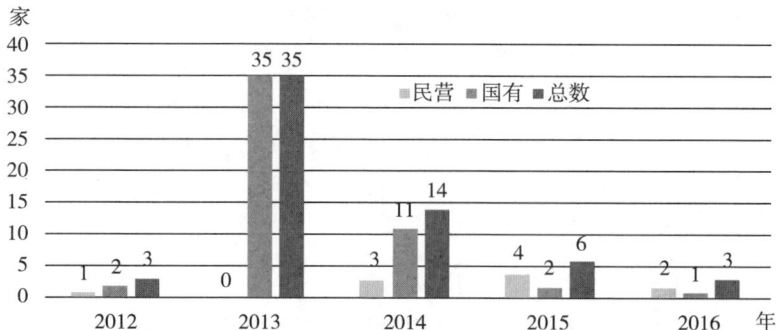

图 2   2012 年至今已注册物权融资公司数量变化情况

3. 农村土地收益科学评估是一个难题

目前，我国尚无特别专业的土地承包经营权价值和土地收益评估机构和评估人员，缺乏相对独立科学的评估价值作参照。与此同时，尚未形成完整的土地流转交易市场，土地流转的信息传播渠道不畅通，农民土地承包转让价格变动频繁且不稳定，乡与乡、村与村、地段与地段的价格不等，而价格的高低直接关系到贷款农民偿还贷款的额度。因此，土地收益如何科学定价是一个难题。由于缺少完善的土地流转交易市场、市场参与者活跃度不高、信息不对称，一旦借款人出现违约，物权融资公司很难处置借款人的土地承包经营权，导致金融机构不能及时收回贷款，影响金融机构开展土地流转收益保证贷款的积极性。

三、推进农村土地收益保证贷款市场化的政策建议

1. 进一步优化农村土地收益保证贷款的法律环境

2015 年 12 月 11 日，国务院批准《吉林省农村金融综合改革试验方案》，进一步优化了土地收益保证贷款的发展环境，特别是极大地吸引了民营资本的进入。与此同时，黑龙江、山西、河北、内蒙古等省区也在试点县市的基础上，制定出台了相关配套推进政策。全国其他省区也在积极争取开展土地收益保证贷款的试点工作。但推进农村土地收益保证贷款市场化还存在法律障碍，若要形成全国范围的农村物权融资市场还需要从制度上解决问题。为此，建议对《物权法》《农村土地承包法》和《担保法》等现有法律及相关政策法规进行修订，从根本上消除土地流转收益保证贷款的法律障碍，构建起更加优化的有利于农村土地经营权流转的法律制度环境。

2. 探索"政银保"土地收益保证贷款模式

2015 年，吉林保监局在吉林延边地区建立了"政银保"新型农村金融合作模式，把"物权公司 + 银行 +"的吉林模式扩展到"物权公司 + 银行 + 保险"模式。"政"即政府的物权公司，"银"即银行等金融机构，"保"即保险公司，通过三方合作，为有真实生产资金需求、良好信用记录和有发展前景的借款人提供增信担保，使其获得贷款。当贷款逾期未还时，由保险公司承担 80% 的责任，物权公司或银行承担 20% 的责任。农

村土地收益保证贷款的贷款利率为银行贷款基准利率上浮 30%（约 7.8%/年，见表3），这与其他农村金融贷款利率相比处于较低水平（与目前农村贷款品种利率相比）。通过土地收益贷款保证险产品的介入，带动银行资金向"三农"投放。截至 2015 年底，吉林省累计发放贷款 34081 笔，规模 16.3 亿元。这也是 2015 年 12 月 11 日，国务院批准《吉林省农村金融综合改革试验方案》后，吉林省最具创新意义的土地收益保证贷款模式。为此，建议其他省区市借鉴吉林的"政银保"模式，加快推动农村土地收益保证贷款的市场化进程。

表3　　　　农村土地收益保证贷款与农村其他各类贷款种类及利率

贷款种类	贷款利率
土地收益保证贷款利率	基准上浮 30%
土地收益保证贷款利率 + 保险费率	基准上浮 30% + 1.2% 保费
一般保证贷款利率	上浮 80% ~ 95%
粮食直补贷款利率	上浮 30%
农村信用贷款	上浮 95%

3. 积极吸引社会资本参股或控股物权融资公司

目前，大部分物权融资公司都是由各级地方政府投资设立，民营企业参与数量很少。如果鼓励社会资金参股甚至控股物权融资公司就可以提高效率，优化股权投资结构，有效激发物权融资公司的活力。如果对农民信用非常了解的村民委员会、农村信用社等参股，还可以解决土地收益保证贷款对农民的征信问题和土地收益的资产评估问题。这两个问题都是农村土地收益保证贷款市场化推进中的难点问题。为此，建议发挥市场在资源配置中的决定作用，调整和完善物权融资公司的股权结构，鼓励民间资本积极参与物权融资公司。

4. 开展农村土地收益保证贷款资产证券化试点

信贷资产证券化是将原本不流通的金融资产转换成为可流通资本市场证券的过程，使缺乏流动性的资产实现流动和可交易。2015 年 2 月 16 日，银监会《关于做好 2015 年农村金融服务工作的通知》明确提出：支持符合条件的银行业金融机构发行"三农"金融债，增加支农信贷资金来源，优先对涉农贷款开展资产证券化和资产流转试点。为农村开展农村信贷资产证券化提供了依据。土地收益保证贷款的结构设计正好为证券化预留了空间。为此，建议把农村土地收益保证贷款作为资产证券化的创新品种，开展以农村土地收益保证贷款为标的的资产证券化试点，这对于降低银行贷款风险，提高贷款品种的市场竞争力具有现实意义。

（原载《银行家》2016 年 177 期第 7 号）

旅游产业投融资模式及对策研究

梅 佳 兰 强

　　旅游产业又称为"无烟工业"，发展旅游产业符合当前我国"供给侧"结构性改革和绿色发展理念的要求，涉及亿万民生。随着物质水平不断提高，人民对生活品质的要求也不断提升。旅游产业与日常生活的方方面面相联系，通过发展旅游产业可以带动文化产业、服务业、交通等行业的发展。对于居民增收、繁荣社会主义文化、提升国民幸福指数有着重要的意义。

　　金融是产业发展的血液，是旅游产业快速健康发展的强力保证。传统的信贷融资方式较难发挥有效的融资功能，极大地制约了旅游业发展。由于资金匮乏，景区将无法进行基础设施建设与升级改造，没有完善的硬件条件，将会大大降低游客的满意度。与此同时，由于缺乏资金，许多优质的旅游资源不能得到充分的开发利用，在一定程度上也影响了地方经济的发展。因此，创新旅游产业投融资模式，扩大旅游产业融资规模，降低融资成本，提高融资手段可操作性成为当前亟待解决的问题。

一、旅游产业投融资存在的问题

（一）对招商引资有较大依赖

　　过去传统招商手段，如低租金和相应补贴现在对投资商的吸引力已经越来越弱。而景区文化渊源、政府配套设施和相应服务、人口集聚和市场的成熟则成为投资商重视的最主要几个因素。但投资主要集中在现金流（门票收入）稳定的成熟景区，投资规模占比较大的配套公共基础设施、新开发景区由于效益产生慢，占用大量资金且难以短期回笼，较难吸引到社会资本投资。因此总体来看旅游产业投资结构不优。

（二） 对旅游产业投融资体系规划不够科学

由于对项目的规划不够科学，调研论证不够充分，导致了投融资设计不合理。特别是旅游项目建设周期较长，政策及相应投资环境改变存在一定风险。为确保项目科学规划，稳步推进，需要政府、企业、金融机构等充分沟通探讨，制订出多方认可的合作方案。

（三） 旅游产业发展与资本市场结合不充分

旅游产业的融资一般主要是靠财政和信贷，以门票等营收作为回报，效率较低。旅游业态当前已经发展到以综合性文旅项目为主，投入巨大，靠传统融资方式难以完成项目总体投资，要实现投资规模化，必须通过资本市场进行融资，这也是本文关注所在。

二、旅游产业投融资创新模式

（一） 旅游资产证券化

美国证券交易委员会下的定义是："资产证券化是指主要由一组应收账款或其他金融资产构成的资产池提供的现金流支持的，有相应规则能保证在指定时间内资产转换成现金和一定的权力，这种证券也可以是由那些能够通过服务条款或者具有合适的分配程序给证券持有人提供收入的资产支持的证券。"借助美国证券交易委员会定义，结合旅游产业的特点，我们给出旅游资产证券化操作模式：首先确定发起人，通过发起人依法将地方政府或政府授权的旅游企业所属的满足一定条件、未来能产生一定现金流的资产（如门票经营权）以出售或委托的方式交由特殊目的公司（SPV）汇集；同质资产达到一定规模后，由 SPV 将其抵押发行多样化的证券，然后利用一系列信用增级手段提高证券评级，经由承销商在二级市场出售给投资者，贷款服务由服务商持续提供，信托机构持续监督和转移分配投资者收益的过程。通过资产证券化的方式，资产原始所有者的风险被屏蔽，相应风险只与证券化的资产本身相关。具体来说，旅游资产（主要是指旅游景区）证券化包含如下五个步骤：

第一步，界定好资产证券化的标的，科学合理地构建资产池。一般地，标的资产在未来一定期限内能产生现金收入，就可以运用资产证券化融资。原始权益人（具有未来现金收入所有权的企业或机构）应明确需求，确定作为证券化融资标的的资产。要求标的资产未来现金收入应该是稳定、可靠、可预测的。对于标的资产规模较小的情况，则还应通过组合的方式加入相似资产构成资产池。

第二步，设立 SPV 等机构。SPV（Special Prurose Vehical，即特殊目的公司），是景区项目资产证券化（ABS）融资运作的名义主体，可以是信用担保公司、信托投资公司、投资保险公司等独立法人机构，一般要求标准普尔公司或穆迪公司等国际权威评估机构评估的 AAA 级。

第三步，资产过户给 SPV。通过签订合同，将拟证券化的资产由原始权益人转移到 SPV 的名下，这些资产在权益人破产清算时不列入清算范围，确保破产隔离。可见，ABS 能成功运作关键在于组建好 SPV，这也正是 ABS 的特色所在。

第四步，通过增信发行债券。指 SPV 为了确保发行人按时支付投资者本息而采用的提高信用评级的各种有效手段。一般情况下，原始权益人过户给 SPV 的资产起初的信用等级并不理想，即使通过与 SPV 结合增加了信用等级但仍有可能不满足发行条件，需进一步增信以吸引更多的投资者。增信方式有两种：内部信用增级和外部信用增级。内部信用增级包括超额担保、现金储备账户以及设计优先/从属结构（划分优先证券和次级证券）。外部信用增级指外部的信用担保，SPV 在向高级别的专业担保公司办理金融担保时，保证按期按量支付本息，使 ABS 交易信用级别达到与高信用级别的金融担保公司同样水平。信用增级后，ABS 能够顺利进入容量高达 1 万亿美元的国际高档证券市场，发行流动性高、利率低的高档债券，从而降低财务费用。SPV 将 ABS 交由承销商发行，所得作为买入证券化资产的价款支付给原始权益人，原始权益人则实现融资目的，用于景区相关建设。

第五步，资金托管。SPV 属于交易中介，并不参与实质业务运作。因此还需协商确定一家托管银行并存入 ABS 发生的收入，由它负责资金的实际运作并按期对投资者还本付息（包括向机构支付服务费用），最后剩余部分全部返还给原始权益人。整个融资过程结束。

（二） 旅游信托

旅游信托是一种基于市场导向、服务于旅游产业发展的创新金融产品。旅游与信托产融结合，一方面能解决旅游业融资难问题，另一方面也丰富了信托的业务，使得信托业和旅游业达到双赢的局面。按照中国旅游统计年鉴数据，旅游业包括旅行社业、饭店业、景点景区、交通运输业及其他相关业态。信托产品的创新设计应体现行业特色，才能赢得市场，创造效益。

当前，相当多的旅行社规模小、业务分散，单独融资困难重重。针对这一特点，可以考虑在融资结构设计中将一定量的旅行社集中组合为一个整体，从而容易获得担保，有效降低融资难度并分散风险。旅行社集合型信托产品属于横向集合，也可按产业链及业务相关性拓展为面上的网状化集群，进一步引入贷款性、债权性、融资租赁等信托模式，提高融资效率和资金利用率。

（三） 旅游产业融资租赁

融资租赁作为产融结合的一种方式目前得到了国家大力提倡，旅游业与融资租赁的结合主要包括两方面，一种是传统上的方式：如大型主题公园的娱乐设施、码头、邮轮、酒店等固定资产。另一种是景区如产权明晰，可以通过抵押土地使用权或门票收入的方式进行融资租赁。此外，还可以通过成立专门公司进行旅游业和其他行业结合的融资租赁运作。逆周期性是融资租赁的一大特点，在经济不景气背景下采用融资租赁方式反而有利于企业效益优化。

"经济新常态"下，旅游产业内容日益丰富，智能化、多样化、高品质是发展的趋势，相应设备价格昂贵，通过融资租赁可以解决大部分资金，同时完善提升景区整体设施及环境。无形资产作为融资租赁标的也是行业发展的趋势，如与旅游业关联度很高的影视文化产权融资租赁业务发展迅速，将有利于旅游业扩展出更多业态，反过来进一步促进旅游融资租赁业的繁荣。

（四） PPP

我国 PPP 融资模式结构较为独特：地方政府和企业签订特许合同，通过政府部门采购形成契约关系，企业在接下来的项目开发中得到政府的扶持。在旅游项目中，政府可以合同的形式给予企业景区特许经营权，中国各个地方的政府部门通过采购形式和企业形成一种契约关系，并且签订特许合同，根据合同中的目的性，公司对旅游业项目进行筹资、建设和经营的整个过程，政府在其中做一个扶持的作用。在 PPP 模式中，私人企业也可以和政府企业进行很好的合作，从而参与公共基础设施的建设。

PPP 模式既有政府运作，又引入私人企业先进高效的管理模式。PPP 模式的设立激发了企业的参与性和主动性，政府参与及支持可以较大程度地降低企业风险，使得项目前期工作进行得更加顺畅，结合企业技术经验优势，能做好项目风险控制，对技术性问题能更有效介入，从而提高项目成功率。采用 PPP 模式，企业可以争取到更多优惠政策，政府主动服务的积极性也大为提高，这些对企业都有很大的吸引力。

旅游项目开发中常用的 PPP 模式为资本补贴模式，该模式将项目分为公益性和盈利性两部分。公益性部分主要是一些配套基础设施建设，主要由政府投资；盈利性部分主要是旅游项目开发、经营部分，主要由企业投资。政府通过与企业签订特许经营协议确保企业正常经营工作的展开，同时也可保障自身利益。项目初期，项目公司以租赁的形式从政府获得资产的经营权并获得投资收益；在项目的运行期政府通过租金参与收益分配；项目结束后，公司需无偿将全部资产归还政府。

PPP 模式可以将大项目划分为多个小项目，厘清权责边界，降低资金压力和风险。政府与企业风险共担，收益共享，有利于推动项目高效实施及运作。

三、政策建议

(一) 企业应练好内功

进行融资前以及证券化交易存续期间,景区企业应主动提高自己的经营运作能力,确保维护投资者各方面利益。在发行资产支持证券的过程中,为提高自身信用评级,景区企业一般会采用信用增级的方式提高证券的吸引力,应坚持依法依规运作,使风险水平在可控的范围之内。

(二) 政府应审慎选择合作方

政府层面出台鼓励企业证券化融资各项政策一定要审慎,一定要详细了解拟合作企业经营状况,必要时可以聘请第三方机构做尽职调查。要做好风险预判和事前防范,不能因急于招商引资而忽略了风险的防控,造成难以估量的后果。

(三) 开展旅游景区行业证券化融资需统筹协调

旅游资源的开发应与政府规划统筹协调,自然景区为国家所有,景区的开发牵涉多部门协同配合,要对融资对象、融资规模进行明确界定,明确责任主体,使得项目各阶段衔接得当,整体有序推进。

(四) PPP 模式应设置合理回报机制

采用 PPP 模式的旅游项目由于前期基础设施建设投入巨大,建成后又以提供公共服务为主,若是仅通过使用者付费来回收投资及获取基本收益,是很难实现回报目标的。一般地,可考虑将使用者付费与政府可行性缺口补贴相结合的回报机制,有效避免风险,提高社会资本参与的积极性。此外,在满足相应条件且依法依规的情况下,通过设置绩效考核机制，引入合理的超额利润分配方式，保证政府资金使用效率，同时将项目公司利润率控制在合理范围。

（原载《经营管理者》2017 年第 10 期）

证

券

篇

股权众筹公开发行制度探析

范文波

近年来，利用互联网平台进行股权融资的活动在我国逐渐兴起，业界称为"股权众筹"，吸引了大量创业者的兴趣并日益受到政府的关注。从实际情况看，我国股权众筹发展面临的最大问题是法律障碍。

2015 年 4 月，全国人大常委会第十四次会议审议了《证券法》修订草案，开创性地纳入了股权众筹，其中特别规定以互联网等众筹方式公开发行证券，符合相关规定条件的可以豁免注册或者核准，将为股权众筹的发展提供空间。值得一提的是，《证券法》修订草案新增的三项公开发行注册或核准豁免机制中，"众筹豁免"及"小额豁免"均与股权众筹直接相关，有望解决股权众筹公开发行的现实操作问题。

一、明确股权众筹公开发行有条件豁免制度

股权众筹产生的意义在于利用互联网面向更广泛的投资者，为创新创业主体提供高效便捷的融资。这种特点决定了股权众筹需要公开发行并免予监管审核。从美国等国的经验来看，对股权众筹公开发行给予豁免是可行的。

合理设定豁免注册或核准的条件。股权众筹的本质是为小微经济体提供融资。美国 JOBS 法案规定，通过众筹方式在 12 个月内累计融资额不超过 100 万美元的公开发行可以豁免注册。参考国际经验并考虑股权众筹发展空间，建议我国股权众筹公开发行豁免注册或核准的条件为融资额不超过 1000 万元。股份公司通过众筹公开发行后股东人数超过 200 人的，纳入非上市公众公司范围进行监管。

强化众筹平台对公开发行的信息审核责任。为保护投资者利益，众筹

2018 中国金融论丛

平台应承担对公开发行项目尽职调查及信息审核的法律责任，并在融资完成后向证券监管部门登记备案。

⌐ 二、建立合理的投资者适当性管理制度

股权众筹的重要功能之一，就是降低投资门槛，丰富社会投资渠道，形成多层次资本市场中更"接地气"的部分，如果给投资者设定过高门槛，股权众筹便失去了优势和发展根基。但股权投资毕竟是高风险投资，面对我国大量缺乏投资知识和经验且长期习惯于获取固定回报的普通人群，应该在法律层面形成投资者适当性管理制度。

国际上较普遍的做法是规定普通投资者的投资限额：绝对额限制，如加拿大部分省联合发布的众筹监管规则规定，投资者的单笔投资不得高于2500美元，年度投资总额不得超过1万美元；年收入或净资产比例限制，如英国将非成熟投资者的投资额限定为净资产总额的10%以内；投资绝对额限制与年收入或净资产比例限额相结合，如美国规定投资者年收入少于10万美元的，投资额不得超过2000美元或年收入的5%。

参考国际经验并考虑监管效率，建议我国股权众筹投资者适当性管理规定可涉及以下方面：一是将个人投资者分为一般投资者和成熟投资者，成熟投资者的界定主要从"资金实力"和"资质能力"两方面考虑。二是对一般投资者进行投资额度限制。在众筹平台众多、管理分散的情况下，对投资者进行投资总额限制操作上存在困难。建议主要从分散投资风险出发，规定一般投资者单笔投资不超过1万元。对个人成熟投资者及机构投资者不做投资额度限制。三是明确投资者适当性管理的责任主体。众筹网站作为股权众筹信息中介及发行平台，应当赋予其投资者适当性管理责任。众筹平台应要求投资者提供必要的身份信息，并对申请认证为成熟投资者的客户进行信息核实，确保投资者适当性管理制度得到落实。

⌐ 三、形成有效的投资者保护机制

从资本市场发展的经验来看，保护投资者最有效的办法是加强信息披

露。股权众筹市场的健康有序发展，既要降低信息披露成本、便利资本形成，又要有效解决信息不对称问题，切实保护投资者利益。因此股权众筹在信息披露方面，不应该也不可能走传统资本市场的道路。

转变信息披露理念。股权众筹信息披露的基本导向不求"全面"但求"有效"，在简化信息披露要求的同时要注重揭示有效信息。对于初创企业公开发行，可淡化历史信息披露要求，但要加大对融资项目技术创新、核心团队、盈利模式、发展前景等方面的信息披露，利于投资者做出价值判断和风险评估。发行后融资人应定期披露经营状况及资金使用情况，便于投资者动态掌握持续经营信息。

结合互联网金融特点创新信息披露方式。股权众筹作为互联网金融的重要模式，要发挥互联网在解决信息不对称问题方面的优势，如引入社交媒体及对项目的在线评价功能。未来众筹平台要在加强强制信息披露管理的同时，建立有效机制调动融资者自愿披露信息的积极性，并采取措施减少不实信息和市场噪声，探索充分借助云计算和大数据技术进一步提升信息透明度。

◰四、倡导提升效率性和安全性的管理机制

股权众筹模式的成熟和发展，需围绕便利融资与保护投资者这一矛盾，创新业务模式和运营机制，做好配套体系建设，促使融资效率性和投资安全性同时得到提升。结合股权众筹实践经验，建议鼓励发展以下管理机制。

"领投＋跟投"机制。"领投＋跟投"机制是国内外不少众筹平台采用的模式，实际上类似于传统资本市场的保荐机制，有利于提升信息披露透明度和项目估值科学性，降低投资风险，提升普通投资者信心。需要注意的是，该模式要加强对领投人的管理，防范领投人与融资者恶意串通，侵害普通投资者利益。

"冷静期"制度。投资者在做出投资决策时，可能受信息不对称或心理冲动等因素影响。因此鼓励众筹平台设立"冷静期"制度，投资者在认购股份一定时间内可以无条件撤销投资，以降低非理性投资行为。

"资金第三方托管"制度。为了保护投资者资金安全，防范众筹平台

资金池风险或卷款风险，应通过法律明确要求股权众筹资金必须在银行类金融机构进行第三方托管。

佣金资本化机制。为保证众筹平台与投资者的利益一致性，避免其为提升业绩而引入大量低质量项目，可允许众筹平台将应收取的部分佣金转为对融资者的股权，从而激励众筹平台加强前期项目审核及融资后项目持续管理。

五、搭建众筹股权流通平台

适当的退出机制和流通渠道，是增强众筹股权流动性和保护投资者利益的必然要求，也是未来股权众筹行业发展壮大后，巨额存量股权进行交易的内在需求。

建设众筹股权交易平台。建议证券监管部门牵头成立统一的"众筹股权转让交易系统"，发挥以下三方面职能：一是作为股权众筹信息统一备案系统；二是作为众筹股权二级交易平台；三是作为众筹平台破产应对机制。众筹平台破产或终止服务时，可由该系统对已完成融资的项目提供托管和其他必要服务，以稳定市场秩序。

建立转板对接机制。以"众筹股权转让交易系统"为平台，建立股权众筹与"新三板"及交易所的对接渠道，既可拓宽"新三板"及交易所的优质公司来源，健全众筹投资者的退出机制，又有利于推动融资主体进一步发展。

完善众筹股权转让交易规则。为保障普通投资者利益和企业经营稳定，需合理设置众筹股权转让的锁定期。例如，美国 JOBS 法案规定，通过众筹方式发行的证券，投资者自投资之日起 1 年内不得转让。对于我国众筹股权流通锁定期的规定笔者提出如下建议：一是融资主体的创始人及主要股东在发行后 3 年内不得转让所持股权，以防范创始人及主要股东利用股权转让套利。二是普通投资者所持股权在投资 1 年后才能转让，以抑制投机性交易及市场泡沫，同时推动投资者真正关注融资主体的长期发展，发挥众筹融资同时融智的功能。三是采取"领投＋跟投"模式的，领投人所持股权不得先于跟投人退出，以确保领投人充分履行普通投资人的委托。

六、确定对众筹平台适度监管的原则

众筹平台是股权众筹融资活动的枢纽，在股权众筹模式中发挥重要作用。第一，众筹平台具有项目审核义务，实际上承担着筛选项目并降低融资风险的功能。由此众筹平台将逐渐衍生出声誉型中介性质，投资者会基于对众筹平台的信任而做出投资决策。第二，众筹平台作为信息中介，为投融资者之间提供信息交流支持，对提升信息透明度及业务创新发挥关键作用。

对众筹平台的监管，要注重把握好监管的边界和力度。建议监管理念从规则导向转变为原则导向，以"明确定位、达标准入、鼓励创新、加强自律"作为监管原则。

一是明确众筹平台的性质定位。股权众筹平台从事的业务实质属于证券经营活动，但又与传统证券承销商存在区别，不少国家选择将其作为一种独立的市场主体进行注册或授权。为明确定位并规范监管，可赋予众筹平台等互联网金融机构独立的法律地位。

二是明确众筹平台的准入机制。众筹平台运行依赖互联网系统，网络平台的安全性和稳定性关系到客户信息、资金和证券的安全，因此应在股权众筹平台达到技术、人员、资金、风控等方面标准后，颁发股权众筹业务牌照。

三是在坚守底线的前提下鼓励创新。互联网金融的生命力在于不断创新，监管不宜设置过多条条框框抑制创新空间。监管机构可研究并明确股权众筹业务的"红线"，在红线范围内允许众筹平台开展业务及模式创新。

四是加强众筹平台的行业自律建设。快速发展中的众筹行业需充分借助行业自律机制予以规范。建议发挥证券业协会及中国互联网金融协会的作用，股权众筹平台开展业务须注册成为两家协会会员，并遵守协会相关自律性规定。此外，股权众筹公开发行放开后，众筹平台将涉及公众投资者利益，可考虑在行业范围内统筹设立众筹投资者保障基金。

（原载《中国金融》2016 年第 6 期）

2018
中国金融论丛

说说当前的新三板市场

朱元甲　刘坤

近三年来，新三板加速发展，无疑是中国多层次资本市场建设的重要历程。新三板的发展不仅解决了中小创新型企业走向公开资本市场，为其进行直接融资提供了渠道，也为国内的机构投资资本提供了退出渠道和投资渠道。新三板市场行情火爆，快速发展的同时，暴露了一些问题，例如，挂牌企业偏重于某几个行业、融资规模不大、融资渠道单一、挂牌企业经常上演业绩变脸等。因此，新三板一级市场还需要改进挂牌机制、交易机制、投资者机构以及信息披露等。

一、新三板市场存在的问题

（一）挂牌企业结构待改善

截至 2015 年底，新三板挂牌企业已经达到了 5129 家，从挂牌企业行业分布的数量来看，制造业和信息技术产业占据了四分之三的份额；从行业分布的市值来看，制造业、金融业和信息技术产业占了近 80% 的份额；从发行股份融资额来看，制造业、金融业和信息技术产业占比为 77%。显然，挂牌企业的数量逐月加速度增长，但是行业过度集中。不合理的行业机构造成新三板市场的大起大落，容易引起系统性风险。姑且不论金融企业挂牌新三板的合理性，就新三板挂牌金融企业数量占总挂牌企业 1.8% 的比例，其融资额却接近新三板总融资规模的一半，这显然不是一个正常的市场现象。例如，私募股权投资基金管理机构挂牌新三板，九鼎、中科招商等市值都超过百亿元，甚至接近千亿元。这不仅扭曲了私募股权基金行业的发展，也必然会引起新三板市场的系统性风险。

（二）交易不活跃

在多层次资本市场中，新三板挂牌市场交易活跃程度仍然不够高，而且总体交易规模还偏小。与场内市场动辄万亿元的交易额相比，新三板的交易仍处于非常低的水平。新三板年换手率低于其他板块市场。还有一部分企业挂牌却从未发生交易，成为所谓"僵尸企业"。有些新三板企业挂牌后无人问津，有价无市等，都不是一个健康市场应有的现象。

新三板部分企业挂牌后无交易或交易不活跃的主要影响因素有两点：一是新三板市场长期以来交易清淡，企业挂牌门槛相对主板要求低得多，投资者和部分中小企业对是否进入新三板心存疑虑。二是新三板大部分采用协议转让方式的交易制度，即买卖双方通过平等协商达成交易的制度。这种双方自我寻找交易对象的方式，搜寻信息成本太高，同时信息不对称会导致交易失败率偏高。所以新三板协议转让方式对于股权投资类专业性很强的交易对象，难以达到活跃市场的目的。不过随着最近券商在新三板做市交易的强势介入，新三板挂牌企业的交易状况相对改善。

股份惜售及市场参与者成熟度低也是导致市场不活跃的重要因素。新三板挂牌企业多数是私人资本企业，企业实际控制人一般为个人。多数企业囿于中国目前信贷体系下，债务融资艰难，不得已引入权益资本。企业家本人对于企业的控制权相当看重。市场也经常出现引入资本后，企业原始控制人或创始团队控制权旁落的案例。这对于企业家而言是最大的威胁，因为中国企业家更看重自身对企业的实际控制权。因此，虽然企业在新三板挂牌，但是绝大多数为私人股东，由于挂牌企业股份规模小，企业家在权益融资和控制权之间的平衡：一方面为了维持股份交易价格，另一方面为了不稀释对企业的控制权，往往惜售手中的股份。

（三）挂牌企业融资依赖 VC/PE 比例高

在新三板市场挂牌企业增长的同时，其中有 VC/PE 支持背景的企业数量也在增加。从新三板挂牌企业的规模和发展阶段来看，大多数属于创新企业成长期，挂牌新三板之前，已经有很多企业进行了股权融资，主要是引进 VC/PE 资本（如图 1 所示）。最新半年来的数据显示：新三板挂牌企业中有 VC/PE 资本支持的挂牌企业书占比维持在 25% 的水平。

中小企业和创业企业进入发展期后的主要融资渠道依赖以 VC/PE 为主体的成长资本的支持。新三板市场成为 VC/PE 资本投资重要的项目源泉，很多 VC/PE 专门投资于新三板企业，例如成立新三板基金，参与挂牌企业的定向增发等。尽管新三板活跃后，挂牌企业可以通过新三板面向更多的投资人进行募资，估值水平也可能被放大，但是新三板企业过度依赖 VC/PE 资本的格局还没改变，而且从趋势上看还会增长。因为 VC/PE 机构具有很好的人力资源，市场上的 VC/PE 机构一般都会有自身投资风格的契合点，集中于某一行业和企业的投资服务和跟进。新三板成为 VC/PE 便利的退出渠道之后，这些资本会更加深入地投资于或聚焦新三板的企业等。

（四）挂牌企业业绩波动大

新三板挂牌企业存在业绩大幅波动的情况，其估值往往也存在被市场投机因素吹大的风险，这也刺激了后续企业的挂牌。

截至 2015 年底，新三板挂牌企业已达 5129 家，超过沪深两市 2800 多家上市公司总和。新三板总规模迅速扩张的同时，也逐渐暴露出市场和企业的问题。市场的行情波动较大、企业业绩变动大、企业抗风险能力较差和流动性不佳等。同其他板块相比，新三板的市盈率偏高。进入 2015 年，新三板市盈率基本上稳定在 40 倍以上。一方面，这一现象说明投资者对新三板市场前景看好；另一方面，也存在投机炒作的情况。例如，从 2015 年 3 月开始到 6 月，新三板市场市盈率平均在 50 倍以上，4 月一度超过 60 倍。这显然和当时中国股票市场的暴涨同步相关。随后危机到来，泡沫破灭，新三板市场市盈率适度下降。但是数值仍然较高（如图 1 所示）。

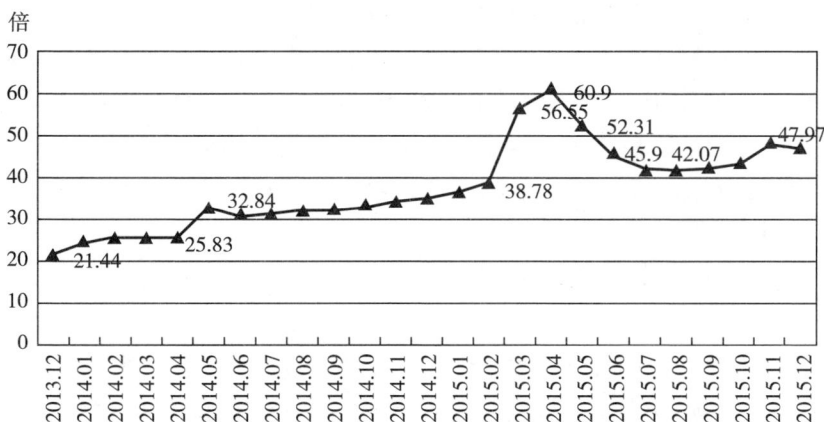

图1　2013年12月至2015年12月新三板市场整体市盈率

二、新三板市场发展对策

（一）加强对企业挂牌的指导

新三板称为"新"，关键在于其挂牌条件区别于主板、中小板和创业板，是一个新的资本市场板块。新三板定位服务于中小型企业的资本市场，为创新型、创业型、成长型的中小企业发展提供资本市场的服务，企业规模小，盈利模式尚不稳定等。这充分体现在挂牌新三板的企业条件很宽松，如没有财务和规模的限制性条件，主要的挂牌门槛仅仅是成立满两年、由券商推荐挂牌、企业经营业务明确、具备持续经营的能力等条件。

新三板虽然挂牌的门槛条件很低，但是不是所有的企业都适合在新三板挂牌。从新三板已挂牌企业的行业属性来看，制造业挂牌企业数量最多，占挂牌企业总数的53.5%，排名前三的行业挂牌企业数量占挂牌企业总数约五分之四的比例。在挂牌企业中，占总数2.05%（105家）的金融业，发行股份融资规模占总数的32.2%，排名前三的行业挂牌企业发行股票融资规模占总融资规模的76.78%。

新三板挂牌企业类型应属于适合致力于开拓战略性新兴产业的风险型企业。这类公司前景一般被看好，市场关注度和预期也都高，这对企业的融资和后续经营改善等成长有很好的激励效应。

金融业挂牌新三板不仅偏离了新三板的初衷，对金融业的发展本身也有不好的误导作用。金融业属于资本密集型行业，本身具有很强的伸缩性，金融企业的融资规模、融资效应都与一般企业不同。而且，金融业挂牌新三板，有悖于新三板服务对象要求——创业型、成长型中小微企业。

（二） 为挂牌完善后续交易机制

新三板现行协议转让和做市转让的交易制度，满足不了新三板市场发展的需要。完善的资本市场既要有市场规模，也要有非常活跃的二级市场交易，通过交易实现价格发现的功能和证券及资金的流通功能。协议转让和做市转让更适合机构投资者之间的交易。在中国个人投资者居多，且机构投资者不成熟的市场氛围中，现行交易制度不利于活跃市场交易。

活跃市场交易的首要改进就是推出竞价交易机制，完善新三板交易制度。随着选择做市企业数量增加，新三板推出竞价交易方式，预期市场流动性将进一步改善。对挂牌公司而言，竞价交易将促进挂牌企业特别是创新、创业、成长型企业估值定价体系的形成，通过做市转让，企业能进一步分散股权、提升公众化程度，增强市场流动性，畅通投融资渠道。对市场整体而言，竞价交易有利于全国股份转让系统完善市场化运行体系，理顺业务逻辑，提升市场的深度和广度，增强市场运行的稳定性。

（三） 优化合格机构投资者制度

降低投资者门槛，增强投资者的市场活跃度。同主板、中小板和创业板相比，新三板的个人投资者限制更严格。"证券类资产市值500万元人民币以上"这一条规定将很多对新三板感兴趣的投资者拒之门外，而新三板机构投资者的门槛也是500万元，个人投资者等同于机构投资者的准入标准，可见新三板门槛很高。

随着新三板市场规模扩大，以及投资者在参与资本市场活动中自身对风险判断能力的提高，新三板市场应尽可能为投资主体创造参与的机会，各个层次的投资者通过投资分享实体经济和资本市场成长的红利。新三板降低门槛，不仅使投资参与者增多，促使新三板活跃度增加，也可以培育合格投资者。完善的交易机制和活跃的市场，必须有相对充足的金融工具满足市场融资和投资者的需求。所以，增加融资工具，扩大中小企业债务融资模式，拓宽企业融资选择机会，改善挂牌企业过度依赖 PE/VC 等机构的资本局面。

（原载《银行家》2017 年第 2 期）

董事异质化

┈┈┈┈┈┈┈┈┈┈

林少伟[①]

一、引言

公司法规范意在降低代理成本，而董事义务被视为减少纵向代理成本的重要途径之一。为此，学者苦思冥想，为董事义务规范的内容及判断标准的设计绞尽脑汁，以试图在提高管理效率与保障股东利益之间取得平衡。董事义务之重要性无可置疑，但学界在对董事义务的具体内容争相辩论之时，却陷入只见树木，不见森林的困境。因为这一切的争论，乃基于一个（可能曾是事实的）假定：董事的同质化。即董事之间并不存在利益冲突，董事作为董事会成员，其权力的行使本质上是集体决策的一部分。董事义务并非针对某一个（类）董事，而是面向一切董事。在董事同质化这一逻辑假定下，学界所要探讨的是董事义务这"大一统"的森林外衣下，具体义务的内涵与判定。然而，"选区董事"（constituency directors）的出现，[②] 使得董事同质化的假定正（或已）出现变化，因为董事之一举一动，与其背后的"选民"息息相关。而不同"选区"的"选民"利益诉求的不一致，必然导致其所"选举"的"选区董事"出现利益龃龉。当此种利益冲突日益显现时，董事之同质化假定便难以如同以往那般任凭风吹雨打，也屹立不倒。同质化假定的摇曳，意味着董事出现异质化的转向。这一同质化向异质化的历史嬗变，昭示着公司法学者不能仅仅埋头专注于董事义务的细枝末节，也应有所抽离，深思董事异质化嬗变后，公司

---

① 西南政法大学民商法学院副教授，硕士生导师，商法教研室副主任，爱丁堡大学法学博士，特华科研工作站博士后。

② 选区董事这一概念在国内学界尚属空白。即便在西方法学界，关于这方面的讨论也较为少见。

法规则的可能变化。基于此，本文试图厘清这一演进脉络，揭示董事同质化的理论基础，探讨其向异质化演进的逻辑进程，并分析可能的应对路径。

二、董事同质化假定的理论基础

公司法学者之所以忽略董事之间可能的利益冲突，而埋头专注于义务的具体内涵与判定标准，实乃出于一种（符合逻辑）的假定前提：即董事具有同质化，且该同质化并非凭空臆造，而是具有理论基础。

（一） 董事对公司负有义务

尽管各国在董事义务的具体内涵上存有差异，在董事向谁负有义务这一问题上几乎无争议，即董事对公司负有义务。这意味着：第一，董事不对股东负有义务。第二，董事义务之强制实施只能由公司之代表进行，其他个人或机构因"无权"代表公司而无法对董事因义务之违反诉诸法院。董事对公司而非股东负有义务，源于公司具有独立法律人格这一周知特性。公司成立后，与其成员相互独立，不仅拥有独立财产，也具有独立之法律地位。受股东雇佣而管理公司之董事，在公司成立后对独立之公司负有义务，而不必侍奉二主。（控制）股东意图混淆二者，利用公司之独立外表，行以操纵之实的，可被刺破公司面纱而受直索责任追究。即便公司对董事义务之违反无能为力时，股东也只能符合法定条件下，提起"派生"之诉讼。

董事对公司而非股东负有义务这一传统理论，实质上抹杀了董事因受不同股东之指派而有利益偏好的可能。这种"大一统"的理论不但契合传统的公司与其成员相互独立理论，也简化了董事背后可能存在的潜在冲突，为董事同质化理论奠定理论基础。

（二） 董事会的自延性

董事同质化假定的另一表现是董事会的自延性。当公司没有出现重大变化如控制人产生变更时，董事会呈现出一种自我延续性。该自延性有两种表象：第一，董事的提名与选拔。作为董事会成员的董事，其是否有资格获得董事会的入场券或继续留任，一般由公司章程规定。在现实中，董事的提名与选拔大多受到某一方的控制。比如在股权结构较为分散的美国，在董事会中心主义的旗帜下，董事之选拔与任命无不受到董事会的控制。而在股权结构分散的另一典型国家——英国，董事会中心主义退为其次，股东会中心主义则因股权分散而难以有效发挥其效用。但近年来，机构投资者的崛起，使得股东会中心主义逐渐褪色，而替之以机构投资者主义。英国董事会成员的任拔也备受机构投资者的影响。而在股权结构相对（高度）集中的欧洲大陆法系，董事任命备受控制股东左右，董事会的自延性也因此具有控制股东的深深烙印。第二，董事会的决策。董事会的自延性除了董事会成员受某一方的控制而具有该方的色彩外，其在具体经营决策中，也因受到结构性偏见而呈现出同质化的倾向。根据社会心理学上的团体动态学理论，归属同一团体的成员行为会浑然不觉地受其他成员的影响。因此影响，他们在情感上相互认同、在行动上互相支持，对外部人则持相对排斥态度。这种影响几乎无可避免，因为董事会作为团体，其成员经过一段时间的共事后，会有群体同一性的倾向。该倾向使得他们产生身份认同感，出现结构性偏见的心理。由此，董事会在决策中也呈现出自延性的特点。

董事会的自延性，意味着无论是现在的董事会成员，还是后续的继任者，均会自觉或不自觉地维护董事会自身的整体利益。这种自延性为董事同质化提供了可能性。

（三） 传统代理成本理论

伯利（Berle）和米恩斯（Means）在其著作《现代公司与私有财产》提出关于公司控制形式理论以来，代理成本这一概念便逐渐为法学界所接受。伯利和米恩斯在这本经典著作中破天荒地指出，控制大公司的人并不一定对公司拥有所有权。同样，对公司具有所有权的人并不一定控制管理公司。这种所有权与经营权的分离实质上是股东作为本人，将公司经营管理权委托给（作为代理人的）董事或经理。这种分离的优势在于股东可以专注于投资和宏观的经营策略，不为日常琐碎的管理事务所羁绊。董事或经理则可运用其专业知识和能力管理公司。这种术业有专攻的管理模式是公司现代化的必然要求，但也有其致命缺陷，即容易产生代理成本。詹森（Jensen）和梅克林（Meckling）于1976年指出，这种代理源于两种成本：第一，监督成本。即股东作为本人为监督和控制代理人（董事或经理）而付出的成本。第二，约束成本。即代理人（董事或经理）在受委托人委托期间（管理公司期间），向委托人保证其对委托人的承诺时发生的成本。公司法规则的主要目的，即围绕如何降低这一代理成本而展开。

法学界借用经济学的代理成本概念，打开公司法研究的另一门，也拓宽公司法理论边界，使得公司法研究不仅得以深化，也与包括经济学在内的其他学科擦出火花。然而，这一理论暗含两大前提，即股东作为"委托人"的同质化①与董事作为"受托人"的同质化。在代理成本理论看来，受托人之间并无利益冲突，他们被视为利益一致的一方，一反面备受"委托人"的监督，另一方面则努力寻求通过约束自身而降低外部监督成本。在此，董事已被"同质化"，他们没有派别，不分左右，俨然已是众人合一。可以说，传统代理成本理论之崛起及盛行，使得董事同质化不仅深入民心，且顺理成章。

三、董事异质化嬗变

在传统公司法理论视野中，董事同质化是不言而明之命题。基于此同质化之假定，公司法衍生出诸多制度，比如统一的董事义务。然而，随着社会经济发展，董事同质化的假定也遭受挑战。特别是选区董事的崛起与勃兴，董事正出现异质化倾向。原有基于董事同质化假定的董事义务规制之流弊也日渐显现。此时仍坚守董事同质化的理念不仅有墨守成规、抱愚守迷之嫌，也不利于公司法理论的发展与创新。

董事同质化假定以董事个体之间无利益冲突为基础，认为董事之间并无"差别"，他们所作所为均是以公司利益为导向。然而，选区董事的出现，使得这一同质化的假定逐渐褪色。所谓选区董事，实质上是借用政治

---

① 关于股东同质化，具体参见：汪青松、赵万一：《股份公司内部权力配置的结构性变革——以股东"同质化"到"异质化"现实的演进为视角》，载《现代法学》，2011（3）。

学概念，将董事喻为某一选区的"候选人"，而提名该董事的机构或个人则视为该选区的"选民"。董事作为某个选区所选举出来的代表（即议员），须听取甚至听从该"选区选民"的意见。以此角度看，不同机构或个人提名的董事，他们在很大程度上会听从于这些背后"选区选民"的指示。而不同的"选区"，利益诉求也可能不大一致，这意味着受制于这些"选区"的董事，也可能因诉求相异而产生利益冲突。此时，原有同质化的假定无疑如林黛玉般，摇摇欲坠。董事也因此而开始异质化的嬗变。具体而言，董事背后的"选区"有如下几种。

1. 股东

股东作为出资人，派出"自己人"作为代表以管理公司殊为正常，在小规模或封闭式公司中更是普遍。在公众公司，股东也可能出于各种原因，委托他人代表自身利益占据董事会席位。如家族型公众公司，公司创始人为维持自身家族对公司的控制权，一般会推选"自己人"作为代表成为董事。在立法上，各国对此或明确允许（某一类别）股东提名董事，或默许通过公司章程进行内部规治。如德国《公司法》第 101 条明确规定，允许特定股东根据公司章程规定，任命不多于三分之一的董事。英国 2006 年《公司法》则没有对此做出明确的限制性规定。这表明如英国公司法权威学者戴维斯（Davis）所言：没有任何能够阻止公司章程允许董事受某一（类）股东所任命。

董事受股东任命并无争议，以此接受其背后股东之指示行事也似天经地义。然而，委派董事的股东之间利益并非总是一致。相反，股东内部之间也有分化，利益冲突并不少见。这意味着同一"选区"的董事之间也会有利益差别。因为背后股东的异质化，必然导致受委派董事的异质化。传统公司法理论同样以股东同质化为假定，并以此为逻辑，衍生出股权平等、一股一票、资本多数决等原则。然而，股东同质化的逻辑基础正不断遭受质疑和挑战。因一股一票等原则可将公司意志轻易转变成多数股份持有者意志，控制股东可借此滥用权利，满足私益。此时，形式上的平等导致实质上的不平等，貌似公平的资本多决制，也逐渐沦落为多数资本持有者的保护伞。现代公司法理论已开始承认这一缺陷，并在权力结构配置方面有所改进。比如，增加控制股东的诚信义务、分离股权与股权行使等。在英美国家，控制股东甚至受公司机会规则的约束。在保护小股东机制方面，实施累积投票制，使董事会中有代表小股东权益的成员。在欧洲大陆部分国家，也有虽不同于累积投票制，但具有殊途同归之效的机制。比如，在意大利，法律允许超出一定数量的少数股东可提出候选董事名单。如该名单上的后备人选在投票表决中得票第二，即可当选为董事。在西班牙，公司法规定少数股东可根据其持股数量的比例指派相应数量的董事。如公司拟设立九名董事的，则持有九分之一股份的少数股东可指派一名董事。现代公司法试图通过规制控制股东权力与赋予少数股东权利降低二者之间的横向代理成本。然而，这种双管齐下的规制模式恰恰强化了源于"股东选区"董事的异质化。因为，通过加强控股股东诚信义务并不影响其任命董事的权力，而赋予少数股东任命指派董事的机制则无疑分化董事之间潜在的共性，使得董事彼此之间因背后"选民"的不同而致使利益冲突，进而导致董事的异质化。

2. 债权人

公司债权人在某种情况下，也会委派"自己人"占据董事会议席。这似乎难以想象，因为公司债权人与公司之间只存在债权债务关系，债权人依约定向公司出借款项，享有在约定期限内获得本息的权利。而公司作为债务人，在获得款项（或融资）后，则负有按约履行支付本息的义务。表面上看，二者关系清晰明确，债权人无须通过指派董事介入公司治理，而公司也无须债权人潜入内部指手画脚。但实践中，如款项数额巨大，则债务人的一举一动，莫不牵动债权人的一心一弦。特别是在公司陷入财务或经营困境时，债权人更加难以置身事外。为确保款项按期偿还，债权人指派董事也就不足为奇。这在银行作为债权人时尤为明显。在德国，银行作为债权人通过指派董事介入公司治理很为常见。而在美国，这种情况也并不罕见。纽约联邦储备银行研究人员桑托斯（Santos）和朗布尔（Rumble）曾对此进行调查，他们发现大公司当中，将近25%的公司董事会具有银行指派的董事。

事实上，随着股东所有权的褪色，公司逐渐"去人化"，公司债权人与股东之间的界限逐渐模糊。一般认为，股东所有权体现为两个方面：一是对公司的控制，二是享有剩余索取权。所有权与经营权的分离，导致股东消极化，控制权被大大削弱。至于剩余索取权，则仅在公司清算后才得以完全体现。当公司正常运作时，股东只能通过分红等方式获得财务收益。以此而言，所谓股东剩余索取权，对于大多数股东而言，无非是虚无缥缈的权利。英国肯特大学爱尔兰（Ireland）教授据此认为，这两种权利的褪色使得股东与公司债权人几无差别，因为股东的分红权与债权人定期获得利息并无太大的区别。剑桥大学西利（Sealy）教授也指出，公司债权人与股东在理论上而言无疑具有根本性区别，但在实践上，他们均是"货币资本家"。他们所在乎的，仅仅是投资或借贷资本能否得到充足回报。在此意义上，如同伯利和米恩斯所言，公司债权人并不与股东有所区别。鉴于此，公司债权人向公司指派董事，就如同股东任命代表自身利益的董事一般不足为奇。而公司债权人的介入，无疑添增了另一"选区"，进一步凸显董事异质化。

3. 职工

在现代企业中，董事会出现职工身影并不少见。在双层结构的公司治理中，公司董事的经营与监督功能一分为二，董事会掌管经营，监事会负责监督。在此模式下，监事会成员的功能如同单层结构下的非执行董事。从这一角度而言，监事可视为承担监督功能的非执行董事。双层结构最为典型的国家非德国莫属，在共同决定制度（Mitbestimmung）下，德国法规定 2000 人以上的大公司，职工和工会代表的董事须占二分之一的董事席位。而对于 500 人以上 2000 人以下的小型公司，则规定职工和工会代表的董事不少于三分之一。在单层结构的国家中，要求董事会必须具有职工代表的也比比皆是，个中差别不过是职工代表数量或前置条件的要求有所不同。如法国原先规定，当职工持有公司股份达到 3% 或以上时，则该公司董事会必须有职工代表。但法国于 2013 年对此进行改革，废除最低持股数额的限制，替之以职工数量的标准。即当公司在法国境内的职工人数高达 5000 人或全球员工高达 10000 人时，董事会成员必须具有职工代表。荷兰的规定别出心裁，该国公司法规定，选举董事会成员时，职工委员会可提名三分之一的董事人选。他们是否能够全部入选，取决于股东会的投票。但股东会并不能恣意否定，只有在符合法定的有限的条件下，股东会才能否决职工委员会所提名的董事人选。在我国，公司法对一般有限责任公司和股份有限公司董事会（如设董事会），仅规定"可以"有公司职工代表。而对于国有独资公司或两个以上的国有企业或两个以上的其他国有投资主体投资设立的有限责任公司，则规定"应当"有公司职工代表。在仿照德国的双层结构治理模式下，我国设有监事会的公司，监事会成员应当包括公司职工代表，且比例不得低于三分之一。即便在不强行要求董事会须有职工代表的法域，董事会也常有职工代表的身影。在美国，公司会

"自愿性"地任命部分职工代表作为董事，以加强双方沟通，缓解与工会之间的矛盾，尽量减少潜在的冲突。在英国，新修订的2006年《公司法》并没有对董事会是否包括职工代表做出强制性要求，2012年颁布的公司治理准则（The UK Corporate Governance Code）对此也留有空白。然而，在产业民主（Industrial Democracy）思潮的影响下，英国于20世纪70年代开始，便在董事会议席中吸纳职工代表，以确保职工利益在董事会决策中有所体现。

职工代表作为董事会成员参与公司决策，一般认为是出于保护职工利益、避免劳资双方矛盾的激发。但有学者从另一角度剖析董事会何以需要职工代表，加州大学洛杉矶分校克莱因（Klein）教授认为职工在某种程度上也是公司投资者，因为他们将自己劳动力作为一种"资金"向公司"出资"，并以此为获得公司"分红"（即工资）。美国著名学者伊斯特布鲁克（Easterbrook）和费希尔（Fischel）也支持这一观点，认为"持有企业专用型的人力资本也是对公司的一种投资"。美国圣路易斯大学教授博迪（Bodie）甚至将工会提高至与公司和股东平起平坐的地位。他认为，在现代公司环境中，作为职工代表的工会，其更像是为公司及其成员提供各种服务的商业实体（business entities）。职工与股东关系是否趋向平等、工会是否如商业实体般与公司平起平坐暂且不论。但这些理论的背后，无不彰显出与上述实践相互印证的现象：即董事会出现职工代表已是不争事实。而这一事实显然意味着董事背后"选区"的扩大化。多元化的选区，加剧董事之间利益分化，董事同质化假定也渐失根据。

4. 政府

对于国企或政府参股企业，政府作为出资人之一，当然也冀望委派代表自身利益的董事，以影响甚或控制公司。政府作为董事"选区"的现象在欧洲和美国有所差异。在英国，1979年撒切尔上台执政后，采取自由主义经济理念，推行一系列私有化政策。在私有化改造中，对于一些关系国计民生的产业，英国政府发行"黄金股"（Golden Share），试图通过持有这些特权优先股，继续行管理控制之权。然而，黄金股这一特殊类别股份在德国大众集团一案中（Volkswagen），被欧洲法院裁定违法。欧洲法院在这一经典的案例中勇敢地指出，德国大众集团的黄金股实质上阻碍了欧盟内部资本自由流动原则，明显与欧盟条约不符。虽并非所有的黄金股案例均被裁为非法，但黄金股无疑已是大势已去。黄金股的倒下，并不意味着政府必然失去对企业的控制或管理之权。相反，欧洲法院的裁决倒逼政府通过指派董事进入董事会，以加强参与对企业的控制。因为失去黄金股这一保护伞，政府唯有通过包括委派董事等在内的其他途径保障自身利益。在美国，当凯恩斯主义日暮途穷而供给学派等自由主义大行其道时，2008 年国际金融危机的爆发，迫使美国经济政策进行较大调整。其中，问题资产救助计划（Troubled Asset Relief Program，TARP）基金的设立，让美国政府可以在符合一定情形下名正言顺地向救助企业指派董事。在我国，公司法明确规定，国有独资公司设立董事会，该董事会成员由国有资产监督管理机构委派。对于国家控股公司，政府作为出资人，与控制股东无异，通过指派董事进入董事会理所当然。而对于国家参股企业，政府往往也会委派董事。

四、两个前置性问题

在分析如何应对董事同质化向异质化嬗变之前，有必要釜底抽薪地提出两大前置性问题：第一，即便承认选区董事的崛起及发展乃大势所趋，这些选区董事与代表（普通）股东的董事之间是否存有不可避免之矛盾？假如他们之间的矛盾可调和、可避免，则董事同质化之根依然坚固，其叶也茂盛，所谓异质化现象或可能是小题大做。第二，如果他们之间存有不可避免之矛盾，则产生另一问题，即选区董事背后之"选民"的利益是否需要公司法的特别关注或特别保护？因为如果这些"选民"之利益可通过其他途径获得保护，则无须通过改变公司法规则或公司内部权力配置以应对董事异质化嬗变。

（一）问题之一：各选区董事之间矛盾具不可避免性

各选区"选民"的利益诉求不一致，必然导致选区董事的利益驱动源有所不同，而这直接影响选区董事之间的利益契合度。换言之，受委派之董事因听从其背后"选区"指示，而在各选区具有不同利益诉求时，这些选区董事在决定某项决策时必有所偏好，进而出现分化。以例言之。大股东与小股东虽是名正言顺的出资人，他们之间在分红和投资等决策方面一般持有不同观点。大股东偏向于少分红，以便积累财产、扩大投资。小股东则看重分红，以及时获得相应的投资回报。不同的投资经营理念，使得他们所委派之选区董事在决策时也必有所分化。股东之间尚且如此，股东与职工之间更易出现利益冲突。职工期望工资上涨，但工资上涨会加剧公司的固有成本。对于股东而言，职工工资越低、在固定工资内工作时间越长，则越有利于股东。二者之间这种内在张力在经济发展的不同阶段常因失衡而爆发冲突（如罢工）。对于公司债权人而言，公司激进、盲目投资会带来风险，公司继续发行债券和多次分红也很可能影响公司将来清偿债务的能力。但对于公司而言，不扩大再生产（或投资），很可能会使公司裹足不前，最终为业界所淘汰。不再发行债券则可能使公司陷入融资困境，反向影响生产（投资）的扩大化。对于有政府参股或控股的公司而言，公司利益趋向更可能转向"公共"而非"私益"。公司利益走上"公共"之路，意味着公司不再以追求财富最大化为目的，而以服务于某些政治目的为向导。我国国企即为典型之一。出于社会就业和稳定考虑，国企不敢自主减员增效，以至拖着蹒跚之身上路。地方政府为了企业上市，为政绩添金加银，不惜国企集团的优良资产进行剥离、重整，余下大量不良资产则由集团其他子公司承担。凡此种种，可谓见惯不怪，却无不与公司利益相左。可见，背后主体利益诉求差异的存在，使得作为"代理人"的选区董事之间出现矛盾也难以避免。

（二）问题之二：需要公司法保护

即便承认各选区董事之间存有不可避免之矛盾，另一前置性问题是这些选区董事背后的"选民"是否需要公司法提供特别的保护。因为这些"选民"如有其他途径可获得保护，则公司法不必在乎选区董事的利益冲突，甚至于，选区董事这一概念本身也失去意义。对此问题，美国亚利桑那大学副教授塞佩（Sepe）独创性地提出一种分类标准，他将选区董事背后的"选民"主体分为两大类，一类是普通股东（common shareholders），即传统意义上的公司出资人，另一类是非普通权益投资者（non – common equity），这类投资者是选区董事的"选区选民"，即其背后的利益主体，包括上述的职工代表、政府、公司债权人和基金投资者等。传统契约理论认为，对于普通股东而言，他们与公司之间存有不完备契约关系（incomplete contract），这种特殊的契约关系意味着，普通股东无法在契约中详尽规定董事的所言所行，也因此无法通过契约的方式保障自身的完备利益。而且，普通股东与公司生死相随，作为剩余权益请求者，他们无法像非普通权益投资者那般可定期获得收益。鉴于此，普通股东需要委派代表自身利益的董事，以保障自身利益。非普通权益投资者则不同，他们与公司关系并非不完备契约关系，他们可通过与公司签订详尽的契约保障自身利益。公司的日常经营管理并不会对他们的利益造成重大影响，他们不必像普通股东一样敏感于公司日常琐事，事先签订的契约因而也不必注重于公司各种潜在的"小问题"，更不必在契约中穷尽一切的可能性。而且，他们不仅可定期获得"分红"，还能在公司陷入一定困境时抽身而出，无须像普通股东那般与公司共患难。此外，有学者提出，非普通权益投资者可通过公司法之外的法律机制进行保护，比如职工权益，可通过劳动法和安全责任法等部门法予以保障，公司债权人则可通过合同法等机制进行保障。将这些本来可通过其他部门法保障的机制，集于公司法一身，无疑会使公司法产生"生命中不可承受之重"。

诚然，非普通权益投资者与公司的契约关系并非不完备契约关系。但这种"非不完备"的契约关系仅仅是相对普通股东而言。以非普通权益投资者自身角度考虑，公司日常管理的一举一动仍与其息息相关，他们对管理人员的行为也具有敏感性，只不过这种敏感性相对普通股东而言不那么"高"。塞佩通过经济学论证，认为非普通权益投资者对管理人员的敏感度取决于公司的资产净值（net worth）和资产波动性（asset volatility）。公司的资产净值决定了公司抵抗亏损的能力，而资产波动性决定管理行为对公司资产价值的相对影响性。资产净值越大，则非普通权益投资者的保障程度越高。资产波动性越大，则意味着公司资产净值受公司管理层的影响越高，非普通权益投资者对公司管理人行为的敏感性也因而越高。可见，非普通权益投资者并非对公司管理行为不具有敏感性，而是其敏感度取决于公司的资产净值与资产波动性。当公司欣欣向荣之时，公司资产净值一般较高，而资产波动性较低。此时，非普通权益投资者应无必要对公司委派董事、指手画脚，因为此时的他们对公司管理人员的行为并不具有较高敏感性。然而，公司的发展不可能一帆风顺、永远处于发展高峰期。对于更多的公司而言，它们大多或者处于发展上升期，或者处于衰落期。但无论是前者，抑或后者，都意味着公司资产净值与资产波动性会对非普通权益投资者的敏感度产生负面效果。

此外，信息不对称也会使非普通权益投资者产生不安全感，特别是在公司处于衰落时期，公司债权人会想方设法，获悉关于公司一切的关键信息，以确保债权按期偿还。如无董事席位，则所获悉之"破碎"信息难以构成完整图像。对于发展上升期的公司而言，非普通权益投资者所关注的是"隐藏的公司价值"（hidden corporate value）。通过"窃取"隐藏信息，可便于将来决策。但这些价值信息，只有作为公司管理人员才能全面获悉。如不委派董事，他们很难全面了解这些"隐藏"着的信息。信息披露固然是解决这一问题的途径之一，然而信息披露具有一定的"滞后性"，且在中国特定背景下，信息披露的真实度与充分性也不无疑问。

上述问题使得非普通权益投资者委派代表自身利益的人当选董事具有一定的正当性。然而，有异议观点提出，这些非普通权益投资者应当由（或已有）其他部门法提供保障，无须公司法承受如此之重负。但其他部门法所提供之保障机制，属于"外部性监督"，而外部性监督的缺陷在于它无法向非普通权益投资者提供"硬信息"（hard information），且其救济方式属事后救济。事后救济的最大缺陷在于权益损害的发生已成既定事实，所谓的"恢复原状"等事后救济方式即便能使非普通权益投资者在经济上获得补偿，其他非"经济"上的（间接）损失则很难"还原"。如通过改造公司内部权力配置规则，则可在很大程度上防患于未然。鉴于此，公司法在保障非普通权益投资者方面不仅必不可少，且举足轻重。

五、如何应对

（一）现行规定：统一的信义义务规则

如何应对董事异质化嬗变，是公司法不可回避的问题。然综观各主要法域之规定，不难发现，各国在这一问题上的处理办法，竟出奇的一致：即采取统一的信义义务规制董事。无论董事背后的选区是何、利益主体是谁，所有的董事均需遵循统一的义务规定。在美国，早在19世纪中期，普通法便已确定董事对公司负有信义义务。而美国长期以来所奉行的股东首要价值理念，使得对"公司负有信义义务"实质上转化为对"股东"负有信义义务。这一理念在特拉华州贯彻最为彻底，该州法院在 2007 年一案判决中直接指出："董事负有为股东利益管理公司的法律责任。因此，他们在履行这一职能时，其行为受信义义务之约束"。如董事罔顾这一义务，以背后的选区利益为导向行事，造成其他股东受损的，则视之为义务的违反。2009 年影响重大的 *Trados* 一案就是对这一原则的重申。在英国，传统的普通法认为董事仅对公司而不对股东负有信义义务，因为"公司中股东之联合具有集体性"。2006 年《公司法》第 171 条也明确规定董事须为"公司的成功"而行事。

在德国，虽然学界对公司性质存有"契约说"和"实体说"两种截然不同观点，但在立法上，德国采取"实体说"，即董事行事须对公司这一"实体"负责。此后，股东财富最大化的观点虽有所流行，但"实体说"这一根基并未动摇。在新近修改的公司法中，德国虽未对董事的忠实义务做出明确规定，但在分散的案例中，法官一致认为，董事须对公司负有信义义务。这一信义义务对包括监事会成员在内的全部董事统一适用。这意味着即便是作为职工代表的董事，其行为仍然受到该义务的约束，而不得服务于其背后的职工。在我国，《公司法》规定：董事、监事、高级管理人员应当遵守法律、行政法规和公司章程，对公司负有忠实义务和勤勉义务。依字面上而言，我国董事仅对公司负有义务，而不对股东或其他利益主体承担义务。但王保树教授认为，"公司利益"应当借鉴德国"企业利益"的概念，即公司虽"有自己独立的利益"，但"这一利益具体表现为投资者的利益、职工利益和其他参与者利益。企业的机构在进行决策时必须考虑到各方面的利益。"然而，无论是按照字面严格解释董事仅对公司负有义务，抑或参照德国"企业利益"概念将该公司概念扩大化，它们均有一共同特点，即董事所负之义务是统一的，并不因其背后利益主体的不同而承担不同标准的义务。

英美法系和大陆法系在董事义务的具体内涵与判断标准上可能有所差异，但在义务统一方面，却不谋而合。这种统一的信义义务乃基于董事同质化的假定，因为董事同质化，所以义务统一化。以此角度而言，所谓董事义务，毋宁是董事会义务。然而，随着选区董事的出现与发展，董事异质化的倾向越为明显，同质化的假定也遭受挑战。在此情况下，如仍坚持现行之规定，可能会使董事与公司陷入两难困境。首先，董事无所适从。

当董事受某主体委派而占董事会一席时，他会被寄希望于为此主体服务，为之利益行事，否则有违"代理"之本。如因此行事而与公司利益冲突，则显然违背统一的信义义务。鉴于此，董事难免进退维谷。其次，公司难以融资。统一义务的强制实施，会使得选区董事只能选择服务于"公司"，而置其背后"选民"利益于不顾。如此一来，非普通权益投资者在决定是否投资公司时，难免会有所顾虑。而这种犹豫不决的态度无疑影响公司的顺利融资。对于急需资金的公司而言，强制性的统一义务无疑弊端毕现。

（二）可能的替代途径

1. 以选区义务代替统一义务

既然统一的信义义务无法适应董事异质化的发展趋势，则废除统一规定，替之以个体的选区义务似乎是当然的选项。如此一来，选区董事不必因听从于背后的利益主体行事而担忧违反统一的信义义务规则。非普通权益投资者也可名正言顺地委派董事，使之代表自身利益行事，而不必再三顾虑，公司也更易获得融资。然而，这一替代途径逻辑过于简单直接，它只看到统一义务的缺陷，忽视其本身存在的优点，犯了一叶障目的错误。统一的信义义务基于董事同质化假定，而董事同质化很大程度上以普通股东为基准。普通股东因不完备契约关系，无法通过契约保障自身权益，至少难以像非普通权益投资者那样可通过相对详尽的契约条款捍卫自身权益。股东"所有权"其中一种表现之所以为"剩余索取权"，其原因便与不完备契约关系息息相关。因为契约不完备，无法穷尽一切可能情形，普通股东得以享有委任董事之权利。股东因此委任而享有公司"控制权"之时，也意味着无法像非普通权益投资者那样获得"固定红利"，而只能享有"剩余"之"索取权"。传统的统一信义义务一旦完全废除，必会动摇普通股东的地位，使之权益摇摇欲坠，非普通权益投资者的权益虽得以保障，但普通股东则处于劣势，正义之天平也因而失衡。

此外，废除统一义务，也将面临巨大的立法成本。作为规制董事行事标准的信义义务规则历史悠久，影响重大，也是支撑各国公司法的主要框架。如废除这一义务，另行代之以选区义务为标准，不仅意味着公司法须推倒重来，也需高超的立法技艺。我国公司法发展只有区区二十余年，推翻原有的广为接受的统一信义义务规则，不仅需要立法技术，更需要胆量和智慧。在我国面临着严重的双重代理成本情况下，董事义务之强制执行依然令人大失所望。此时改弦更张，废除原有的全部规定，而代之以全新的义务标准，其效果自值得怀疑，更有可能得不偿失。

2. 权力下沉：专门委员会的角色

在无法将统一的信义义务规则彻底废除的前提下，或者可通过改变公司内部权力结构的配置，以实现同样的效果？比如，设立各种专门委员会，将董事会的权力下沉，使之原本"集权"的模式分散化。并通过聘请独立董事担任各专门委员会主任，以强化内部权力监督。通过这种权力下沉，董事会不再掌权于一切，董事会成员可供操纵的权力也进而相对降低，选区董事也无须背负太多的压力以取悦于背后的选民。依此角度看，专门委员会实际上可以缓冲选区董事与背后选民以及各董事之间的潜在冲突。

专门委员会的设立早在 1999 年经济合作与发展组织（OECD）颁发的"OECD 公司治理原则"中就已提出。我国 2002 年颁布的《上市公司治理准则》也提出，上市公司可按照股东大会的有关决议，设立战略、审计、提名、薪酬与考核等专门委员会。公司也可根据具体情况的不同，设置其他的专门委员会，比如中南传媒为主导传媒产品管理制度的制定，设立编辑委员会。中铁公司因属于高危板块，特成立安全健康环保委员会，等等。这些专门委员会设立初衷在于，一方面可将公司的部分事项交由专业人士，提高公司的专业化管理；另一方面，也可以将董事会权力下沉，避免其大权在握、恣意决策。专门委员会的设立固然在提高专业化管理方面有所帮助，然而强调其"分权"角色则过犹不及。因为它虽在某种程度上可实现权力下沉，但这种下沉更多的是形式上的表征，而非实质意义上的权力分散。在我国，专门委员会并非是权力的行使者，而是以"咨询者"的角色存在。其专业性的判断仅供董事会参考，而无单独决断的权力。根据我国学者统计，目前上市公司 100 强中，没有一家公司年报出现单独的专门委员会报告，且关于专门委员会的具体信息（如成员等）也很少披露。在会议次数方面，最重要的三个专门委员会，审计、薪酬和提名委员会每年开会次数平均值为 3.82 次、2.59 次和 3.12 次，与美国公司平均值的 7.6 次相比明显不足。① 由此可见，专门委员会空有其表，实质上已沦为我国上市公司完善公司治理结构的装饰品。所谓"权力下沉"的功能，根本难以彰显。在董事会仍然大权在握的情况下，非普通权益投资者依然会追逐董事会议席，而其委派之选区董事也将继续处于左右为难的地位。

3. 保密义务的松绑

有学者认为，非普通权益投资者之所以要求委派董事介入公司，本意在于获取公司内部信息，尽最大可能减少信息不对称，以便准确预判公司经营战略及走向。各国公司法一般禁止公司董事向他人泄露公司秘密，我国《公司法》对董事也有保密义务的规定，根据《公司法》规定，董事、高级管理人员不得"擅自泄露公司秘密"。依此条款，即便是受非普通权益投资者委派的选区董事，也不得向其背后的"选民"泄露公司秘密信息，否则违反董事义务。鉴于此，在不废除统一信义义务规则的前提下，可通过适当放宽保密义务的禁止性规定，允许选区董事与其背后的"选民"分享公司秘密，以实现非普通权益投资者的利益保障。

但保密义务的松绑也可能产生负面后果，其他非普通权益投资者得以获悉公司秘密信息后，可能会加剧公司内部冲突。比如，受职工大会选派的职工代表董事，在提前获悉公司内部正在讨论裁员事宜后告知职工。这很可能会引起工会不满，甚至导致罢工以胁迫公司取消相关决策。此外，保密义务松绑是否能真正为非普通权益投资者提供保障尚存疑问。首先，非普通权益投资者委派董事的主要意图在于获取公司秘密信息这一论断本身值得商榷。原因在于，他们完全可以通过契约的方式获悉公司秘密信息。换言之，他们可以通过在契约条款中详细约定公司须定期汇报有关经营信息，以随时掌握公司经营情况。与委派董事相比，这一途径似更为高效，成本更为低廉，公司也更愿意接受，但实践上非普通权益投资者却倾向于委派董事，而非选择通过契约方式获取信息。由此可见，他们本意并非在于信息的获取。其次，非普通权益投资者并不仅仅满足于信息本身，其意在参与（甚至控制）公司内部治理。对于这些非普通权益投资者而言，他们并非平凡之辈，也可通过外部机制保障自身权益。比如职工可通过罢工方式捍卫自身利益，而政府可通过管制途径对公司严加看管。但这

2018
中国金融论丛

---

① 杨海兰、王宏梅：《上市公司董事会专业委员会的设立及其在中国的现状分析》，载《当代经济管理》，2009（4）。

些均属外部性监督，且其救济方式主要在于事后，无法提供充分的事先救济。只有委派董事进入董事会，介入公司内部管理，方可能充分有效地保障各主体利益。可见，即便放宽对保密义务的规定，也难以解决选区董事的义务困境。

4. 缺省性规则的切入

公司法规则根据不同标准可作不同分类。其中一种标准将公司法规则分为三类：一是赋权性规则（Enabling Rules），即授权公司通过章程自主约定规则，且当然的具有法律效力。二是缺省性规则（Default Rules），即除非公司另有约定，否则直接适用公司法规则。三是强制性规则，即不允许公司章程加以变更或排除的规则。如前面所述，各国均将信义义务规则作为强制性规则，不允许公司各参与方通过章程约定加以变更。罗培新教授也认为信义义务规则应直接认定为强制性规范，因为其对"因公司长期合同的不完备性而使股东合意面临着的诸多漏洞，起着拾遗补阙的功用，故应当为强制性规范"。

然而，这种强制性的统一义务乃基于董事同质化的假定。而该假定随着选区董事的崛起与发展正受质疑和挑战。为适应这一新型的发展趋势，在不废除统一的信义义务规则下，可改变该规则的性质，将之归类为缺省性规则。这一应对路径有两大优势：第一，具有固守性。统一性的信义义务规则依然得以保留，公司法的构造框架基本不变，也无须根本性变革，更可避免巨大的立法成本。第二，具有变通性。信义义务规则作为缺省性规则，可由公司自主选择。如公司认为有必要，可选择不适用这统一性规则，选区董事也可光明正大的作为其背后选民的传声筒，而不必担忧可能因违反原有的信义义务规则而遭受处罚。以此而看，缺省性规则的切入，实质上是在遵循传统统一信义义务规则下，为适应选区董事崛起而作变通的妥协品。

当然，将董事信义义务改为缺省性规则只是应对选区董事的宏观性路径，在具体制度设计方面需相当谨慎。比如，缺省性的信义义务规则主要针对横向的代理成本（即股东之间矛盾），它并不意在解决纵向的代理成本（即股东与董事之间矛盾）。因此，如董事利用权力，以公司或股东利益之代价图谋个人私利，则仍应承担相应责任。

5. 公司社会责任

公司须承担社会责任已是学界共识。尽管对公司应承担何种社会责任存有不同意见，但非普通权益投资者作为公司利益相关人，归属"社会责任"并无争议。以此看来，通过强调公司的社会责任，进而保障非普通权益投资者，或是解决董事异质化的路径之一。然而，公司社会责任作为公司"对社会承担的一种义务"，如何实现该义务一直以来并无定论。学界关于公司社会责任的论述也几乎无一例外围绕两大主题：一是道德或非道德性，二是实现机制。前者的道德或非道德性与后者的实现机制密切相连，承认公司社会责任的道德性，实质上部分否定公司社会责任的可诉性。而倡导"超越道德"的社会责任，则在如何"实现机制"方面纠缠不清。理论上的纷无定论也体现在立法方面。我国《公司法》第五条第 1 款规定"公司从事经营活动，必须遵守法律、行政法规，遵守社会公德、商业道德，诚实守信，接受政府和社会公众的监督，承担社会责任"。该条款是我国首次在立法上明确公司应当承担社会责任，但这一条款因缺乏具体的实施机制而沦落为公司法的装饰品。在英国，2006 年《公司法》为公司社会责任的"实现机制"提出了另一种观点：即开明的股东价值（Enlighented Shareholder Value）。在这一新型的价值取向中，英国公司法虽然强调董事应对公司负有信义义务，但与此同时，它还有两个"创新"之处：第一，它肯定了董事须为股东利益而经营。2006 年《公司法》第 172（1）款中明确提出，公司董事须善意地为"全体股东利益"并促进公司的成功而行事。这实际上明确了股东在"公司利益"的首要地位。第二，它要求董事在更为宽泛的背景下忠实履行这一义务，即董事在履行第 172（1）款义务时，须考虑到其他利益相关者。英国公司法对利益相关方一一进行列举，实质上是在强调公司所应承担的社会责任。这一条款虽被誉为"公司价值第三条道路"，实质上仍是以股东价值为首要目标，因为要求董事做决策时须加以考虑的利益相关方，并无具体的救济措施可保障其权利不受侵害。无救济即无权利，这种强制约束力的缺位致使开明的股东价值取向之"开明"徒具其表，公司的所谓社会责任也难以有效实现。公司社会责任的实施机制摇摆不定，以此作为应对董事异质化的路径也当然崎岖不定。全然依赖于公司社会责任的实施，显然并非解决董事异质化的最佳路径。

六、结论

　　深究公司法理念与技术规则背后，可发现一个吊诡的悖论：一方面，聪颖的立法者试图穷尽各种可能的智慧，制定周全完备的规则，以保护（中小）股东利益和提高管理效率，维护并促进商业发展。另一方面，对某些"个别"问题则采取简单甚至"粗暴"的方式，试图化整为零。董事义务则是这一悖论的完美典型。众所周知，董事义务是公司法亘古不变的核心议题。在传统公司法看来，解决如何降低因所有权与经营权之分离而产生的代理成本是其根本目的，而赋予并强调董事义务被认为是解决这一代理成本的有效途径。然而，传统公司法对董事义务采取强制性的统一信义义务乃基于董事同质化假定。这种假定抹杀了董事之间以及其背后利益主体的潜在利益冲突。选区董事的产生与崛起，使得董事同质化受到挑战，董事之间因其各自背后利益主体的不一致而产生冲突，董事异质化现象也逐渐出现。面对这一新型现象，《公司法》不应坐视不理，而应积极应对。传统的统一信义义务规则显然已无法适应董事异质化的现象，然而对其彻底的废除也会带来巨大的立法成本与利益失衡。通过对各种可能应对机制的分析，本文认为改变信义义务规则的规范性质，使之由原先的强制性规范改为缺省性规范，可谓是相对较佳的应对路径。当然，这一应对路径在具体制度设计方面可能会存在方方面面的问题，但与其坐以待毙，不如主动出击，在传统与创新之间取得平衡以填补实践与理论之间的漏洞，是公司法学者在所不辞的使命。

（原载《中外法学》2015 年第 3 期）

自贸试验区证券业发展思考与建议

朱元甲　刘　坤　杨利峰

从 2013 年我国设立首个自贸试验区——中国（上海）自贸试验区至今，国内自贸试验区总数已达 11 个。自贸试验区的金融业是支持其发展的重要力量，尤其是开放环境下，证券业更具有自贸试验区经济发展晴雨表的信号作用。

一、国内证券业概况

（一）股市——融资功能初步发挥

2016 年底沪深 A 股市值 55.75 万亿元，上证综合指数（收盘）3268.94。有效股票账户 2.63 亿户，较 2015 年末增长 22.55%。累计股票成交金额 126.7 万亿元，日均交易额 5193.7 亿元。2016 年筹集资金 4.79 万亿元，其中 IPO 筹资 2712.36 亿元，再筹资金额 1.78 万亿元，债券市场融资 2.93 万亿元。新三板挂牌企业 10163 家，总股本 5851.55 亿股，市值 4.05 万亿元。2016 年全年商品期货交易 177.4 万亿元，金融期货交易 18.22 万亿元。

（二）证券公司——要素聚集效应明显

证券公司是证券行业最主要的参与主体，起到核心作用，证券行业的业态围绕证券公司展开，涉及的业务类型有：投资银行、证券经纪、财务顾问、固定收益等。证券公司在一级市场的作用主要是财务顾问，二级市场的作用体现为做市商、经纪商、交易商三个方面。

目前，国内有证券公司129家，总资产规模为5.79万亿元，净资产总量为1.64万亿元。证券公司主要分布在经济发达的东部省市。广东、上海、北京的证券公司数量位列前三名，分别是26家、25家和18家，合计占53.49%；11个自贸试验区省市共有证券公司75家，占58.14%；第一批自贸试验区，上海、广东、天津、福建共有证券公司56家，占43.41%。总体来看，自贸试验区省市经济实力发达，证券业也发达，证券公司数量云集。金融资源，尤其是人才和上市资源的聚集效应比较明显。

（三）上市公司情况——区域聚集效应明显

截至2016年底，沪深股市上市公司合计3052家，上市股票总数为3134只，总股本55983.266亿股，A股流通股40823.64亿股，B股流通股280.844亿股，H股流通股7080.394亿股。自2006年以来，沪深股市的上市公司数量逐年增长。2013年暂停IPO，出现了短暂的上市公司数量减少。

上市公司主要集中在东南沿海省份。其中，广东、浙江、江苏、北京、上海、山东六省市上市公司数量，占A股上市公司总数量的59.36%。上海、广东、福建、天津、浙江、辽宁、湖北、河南、四川、重庆、陕西11个已经批复设立自由贸易试验区的省市，上市公司数量占A股上市公司总数量的53.58%。

二、自贸试验区证券业发展存在的问题

（一）新股发行制度改革缓慢影响证券市场发展

与全球主要经济体资本市场证券发行的核准制和注册制相比，我国证券发行的行政管制很突出，市场机制作用发挥空间受到行政干预，效率低。很多上市资源被这种审核方式人为地压下去了，造成上市资源的紧

缺，新股发行申购热，成为中国证券市场的独特现象，体现为新股发行中签率低，发行价格、市盈率、换手率都偏高等。

自贸试验区的证券业在开放的国际资本市场，面对国际投资银行等金融机构的竞争，这种竞争以效率和效益为基础的综合实力竞争。股票发行制度是资本市场的重要效率体现，因此，自贸试验区的证券业上有必要实现股票发行制度的突破，提升资本市场效率。

（二） 金融混业大势所趋，证券行业发展面临颠覆性变革

自贸试验区内，证券公司牌照开放加速，混业经营加速，区域内竞争格局面临重构。混业经营大势所趋，证券牌照红利不再，证券公司面临多重竞争压力，行业发展面临颠覆性变革，格局重构。国内多家商业银行通过间接方式持有证券牌照，开展承销、资管、并购、股票质押融资等投行业务，依托其强大的资金实力、网点渠道、客户基础等，对券商客户和业务形成了强势争夺。平安、招商、安邦等金融控股集团全面布局银行、保险、证券、信托、租赁、基金，形成一站式金融服务链条，牢牢锁住客户。阿里、腾讯、京东等互联网巨头加速进军金融业，民营资本结合"互联网＋"技术，对金融服务行业更会引起颠覆性效应。牌照资源的开放，引起行业竞争格局的巨变。

（三） 互联网金融和金融科技的兴起，对证券业是"双刃剑"

互联网颠覆传统业态，智能投资顾问创新经纪业务服务，客户争夺已经没有地域限制，自贸试验区内证券服务如何向外延伸辐射亟待突破。金融机构公司立足互联网和大数据技术的应用，纷纷从经纪业务入手布局互联网金融，积极开发 App 平台，扩大市场客户覆盖。互联网企业也纷纷涉足金融和科技金融领域，未来大数据、人工智能、云计算等新技术将是支撑券商乃至金融业发展的核心技术。证券行业科技技术的运用，跨界竞争带来的压力和驱动力，促进行业生态重要的改变，证券行业已经没有了区域的概念，从这个角度来看，互联网金融的兴起，一方面有利于自贸试验区证券业对外的扩张，同时非自贸试验区的证券业也会大肆向自贸试验区扩张，在一定程度上减弱了自贸试验区的制度和环境优势。

（四） 国际化加速，国内证券业面临国际资本市场的竞争

自贸试验区先行先试的改革，为我国证券公司国际化发展提供了难得的发展机遇，未来国际化市场空间巨大，但证券行业仍处于国际化发展初期。近几年我国证券公司国际化业务发展加速，取得了较大进展，但总体上国际化进程时间较短，大部分海外分支机构都在近十年内成立，多数证券公司的海外分支机构仍处于投入期，海外业务占比并未明显提升，短期内国际业务还难以对公司业绩形成支撑。

自贸试验区内，内外资本市场连通，国内证券经营机构和业务面临资本开放下的国际机构的同台竞争。国内证券机构的优势在于内地业务基础和客户资源，目前的国际化业务结构，难以发挥它们的自身优势，无法与成熟的大型国际金融机构展开竞争。

（五） 证券行业面临金融创新加速和金融监管趋严的平衡

自贸试验区金融创新驱动证券业的发展，同时又要满足金融监管和风险防范的要求。自贸试验区的目标是建设开放度最高的自由贸易园区，制度创新是关键。确立适应更加开放环境和有效防范风险的金融创新制度深，建立与国际通行规则相衔接的投资贸易制度体系，构建开放型经济。例如，建立自由贸易账户系统、审慎管理的资本项目可兑换操作模式，"分类别、有管理"的资本项目可兑换。自贸试验区的金融创新举措，对于证券业发展既是有力的机制动力，也是证券业创新发展的资本市场条件。

在深化金融改革的同时，监管层秉持依法、从严、全面监管的重要理念，逐渐形成全方位、立体化监管的趋势，积极引导金融企业回归服务实体经济的行业本质。自 2015 年股市剧烈波动后，监管层整顿金融中介机构，治理场外配资市场资金，收紧私募基金业务，规范新三板市场等，以重拳治乱的态度，建立监管长效机制，促进资本市场参与者牢牢守住法律和风险底线。监管举措一方面有利于进一步推动证券业的规范化发展，提高市场透明度，另一方面也对证券业提出了更高的规范化发展要求。

三、自贸试验区证券业发展几点建议

（一）自贸试验区试点注册制改革，推动市场化发行机制

股票发行注册制的核心是放弃发行实质性审核，将重点落实在督促发行人依法公开各种资料，并确保资料的完整性、正式性和准确性，核心是信息披露。要有中介机构履行督导义务、监管机构实时有效的事中事后监管等配套机制。鉴于自贸试验区开放和市场化的金融环境，实行股票发行制度改革试点，有利于注册制改革获得持续稳定的市场环境的支持，有利于市场化程度要求很高的股票发行注册制逐步全面实施。在自贸试验区以改革试点的形式率先推出股票发行注册制，对于推动自贸试验区内的证券业发展，意义非同一般。

（二）建立市场化的资本市场机制，服务企业融资需求，提供客户化的金融产品

证券市场客户的需求越来越复杂化、多元化、个性化，证券公司等金融机构任何一条业务线都无法仅靠自身服务来满足客户的所有需求。自贸试验区内证券公司需要打造综合金融服务能力，才能更好地服务客户。以高盛为例，其之所以能成为世界各地顶级客户的首选，主要原因就是高盛凭借其布局全面的业务体系、全球化的网络、对各个市场的深刻理解以及高效的全球一体化响应，能够满足全球范围内客户的多样化需求。现阶段，自贸试验区内证券公司业务的综合服务能力不足，证券业的综合服务意识需要进一步增强。国内证券公司的业务协同比较零散，综合化服务能力较弱。未来，自贸试验区内证券市场，立足市场化的发展趋势，集中打造综合金融服务业务，提升金融服务效率。

（三）鼓励自贸试验区内证券行业创新发展，大力发展数字化信息技术的应用，提高经纪业务服务广大投资者的能力和覆盖面

科技进步推动证券行业的格局重构，改善证券公司业务及运营管理模式的升级。先进的信息技术令中国证券业务从传统的收费型模式向注重专业服务、深化客户关系和利用网络服务等多元化模式转化。越来越多的证券公司将线下业务向线上转移，以简化业务流程、降低服务成本并提升运营效率。此外，以互联网为基础的营运模式促使中国证券公司通过收集大量客户数据分析了解客户需求，提高客户满意度和黏性并获取新客户。证券公司将以金融科技应用创新为突破口，为投资者提供个性化、专属化的产品与服务，不仅满足客户需求，也可以提高投资者的回报水平，活跃市场。

（四）利用自贸试验区贸易和资本开放度较高优势，积极实施证券国际化战略

当前，尽管不少国内证券公司都在加快国际化业务布局，多数证券公司国际化发展时间较短，国际化业务市场格局尚未成熟。在自贸试验区的开放资本环境下，证券业在开展国际业务的过程中，应当注重发挥自身优势，特别是在当前中国企业加快海外投资并购的背景下，以及国内客户加大全球资产配置的趋势下，要强化国内业务基础，发挥好服务国内客户的优势，拓展国际业务。沪港通、深港通加速资本市场开放，将极大提升客户的跨境投资需求，带来更多的经纪、资产管理和研究业务机会。这是国内证券国际化的重要一步。

（五）把握自贸试验区金融、财税、管理政策优势和优惠，平衡创新和风险管理，构筑证券市场生态圈

自贸试验区资本市场面向国际资本市场开放，证券市场面临多层次的竞争。在金融、财税、行政管理方面，政府给予了自贸试验区很多优惠政策，在市场化的环境下，这是非常难得的政策红利。把握自贸试验区这些政策优势，在以资本项目可兑换和金融服务业开放为主要内容的金融创新制度框架下，创新证券金融产品和服务，积极拓展国际业务，做大做强证券市场，提升资本市场活力和竞争力，形成可复制、可推广的金融创新成果，逐步构建自贸试验区的证券新业态。

（原载《银行家》2017 年第 8 期）

私募基金行业的发展与转型

苏薪茗

一、私募基金行业的发展现状

根据中国证券投资基金业协会的统计，截至 2016 年底，我国境内共有 7781 家私募证券基金管理人，7988 家私募股权基金管理人，1218 家创业投资基金管理人，其他类型管理人 446 家，合计 17433 家私募基金，私募基金管理机构资产管理认缴规模 10.24 万亿元，实缴规模 7.89 万亿元。私募基金的机构数和募集金额在近年来持续保持了快速增长的态势。

截至 2017 年 2 月底，按正在运行的私募基金产品实缴规模划分，管理规模在 20 亿~50 亿元的私募基金管理人有 473 家，管理规模在 50 亿~100 亿元的有 173 家，管理规模大于 100 亿元的有 145 家。

从私募基金投资的资产类别来看，既包括了初创期、成长期、成熟期和退出期的各类企业，涉及天使投资、创业投资、Pre - IPO、上市公司再融资和境内外的并购重组，又包括了股票市场、债券市场、货币市场、期货市场、商品市场、境外市场、新三板市场和区域股权投资中心等各类市场，涵盖了境内外的各类企业和境内外主要金融市场。与其他类型的资产管理机构因涉及向公众募集资金而受到较多限制不同，私募基金不涉及公众利益，投资人是通过私募方式获得的合格投资者，因此，所受限制最少，可投资的资产类别最为广泛，运用的投资策略也最为多样化。

◩ 二、私募基金行业的发展历程概况

（一） 创业投资基金与私募股权基金的发展历程

创业投资基金与私募股权基金（Private Equity，PE）在我国的发展，与宏观经济及资本市场的发展密不可分，大致经历了以下七个发展阶段：一是1985年至1997年政府主导的起步阶段，政府直接建立创业风险投资基金，1992年之后中国经济发展过热，股市、房市价格暴涨，投机盛行，1994年下半年后，资本市场陷入低迷期，基金发展缓慢。二是1998年至2000年第一次快速发展阶段，受美国影响，国内的互联网公司开始到美国纳斯达克上市，同时，在国内经济通缩环境下，资金推动型的资本市场发展较快，创业投资基金与私募股权基金快速增长。三是2001年至2004年的深度调整阶段，受互联网泡沫影响，美国纳斯达克股票指数下跌50%以上，国内股票指数也从2100点回落到1000点左右，资本市场的表现低迷使得创业投资基金与私募股权基金进入调整期。四是2005年至2008年的第二次快速发展阶段，2004年深圳中小企业板启动为创业投资基金与私募股权基金退出提供了通道，2006年国家发展改革委等十部委联合推出《创业企业投资管理暂行办法》及配套措施，明确创业投资企业的税收优惠，2007年《合伙企业法》承认了股权投资可以采取合伙人形式，2006年至2007年国内股市的快速上行也直接带动了公募基金和股权投资市场的爆发式增长，创业投资基金与私募股权基金的数量、新募资规模和投资金额均呈现强劲增长态势。五是2008年至2010年的国际金融危机反转阶段，2008年国际金融危机爆发使得股权投资活动遭受重创，国内上证指数从6000多点下跌到1600多点，国内股权投资市场受到较大冲击，2009年国内经济形势好转和创业板的推出，创业投资基金与私募股权基金获得了收益可观的投资回报和良好的退出通道。六是2011年至2013年的放缓调整阶段，发改委和证监会谋求对创业投资基金与私募股权基金全面监管，到美国上市的"中概股"诚信危机一度引发"中概股"冰封和自2012年末开始长达一年的境内新股发行暂停，创业投资与私募股权投

资基金发展放缓。七是 2014 年至今的高速发展和规范有序阶段，2014 年境内新股发行重启，国内股权投资市场复苏并呈现加速发展态势，由于国内股市经历了戏剧性的大起大落和牛熊转换，创业投资基金与私募股权基金也经历了无序的高速发展，2013 年 6 月修订后的《证券投资基金法》将私募基金纳入证监会监管范围，经过几年努力，证监会建立健全了私募基金监管的框架体系，并对大批量的不诚信、不规范私募机构进行了清理整顿，对创业投资基金和私募股权基金进行分类监管，私募基金进入了规范有序的发展阶段。

（二）私募证券基金的发展历程

私募证券基金区别于创业投资基金与私募股权投资基金，主要投资境内二级市场，俗称"阳光私募"，其发展历程与国内的股市和债市发展紧密相关，大致经历以下几个发展阶段：一是 1990 年至 1995 年的萌芽阶段，1990 年上海证券交易所成立，允许包括 8 只股票在内的 30 种证券上市，中国股市进入散户和庄家时代，部分证券公司和个人开始利用股票一级和二级市场的价差拉拢大户投资一级市场认购新股获利，私募证券基金逐渐成形。二是 1996 年至 2000 年的初步发展阶段，随着证券市场的发展，财富效应日益显现，一些证券公司工作人员和民间炒股高手通过设立工作室、投资咨询公司、投资顾问公司或者签订民间投资协议等方式，接受客户委托从事二级市场股票投资，私募证券基金前期多以跟庄做股模式为主，投资运作不规范。三是 2001 年至 2005 年的自我规范和治理阶段，2001 年之后的多年股市熊市使得大批私募证券基金公司倒闭，私募证券基金开始由集中投资向组合投资转变，操作手法由跟庄做股转变到资金推动和价值发现相结合，2003 年 8 月，云南国际信托有限公司发行了"中国龙资本市场集合资金信托计划"，成为首只投资于证券二级市场的证券类信托产品，2004 年 2 月，深圳国际信托投资公司发行"深国投 – 赤子之心（中国）集合资金信托计划"，私募证券基金开始走向阳光化、规范化。四是 2006 年至 2009 年的快速发展阶段，随着股权分置改革的顺利推进和股市大牛市的到来，以信托方式发行阳光私募基金的方式得到了快速的发展，规模得到迅速扩大，一批优秀的公募基金经理和券商投资交易人员纷纷转向私募，包括量化投资在内的各种投资策略在私募基金行业得到广泛运用。五是 2010 年至 2013 年的调整阶段，资本市场表现持续低迷的市场环境使得私募基金遭遇净值下跌、产品赎回、清盘和新产品发行困难，私募基金行业进入了市场调整阶段。六是 2014 年至今的繁荣发展与规范有序阶段，2014 年下半年开始的股市大牛市和债券市场连续多年来的大牛市共同促进了私募证券基金行业的大发展，基金管理人和产品发行数量都屡创新高，尽管经历了此后的股市大跌和部分私募基金清盘，但整个行业还是得到了繁荣发展，部分以投资股票和以投资债券为主的优秀私募证券基金规模发行已超过百亿元，投资策略和专业技术更加丰富多元，实现了百花齐放，随着证监会近年来建立健全私募基金的监管体系和对私募证券基金进行分类监管，私募基金行业进入规范有序的发展阶段。

从以上的分析可以看出，由于一二级市场的密切联系与联动效应，创业投资基金与私募股权投资基金和私募证券基金的发展阶段大体是一致的。

三、私募基金行业发展的原因

（一）支持资本市场和国民经济发展的需要

改革开放以来至 2016 年底，我国国民经济保持了持续快速健康发展，GDP 的年平均增速超过 9%，比全球平均经济增长速度高出约 6 个百分点。我国资本市场从 20 世纪 80 年代起步，经过多年发展，到 2016 年底，我国股票市值和债券市值分别达到 54.54 万亿元和 44.34 万亿元，分别居全球第二位和第三位。创业投资基金和私募股权基金的发展在帮助企业融资、科技进步、转型升级、做大做强以及发展包括互联网行业在内的诸多战略性新兴产业等方面均做出了重要贡献；私募证券基金的发展为二级市场提供了重要机构投资人和资金供给，特别是长期的资金供给，有利于真正实现资本市场的价值发现、价值投资与价值创造。私募基金行业有力地支持了我国资本市场和国民经济发展的需要。

（二）满足高净值人群财富增值保值的需要

改革开放以来，多年来家庭居民财富快速累积既为私募基金提供了投资的资金来源，不少高净值人群又因投资私募基金获得了可观的收益回报而加速了财富积累。根据波士顿咨询公司的测算，2015 年底，我国高净值家庭（家庭可投资资产 600 万元人民币以上）的财富约占全部个人可投资资产的 41%，总额约 44 万亿元。到 2020 年，高净值家庭财富约占全部个人可投资资产的 45%，总额约 88 万亿元，不断积累的居民财富而产生的财富增值保值需求必须持续通过投资私募基金而获得满足。

（三）监管体系的建立完善为其长远发展提供了重要基础

2013 年 6 月修订后的《证券投资基金法》将私募基金纳入证监会监管范围。2014 年 8 月，证监会出台了《私募投资基金监督管理暂行办法》；2016 年 7 月，证监会又出台了《证券期货经营机构私募资产管理业务运作管理暂行规定》。作为私募基金行业自律监管组织的中国证券投资基金业协会先后制定了七个办法，涉及基金募集行为、信息披露、管理人登记和基金备案、基金服务业管理、基金管理人从事投资顾问服务业务、基金托管业务和基金从业资格管理，发布了基金管理人内部控制指引和基金合同指引，并且发布了多个相关问题的公告。经过几年的持续努力，私募基金行业形成了"一法，两规，七办法，两指引和多个公告"的监管法规体系，为私募基金行业的发展提供了坚实的基础。

四、私募基金行业存在的问题与风险

（一）从资金来源看，资金渠道过于单一且不稳定

目前，不论是创业投资与私募股权基金，还是私募证券基金，或是直接销售，或是通过银行等第三方渠道代理销售，资金来源主要依赖于高资

产净值人群的直接认购，渠道过于单一，具有明显的散户化特征，容易受到资本市场短期波动的影响，募集的资金来源不稳定，募集金额大起大落。特别是在资本市场行情不好的时候，经常出现私募基金行业募资困难的局面。

相比之下，美国的私募基金主要投资者包括了养老金、金融投资机构、捐赠基金和高净值投资人群。其中，机构投资人是主体，特别是公共养老金。从2007年开始，公共养老金已占到美国私募基金的27%，且配置比例仍在上升，个人投资者仅占13.9%的比例。我国自2008年起规定，社保基金被批准投资于私募股权投资领域，但明确限定投资比例不得超过全国社保基金总资产的10%。在实践中，实际投资比例更少。此外，我国养老金等长期资金入市，也没有将创投基金和私募股权基金纳入投资管理人。

（二）从资金运用上看，创业投资与私募股权基金存在投资难和退出难，投资管理能力缺失等问题

国内的创业投资与私募股权基金普遍存在投资难和退出难的问题，二级市场行情好的时候，很容易募集到大量资金，但可投资的项目或企业往往都估值太高，甚至出现一二级市场价格估值倒挂和"全民PE热"，投资难。二级市场行情不好的时候，创业投资与私募股权基金退出难，导致一级市场出现所谓"PE寒冬"，很多好企业都面临募资困难，得不到真正有效的股权融资。从表面上看，是因为创业投资与私募股权基金退出渠道过于狭窄，过分依赖于IPO（新股上市），实质上反映了其投资管理能力缺失的问题。对于被投资企业而言，除了资金需求外，能否为其提供有效的专业增值服务，可能是这些公司做大做强所需要和倚重的。

（三）从资金运用上看，私募证券基金业绩整体上跑赢大市，但仍然需要进一步提升资产管理能力

国内的私募证券基金管理人大部分都来自公募基金或证券行业的明星基金经理和优秀的投研队伍，因此，具有较好的投资管理能力，私募证券

基金行业的业绩整体上跑赢大市，为投资人创造了超额收益。根据相关研究表明，在2007年1月至2016年10月期间，私募证券基金行业的年化复合收益率达到11.17%，比同期的沪深300指数高出6个百分点，而且波动率和最大回撤均显著小于后者，风险调整后的收益率优势更为明显。应该说，这与私募证券基金行业参与基金业绩收益分配的良好激励机制、灵活的不受限制的投资比例、快速的投资决策流程与决策机制、方便资金进出的较小投资规模分不开。但是，毋庸讳言，私募证券基金也同样存在靠天吃饭的局面，由于许多管理人都是"公转私"而来，公司规模较小，治理结构不完善，投研体系和风控体系不健全，在投资研究、资产配置、投资管理和风险管理能力等方面仍有许多提升的空间，需要进一步提升资产管理能力，尤其是跨越周期的投资管理能力。

（四）激励机制最为市场化，但与投资者利益仍然没有保持完全一致

在大资产管理行业中，私募基金行业的薪酬激励机制最为市场化，管理人通常采用合伙制，收入主要来源是基金的管理费和超额业绩分成。因此，部分私募基金管理人往往过分追求募集规模，存在违规募集、误导或夸大宣传、产品设计不当、信息披露不足、风险揭示不充分、不当销售、专业人才缺乏等问题，没有真正把投资者利益放在首位，与投资者利益保持完全一致。

五、私募基金行业发展前瞻

私募基金行业尽管近年来发展很快，但是与国外相比，仍有较大差距。衡量PE发展的一个最重要指标是PE渗透率，即一个国家当年的PE投资额占GDP的比重，中国目前的PE渗透率不到0.3%，而英国是1.9%，美国是0.8%，印度是0.7%。以2014年为例，美国的GDP是中国的1.56倍，而美国的私募基金行业管理资产规模是中国的10倍以上，可以预见，未来我国私募基金行业发展空间非常巨大。

（一）引入各类机构投资人的资金，特别是长期资金

私募基金行业应该积极吸引包括银行、保险、养老金、企业年金、教育基金、慈善基金、家族信托、遗产信托、上市公司、基金中的基金、国家产业基金和政府引导基金等在内的各类机构投资人的资金，多渠道拓展资金来源，尤其是长期资金，这将有利于创业投资和私募股权基金实现跨越经济周期的长期投资和获得投资回报，从而更好地帮助中国实体经济顺利实现转型升级。以世界著名的耶鲁大学捐赠基金为例，在1994年至2014年的20年间，实现年均净收益率13.9%，其中投资私募股权（包含创业投资）占比达到33%，获得的年平均收益高达36.1%。其中，重要的一条成功经验就是长期股权投资跨越经济周期实现了超额回报。

（二）创业投资与私募股权基金应帮助企业实现融资和融智的结合，实现多渠道的市场退出

创业投资与私募股权基金提供给被投资企业的不仅是股权融资，而且应该包括更多的增值服务。对于被投资企业而言，能否为其提供有效的战略规划、公司治理、组织架构、资源整合、营销网络渠道拓展、合作伙伴、交易对手、上下游并购、产业链延伸、专业人才、品牌推广、财务管理、风险管理、信息管理等方面的增值服务和智力支持，对其发展成长至关重要。针对不同企业的不同需求，提供融资之外的有效增值服务，实现融资与融智的结合将能更好更快地帮助企业发展成长和做大做强。因此，全面提升投后管理服务能力是解决创业投资与私募股权基金投资难的关键。从美国经验来看，只有20%的私募股权投资是通过IPO退出的，大部分都是通过并购退出、大股东和管理层回购来实现退出，企业自身的价值成长是股权投资能顺利退出的关键。今后，我国创新投资与私募股权基金投资要改变过分依赖上市公司IPO新股发行退出渠道的现状，改变目前这种主要依靠低买高卖获取一二级市场差价的单一盈利模式，通过企业自身价值成长来顺利实现并购退出或大股东和管理层回购退出，创造更多市场化的退出渠道。

（三）私募证券基金应进一步提高资产管理能力和风险管控水平，实现行业整体规模和质量的提升

我国私募证券基金行业经过近年来的持续高速成长，已涌现了一批管理规模上百亿的优秀私募基金管理人，从过去简单的纯股票多头、主动管理的投资策略发展到涵盖普通股股票策略、债券策略、市场中性、套利策略、宏观对冲、管理期货、量化投资、定向增发、并购重组、组合基金等各种跨市场的多投资策略，取得了显著的进步。但就整个行业而言，仍然和国外成熟市场存在不小的差距。以美国为例，私募基金行业总规模达到9.96万亿美元，只有2694家管理人，平均每家管理私募基金10只，管理规模370亿美元，前十大私募基金管理人管理规模占比达到50%，每家管理的私募基金平均规模达到5000亿美元，行业集中度高。因此，我国私募证券基金行业仍有很大的提升空间，需要进一步提高资产管理能力和风险管控水平，从而实现行业整体规模和质量的提升。

（四）加强行业自律监管，更好地保护投资者权益，实现行业可持续发展

从国际经验来看，私募基金行业一般都以行业自律监管为主。中国证券投资基金业协会作为行业的自律监管组织，有必要督促私募基金行业依托"一法，两规，七办法，两指引和多个公告"的监管法规体系，从登记备案、从业资格、合格投资者确认、资金募集、募集主体、募集程序、账户监督、冷静期、回访确认、投资运作、信息披露、内部控制、投后管理、风险管理、募集机构和人员法律责任等方面，进一步加强诚信建设和行业自律，要求基金管理人建立激励奖金递延发放机制，避免利益冲突，更好地保护投资者权益，避免过分追求规模扩张的冲动，苦练内功，实现量和质的全面提升，实现行业的可持续发展。

（原载《中国金融》2017年第10期）

正视风险资本市场的"独角兽"现象

朱元甲　孙晓筱

2015 年，横行风险投资（VC）界的莫过于"独角兽"，以至于有媒体将 VC 的 2015 年冠之为"独角兽"年。基于估值而迅速膨胀的"独角兽"群体，是否存在泡沫，它们能走多远，VC 是否会买账？VC 应该如何对待"独角兽"的迅速崛起？下面撰文分析。

一、"独角兽"概况

"独角兽"（unicorn）是源自欧洲神话传说中的一种动物，归为神兽之列，寓意稀有、高贵。从 2013 年开始，"独角兽"被 VC 界形容估值超过 10 亿美元的创业企业。估值反映投资者对"独角兽"的未来发展潜力的看法。2014 年和 2015 年，全球"独角兽"当年增加的数量均超过之前所有"独角兽"的总和。《财富》（Fortune）2015 年初首次发布《全球"独角兽"名单》为 80 家（不包含 IPO 公司）。2016 年初更新名单显示，已达到 173 家，其中有 35 家在中国①。

Cowboy Ventures 对美国数据整理的结果显示，过去十年，平均每年出现四家"独角兽"。消费者市场领域因其受众面广，加上互联网强大的扩散作用和便利效应，该领域内的"独角兽"发展得更丰富。"独角兽"聚集的四个主要商业模式带动价值增长，分别是：消费类电子商务交易、消费者受众、软件服务和企业软件。"独角兽"创业者往往拥有丰富的创业或者科技企业经验。"独角兽"创业者之间背景差异较小。教育背景良好，创业者之间有多年合作经历的创业团队取得成功的机会大，成功更大。

---

① http：//tech.qq.com/a/20160204/009442.htm.

"独角兽"与 VC 的支持和追捧密切相关，大部分主要分布在美国、中国、英国和德国等 VC 市场活跃的国家。VC 投资于"独角兽"，要实现成功退出，平均需要七年以上才有机会。

能够挤进"独角兽"俱乐部序列的企业，首先，其创新是某一领域颠覆性的革新，有广泛的受众群体，并且对受众群体没有技术或知识门槛，能创造意想不到的社会和经济影响；其次，成长潜力巨大、可持续，借助信息时代互联网技术不断扩张，扩大规模创收；最后，投资人认可其成长潜力，给出很高的估值（超过 10 亿美元），在后续融资中继续得到认可。王德禄[①]认为"独角兽"创业公司应具备三大要素：平台、自成长、生态圈。"独角兽"齐聚的互联网领域，颠覆性创业者的业务是平台。企业设计平台，包括业务结构、规则等，客户参与业务的实施，形成业务自成长的路径。构建新的生态圈是其颠覆式创新的关键，以便呈现指数级增长。

二、"独角兽"的崛起

"独角兽"因其展示给人们非常惊奇的成长感受和经济影响，给投资人无尽的想象空间。"独角兽"在近几年迅速崛起，并非偶然，概括起来，有以下几方面原因。

第一，信息技术产业没有因为世纪初的泡沫破灭而停止发展，产业继续深化，再现新一轮的创新浪潮，出现成批的创业企业，孕育着"独角兽"。

新一轮的互联网创业浪潮中，围绕客户需求和体验，以点击率和用户数来衡量互联网企业的发展前景，乃至 IPO 都以此为基准。在市场策略和资本力量比拼中，一旦胜出，就是市场的引领者，规则的制定者，即使它们商业模式模糊、亏损，也能够成功上市（例如，京东）。因此，迅速占领市场，黏住客户至关重要。只要成功就有非常好的市场前景，因此，投资者给予这类企业的估值很高。

VC 偏好成功率低但利润率高的企业。在赢者通吃的领域，最后的领头者独占市场，获得超额利润。互联网公司和 VC 融合在一起，相互促进获利。互联网领域创业企业早期借助 VC 实现扩张，VC 和创业企业一起在上市前造势，

---

① 王德禄：《创业者的新理想：独角兽》，载《中关村》，2015（11）。

拉升估值。企业成功上市后，其他资本进入，VC 则实现盈利退出。

第二，二级资本市场的狂热，带动了 VC 的迅猛增长。VC 加大了对创业企业的投资，有些是盲目的投资，甚至投机。当大量的资本集中瞄准创业融资市场的时候，资本的供过于求催生了成批"独角兽"。

中国股市在经历了 2008 年的沉寂之后，一路下行，2013 年开始回升，2014 年上行速度加快，资本市场出现了一阵狂热，杠杆倍数激增，投机盛行，泡沫吹大，到 2015 年 6 月股市泡沫破灭，股灾之后，指数迅速下跌，资本市场迅速冷却。上证综指和创业板指数一致反映了二级资本市场这一走势。

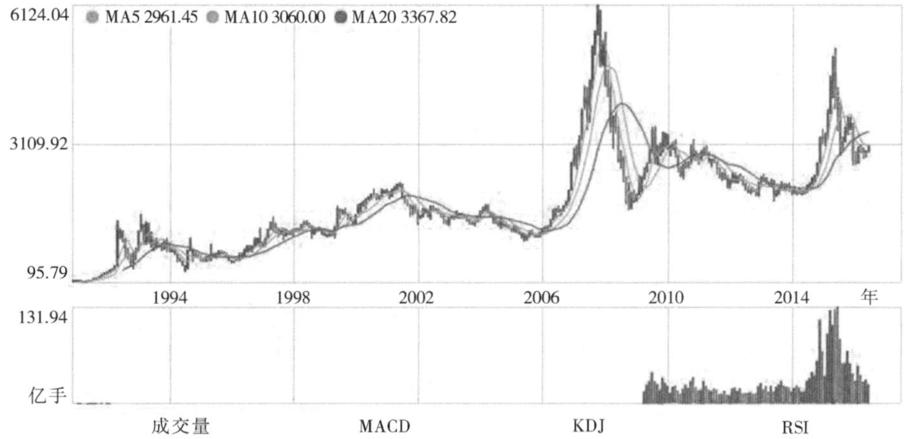

图 1　近二十年上证综指走势

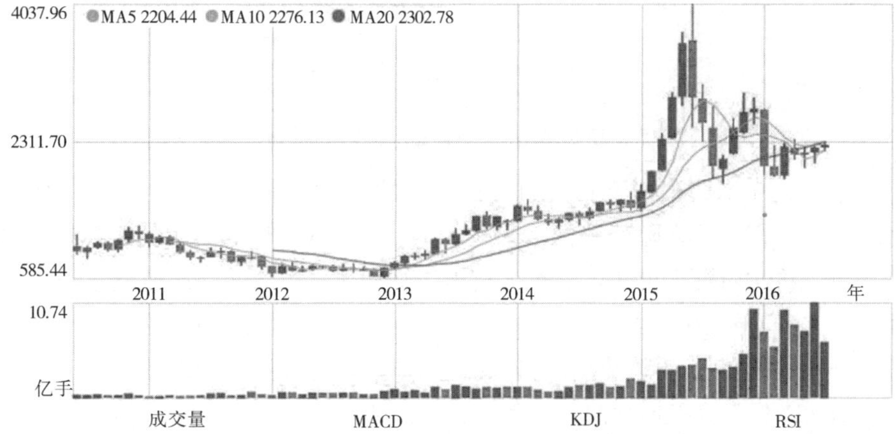

图 2　近五年创业板指数走势

　　国内 VC 市场有着同二级资本市场高度相关的走势。股市高涨时，一级市场募资和投资立即变得热闹起来，一旦二级市场的闸门收紧，一级市场的募资和投资会出现断崖式的下降。PE/VC 市场经历了 2009 年开始到 2012 年的遇冷，从 2013 年开始恢复，2014 年和 2015 年 VC 市场在二级市场火爆的行情下，募资和投资大幅攀升。2015 年 VC 在互联网领域的投资达到 400 亿元。

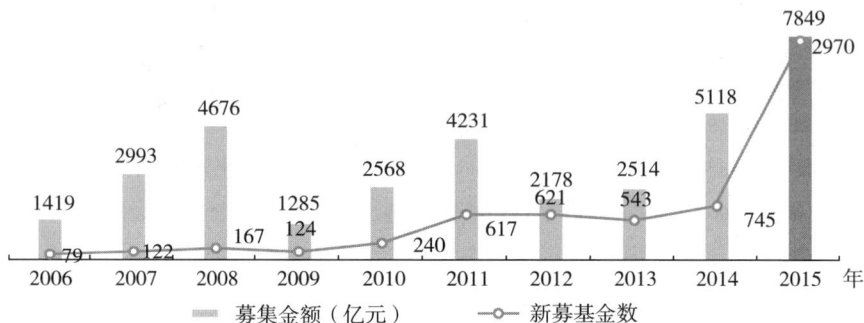

数据来源：清科投资中心。

图 3　2006—2015 年中国股权投资基金募资情况（含天使、VC、PE）

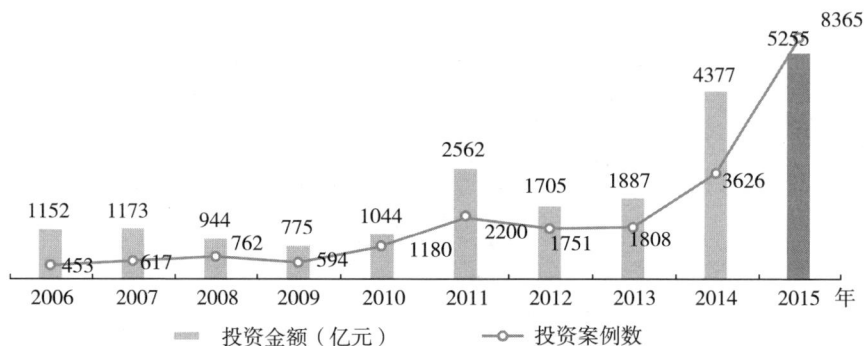

数据来源：清科投资中心。

图 4　2006—2015 年中国股权投资基金投资情况（含天使、VC、PE）

　　纳斯达克指数在经历了 2000 年的网络技术泡沫破灭和"9·11"事件之后，一路下行，后来随着美国经济的复苏，市场逐步恢复。2008 年美国次贷危机，再次对资本市场造成重大打击，纳斯达克指数又一次急剧下跌，随后逐步上升。到 2015 年达到了一个新的高峰。与此对应，美国的 VC 市场经历了一个同样的变动趋势。2014 年美国 VC 募集和投资均大幅上升。2015年，有 421 亿美元投向信息技术领域，超过当年投资 VC 总额的 70%。

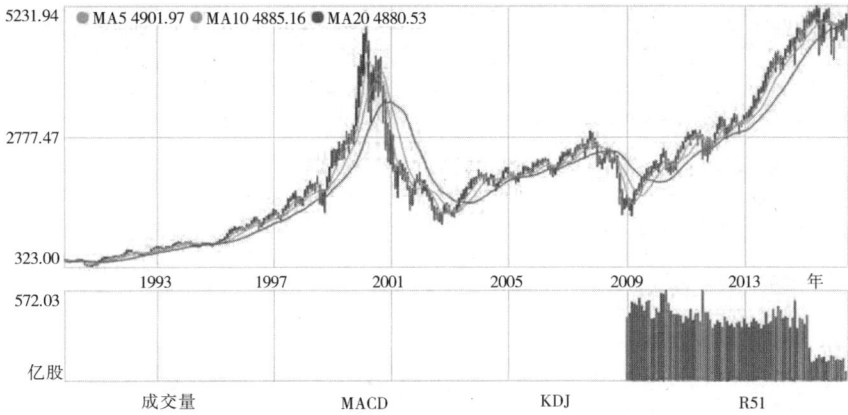

图5 近二十年美国纳斯达克指数走势

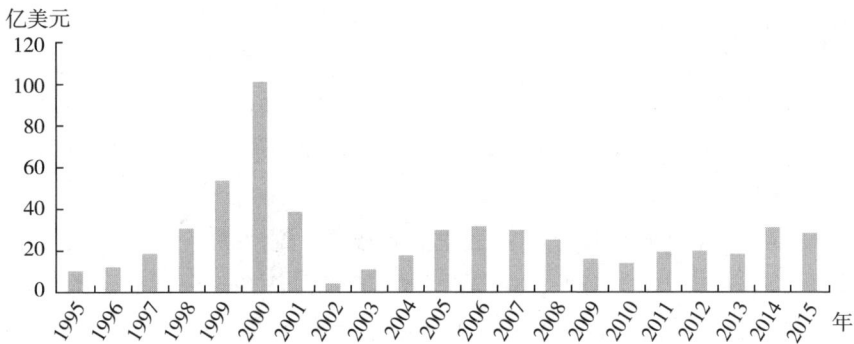

数据来源：www. nvca. org。

图6 美国近二十年 VC 募集情况

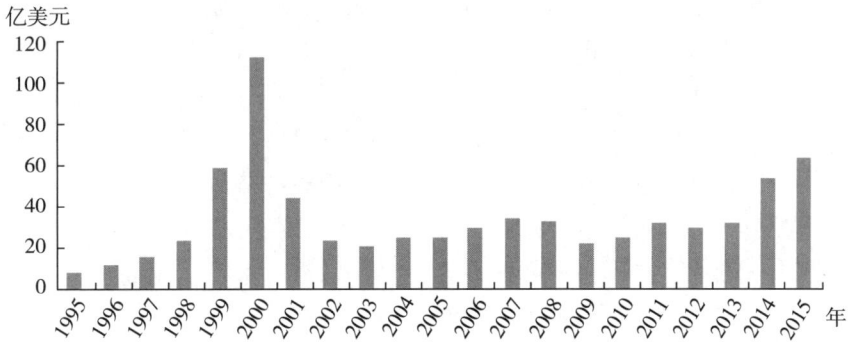

数据来源：www. nvca. org。

图7 美国近二十年 VC 投资情况

Figure 5.0 Venture Capital Investments in 2015 By Industry Group						
	All Investments			Initial Investments		
Industry Group	No. of Companies	No. of Deals	Investment Amt ($Bil)	No. of Companies	No. of Deals	Investment Amt ($Bil)
Information Technology	2,620	3,038	42.1	1,035	1,035	5.6
Medical/Health/Life Science	664	830	10.9	200	200	2.3
Non-High Technology	425	512	6.1	209	209	1.2
Total	3,709	4,380	59.1	1,444	1,444	9.2

数据来源：www. nvca. org。

图 8　2015 年美国 VC 投资行业

中美两个 VC 和互联网产业大国，都在资本市场狂热的时候，VC 大量投向互联网领域。VC 者看中的是互联网领域创业企业在二级市场的表现，它们希望尽快抢占这一领域，迅速获得较高的退出收益。但是一拥而上诱发了估值虚高，催生了成批的"独角兽"。

第三，各国近年来的新经济政策，刺激"独角兽"出现或者潜在"独角兽"的崛起。21 世纪的前十年，全球实体经济在动荡中起起伏伏，为了刺激经济增长，各国纷纷制定了新经济政策，这些政策导向为"独角兽"的诞生提供了沃土。

Venturebeat 统计数据显示，从成立到成为"独角兽"公司，大部分创业企业要经历 6~7 年时间。如果将 2013 年"独角兽"公司概念的提出作为其元年，2014 年是"独角兽"公司的爆发年，2015 年则是"独角兽"公司年。这些公司很大一部分是在 2007 年到 2010 年之间成立，恰好与次贷危机后，各国开始新一轮的新经济政策相关。

美国经济恢复缓慢，新兴经济体受到拖累，欧债危机进一步给恢复中的经济蒙上阴影。各国都在寻求新的经济发展突破口，最终瞄准了技术创新，例如，环保领域（美国的页岩气革命）、工业制造业升级（德国工业4.0，中国的工业制造 2025）、3D 打印、物联网、"互联网 +"领域的革新。我国各类促进创业和互联网产业发展的相关扶持政策出台，激发了全民创业激情，"互联网 +"领域成为创业热门。在消费升级的推动下，以互联网为基础的智能硬件、在线平台交易（旅游、医疗、直播、教育）等产业，充满了商机，吸引资本纷纷涌入。

同传统的制造业及其他产业相比，"互联网 +"相关的企业创新和创业对资本更有吸引力。对 VC 而言，创业企业是否能够维持长久的盈利不是关注的核心，走向公开资本市场，即上市后盈利与否也不重要，关键是能否稳定住资本市场的信心，吸引后续的资本进入，将故事继续下去，然后找机会获利退出。环保和工业制造业是各国政府大力推进的新经济领域，但是这些领域的技术创新和技术推广运用，周期很长，产品及市场生效获益进程缓慢。这些很难满足 VC 的收益要求。而"互联网＋"相关的创新和创业，既有政府的推进和支持，又有非常好的估值基础。现在的"互联网＋"企业以点击率和用户数作为企业发展的估值亮点，该领域内的"独角兽"在资本市场获得的成功，会刺激投资人和创业者过度鼓吹"独角兽"的未来前景和成长潜力。

第四，在"独角兽"高度集中的互联网领域，创业企业估值缺乏客观的衡量标准，估值缺乏理性，容易出现虚高的估值。

"独角兽"依赖于投资人对公司的主观看法。"独角兽"是颠覆性的创业企业，没有以往的同类型企业作参照，投资人和创业者对企业未来的走势判断，很模糊，估值没有可靠的依据和基础。用户点击数作为企业估值依据存在致命缺陷。因为其可操控性，容易被数据造假，推高估值。在投机盛行的时候，投资者偏离了对基本收益来源的关注，不是通过投资对象的经营收入来盈利，而是通过市场对企业价值的不断推高，转让持有权益来盈利。估值往往与市场氛围有关系，估值高的公司 IPO 并不会一直保持高的估值。LinkedIn 联合创始人、VC 家霍夫曼（Reid Hoffman）表示，许多"独角兽"无法在公开市场上获得同样高的估值，它们在私有市场的估值要远超它们上市时的估值[①]。

三、"独角兽"的危机

"独角兽"的奇特之处在于其估值的畸高。"独角兽"的估值只是在非公开市场中投资人和融资者两方的看法。此"独角兽"的估值是否以企业的经济价值和未来增长潜力为基础，是判断是否为真的"独角兽"的依据，同时也是判断"独角兽"群体是否存在泡沫趋势。如果估值是企业自身发展驱动，即存在有效的估值价值机制，那么"独角兽"在获得了融资

---

① 吴家明：《"独角兽"何去何从》，载《证券时报》，2015－11－19。

后，会进入良性发展的轨道。但如果"独角兽"是资本市场的狂热吹起来的，那么市场就存在风险。

（一） 资本鼓吹出来的"独角兽"会陷入困境

在资本狂热时期，"独角兽"是资本市场的宠儿。VC 也有意将所投资"独角兽"估值吹大，无论是否为真的"独角兽"公司。VC 人对"独角兽"估值中的棘轮效应能很好地解释他们为何不断吹大企业估值的动机。例如，投资者对"独角兽"的投资协议中增加了在上市前几轮融资中的估值下跌保护，一方面避免投资者出价高于以后 IPO 的发行价格，同时后续投资者的出价必然要比现在的高。经历多轮次畸高估值的巨额融资后，投资者会尽力推动公司 IPO 或进行下一轮的巨额融资。只要企业估值轮番上涨，资本对"独角兽"创业者疯狂烧钱、信息披露缺乏和数据造假都不关注。VC 只要和创业者一起编造故事，等着下一轮的更大额融资，或者期待 IPO 上市到二级市场融资退出。

但是，资本市场下行阶段，寒冬来临，"独角兽"是否能够挺得住，给投资者以足够的盈利信心和成长潜力，以保持持续的融资能力，这就要看"独角兽"是否具有真正的价值。否则，资本鼓吹支撑起来的伪"独角兽"会因为资本市场的冰冷而难以支持直到崩塌。

（二） 创业者的投机会让"独角兽"受创

创业企业的不规范行为，会导致"独角兽"轰然倒塌。资本市场对互联网领域的公司占有大量用户的模式充满期待，对"独角兽"估值高，估值有期待，融资更加有筹码。创业者由于轻易就能获得巨额的融资，往往变得盲目自大，在资本预算方面毫无章法，忽略企业的成长价值所在，疯狂烧钱、不关注客户、数据造假、估值虚高，都会导致"独角兽"走向灭亡。

霍夫曼（Reid Hoffman）预测：目前 140 多家"独角兽"中，仅有三分之一到一半的公司能生存发展下去。很多"独角兽"在初创时期便存在"原罪"：早期估值过于夸张，脱离了掌控；贪婪和短视的投资方为创业者许下的宏伟前景设想埋单而注入巨资。这些公司中很多缺乏数据支撑和发展规划，资金也缺乏监管，一般 2 年内便进入瓶颈期，很少的公司可以挺过难关、继续发展。

四、VC 与"独角兽"

（一）VC 的投资之道

VC 是投资于高风险、高成长的初创型企业，寻求通过 IPO、并购或其他资本市场手段退出，并获得高额投资收益的股权资本。VC 的核心是支持技术或者商业的创新，创造有潜力和价值扩张的市场，投资的是企业所创造的未来市场，在资本投资的同时对创业企业进行增值服务，通过价值管理，实现增值，在 IPO、并购等资本运作中实现资本增值后的退出过程中获得高额收益。

当然，VC 的整体成功并不排除投资失败的案例。实际中，失败的案例要多过成功案例的数量。VC 界关于投资项目流行"成三败七"和"以一当十"的说法。"成三败七"：指的是投资项目成功和失败数量的比例是三比七；"以一当十"意味着成功项目的投资收益往往能够覆盖失败项目成本基础上还有盈利。可见，VC 投资有成功的项目，也有失败的项目。VC 可以承担失败的项目风险和损失，但是成功的项目收益要远远大于失败项目的损失。VC 投资盈利的逻辑就是建立投资组合，只要项目组合整体盈利，那么对于其中个别项目的失败并不会影响其整体收益。VC 实际中侧重项目组合投资，投资一系列企业、项目，构建一个资产组合，通过组合内的企业、项目之间投资的成败，实现盈亏弥补，从而实现整体的盈利目标。VC 投资的另一个核心点在于它是主动投资，不仅向目标投入资本，还会介入企业的管理之中，为其带来管理经验、市场资源以及后续资本运作等，从而实现快速发展和大的增值。

（二）VC 追求"独角兽"

按照 VC 的投资逻辑，"独角兽"是其投资所追求的重要目标。当所有 VC 都希望投资于"独角兽"的时候，"独角兽"就会被"创造"出来。过多的资本追求有限的创业公司，企业估值很容易一轮一轮地被吹起来。

自从 21 世纪初互联网泡沫破灭之后，2008 年次贷危机对实体经济和资本市场影响深远，市场经历了一段较长时间缺乏较好成长性的创业企业环境。其他产业需要长时间技术酝酿才能运用到产品开发和市场推广中，相应产业的持续低迷，VC 不得不回到互联网领域。互联网思维的运用，及与其他产业的结合，带来了很多新的商业的模式，创造了很多便利，改变人们的生活，而且能够让人们参与到这种改变中，感受实实在在的变化。因此，在消费领域，掀起了一轮互联网热潮，以互联网为基础的消费领域的创业门槛低，简便的创业环境，快速的投资，较容易获得的高估值，快速的退出，正是 VC 心仪的投资对象。

资产的匮乏和可投资创新领域的陌生，VC 回到了追捧互联网技术，新一轮互联网经济狂热中孕育的"独角兽"，成为 VC 争相追逐的对象。

五、正视"独角兽"投资

"独角兽"不常有，能投资到"独角兽"更是难得。投资者要以平常心态看待"独角兽"市场。

(一) 正确看待创业企业的成长

真正的"独角兽"，是创业企业群中的佼佼者，投资人都想在其中分一杯羹。所有创业企业都想成为"独角兽"，所有 VC 都盼望投资于"独角兽"。高新技术领域的创业企业要有新理念和给大家造梦、讲故事的能力，更要有圆梦、圆故事的能力，苹果公司就是其中翘楚①。

资本是技术转换和企业成长的重要生产要素。但是，创业企业的成长，核心还是要做好产品、扩大市场、打破原有格局，持续创新引领产业、行业发展，给客户带来效益，给投资人带来利益，创业者实现创业价

---

① 杨骏：《"独角兽"企业的技术泡沫还能吹多久》，载《中华工商时报》，2016 – 07 – 01。

值等。如果抛开企业的基本面，不能立足于创业企业的成长性热点，用投机的心理去投资创业企业，过度追求短期内的高估值，甚至不惜以牺牲企业长远发展来获得资本的短期利益，投机氛围之下的 VC 市场和"独角兽"都会被资本市场淘汰。

（二）冷静看待资本催生的"独角兽"

资本对"独角兽"的估值过度依赖资本市场的狂热炒作要有清醒认识。2014 年和 2015 年里，创业企业融资速度快，VC 等机构投资下手猛，企业估值翻着跟头往上涨，加速了很多新基金的设立和募资，造成资本供过于求的局面，"独角兽"频频出现。

"独角兽"的创新和发展都需要借助资本，有些通过补贴迅速占据市场形成垄断，赚取高额利润。对于那些还处于盈利模糊阶段的公司，还不惜大把大把地撒钱，结果很可能黯然退场。

（三）完善对创业企业的估值

估值是"独角兽"的命脉所在，但根基还是企业自身的质量和发展前景。国内企业估值体系有很多不完善的地方。很多时候，估值并不完全是依据企业的经营数据和行业发展规律来测算，而是基于部分投资人的意愿，或者投融资双方的洽谈做出的定价。当前中国创业企业的估值大多存在着泡沫，大部分创业更多是基于一种构建在互联网作为工具基础上的交易方式的改变，而没有实质性的技术或者重大的商业模式的革新，创业企业之间的同质化现象相当严重，大部分依靠投资人的资金来补贴吸引客户，而产品或服务本身并不能持续对客户产生吸引力。因补贴而吸引的客户没有使用的忠诚度和持续性，估值仅是一个数字符号。诸如名噪一时的"独角兽"凡客诚品，当时估值非常高，而今已逐渐淡出公众和投资人视线。

（四）VC 回归投资之道

资本市场的狂热，助长了 VC 盲目投资和投机，部分 VC 投资人抬高估值，但没有为企业成长和发展带来实际价值。2015年下半年开始，全球经济和资本市场都趋于下行，2008年以后持续上行的融资行情放缓，VC投资不再疯狂，对互联网领域的创业企业估值变得谨慎起来。真正的"独角兽"需要优秀的VC从资本和管理、市场多方面给予支持和指导。VC对"独角兽"不仅要做到注资的"扶上马"，还要与创业者一起为了"独角兽"的发展壮大提供多方面的支持，这是资本以外的"送一程"。这样，VC才能发掘到有价值的企业，对其进行价值管理，抓住发展机遇，做大做强，使之成长为"独角兽"，VC在这种扶持过程中享受其发展带来的价值增值。

（原载《金融会计》2016年第8期）

股权众筹法律供给及制度构建

范文波

◼️一、我国股权众筹发展现状及问题

向公众筹集小额资金，是社会化大生产背景下经济社会追求的集资方式，但由于信息及支付成本高昂，一直以来难以大规模自然发展，公开性资本市场往往以政府的高度监管为发展前提。近年来，随着互联网技术的发展和成熟，集资者与公众之间的信息传递和资金支付成本大幅降低，推动互联网金融兴起并快速发展。股权众筹作为互联网金融的典型模式，可将庞大的社会投资需求转化为强大的资本力量，促进创新型小微经济体资本形成。在供给侧改革的背景下，推动股权众筹良性有序发展，将为我国加快经济结构转型、解决小微经济体融资难问题及推动全社会创新创业注入巨大活力。长期来看，股权众筹及互联网金融的健康发展，将有利于提高我国融资效率，并深刻影响市场结构和金融生态。

股权众筹于 2011 年起在我国发展，随后逐步受到市场的关注和政府的支持。目前我国股权众筹虽然发展较快，但与 P2P 等其他互联网金融模式相比规模较小，2015 年下半年监管收紧后发展陷入低潮。至 2016 年 6 月末，我国正常运营的股权众筹平台共 114 家，上半年完成融资 32 亿元。[①]

综观我国股权众筹现状，法律及监管问题是当前发展的最大障碍，主要表现在：一是国家尚未对众筹这一互联网金融业态建立制度规范，立法供给滞后于市场发展，更严重的是股权众筹模式与现行立法理念及具体法

[①] 人创咨询：《中国众筹行业发展报告（2016 年上半年）》，"众筹家"网站。

2018 —— 中国金融论丛

规存在一定冲突，行业参与者始终面临非法公开发行等法律风险，为了生存游走于灰色地带，长期放任可能诱发大规模非法集资、跑路诈骗等风险。二是在基本立法缺位的情况下，监管缺乏担当，创新及引导不足，导致股权众筹参与者无法看清发展前景，立法者考虑政策风险而瞻前顾后，支持创新创业和助推实体经济发展的效果难以发挥；而投机套利者借机扩张甚至踩踏红线，破坏行业秩序并可能制造金融不稳定因素。

二、众筹本质及立法和监管理念探讨

讨论股权众筹的立法和监管，首先要研究清楚股权众筹的独特之处和内在优势，考虑其与传统融资方式的区别以及随之带来的调整立法及监管理念的需要。众筹的本质，主要体现在其基于互联网"开放共享"的特性和融资方式"小额多人"的特性，以下分别讨论这两点对立法和监管的影响。

（一）互联网特性与缓解信息不对称

任何一种融资方式要想获得大规模发展，须在解决信息问题和形成信任方面具有较高效率。从现实情况看，互联网确实大幅降低了信息传递的成本，但在解决信息不对称并形成融资双方的信任方面是否真正具有优势，有必要深入探讨。有观点认为，股权众筹主要借助互联网开展业务，投融资双方除了通过虚拟网络沟通一般不直接接触，在主要由陌生人构成的互联网世界，解决信息不对称并建立投资信任难以令人信服，更严重的是在信息不充分情况下公众容易产生集体非理性，例如"羊群效应"和"搭便车"问题。对于以上疑问，最新有不少研究表明，众筹具有缓解信息不对称的内在机制，主要体现在：一是声誉信号。互联网众筹融资市场中，声誉尤为重要。一方面，对处于早期发展阶段的融资者而言，谁披露的信息越充分，谁才可能获得投资者的关注和支持。这一激励机制促使融资者尽可能地披露项目信息和回报计划以形成质量信号;[①] 另一方面, 对于众筹平台而言, 其经营模式主要是以提供鉴证服务的方式获得管理费收入, 在市场竞争条件下需要不断提高信息审核质量来保护投资者利益, 才能获得良好的市场声誉和竞争地位, 从而形成增强信息透明度的自我激励。此外, 互联网市场已经形成诸多借助声誉建立信任的机制, 例如通过网络交易记录及大数据分析, 为出资者对融资者进行综合判断提供参考。二是 "集体智慧" (wisdom of crowd)。传统经济学理论认为, 个体的理性行为会导致集体非理性, 但研究也表明开放共享的互联网空间为集体理性提供了可能。具体而言, 在传统模式下, 单个投资者主动搜集并分析信息的能力有限, 在缺乏信息情况下决策往往带有盲目性甚至选择 "搭便车" 或随大溜; 而在开放共享的互联网文化下, 单个投资者拥有的私人信息可以便捷快速地在互联网中传递整合并转化为公共信息 (特别是社交媒体的发展加速了这一趋势), 因此从整体上看互联网具有极强的信息挖掘及学习共享能力, 使得去中介化的多人决策融资机制, 在信息处理上具有超越个体的 "集体智慧"。

　　客观而言, 股权众筹以上机制目前并不能完全解决信息不对称问题, 但随着信息技术的不断发展及互联网信用文化的不断培育, 股权众筹弥合信息不对称的作用将日益明显。从股权众筹已有实践来看, 融资方纯粹的欺诈行为尚不多见, 投资者面临的最大的风险并恶意欺诈等道德风险, 而主要是由于创新创业成功率极低带来的项目失败风险。基于以上理论及事实, 立法和监管方面对股权众筹的关注的重点应与传统融资方式有所区别: (1) 信息不对称不再是股权众筹最突出的问题, 创新创业企业未来不确定性风险才是问题的关键。仍然过于强调历史信息的披露不仅对创新创业企业缺乏现实性, 对投资者做出决策和判断未来风险帮助也不大。(2) 由于单个创新创业企业失败的概率很大, 对投资者而言充分分散风险尤为重要, 对全社会而言, 通过公开发行建立公众化的创新创业风险分担制度也十分必要。

---

① 苗文龙、刘海二:《互联网众筹融资、激励机制与风险管理》, 载《金融监管研究》, 2014 (7)。

（二） 小额多人特性与降低公共危害性

在设置证券发行制度时，立法者对于投资者保护，除了关注信息的获得，还关注项目失败的公共性损害。对于高风险投资，传统证券法主要考虑投资者的财富水平，认为富人能够承担较大的损失，因此通过设置门槛将公众投资者排除在外，使高风险股权投资成为高收入人群专享的权利。实际上，将个体的投资额度控制在一定范围内，其投资风险就能得到控制；当融资额规模较小时，项目失败对社会公共利益的影响也得到了控制。股权众筹小额多人的融资模式与以上逻辑相符，对社会公共利益而言具有风险分散性及损害可控性，创新创业项目一旦成功对投融资双方都将带来高额收益。而在我国现有证券法律体系下，股权众筹只能走向私募的发展方向，其小额多人特性带来的优势无法发挥。因此，立法和监管层应打破传统思路，考虑设置专门的众筹豁免规则，使普通投资者也能获得参与高风险投资的机会，推进"金融民主化"进程①。

三、对我国股权众筹立法及监管的有关建议

面对股权众筹的发展现实，法律制度及监管体系需及时回应市场需要。一方面要解决股权众筹发展的制度障碍和合法性问题，将其从"草根金融"纳入"正规金融"体系，为双创战略实施及小微经济体融资开辟一条独特道路；另一方面要针对股权众筹业务模式及利益主体，完善监管规则并提供相关配套体系，使股权众筹真正发展成为多层次资本市场中的"新五板"。以下对我国股权众筹立法及监管提出政策建议，主要框架如下图：

---

① 彭冰：《股权众筹的法律构造》，载《财经法学》，2015（3）。

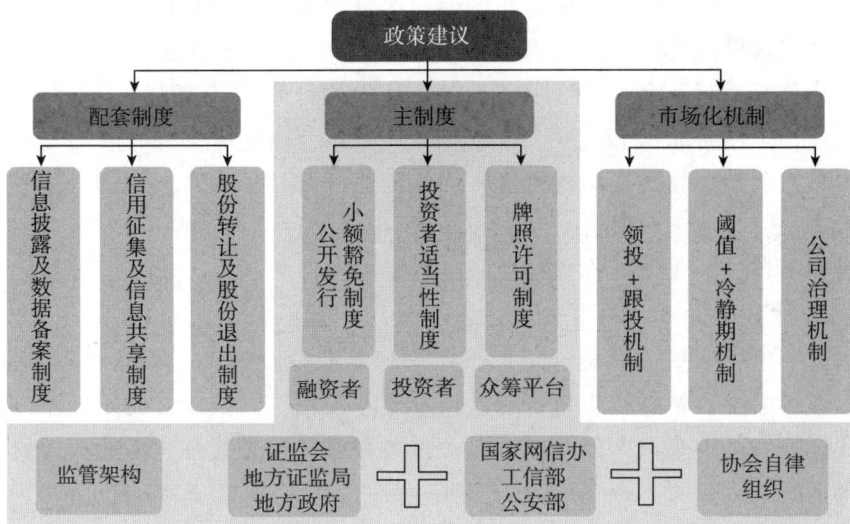

（一）建立三项主制度

1. 针对融资者：定位小微，小额豁免。按照人民银行等十部委 2015 年 7 月联合发布的《关于促进互联网金融健康发展的指导意见》，股权众筹属于"通过互联网形式进行公开小额股权融资的活动"，基本认定了股权众筹属于公募性质的融资。根据现行证券法，公开发行需要证券监管机构核准，主要目的一是规范信息披露，二是通过设置发行条件对发行人进行筛选。该制度在资本市场发展初期对保护投资者具有重要作用，但同时也带来巨大的成本以及市场扭曲效应，严苛的发行条件及较重的信息披露成本将小微经济体融资彻底排除在外，不利于市场新生力量的成长。为此，一些国家已通过设置小额豁免制度为小微经济体提供融资便利。全国人大常委会 2015 年 4 月审议的《证券法》修订草案，已提出以互联网众筹方式公开发行证券符合相关条件的可豁免注册或核准。本文认为证券法应坚持"修订草案"提议，正式创设"众筹豁免"。待证券法正式修订通过后，证券监管部门再出台股权众筹业务管理具体办法：一是明确融资者参与条件。为初创及小微经济体提供融资众筹模式发展的初衷，我国股权众筹发展应坚持这一定位。监管机构可根据不同行业特点设置股权众筹融资企业的规模上限，超过这一条件的企业可进入全国或区域性交易所融资，以形成功能不同、特色鲜明的多层次资本市场。二是设定公开发行豁免核准的条件。小微经济体融资规模较小，美国 JOBS 法案规定，通过众筹方式公开发行豁免注册的条件 12 个月内累计融资不超过一百万美元。据统计，国内各家股权众筹平台发布的项目目标融资额平均值约二百万元，募集成功项目的实际融资额平均值约八百万元。参考上述国内外情况并考虑众筹行业未来发展空间，我国股权众筹公开发行制度中，可考虑将融资额不超过一千万元作为豁免核准的基本条件之一。

2. 针对投资者：面对公众，适当分层。降低公众投资门槛、打造多层次资本市场中更"接地气"的投资渠道是股权众筹的重要特征和功能。如果通过简单粗暴的政策将普通投资者排斥在外，股权众筹的发展基础和内在优势将基本丧失，公开发行也不再具有意义和必要性。但股权投资终究属于高风险投资，且当前我国大部分普通投资者缺乏基本的投资知识和经验，长期习惯于获取固定无风险回报，短期内不具有深度参与众筹的可能性。因此，建议股权众筹投资者定位为"专业人士引领，中高收入人群为主，大众适度参与"。在此理念下，参考国际经验并综合考虑目前我国居民的收入水平等，建立众筹投资者适当性管理制度：一是投资者分类。将投资者分为认证投资者和一般投资者。成为认证投资者的要求，建议机构注册资本 500 万元以上；个人金融资产 300 万元或连续三年年收入 50 万元，且有 3 年以上证券期货投资经验。领投人必须为认证投资者，且在资产及专业性方面要求更高。认证投资者以外的，属于一般投资者。二是投资额度限制。股权众筹发展初期，为有效控制普通大众过度参与的风险，建议一般投资者单项投资不超过 5000 元，每年投资总额不超过 5 万元。认证投资者不做投资额度限制，但对领投人应设置投资下限，建议投资比例不低于融资额的 10%。

3. 针对众筹平台：审批准入，持牌经营。从国外监管现状来看，对股权众筹平台有注册制也有许可制，实行注册制的有美国、加拿大和意大利等；实行许可制的有英国和新西兰等[①]。对我国股权众筹平台的监管定位，首先应考虑其基本功能：（1）作为信息中介，众筹平台为投融资匹配提供信息支持，对提升信息透明度及市场效率具有关键作用。特别是股权众筹公开发行制度放开后，众筹平台的重要性和影响力将进一步提高。

---

① 樊云慧：《股权众筹平台监管的国际比较》，载《法学》，2015（4）。

（2）作为融资中介，众筹平台承担着筛选项目并降低风险的功能，投资者往往基于对众筹平台的信任而进行投资，因此其本质上具有声誉型中介特征。基于以上考虑，建议：一是明确众筹平台的性质定位。股权众筹平台开展的业务实际为证券经营活动，但又与传统券商存在本质区别，因此有国家将其认定为新型的市场主体。我国也应在法律上将众筹平台作为新型互联网金融机构并对其进行牌照管理，明确其业务范围及禁入边界。监管机构通过对众筹平台的行为管制来监管整个股权众筹市场，既有利于控制总体风险，又可减轻监管成本和负担。二是加重众筹平台责任义务。众筹平台获得独立的法律地位和金融牌照，相应须进一步承担以下方面的职责：（1）对融资者的信息审核及监管职责。众筹平台应加强尽职调查核实融资者基本信息，并在融资完成后督导融资者履行持续信息披露义务。（2）投资者教育及身份审核义务。众筹平台应加强对普通投资者的风险教育和提示，并承担审核投资者身份的职责，做好投资者分类及投资限额控制工作。（3）资金托管及监控义务。为确保客户资金安全并实现与自身资金分账管理，众筹平台应选择符合条件的银行业金融机构作为资金存管机构，且客户资金须定期进行审计并公开审计结果。

（二）健全三项配套制度

1. 信息披露及数据报备制度。股权众筹市场的长远健康发展，一方面要以便利资本形成为导向，降低信息披露成本；另一方面要以保护投资者利益为导向，有效解决信息不对称。股权众筹的特征决定其在信息披露方面不能走与传统资本市场相同的道路，需要探索适合自身的发展机制。建议：一是建立众筹简易信息披露制度。美国 JOBS 法案对股权众筹公开发行信息披露作了分层要求，基本原则是筹资额越小信息披露要求越低。我国股权众筹信息披露也应建立新的监管理念，构建分层信息披露机制，不求"全面"但求"有效"，淡化财务及历史信息方面的披露要求，强化对融资项目核心人员、技术创新、盈利预测等方面的披露标准，为投资者做出准确的价值判断和风险评估提供更有价值的信息。二是结合互联网金融特点创新信息披露方式。依靠互联网在解决信息不对称问题方面的优势，开发各种有效工具。例如借助社交媒体的信息传播和挖掘能力，拓宽投资者评价项目的渠道。同时，建立有效机制调动融资者自愿披露信息的积极性，探索借助互联网大数据和云计算进一步提升信息透明度，减少不实信息和市场噪音。三是建立众筹数据报备制度。在众筹发行核准豁免的制度下，监管层有必要建立信息披露的报送和备案制度，以加强对虚假信息披露的事后调查和处罚力度。信息报备可以众筹平台为主体，对不同融资规模、不同业务复杂程度的众筹发行制定不同的监管报告要素。

2. 信用征集及信息共享制度。信用是金融体系运行的基础，完善信用体系有助于推动股权众筹的良性发展。根据我国《征信业管理条例》，监管机构有权推进本行业的社会信用体系，因此证监会可主导建立股权众筹行业征信体系，建议：一是建立股权众筹信用数据库。统一征信标准，根据参与者的市场行为及日常监管掌握的信息，建立众筹行业信用数据库，一方面将参与者的道德风险行为纳入征信系统，提高违约成本，另一方面对参与者的信用情况进行评分，作为其他参与者决策参考及差异化监管的依据。二是建立行业信息共享制度。分散的众筹平台存在信息孤岛问题，为防止融资者在不同平台重复融资、普通投资者超过投资限额，监管层可推动行业内信息共享，分享信用信息、业务信息及市场信息，推动市场的统一化建设。

3. 股份转让及股份退出制度。建立适当的流通机制和退出渠道，既是将来股权众筹行业发展壮大后巨量股权流通的内在需求，也是保护投资者的根本要求。建议：一是搭建众筹股权交易平台。建议由证监会牵头成立"众筹股权交易转让系统"（简称"众筹股转系统"），既可作为统一的众筹股权二级交易平台，还可作为众筹市场危机应对的基础设施，当众筹平台破产或终止服务时，可由"众筹股转系统"托管问题平台的客户和项目并提供必要服务，以稳定市场秩序。二是建立转板对接机制。以"众筹股转系统"为枢纽，建立股权众筹与其他全国性资本市场的对接渠道。众筹融资主体发展成熟并符合相关条件后，可申请至"新三板"挂牌或交易所上市，既可健全众筹投资者的退出机制，推动融资主体进一步发展，又有利于拓宽"新三板"及交易所的优质公司来源。三是完善众筹股权交易规则。为维护企业稳定经营并保障投资者利益，需建立众筹股权交易规则，其中的关键是设置合理的锁定期，建议：（1）为防范经营团队及主要股东利用股权转让套利，其所持股权在众筹融资后三年内不能转让。（2）为防范投机性交易和市场泡沫，普通投资者所持股权在投资后一年内不能转让，以促使投资者真正关注融资企业的长期发展，回归股权众筹"融资＋融智"的本源。（3）采取"领投＋跟投"模式的，领投人所持股权不得先于跟投人退出，以确保领投人充分履行普通投资人的委托。

（三） 倡导三项市场化机制

1. 领投＋跟投机制。国内外大部分股权众筹平台采用了"领投＋跟投"机制。该机制是由众筹平台认定专业投资者作为领投人，领投人筛选项目后对感兴趣的企业进行尽职调查和估值定价，普通投资者可基于对该领投人的信任而跟投项目。项目达到融资目标后，领投人协助跟投人完成投资流程，并接受跟投人委托负责投后管理。项目成功退出后，领投人可获得跟投人盈利的分成。该模式类似于传统资本市场的保荐机制，领投人由于投资比例较高，有较强的动机开展尽职调查和投后管理，有利于发挥其专业性，降低投资风险，增强普通投资者信心。需要注意的是，该模式要加强对领投人的管理，防范其与融资者恶意串通，侵害普通投资者利益。

2. 阈值＋冷静期机制。一是阈值机制。目前，多数股权众筹平台采取"全部或零"（All or Nothing）的阈值机制，即若项目在截止时间获得的投资等于或超过预设金额表示融资成功，否则代表融资失败，平台会将全部款项返还投资者。这一机制可提升融资匹配效率和资源配置水平：投资人基于项目前景为众筹企业提供融资，实质上是社会通过资金"选票"培育具有发展前景的项目，阈值机制下质量较低的项目往往难以在限定时间内吸引足够多的投资者，最终不能获得任何融资，可及时将其扼杀于摇篮之中，从而提前淘汰潜在无效产能，既有利于降低投资者风险，又符合新常态下供给侧改革的思路。二是"冷静期"机制。投资者在选择项目时，容易受心理冲动或信息不对称等因素影响而做出投资决策。为了保护投资者，可给予其在一定时间内无条件解除合同的权利。从国外经验看，意大利给予投资者 7 天的冷静期，美国和韩国允许投资者在募资截止日前取消投资。我国设立冷静期也有例可循，例如保险领域的犹豫期制度。建议众筹平台结合互联网投资者行为特征，合理设置冷静期制度，以降低非理性投资行为。

3. 公司治理机制。股权众筹融资完成后，为了保护投资者利益，除了确保持续有效的信息披露，另一个重要内容是保障投资者参与公司治理的权利。针对互联网金融特点，建议：（1）众筹平台可设立股东交流系统，便利投资者了解公司经营情况和重大事项，以及对公司治理事项发表意见并沟通讨论。（2）众筹平台与融资主体可建立股东大会网络投票系统，便利投资者通过互联网高效经济的参与公司重大决策。（3）为投资者表决权委托提供制度条件。股权众筹公开发行制度实施后，普通投资者的股权将比较分散，难以影响公司重大决策，只有集体行动才可能形成合力以维护自身权益。因此应允许众筹投资者利用网络平台征集表决权，或者允许投资者选择的受托人作为代表参与企业的公司治理。

（四）构建三维立体监管架构

1. 证监会 + 地方证监局 + 地方政府。根据《关于促进互联网金融健康发展的指导意见》，股权众筹融资由证监会负责监管。综合考虑股权众筹互联网金融的特性，以及发源于民间、根植于地方的发展态势，应构建从中央到地方、分工合作、立体交叉的监管体系：证监会主要依据证券法负责建立股权众筹监管体系，并牵头搭建股权众筹行业基础设施；地方监管局主要依据法律法规及证监会有关规定加强对域内股权众筹市场的执法和专项检查，落实风险管控措施；地方政府在促进和扶持当地股权众筹发展的同时，承担对域内注册平台的风险兜底责任。

2. 国家网信办 + 工信部 + 公安部。股权众筹平台作为新型互联网金融服务机构，主要依赖信息系统和互联网开展业务，网络平台的稳定性和可靠性事关客户资金、证券和信息的安全，因此对股权众筹平台应坚持金融业务和信息安全"双重准入、双重监管"。在互联网及信息安全监管方面，国家网信办、工信部及公安部应根据各自职责，形成功能互补、信息共享、紧密协作的政策支持体系和监管协调机制，构建互联网金融发展安全网络。

3. 行业自律组织。对于快速发展中的众筹行业，需充分培育行业自律机制，以弥补行政监管的不足。一是借助行业协会力量。发挥中国互联网金融协会与证券业协会的作用，股权众筹平台开展业务须申请成为两家协会会员，并遵守协会自律性规定。同时，支持建立非官方的股权众筹行业协会，作为行业与监管之间沟通的桥梁，并参照互联网思维形成"广泛参与、协商共治"的自律机制。二是构建行业互助保障机制。股权众筹公开发行放开后，众筹平台将涉及公众投资者利益，可统筹考虑设立股权众筹投资者保障基金。

（原载《浙江金融》2016 年第 11 期）

公募基金行业的发展与转型

苏薪茗

一、公募基金行业的发展现状

根据中国证券投资基金业协会的统计，截至 2016 年底，我国境内共有 108 家基金管理公司，12 家证券公司或证券公司资产管理子公司和 1 家保险资产管理公司取得了公募基金管理资格，可以发行公募基金；我国公募基金规模达到 9.17 万亿元，其中，货币市场基金 4.33 万亿元，混合型基金 2.02 万亿元，债券型基金 1.92 万亿元，股票型基金只有 0.69 万亿元；已批准设立 107 家基金子公司，其中，79 家基金子公司发行了资管产品，管理资产规模达到 10.50 万亿元，包括了以银行资金为主要来源的一对一产品资产管理规模 8.21 万元，一对多产品的资产管理规模 2.29 万元。

二、公募基金行业的发展历程概况

我国公募基金行业从发展之初，大致经历了五个阶段。一是 1991 年至 1997 年的早期探索阶段，1991 年成立了第一只专项物业投资基金——"珠基金"（原名"一号珠信物托"），是中国最早的投资基金，到 1997 年之前，全国各地共设立了 75 只基金，但整个行业在 1995 年之后实质已处于停滞状态。二是 1997 年至 2001 年的起步发展阶段，以《证券投资基金管理暂行办法》出台为标志，对老基金进行了清理规范，成立了南方基金公司和国泰基金公司等，发行了开元基金和金泰基金等封闭式基金。三是

2001 年至 2005 年的规范发展阶段，《开放式证券投资基金试点办法》颁布和首只开放式基金——华安创新基金设立，以开放式基金为主的基金市场规模迅速壮大，基金管理的监管法规体系得到了不断完善，相应地，基金可投资范围从股票市场扩展到了债券市场和货币市场，基金品种也从股票型基金发展到债券基金、混合基金、货币市场基金和保本基金等。四是 2006 年至 2007 年的快速发展阶段，在中国股市快速上行的带动下，基金的规模扩张出现了爆发式增长，到 2007 年底，基金规模达到 341 只，总资产净值规模达到 3.1 万元，基金持股占股市的份额从 2003 年底不到 10% 到超过 30%，成为股市中最大的机构投资者。五是 2008 年以来的创新突破与调整提高阶段。2008 年，受国内股市暴跌影响，基金行业的发展遭遇了瓶颈，从 2008 年到 2013 年底，资产规模一直在 3 万亿元左右徘徊。2014 年底启动新一轮牛市以来，公募基金又恢复了快速增长势头，2015 年底达到 8 万亿元左右的资产规模。经历了 2015 年国内股市戏剧性的牛熊转换和大起大落，公募基金的产品规模仍然保持了一定的增速，2016 年底达到 9.17 万亿元，但产品结构发生了很大变化，低风险产品保持了持续扩张的态势。2012 年以来，证监会允许基金公司设立基金子公司，基金子公司的业务得到了爆发式的增长，但也日益成为监管套利的"影子银行"，2016 年以来，证监会进一步加强了对公募基金和基金子公司的监管，这将有利于公募基金和基金子公司资产管理业务的持续规范和健康发展。

三、公募基金行业发展的原因分析

（一）经济增长带来的财富保值增值需要

改革开放 30 多年来，我国国民经济保持了快速增长的势头，相应地，居民财富也快速积累。在过去的资金短缺时代，金融以"生产者为中心"，居民的财富积累主要是储蓄存款，用于银行发放贷款支持经济建设。随着经济的增长，金融以"消费者为中心"，居民财富更多表现为储蓄存款之外增加配置各类金融资产，公募基金就是其中最重要的一类金融资产。据统计，截至 2015 年底，美国居民的金融资产中共同基金占 22%，而我国目前居民金融资产中公募基金仅占 4%，与美国相比，我国仍有较大的发展空间。根据波士顿咨询公司（BCG）的测算，到 2020 年，我国的私人财富仍将以 13% 左右的年平均复合增长率平稳增至 196 万亿元。不断积累的居民财富将继续催生大量投资于公募基金在内的各类金融产品的强烈需求。

（二）支持资本市场和国民经济发展的需要

我国资本市场在 20 世纪 80 年代起步，经过多年的发展，到 2016 年底，我国股票市值和债券市值分别达到 54.54 万亿元和 44.34 万亿元，分别居全球第二位和第三位。公募基金的发展，尤其是不同风险偏好、行业专长和产品类型的公募基金产品的出现，可以较好地契合资本市场的不同需求，大大优化金融体系的广度和深度，差异化地挖掘和匹配投融资两端的需求，更好地满足新兴产业股权与债权融资需求，为资本市场的发展提供了重要的机构投资者和资金供给，支持了我国资本市场和国民经济发展的需要。

（三）监管体系的不断完善为其发展提供了坚实的基础

从 1997 年 11 月，国务院证券委颁布《证券投资基金管理暂行办法》以来，经过近 20 年的不断发展和完善，证监会已基本建立健全了证券投资基金的监管框架和法规体系，涉及产品研发、信息披露、产品分类、基金销售、风险揭示、投资管理、资金托管、IT 系统建设等各个方面，基金品种不断丰富，基金投资范围也不断扩展，特别是《证券投资基金法》在 2003 年 10 月通过以后，又分别于 2012 年 12 月和 2015 年 4 月经过两次修订，公募基金发展实现了规范化和透明化，真正实现了"卖者有责，买者自负"，监管体系的建立健全促进了公募基金的规范健康发展。2012 年，证监会对基金公司监管政策"松绑"，允许基金公司开展专项资产管理业务，允许基金公司通过设立专业子公司开展专项资产管理业务，并允许专项资产管理计划投资非上市公司股权、债权类资产、收益权类资产等，极大地促进了基金子公司资产管理业务的快速发展。

四、公募基金行业存在的问题与风险

（一） 资金来源单一，过分依赖银行渠道

从国内公募基金的资金来源来看，主要是银行渠道中储蓄存款资金转化而来。由于基金主要依靠银行网点的理财经理推介销售、居民自愿直接认购，相应地，公募基金存在短期化和散户化的特征。美国的公募基金尽管超过80%是由个人投资者持有，但大多是通过雇主发起的个人退休年金（IRAs）和缴费确定型退休计划账户（DC）的形式间接持有，是真正的长期资金，据统计，到2012年底，二者合并占养老金比重达到52.75%，超过美国当年GDP比重的60%。与国外相比，我国公募基金缺乏像国外的养老金、保险资金、教育基金、慈善基金等机构投资人的长期资金。

基金公司的主要收入来源是基金管理费，由于国内基金产品严重依赖银行渠道代销，基金销售成本高、存续期限短，受到银行较大的制约，不少基金公司在与银行合作时没有议价能力，支付给银行作为销售渠道的尾随佣金比例甚至超过50%，因此，国内基金公司的盈利能力受到较大影响。特别是在股市低迷时，基金销售受到明显影响，在恶性竞争下，支付给销售渠道的尾随佣金占比更大。

（二） 基金投资存在一定程度上的机构散户化和同质化特征

由于公募基金的主要来源是散户直接认购的短期资金，在投资上很难实现真正跨越周期的长期投资，基金投资都不可避免地表现出一定程度上的机构散户化特征。如果股市行情好，股票型基金就大量发行，一只超百亿元规模的基金一天就可销售一空；如果股市行情不好，全市场一年也发行不了几只股票型基金，股票型基金的发行随着市场的跌宕起伏呈现出大起大落的特征。

基金公司的投资策略仍然较为单一，避险工具不足，股票市场好的时候，基金公司都大量发行股票型基金；股票市场不好的时候，基金公司就

大量发行低风险的货币市场基金，公募基金同类产品扎堆发行的"羊群效应"非常明显，呈现出明显的同质化特征，在一定程度上对市场起到了助涨助跌的效果，规模波动较大。如何持续稳健为投资者创造价值，摆脱"靠天吃饭"的局面成为基金公司不得不面对的问题。

（三）薪酬激励机制较为市场化，但与投资者利益仍然没有完全保持一致

与大资产管理行业中的银行、信托、券商资管、保险资管等子行业相比，公募基金行业的薪酬机制较为市场化，仅次于私募基金行业。相应地，基金公司的投资研究能力和交易能力也在大资产管理的各个子行业中居于前列。由于公募基金的业绩表现与市场的牛熊转换紧密相关，因此，在牛市中敢于满仓做多、比较激进的基金经理往往能取得不错的业绩，很快成为明星基金经理，许多人因此顺利实现"公转私"，转型成为私募基金管理人；如果投资策略失败了，对于这些基金经理也没有大的损失。实践中，市场化的薪酬机制会激励基金经理过度冒险，不一定会充分考虑投资者的利益。根据市场统计，到 2016 年上半年，国内基金经理的年龄普遍偏年轻，平均任职时间仅 3.2 年，没有经历过一定投资周期的考验，投研人员岗位的频繁变动不利于基金公司投资策略的延续性，影响了基金公司的核心竞争力。

（四）基金子公司的业务成为银行资产出表的主要通道，存在较大信用风险

从 2008 年开始，伴随股市行情下行，基金业资产总规模进入 4 年的持续下降通道，到 2011 年底，公募基金规模仅为 2.19 万亿元。2012 年，为帮助行业走出困境，证监会的监管政策"松绑"，允许基金公司设立子公司开展资产管理业务，基金子公司资产管理业务从无到有，实现了规模的持续爆发式增长，超过公募基金行业的发展规模，但也成为银行资产出表的主要通道，存在较大信用风险。基金子公司与银行合作开展的通道类业务以房地产项目和地方政府融资平台项目为主，在银信合作受限后，很

多有瑕疵的项目转到基金子公司来，而基金子公司缺乏相应信用风险管控的人才、流程和系统，也没有净资本和风险监管指标的约束。基金子公司开展资产管理业务存在较大信用风险。

五、公募基金行业的发展前瞻

公募基金在大资产管理的各个子行业中有自己独特优势，投资研究和交易能力强，薪酬机制市场化，能吸引到专业优秀人才，基金产品信息公开披露、透明度高、投资运作规范，税收营改增后仍能继续享受免税的优惠，且能很好地实现"买者自负"，是今后需要大力鼓励发展的金融产品，具有良好的发展前景。

（一）拓宽长期资金来源，减少对银行的过度依赖

公募基金需要拓宽长期资金来源，可以学习借鉴国外经验，一方面吸收社会保障基金、养老金、企业年金、教育基金、慈善基金、遗产信托、家族信托等机构的长期资金；另一方面，可以考虑借鉴美国401K退休计划，本着自愿和鼓励的原则，设立专门的养老金账户，按照市场化的方式公开招标选择优秀的公募基金作为投资管理人，将目前主要依靠居民散户直接自愿认购公募基金的局面逐步转变为机关企事业单位员工通过养老金账户间接持有公募基金等资产管理机构的证券投资组合，并提供相应的免税优惠，从而将散户的短期资金变成机关企事业单位员工长期持有的公募基金。

公募基金应充分利用第三方渠道，逐步摆脱对银行销售渠道的过度依赖：一是可以大力拓展保险公司、信托公司、证券公司等银行之外的其他各类金融机构作为销售渠道，特别是保险公司有数量庞大的营销人员，更接近客户；二是发展独立的第三方基金销售机构，美国第三方销售的共同基金占比达到70%，英国达到55%以上，我国仍有巨大发展空间；三是推动基金公司在依法合规基础之上的网络直销，随着大数据和人工智能技术的发展，实现公募基金的精准营销在技术上将不存在困难，我国目前网络直销的公募基金占比约5%，发达国家占比达到30%。可见，实现基金

销售多元化仍有巨大发展空间，这就有助于进一步提高服务专业化水平，降低管理成本，增加管理费收入，提高基金公司的利润水平。

（二） 重视大类资产配置，实现投资跨越周期，成为真正优秀的机构投资人

过去，基金公司未能穿越牛熊市摆脱"靠天吃饭"的局面，基金发行大起大落，很重要的原因之一就是采用了较为单一的投资策略，忽略了大类资产配置能力。经典理论研究和实践均证明，大类资产配置对基金投资业绩的重要性超过对具体投资品种的选择。根据 Wind 数据库的数据分析，从 2005 年 7 月到 2015 年 6 月，股票型基金的年化收益率达到 20.94%，但是年度波动率也高达 48.58%，年度最大跌幅高达 51.42%。如果能运用大类资产配置和多元化的投资策略，大幅度地降低业绩波动和下跌幅度，即便是业绩差一些的基金产品也仍然会更有吸引力。2016 年 9 月，证监会出台了基金中基金指引，其目标就是通过持有多个基金，进一步分散投资风险、优化资产配置，降低多样化基金投资门槛，为投资者提供更为专业化服务。今后，公募基金应进一步提升大类资产配置能力，丰富产品投资策略，增强产品对客户的黏性，发行更多能较好熨平经济周期，有效防止业绩剧烈波动的基金产品，建立真正跨越周期的投资，改变目前这种机构散户化竞争同质化的特征，实现价值投资和长期投资，成为真正优秀的机构投资人。

（三） 修订完善薪酬激励机制，实现与投资者利益一致

目前，基金公司的薪酬激励机制比较市场化，容易激励基金经理过度冒险，应该考虑建立科学合理的长效激励约束机制，以更好地实现和投资者利益相一致。一方面，应做好业绩归因分析，剔除基金经理投资管理能力之外的偶然性和系统性因素，区别投资过程中的不同类别风险，进行准确的风险定价，科学计量风险调整后的投资收益，同时借鉴国际银行业先进经验，建立薪酬的延期支付机制，拉长基金经理的业绩考核期限，防止业绩的过分波动，进一步完善绩效考核评价机制；另一方面，可以考虑通

过混合所有制改革，推行员工持股计划和事业部制改革，让员工直接成为公司的股东，实现与私募基金相类似的激励约束机制，激发员工的创新和创业热情，改变公募基金行业普遍存在的"公转私"和行业人才流失的问题，更好地实现个人利益、公司利益、股东利益和投资者长期利益的相一致。

（四）加强对基金子公司的风险监管，防止监管套利，回归本源

基金子公司过去近五年的超常规发展，与规避机构监管体制，进行跨市场的监管套利是分不开的，也因此埋下了不少风险隐患。为此，2016 年12 月，证监会出台了基金专户子公司风险控制指标的监管规定，对其净资本计算、风险资本准备和风险控制的监管指标均提出了要求。同时，证监会对 2012 年出台的基金子公司管理规定进行了修订，进一步提高基金子公司的风险管理水平和风险抵御能力，引导基金子公司更好地回归本源，减少在非标融资类资产上的投资，更多聚焦于资本市场，深耕于特定资产管理、养老金管理、指数化投资、私募股权投资等细分领域，今后将有希望能与母公司形成业务协同、专业互补的良好经营格局。

（原载《中国金融》2017 年第 6 期）

我国上市公司滥用停牌之表现、根源与治理路径

林少伟[1]

一、引言

停牌制度是指在重大消息需要发布或者证券交易出现异常波动时，交易所执行强制中断交易的制度。[2] 停牌的设立初衷在于消解市场信息的不对称，[3] 上市公司的股价往往因为筹划重大重组，公司收购或进行特殊交易等事由涨跌波动，而投资者作为被动的接受者，加之获取信息的途径差异，难以在股价发生变化之前了解情况。此时，通过暂停股票交易，给投资者一个信息传播和消化的期间，从而令其有空暇根据停牌公告调整投资方向，在复牌时根据实际情况买进、抛出或者部分投放股票，以使股价变化在合理预期范围之内。尽管这一制度在当下被赋予了其他的期望，[4] 但通过停牌加强信息披露，避免上市公司利用内幕信息操控股价、损害投资者利益，以实现股票市场的有效监管和风险防控，仍然是停牌制度不变之基本定位和宗旨。也正因为如此，停牌制度被视为"信息披露缓冲器"，也是证券法公开原则的制度映射。

相比于欧美证券市场，我国证券市场起步晚，一系列制度缺陷仍饱受

① 作者简介：林少伟，西南政法大学副教授，特华博士后。
基金项目：司法部 2016 年课题阶段性成果（批准号：16SFB3035）。
② 陈舒宁等：《中小板交易异动停牌制度有效性研究》，载《系统工程学报》2016（6）。
③ 廖静池、李平、曾勇：《中国股票市场停牌制度实施情况的实证研究》，载《管理世界》，2009（2）。
④ 马媛、孟召友：《对上市公司长期停牌的治理》，载《经济与管理》，2009（1）。

诟病，上市公司滥用停牌即是著例之一。例如，2007 年发生的杭萧钢构内幕交易案，[①] 停牌理由随意、拖延复牌、停牌信息披露严重失实等弊病在该案件中集中爆发。最终该案民事赔偿部分虽经调解结案，股民获得了82% 的高额现金赔偿，司法成果备受好评，[②] 但该案因大量误导性陈述和停牌信息披露失实，因停牌监管不力而衍生的严重后果仍不免触目惊心。为此，如何握住停牌这条缰绳，避免桀骜难驯的"灰犀牛"在股市中横冲直撞便成为证券监管理论与实务不可避免的重要话题。

滥用停牌也制约着我国 A 股的国际化进程。2016 年 6 月下旬，MSCI正式将 A 股部分纳入新兴市场指数，并且按照 MSCI 的时间安排，随后会不断扩大对 A 股的纳入量。这标志着我国股市迈出了国际化的重要一步，同时也意味着 A 股市场的资金源将向世界扩展。在证券业界一片欢欣鼓舞时，MSCI 突然一盆冷水泼来——部分 A 股停牌时间过长，如果停牌超过50 天，将被剔除出指数。[③] 这无疑令中国股市颇感脸上无光：原来我们"习以为常"的规矩如此不被世界接受，更令人难堪的是，MSCI 市场指数中的平均停牌比为 0.2%，远低于我们近 10% 的停牌比。不言而喻，能否有效整治随意停、长期停的非规范停牌现状，关乎 A 股的国际声誉形象。

有鉴于此，要求治理上市公司"任性"停牌的呼声也时日已久，新闻界、证券业界以及学术界对之予以广泛关注，评论者向来没有众口一词，沸沸扬扬的争论也从未停息，学者们的研究成果更是百花齐放。王博和李萍对沪深二市 2008 年至 2011 年共 4 年的停复牌信息进行了实证分析，借以评价各类停牌的实施效果。经研究发现，重大停牌往往伴随着内幕交易信息的泄露，停牌时间往往过长，这除了会削减重大停牌的效果，还会增大内幕信息被泄露的可能，而例行停牌则阻断着交易的连续性；[④] 廖静池等将深圳 A 股停复牌交易信息分为"停牌日"样本和"非停牌日"样本，

2018 中国金融论丛

---

① 杭萧钢构公司股票早期因高管泄露内幕信息而在 2007 年前半年一路飘红，多次涨停。但由于之后误导性陈述多发，停牌信息披露失实，终于在证监会介入调查时，违规操作问题集中爆发而股价暴跌，到 2007 年 8 月时，跌幅高达 20.67%，成为沪市跌幅第一的股票。参见刘亚涛：《关于现行股票停牌制度下杭萧钢构案的分析》，兰州大学硕士学位论文，2010。

② 参见《最高人民法院发布全国法院十大调解案例之一：陈艳军等诉浙江杭萧钢构股份有限公司证券市场虚假陈述赔偿纠纷系列案》。

③ 莫开伟：《MSCI 警告意义深远》，载《上海金融报》，2017 - 08 - 04。

④ 王博、李萍：《A 股市场新版停牌制度实施效果的实证研究》，载《财务与金融》，2013（6）。

通过计算"异常观察值"进行比较研究发现，A股市场的停牌过于频繁且效率低下，以至于投资者没有时间吸收和消化各种公告信息，由此衍生的交易中止还导致复牌后大量的异常交易行为，这也背离了通过停牌监管提高交易效率的期许;[①] 郑远民和熊静波则从停牌发挥退市机制作用的视角展开分析，重点强调从完善立法角度健全退市机制，包括赋予证券交易所暂停上市和退市的决定权，严格违法停牌退市之后的责任承担;[②] 陈收等在比较牛市和熊市下个股的异常波动停牌与大盘指数的相关性后，认定政策信息变动并非是导致个股异常波动停牌的唯一因素。[③] 统而言之，国内对上市公司停牌的研究大多从财务会计维度和个股变化展开，从诊断无序停牌原因，到展示停牌滥用的危害，再到提出治理方案，大多紧盯着停牌个例和短时期股市生态。聚焦于对事实铺陈描述后，再给出略显权宜性和临时性的对策。在这些研究范式中，对停牌制度合理性及其基础理论的思考略显不足。《证券法》和沪深二市的《上市规则》[④] 都将停牌载以明文，但国内证券市场的成熟度，是否足以容纳制度文本的理想？通过"拿来主义"获取的域外经验与国内证券市场何以兼容？进而言之，现在A股市场的不规范停牌是征表着顶层设计失误？抑或仅仅是制度未有效落实的"小问题"？登高必自卑，行远必自迩，对这些问题的回答，必须从认识滥用停牌的基础事实开始，并将其寓以对事实的剖析和治理方案的设计之中。

---

① 廖静池、李平、曾勇：《中国股票市场停牌制度实施情况的实证研究》，载《管理世界》，2009（2）。

② 郑远民、熊静波：《关于我国上市公司退市法律机制的思考》，载《法学》，2001（8）。

③ 陈收、易双文、刘端：《不同势态下个股异常波动停牌与股指相关性》，载《系统工程理论与实践》，2008（8）。

④ 即《上海证券交易所股票上市规则》和《深圳证券交易所股票上市规则》，以下简称"沪市《上市规则》"或"深市《上市规则》"等类似称谓。

二、危局初现：滥用停牌渐成常态

（一）滥用停牌的基本外观："呼之即来"的停牌与"后会无期"的复牌

1. 滥用停牌表现之一：停牌被用作股市避险工具

2015 年 6 月 15 日，以证监会清查场外配资为导火索，A 股市场的泡沫急剧破灭，上证指数大幅跳水，在持续两个多月的超级股灾中，两千多家上市公司跌停板。与此同时，超过 1000 只股票选择了主动停牌以规避股市风险。从那天开始，平均每天有超过 500 只股票停牌，这种在世界证券市场范围内都极其罕见的异象，使人们对停牌问题开始给予更多关注。但自 "6·15" 股灾至今，股市停牌依旧乱象频仍。据报道，截至 2018 年 2 月 8 日，沪深二市有 348 家公司的股票处于停牌状态，大量上市公司每逢股权质押遭遇平仓风险等股价波动事项时，则密集停牌避险，以至于在进入 2018 年 2 月的 7 天里，就有 145 家公司停牌。① 由此可见，A 股市场滥用停牌避险已不仅仅是股灾时期的特殊现象，逾10% 的停牌率说明其已经普遍化、常态化，市场平稳时期尚且如此，如再逢 "6·15" 股灾般的市场波动，后果殊难预料。

有研究发现，倾向于选择停牌避险的往往是股票市值低、实际控制人多为自然人的民营企业，② 相比于资产巨万的国有企业，这些企业对股价波动的信息更加敏感，因而面对风险时更会选择躲避而非等待触底反弹。上市公司停牌避险的动力也呈多元化，既有公司外部因素的影响，也有公司内部需求的推动。例如，在进行筹划重大重组的公司中，实行例行停牌后迟迟不予复牌，考虑的因素之一是期待 "借壳上市" 的买家越来越少，而复牌可能就得退市；再者，一旦重组失败，复牌时股价将面临大幅补跌。因此，倒不如停牌中止交易，观望一段

---

① 孟珂：《两市 348 家上市公司停牌专家呼吁对 "高频停牌户" 强制复牌》，载《证券日报》，2018 - 02 - 08。

② 陈欣：《任性停牌该严管了》，载《经济市场周刊》，2015（16）。

2018 中国金融论丛

时间再做决定，此为外部因素。另外，广大中小投资者在股票跌幅过大，胆战心惊之余，为逃出市场以"撇清"自己，从而变相"逼宫"要求公司停牌。停牌压力也会来自雇员层面，例如普遍存在的上市公司员工持股计划，作为杠杆类投资，员工持股计划的资金除了员工自筹，大部分是外借资金，如遇股价下跌，员工自筹资金将呈几何倍数式缩水，乃至血本无归，此时公司停牌避险似乎是唯一选择，[①] 此为公司内部压力所致。

但问题是，这种"任性"停牌果真能实现期望的效果？据粗略统计，在 2017 年 6 月到 8 月间，主板市场约有 300 只股票复牌。复牌当日，其中超过 40 只股票惨遭跌停板，142 只股票股价下跌，复牌股亏损率超过 50%。频频受挫的现实，已经说明指望停牌避险并不可靠，复牌股已成雷区。[②] 部分股票所在的板块原本跌幅就大，复牌时如果没有利好信息的支撑或者有效的资产重组，补跌依旧在所难免。可叹的是持停牌避险幻想的上市公司依旧不在少数。

2. 滥用停牌表现之二：停牌数量过多且时间过长

停牌数量过多在例行停牌方面表现尤著，例行停牌又以重大事项停牌、临时停牌和盘中临时停牌为具体运作模式。沪深二市的《上市规则》对例行停牌未做实质性的定义，一般而言，例行停牌是与警示性停牌相对应的概念，即指发生了《上市规则》等规定的重大事项而必须进行的停牌。这类停牌理由法定，上市公司和证券交易所并没有多大的裁量余地，且种类又十分庞杂繁复，导致随时可见例行停牌，堪称停牌界的主力军。笔者利用深圳证券交易所官网，对 2017 年 1 月 1 日至 7 月 1 日的停牌信息进行了统计分析，6 个月内共发生停牌 856 次，各月具体停牌信息如下表：

---

① 李超：《A 股暴跌，千股停牌玄机》，载《经济市场周刊》，2015（26）。
② 张晓琪：《"任性"停牌，复牌股成"雷区"》，载《中国证券报》，2017 - 08 - 04。

表1　　　　　深圳证券交易所 2017 年 1~7 月停牌原因①汇总　　　单位：次

	重大事项停牌	临时停牌	盘中临时停牌	续发行招标日	分红公告	交易异常波动	实施退市风险警告	撤销退市风险警告	要约收购结果公告	实施其他风险警示公告	收益分配公告
1 月	91	43	22	3	14	1	0	1	0	0	2
2 月	45	32	13	3	2	0	1	0	0	0	1
3 月	56	41	23	4	6	0	2	5	0	2	1
4 月	80	56	16	4	4	0	0	8	1	4	1
5 月	77	37	13	3	1	0	0	12	1	5	1
6 月	48	46	13	3	5	0	0	1	0	1	0

如表 1 所示，在每个月的各类停牌原因中，重大事项停牌和临时停牌高居榜首，盘中临时停牌位居其后，其他停牌原因则凤毛麟角。再通过这 6 个月各种停牌原因占总停牌数量的权重，可以更直观地看到例行停牌是何等的频发：

深圳证券交易所 2017 年 1~7 月的停牌数据显示，包括重大事项停牌、临时停牌和盘中临时停牌在内的例行停牌，占停牌股总数的 88%。这样的比率远高于国际市场一般水准，更何况境外股市大多不设例行停牌，只有警示性停牌。停牌意味着股票在场内市场交易过程的突然强制中断。② 上市公司例行停牌高发，致使股票交易的连续性渐成画饼，成为舆论批评的"停牌钉子户"。再者，停牌股总数占主板市场股票数量的比重也相当巨大，A 股市场的停牌量是 H 股的两倍以上，③ 基本上 10 只股票中就有 1 只股票处于停牌状态。

此外，停牌时间过长也是 A 股市场由来已久的弊端。据《证券日报》报道，2017 年 6 月初，沪深交易所处于停牌状态的 250 多家公司中，有 76 家停牌超过 3 个月，包括*ST 新亿在内的 4 家公司停牌则超过一年。而根据沪深交易所《上市规则》等规定，包括重大重组事项在内的停牌期限

---

① 此处"停牌原因"与沪深二市《上市规则》中停牌原因在具体分类上略有差别。

② 顾功耘：《证券交易异常情况处置的制度完善》，载《中国法学》，2012（2）。

③ 江怡曼：《A 股停牌有多"任性"？三大特点说明问题》，载《第一财经日报》，2017 - 08 - 14。

不得超过 5 个月，一般的例行停牌期限只有 4 个小时。由此可知，A 股市场停牌延期是何等严重。大量"停牌钉子户"借筹划重大重组等事项为由申请停牌后，停牌期间无实质行动，复牌又遥遥无期，也势必导致国际投资者对 A 股信任度下降。①

3. 滥用停牌表现之三：警示性停牌被架空

如前所述，上市公司停牌的价值不仅仅在于传播信息，更在于发挥"两只手"的综合作用，起到对股票市场的警示监管意义。警示性停牌就是为此而生，即在上市公司或其股票发生异常状况时，停牌以警示投资者。这类事项包括：股价异常波动，财务报告制作违规、公司因运作和信息披露不规范而接受调查、公司违反上市公司规定而拒绝改正、公司定期报告存有重大瑕疵且拒绝改正、公司被暂停交易等情形，停牌时间为 1 小时。② 简而言之，警示性停牌的意义在于对投资者提供预警。如在国外股市中，当累计收益率、交易量等超过规定阈值时，就会触发自动停牌报警。现代科学技术日新月异，信息传播具有即时性、海量性、超空间地域性的基本特点。基于此，停牌制度被寄予的平衡信息占有，为消息传播提供时间就显得不太突出了，相比而言，预警意义更强的警示性停牌更加受到人们的关注。

但现实情况却令人汗颜，如上述统计，从"6·15"股灾至今两年以来，例行停牌依然高发。据学者统计，在 2011 年时，我国主板市场上市公司的停牌次数为 2.32 次/年，同期国外市场平均为 0.28 次/年。③ 悬殊的差距说明，在充斥着大量例行停牌的 A 股市场中，警示性停牌很难有发挥其作用的空间。尽管包括《关于进一步规范上市公司停复牌及相关信息披露的通知（征求意见稿)》在内一系列的规范性文件对例行停牌的种类作了削减，但数量依旧庞大，且停牌时间仍然过长，加之信息披露机制存在缺陷，停牌不仅没有实现预警，基本的信息传递与保障交易的效果也令人质疑。以此而言，A 股市场停牌已渐趋形式化，警示性停牌逐渐被架空。而不少例行停牌混杂在有限的警示性停牌之中，更加减弱了停牌的实

---

① 陈燕青：《76 家 A 股停牌超 3 个月》，载《深圳商报》，2017 - 05 - 25。

② 王光俊：《如何根治 A 股"任性"停牌顽疾》，载《财政监督》，2017（18）。

③ 吴育辉、魏志华、吴世农：《时机选择，停牌操纵与控股股东掏空》，载《厦门大学学报》（哲学社会科学版），2013（1）。

质意义。在深交所 2017 年前 6 个月的 856 次停牌中，最主要的三类警示性停牌，实施退市风险警示、撤销退市风险警示以及实施其他风险警示公告，总共仅有 43 次。从中并不能看出广大上市公司的运作有多么健康，倒是十分尴尬地让警示性停牌成为鸡肋。可见，深交所《上市规则》的要求明显未予落实。

4. 滥用停牌表现之四：停牌信息披露不规范

公开是现代证券立法的基本哲学和指导思想，是证券法的核心内容和灵魂所在。① 回归到证券交易中，证券法公开原则要求信息披露的完整和真实。上市公司在停复牌过程中，中止交易牵涉多方利益，故必须对重要信息予以公告，以资公众参酌。上交所《上市公司筹划重大事项停复牌业务指引》第三条要求，上市公司申请停牌时必须向交易所提交包括停牌公告在内的一系列文件。停牌公告应当说明停牌理由、筹划事项的具体类型以及预计复牌的时间；第四条则要求上市公司应当在停牌期间分阶段披露筹划进展，避免僵化、呆板的一次性披露，保障投资者知情权。深交所也对停牌公告的形式专门颁布了业务备忘录。我国商事立法大多能准确把握时代前沿信息并做出精细的对应规定，可惜停牌信息披露机制的落实仍然远远不足。前述的杭萧钢构案即是停牌信息披露不到位的典型案例，股票市场"任性"停牌表现之一是信息披露不实，而放任信息披露随意化即是在助长"任性"停牌。② 包括杭萧钢构案件在内的大量滥用停牌事例，基本都出现了公告失实的情况，将投资者和监管部门蒙在鼓里。另外停牌期间的信息披露也有不足，譬如在涉及澄清市场谣言，公司收购等长期停牌事项中，过程中的信息披露就显得十分重要。但现实却是顾头不顾身，停牌和复牌时抛出一个公告后就完事大吉，停牌期间寂然无声。统而言之，停牌信息披露的不规范与随意化，其背后因素是上市公司普遍缺乏信息披露的责任意识。

进入 2018 年度以来，潜在的违规停牌有了新表现，例如停牌前后公司内部人员开展转送股、换股、上市后买卖股票等新型内幕交易和涉区块

---

① 朱锦清：《证券法学》，北京大学出版社，2011。

② 孟珂：《规制信息披露停复牌制度，上市公司停牌再难任性》，载《证券日报》，2017 - 09 - 05。

链交易的停牌，① 面对股市停牌监管的新亮点，监管部门也对症展开了核查工作，在对监管效果充满期待的同时，也令人不禁发问：滥用停牌何日方休？

（二）滥用停牌的危害：已远非疥癣之疾

A股市场中确实存在因重大事项而停牌的公司，但部分上市公司为了避免股市"闪崩"或股权质押风险，以保护少数人利益为目的，动辄以"重大事项未公告"或"刊登重要公告"为由申请停牌。"随意停、时间长和理由笼统"的乱象严重破坏了资本市场的交易秩序。

1. 剥夺投资者交易权和影响股市健康发展

如前所述，停牌初衷是平衡知情权和交易权，但现实却是上市公司以维护投资者知情权为由多次、长期停牌，阻断了股票市场交易连续性，剥夺投资者交易机会。例行停牌期限一般为4个小时，在迟延复牌大量存在的现实中，期限可能更长。股票发行仰赖于良好的流动性，如果二级市场中的股票动辄被随意中止交易，还谈何一级市场的融资？资本市场的核心要义是交易自由，大大小小的停牌却阻隔投资者们"用脚投票"的权利。② 另外，人们也无法根据投资者的选择，判断上市公司的优劣，滥用停牌实际上也干预了市场评价机制作用的发挥。

2. 操纵股价，滋生内幕交易，影响投资者资产变现

股票市场动荡涨跌是常事，股价则因上市公司的利好或利空走高或者下行。面对股市风险，部分上市公司选择停牌躲避股价下跌的厄运，等候风险期过后再复牌。然而借停牌逃避股市风险，本身就是一种变相的操纵股价行为，更何况在破坏市场秩序的同时，股价变动并不能与期望一致。如前所述，当前复牌股已成雷区，复牌日遭遇大量补跌直至跌停板的现象并非罕见，因为在长达几个月的停牌中，市场估值早已发生了不可估测的变化，如果估值较高，复牌之后则会补涨，反之难逃补跌。相反，如不停牌，股市交易风险和股市收益机会在拉锯交锋的同时，最不济也是相互抵

---

① 王小伟：《停牌核查出现新亮点 "资查"仍有待深化》，载《证券时报》，2018 – 01 – 22。

② 施天涛：《公司法论》，法律出版社，2014。

消或者略有优长，股价不至于受制于其中一种因素发生大动荡。停牌干预也许能救股价一时，但显然救不了一世。

证券交易中的内幕交易向来为法律所禁止，因为内幕交易直接违反了证券法公平原则的要求。① 在最高人民法院公报案例（2011）锡刑二初字第 0002 号一案中，被告人杜兰库利用自己的公司法定代表人身份，掌握了涉案公司即将进行重组的内幕信息。在停牌期间届至，信息披露公告之前，杜兰库私下将其告知本案另一被告人刘乃华，二人从而大量买卖涉案公司股票获取巨额收益。从案例中可以看出，停牌使上市公司成为一个短暂的"与世隔绝"空间，彼时舆论、投资者甚至交易所很难介入其中进行监督。公司内部人员握有大量内部信息，难保不会有为自己牟利的念头。大量长期的停牌更是助长了这种心理，使上市公司内部人员竞相跃跃欲试，而这很难说不是证券业界变向纵容所致。

有限责任和股份转让自由是投资者参与证券交易的法理基础。通过股份转让自由这种灵活的进入退出机制，股民在市场中可合理配置，自由选择购买不同的股票进行组合投资，实现收益最大化。然而，层出不穷的停牌则将本来享有股份转让自由的股民锁在公司内部，从而使股份转让自由这一证券市场基石遭受侵蚀。"任性"停牌也会使投资者在牛市中丧失上涨机会，熊市中难逃补跌，② 却又求助无门。

3. 破坏上市公司信誉和 A 股国际形象

作为资本市场对上市公司的一般认同和评价，上市公司的信誉关乎公司的公信力，股票交易状况是公司信誉的重要部分。投资者判断上市公司股票质量，最直观的依据是股价和交易连续性。股价或涨或跌是股市常态，投资者多习以为常。正常的投资者们对股市的瞬息万变与风险心知肚明，但如若停牌成为家常便饭，因错过商业机会造成的损失，则必然由停牌公司的投资者埋单。亏则亏矣，但最终没栽在风雨如晦的股市里，反而被自己的公司暗算，无疑会对公司丧失好感。久而久之，公司背信交易的恶名不胫而走，还有多少投资者敢铤而走险购买该公司股票呢？

滥用停牌的另一后果，则是对 A 股国际形象的破坏。长期以来，A 股多次冲击 MSCI 失败，大量上市公司对停牌的滥用难辞其咎。作为一家国

---

① 朱锦清：《证券法学》，北京大学出版社，2011。
② 张炜：《停牌"钉子户"亟待清理》，载《中国经济时报》，2017－08－01。

际投资市场指数编制公司，摩根士丹利资本国际公司（Morgan Stanley Capital International，MSCI）在其 40 年的发展历史中，形成了一套适用于全球的证券指数体系，成为欧美经理人对全球市场投资的重要参考标准之一，能够被纳入 MSCI 指数的多半都是全球股市中的大型股票。显然，如果一个国家的股市能够被纳入 MSCI 指数的样本，必将会引来更多国际投资者的关注，该国股市走向国际化的同时，也会有可观的域外资金注入该国股市资金池。① 但正如 MSCI 首席运营官贝尔·佩蒂埃所表示，A 股高达 10% 左右的停牌率，使国际投资者担心套牢和资金被锁，同时也会留下 A 股随意的印象，之前 MSCI 对 A 股停牌公司的警告意义可谓深远：滥用停牌若不根治，必然掣肘 MSCI 对 A 股的扩容。② 境外投资者以长期的机构投资者居多，相比于中小投资者热衷于短期收益，机构投资者更关注公司治理和未来经营计划。因此，即使是连番涨停板的股票，如果存在大量违信交易的记录，征表着上市公司管理层受托意识的淡漠和对规则的无视，这样的股票就算短期收益强劲，也难受到大型投资者的关注。

（三）滥用停牌的根源：平原走马，易放难收

就滥用停牌而言，其根源早在停牌制度引进之初，便深深根植于证券监管体系之内。虽历经多次改革调整，但问题依旧突出。

1. 停牌定位略显陈旧

在我国证券市场特殊背景下，停牌定位的陈旧，即太过侧重于用停牌来实现信息传播，堪为滥用停牌的主要诱因。信息经济学认为，信息不对称理论建立在这样前提下：信息是决策依赖的重要因素，但信息的收集和遴选需要成本，有的人占有大量信息但无对应用途；有的人则愿意支付相应成本获得信息。信息在不同的人之间分布量的差异便导致了信息不对称。信息不对称分为事前不对称和事后不对称，事前不对称和事后不对称分别会形成市场的逆向选择和道德风险。③ 这在股市中表现为股民对信息

---

① 董登新：《纳入 MSCI 会带来什么》，载《经济日报》，2016－05－20。
② 刘艳、桑彤：《停牌问题或掣肘 MSCI 扩容 A 股》，载《经济参考报》，2017－06－30。
③ 方一舟：《中国股市停牌信息披露机制的有效性研究——基于沪深 32 家上市公司的实证分析》，载《中国经济》，2012（13）。

获取量的差异以及内幕交易等不正当情形。但与其借停牌促进信息传播，倒不如做好交易信息公告。加强内幕信息披露，打破消息垄断，使投资者们在同一交易起跑线上展开竞争，才是真正贯彻证券法公开、公平、公正原则。将停牌狭隘定位为信息传播机制，必然过度强调停牌重要性，"能停则停"，严重干预连续交易。本文无异于否认停牌透明信息的价值，但认为更应关注发挥好停牌的预警提示职能。至于信息传播，可以交给市场，让市场理性地根据价格信号配置信息资源。

2. 停牌原因样态各异，监管困难加大

《证券法》、沪深二市《股票上市规则》以及各类行政规章乃至行业自律规范，都苦心孤诣地对停牌停市做出了细致要求。但现实则迥然不同，跳出法律法规之外，而没有合理理由的停牌原因越来越多，监管不足也加剧了这一现象。在前述杭萧钢构一案中，监管部门在涉案公司多次违法发布信息之后方才介入调查，间接造成了损失扩大化。虽然 2015 年后沪深二市对于停牌的审批渐趋于严格，交易所的停复牌指引也是为此而生，但滥用停牌的现象却未曾刹住，还颇有愈演愈烈之势。上市公司仍然将停牌视作简单粗暴的避险工具而随意停牌之际，"监管层也只能事后问询公司当初的停牌理由是否成立，但公司要找个理由也并不困难。"① 且停牌理由还会不时"更新"。即使法律法规是何等的细致严密，现行的停复牌监管体系在形态各异，应接不暇的停牌理由面前恐怕也是力有未逮，这样的现实令滥用停牌一时难以廓清，非不为也，实不能也。

3. 上市公司受托意识淡薄，违规停牌惩罚力度不够

投资者和上市公司之间的关系，实则为建立在信任基础上的信义关系。受托人必须依照忠于信托目的、为受益人最大利益的方式积极管理信托财产，不得损害受托人利益。② 在受托义务约束下，上市公司的决策不得背离实现投资者利益的基本宗旨。但大量的"任性"停牌的背后，除为了"保壳"，避免被交易所摘牌，更多的是利用停牌操纵股价，争夺公司控制权或管理层实施恶意反收购。此类暗箱操作行为不仅与投资者集体利益无关，反而转移公司精力为部分人员的利益去钻营取巧。除过极为少数

---

① 王丹：《蓝筹恒强 A 股趋稳逾百股紧急停牌或藏玄机》，载《21 世纪经济报道》，2018 - 02 - 06。

② 周小明：《信托制度：法理与实务》，中国法制出版社，2012。

的利令智昏的无心之失外，大量有意为之的"任性"停牌，深彻地反映出上市公司淡薄的受托意识。而对管理层违反受托义务的行为，不能课以相应的受托责任，则让上市公司更加无所忌惮。同时违规停牌处罚力度不足，纠察滥用停牌效率低下，使不少公司深感违法成本廉价，更增其借停牌牟利之心。

如前所述，A股市场停牌被滥用基本已成常态，停牌监管严重形式化。究其根源，系在多方因素综合作用下的产物。在求索治理停牌的道路上，首先需要从根源性问题出发，即考究停牌制度本身的合理性。通过同国外股票市场进行比较参酌，相形之下，A股停牌的不足和努力方向将会更直观地显现出来。

三、比较法层面的停牌制度

（一）市场的产物：A股停牌制度概况

从千禧年至今，停牌制度也发生了多次变化，在此期间，沪深二市对股票上市规则进行了8次修订，停牌制度的变化主要体现在：第一，确立了例行停牌和警示性停牌两大类停牌方式；第二，一般停牌期限从之前的半小时，改为例行停牌的4小时和警示性停牌的1小时，相形之下明显缩短；第三，取消了大量的例行停牌事由，更加凸显停牌对于股票市场的警示提醒意义，强调停牌对于整合市场秩序和维系交易安全的作用与功能。

根据实现停牌途径的不同，现有停牌分为根据发行人（上市公司）的申请而停牌、交易所自主决定停牌、证监会决定的停牌。依申请而停牌，系指发生了并购、重大重组、重大事项信息披露、公开定期公告或临时公告等事项，出现引起股价异常波动的情形，而由上市公司向交易所提出申请，由交易所决定是否停牌；交易所自主决定停牌，则是在发生了战争、自然灾害、通信故障等可能影响市场的重大事故时，由交易所自行决定停牌，例如，2008年"5·12"大地震时，上交所关闭川渝板块，避免出现市场"闪崩";① 至于证监会决定的停牌，则与交易所决定停牌时的基本情形类似，不过多表现为全面停市。在具体操作环节，根据深交所《上市规则》，交易日发生停牌后，应当在公司披露停牌事项信息（如股东会决议、相关公告、定期报告和财务会计报告）的当日上午10：30复牌；公告日非交易日的，则在公告日后首个交易日复牌。在发生重大资产重组、财务会计报告存在差错需要改正等耗时长的停牌事项时，根据深沪《上市规则》、上交所《上市公司筹划重大事项停复牌业务指引》的规定，最长停牌期限根据事项不同为10天，30天，2个月，3个月不等，申请延期停牌后总停牌时长不得超过5个月。

具体停牌原因方面，以深交所《上市规则》所列举的为例，主要原因见表2。

表2　　　　　　　　　深圳证券交易所各类停牌原因一览

停牌原因	复牌条件
重大信息未按规定披露，或披露前已泄露	信息按规定披露后
召开股东大会	公告股东大会决议
公共媒体出现对股价影响较大，而未披露之信息	公司披露相关公告
股票被认定为异常波动	公司披露相关公告
财务会计报告出具非标准无保留意见	按规定做出纠正
未在法定期限内公布年度、中期、季度报告	定期报告披露
财务会计报告存在重大差错或虚假记载	改正的财务会计报告披露
公司运作和信息披露涉嫌违法	披露相关公告
上市公司严重违反规则拒不改正的	视情况决定
交易所因为公司原因失去其有效信息来源	情况消除
股权分布发生变化连续20天不具备上市条件	提出解决方案和书面申请
公司收购	收购期满和收购结果公告

停牌原因大致分为两类，一类是应股票交易相关规定的要求，而在上市公司处于正常状态时，就发生的例行事项而进行的停牌；另一类是指在上市公司出现异常状况时，对投资者进行警示和敦促上市公司改进。两类

---

① 黄维：《我国A股市场股票停牌时长的影响因素及其市场反应研究》，清华大学硕士论文，2010。

停牌对于信息披露都做出了细致要求，深交所《上市规则》规定，上市公司股票处于停牌期间，公司应当至少每 5 个工作日披露一次未能复牌的原因。而在会计报告存在重大差错或虚假记载而触发的停牌中，公司在停牌期间至少应当发布 3 次风险提示公告。总体而言，在协调交易连续稳定和信息传播以及保护投资者权益等方面，我国停牌规范的考虑还是相当周到的。

（二）各领风骚：境外股市停牌制度一览

基于不同的法制传统和市场交易惯例，地区间关于股市停牌的规定各有千秋。以适用英美法制传统的地区为代表，部分股市根据长期股票交易实践积累的经验，进行不断检验、修正和更新，灵活地容纳了传统和各类新式股票交易提出的要求，进而形成了较为成熟、颇具范例意义的现代停牌规范秩序。

1. 美国

美国股市的停牌制度由纽约证券交易所（NYSE）《上市规则》、纳斯达克（NASDAQ）《上市规则》以及美国证券交易委员会（SEC）的相应法规组成。作为世界第一大证券交易所，纳斯达克在 1998 年就超越了两百年的纽约交易所，其停牌规则也堪为美国股市典范。它设定的停牌情形包括：（1）即将到来的重大信息；（2）上市公司发布对股价敏感的信息；（3）纳斯达克没有收到所要求的其他信息；（4）上市公司违反了纳斯达克的相关规定；（5）证券流动性不足；（6）证券交易过程中出现的异常波动；（7）美国证监会要求的停牌。① 对于停牌的价值导向，纳斯达克和纽约交易所重大信息披露瞬间引发股价的大幅变动。但在通过法定停牌和非法定停牌保护投资者知情权和构建市场公平的同时，美国证券业界认为必须尽最大可能保障证券交易的连续性，故而严格限制停牌的数量。同时也对停牌时所依据的重大信息做了明确要求，另外交易所可以组织专家对停牌的可行性做出评估，查证是否确有停牌的必要，再予决定。

---

① 王博：《中国 A 股市场新版停牌制度实施效果的有效性研究》，电子科技大学硕士学位论文。

2. 英国

英国关于停牌的规定颇类美国，包含自动停牌和自行停牌两种方式。既可在之前就设定会发生停牌的股票异常变动阈值；也可在发生特殊情形时，由上市公司向交易所提出停牌申请；还可在发生可能导致股市部分或整体崩盘的事由时，由交易所决定实施板块停牌或停市。根据伦敦证券交易所（LSE）《上市规则》规定，英国股市发生停牌的情形有：（1）上市公司财务不透明；（2）上市公司发生了严重的财务泄露；（3）上市公司不能即刻披露重大敏感信息；（4）多所上市公司集体停牌；（5）股票价格出现严重波动；（6）证券及其衍生品不能交易。可见，英国股市大多数停牌只发布交易异常信号，当上市公司在股票交易的信息披露、财务安全、股票定价方面出现突发事件和违规操作时，则交由停牌予以干预和提示投资者。其作用与我国的警示性停牌如出一辙。

3. 我国香港地区

作为离大陆最近的适用普通法系的地区，香港证券市场是从港英政府时代成长起来的。H股市场的停牌制度，大量沿袭了伦敦交易所的停牌规范，其目的主要在于规范潜在的市场混乱，而非纯粹在于信息披露。① 根据《香港联合交易所证券上市规则》的规定，一系列与股价有关的敏感信息，都应在停牌公告时予以披露，避免投资者因为突然出现的信息丧失调整投资策略的机会。无论作为发行人的上市公司是否申请，联交所均可在其认为适当的情形下，做出停牌的决定。联交所《上市规则》第六章及其第11项应用指引规定了引起停牌的各项情形。包括：（1）上市公司未遵守联交所认为重要的交易规则；（2）联交所认为公众人士持有的证券数量不足；（3）发行人的业务和资产不足以支撑其证券继续上市交易；（4）联交所认为上市公司不再适合上市交易。② 即使《上市规则》给予了联交所很大的自由裁量权，联交所也一般在进行利益衡量之后，确实必要时才停牌，且为保障交易连续性，坚持"能不停就不停"，并严格限制停牌时间。A股市场时常因发布公司决议等重大信息进行临时停牌，股票交易多次受到中断。联交所则通过公告栏，设立"公告时段"等形式进行信

---

① 胡文伟等：《沪港上市公司信息披露制度的比较与分析》，载《中国证券报》，2008 - 01 - 15。

② 参见《香港联合交易所有限公司证券上市规则》第六章。

息公示，同时股票交易继续运作，从而取得了双重效果。

以上三地的停牌制度虽然存在细节差异，其核心目的基本趋同，主要是为了清理股票市场紊乱、规范上市公司交易行为和提升资本市场的公信力，并为股市出现异常变动时腾出治理空间。相比于大陆例行停牌和警示性停牌并重的格局，域外停牌警示性目标更明显。我国的股市为双层治理结构，一般情况下，停牌由交易所决定，停市由证监会决定。适用英美法系的地区，则更愿意赋予交易所较大的停牌停市裁量权，重视行业的自律监管，而非将其片面看作服务发行人公布信息的手段。

（三） 境内外股市停牌的比较

1. 境外股市停牌主要为警示性停牌，较少或根本不设置例行停牌。在遇到需要公布定期报告等信息时，只要该事项不至于引起股价的剧烈变动，则通过设置公告牌等方式进行，无须停牌，股票交易不因之中断。① 例如香港联合交易所设置了公告时段，只要在当天某个公告时段发布信息，则无须停牌。若错过当天公告时段，则可在下一公告时段进行信息披露。我国股市则是停牌双轨制，不仅有警示性停牌，还有例行停牌，而且在连续经历了数次修订后，例行停牌数量仍然远高于警示性停牌，即使公司一切正常，如遇到召开股东会或发布临时公告等事项，依旧要停牌。

2. 我国大陆目前尚无强制复牌措施，长期停牌也因而难以羁束。纳斯达克、纽约交易所、伦敦交易所和香港联交所等国际股市在其《上市规则》中明确指出，停牌是为了维护市场交易秩序，因此应严格把控停牌期限，对于长期停牌的股票应设有强制复牌要求。我国境内虽对各类停牌的期限载以明文，但却对强制复牌未作规定，致使有的股票停牌动辄远超期限，以至于"僵尸股"大量存在，却又无法清理。

3. 对违法停牌的处罚力度轻重有别。一方面，长期以来，我国股市过分"习惯"各类滥用停牌，对其危害也熟视无睹；另一方面，超期限停牌、任性停牌大量存在，与处罚力度过于薄弱也不无关系。除非如杭萧钢构案那般，滥用停牌的后果和内幕交易相牵连，则予以行政或刑事处罚。

---

① 胡文伟等：《沪港上市公司信息披露制度的比较与分析》，载《中国证券报》，2008 - 01 - 15。

若只是单纯的滥用停牌而无其他衍生性后果，交易所最多予以公开谴责。相比之下，境外处罚力度则众多，以香港股市为例，针对违规长期停牌，直接由廉政公署介入追究刑事责任，最严厉的莫过于宣告停牌股"突然死亡"，直接予以摘牌。此种震慑之下，H 股停牌比率始终不过 A 股的一半。

除上述停牌数量多、时间长和惩罚力度薄弱等问题外，我国停牌制度还存在以下缺憾：第一，投资者受到滥用停牌侵害时，救济手段付之阙如。在违法违规停牌发生后，进行事后追责的过程中，交易所或证监会或对上市公司予以罚款，或公开通报批评，对具体责任人员予以行政或刑事处分。但对于受损的股民，则基本没有补偿。如此一来，滥用停牌的违法后果则完全由投资者埋单，停牌的幕后操作者们反而闷声发大财，无疑是与股票交易精神背道而驰的；第二，停牌信息披露缺乏合理的替代措施，监督存在漏洞。上市公司常在发布如定期公告等寻常信息时实施例行停牌，过多的停牌则不利于交易的连续，而当下又没有其他信息披露途径替代例行停牌。同时在上市公司因筹划重大事项等原因停牌时，其信息披露又往往显得过于随意且疏于监督，《证券法》和沪深交易所《上市规则》等规定要求的信息公告很多不能落实。

■四、滥用停牌的治理路径选择

通过对我国股市滥用停牌现状的透视观察，以及同境外经验的比较和反思，不难看出，治理滥用停牌，离不开以完善法律法规的顶层设计为导向，明确制度定位和价值选择，落实投资者权益维护，采用治理和惩罚并重的监管模式等综合制度安排。

（一） 顶层设计：重视停牌维护交易秩序的价值取向

即使如苏力所言，一项制度可能诞生于偶然之间，其初创动机可能并非如后世推测的那般崇高，制度本身的意义和功效来自后天的成长，[①] 当

---

① 苏力：《制度是如何形成的》，北京大学出版社，2007。

2018
————
中国金融论丛

下我们的任务也并非要把停牌制度全部推翻重建，声称停牌从一开始的路就是错的，这对停牌治理并无大用，而应在既定制度大纲中植入新的理念，使它不单单是一个用于发布信息的布告公示。因此，关怀停牌制度的顶层设计，赋予停牌新的意蕴，是迈出完善我国上市公司停牌制度的首要一步。

停牌理应以维护交易秩序为主要目标，并兼顾消除信息不平衡和不透明。当下顶层设计需要通过立法先导，以提高市场参与者对停牌的重视度，正视其独立意义，而非是无关轻重的股市附庸。既然股市充斥着大量低效且无意义的停牌，阻断着交易的连续性，那么首先应当适当削减例行停牌种类，至少让例行停牌和警示性停牌的数量比例不至于有霄壤之别，不令人一见顿生停牌何等容易、警示意义何等单薄的感觉。在现有沪深二市《上市规则》中，对警示性停牌的情形做了列举规定，但削减例行停牌的力度，无疑还有较大的进步空间。通过凸显停牌整顿市场、预警提示的顶层目标，在令暗怀不轨之徒悚然心惊的同时，也令广大股市参与者逐渐熟知停牌基本趣旨，并实现停牌制度的内在规范价值。

（二） 制度先导：确立统一适用的停牌制度规范

徒法不足以自行，当下规范停牌的各种细则并不少，但却大多难以落实到位。规范停牌的法律法规和规章之间也不免欠缺有效配合，存在立法空白等原因。建构以停牌规则为核心的基本制度，分为技术和内容两方面。在技术层面，停牌规则体系应当形成包括法律，行政法规，部门规章等规范性文件和行业自律规范从上到下的格局，并对规范性文件进行备案审查，以消除抵触；适当融合沪深二市在此方面的治理规则，就停牌原因、时间、强制复牌的规定做出适用于 A 股市场的统一规定，目前，除《中国证券监督管理委员会关于上海、深圳证券交易所修改例行停牌时间的批复》之外，这类统一性规定暂时处于空白状态。至于具体操作细则则交由二市在《证券法》和《上市规则》的框架下自行厘定。用语方面，应尽可能同国际市场相一致，太多强调本土化，容易引发境外投资者的不适和畏难。在内容方面，尽管不能详尽一切，但要求包括停牌的基本细则。至少得包括从申请停牌，到复牌后收尾这期间的程序性事项，以及停牌触发情形、信息披露规定、滥用停牌的处罚等常见细节。各项文本准备妥当之后，还需要进行试错检验，以验证其可操作性，之后方可投放市场。还应注重停牌规范的弹性和市场适应能力，前述的《上市公司筹划重大事项停复牌业务指引》堪称史上"最严"停牌规则，在其颁布后 20天，有 108 家公司复牌，其中 12 家公司并购重组虽未完成，但也直接取消重组并购计划而复牌，[①] 可见这剂"猛药"对长期停牌的确起到了治理作用。但一定的弹性区间还是需要的，例如在上市公司停牌筹划重大事项超时时，上市公司又反对交易所对之进行强制复牌，则应当提交相应的说明资料，由交易所决定其继续停牌期限的长短，[②] 而不应直接强制复牌或处罚。

（三）严控监管：加大对违法停牌的查处力度

信息披露是停牌的底线职能和重点治理方向。滥用停牌的表现之一，即是"迅捷"的停牌跟不上信息披露步伐，造成大部分投资者丧失调整投资计划的信息源，大量通过例行停牌发布信息也助长了这一现象。在未来的治理设计中，学界普遍认为一方面应健全强制和自愿信息披露的实现方式，即可以采取设置公告信息栏，或仿效联交所设立信息公告时段，使停牌和公司常态信息披露相分离而互不干涉；另一方面应规范停复牌时的信息公告，包括方式、公告时间、频率以及内容格式等，重视信息披露的质量和水平。[③] 例如深交所在其《上市公司停复牌业务指引》系列备忘录中，对停牌公告应当包括的事项做了详细列举，如停牌的股票和衍生产品种类、停牌期限、停牌依据的具体规则、公司筹划的具体事项等。[④] 同时还应规范过程中信息披露的要求，保障公众对停牌期间上市公司的运营有基本了解。

我国现实中对滥用停牌纠察力度薄弱，惩罚几成具文的问题由来已

---

① 夏芳：《最严停复牌新规有望根治公司复牌"拖"字诀 20 天 108 家停牌公司集中"复活"》，载《证券日报》，2016 – 06 – 15。

② 郭富青：《我国上市公司并购重组停复牌的法理逻辑思考》，载《证券法苑（第 19 卷）》，法律出版社，2017。

③ 王光俊：《如何根治 A 股"任性"停牌顽疾》，载《财政监督》，2017（18）。

④ 该系列备忘录共有 3 号，分别针对主板市场（第 9 号）、中小板市场（第 22 号）、创业板市场（第 14 号），但对停牌信息公告内容所作规定相同。

久。加大处罚力度，不仅仅在于以重手治理，更要体现处罚的针对性和平等性。"隔墙扔砖头"的处罚模式，估计没几个公司能够服膺。更会使侥幸逃脱的和潜在的违法公司，益增其再犯的赌徒心理。如此一来，即使宣告滥用停牌的公司"突然死亡"，料想也难收到预期效果。譬如强制复牌，目前仅得见于深交所的《上市公司停复牌业务指引》系列备忘录第 21 条，即赋予交易所有权在上市公司滥用停牌损害投资者权益时，对其股票和衍生产品予以强制复牌，其他停牌规范在此方面还只是空白。故而在未来的治理中，应扩展纠察惩处的深度和广度，既不能为处罚而处罚，也不可过分"溺爱"上市公司。滥用停牌无非是为了逐利，加大乱停牌行为的成本，让"任性"停牌公司承担得不偿失的结果，使其无法依据违法行为获得不正当利益，滥用停牌的"积极性"也将不复存在。① 同时应注重奖惩分明，对治理结构规范的上市公司予以表彰，发挥带头守法的示范作用。

（四）权益救济：创设停牌类公益诉讼

关于救济受损的投资者，笔者并不赞同将对上市公司的罚款径行分发给投资者的做法。"任何人不能从自己的违法行为中获益"的法谚，说明应当对受损的投资者进行区分。如果对受损投资者不分情况一视同仁进行补偿的话，是否有损于基本公正？会不会助长部分股东恶意促成停牌，乃至干预公司治理的行为？此外，违法停牌波及的投资者受损幅度可能因时间、股票所在板块等因素而大小不一，如果连将巨额罚款（如果能罚的来的话）分摊比例都不能确定，又谈何有效的补偿？

基于中立性和更好地判断补偿该当额的考虑，引入司法程序的救济是相对适宜的选择。有学者提出，应当赋予中小股东诉权，引入司法约束机制，由投资者提起损害赔偿之诉。② 但个别投资者提起损害赔偿诉讼，单是诉讼费用就足够令贫困的投资者们退缩。况且即使少数人胜诉，除能换来一大堆"搭便车"的不劳而获者之外，在缺乏诉讼费用补偿机制、胜诉执行难和补偿标准严苛等门槛前，代表广大投资者进行维权的热心个别投

---

① 黄雯：《资本市场停牌乱象分析》，载《中国国际财经》，2017（2）。
② 郭富青：《我国上市公司并购重组停复牌的法理逻辑思考》，载《证券法苑（第19卷）》，法律出版社，2017。

资者，多半还是得面对支出大于补偿的局面。如此一来，投资者们认真对待权利，与违法侵害斗争的热情和火焰渐渐冷却熄灭，权益救济也成了画饼。

故此，建立违法停牌公益诉讼是一条破局之路。即由有权国家机关代表广大投资者对滥用停牌行为提起诉讼，这条道路的可行性，已在环境污染侵害集体权益案件中得到证实。① 具体到实际生活中，即由检察院或者投资者权益保护协会作为起诉人，以滥用停牌的上市公司及利害关系人作为被告，在人民法院提起诉讼。这样既能令司法机关介入对补偿额的裁量过程，在严格的审理过程中，最大可能保障公平。也能在确立真正受害者的同时，打消浑水摸鱼者对补偿利益的觊觎之心。当然，对举证责任分配，起诉条件和情形等事项，则需要在参酌《民事诉讼法》等一般程序法时，结合停牌案件的特殊性予以专门规定。

五、结论

滥用停牌是股票市场的原生性问题，即在市场内部生发、扩展和演进的问题，对其治理不能越出既有的股市框架，轻谈对欧美市场经验的移植，而缺乏对其可行性的思考，就好似确立了过河的目标后就大功告成，而不考虑船和桨的问题。同时，滥用停牌的治理是一个系统论的问题，也是外部资源借鉴和内部整合消化相统一的过程，所以问题不在于要不要仿效域外的停牌治理，而在于引入的外部经验在内部环境下，是否具有可操作性。治理滥用停牌，虽然要遵循"发现滥用情形—调查滥用危害—剖析滥用的根源—得出治理要点"的基本路径，但也不意味着必须按部就班，不排除对一些治理经验开展"逆向工程"，由果及因推导出该类治理手段指向的股市弊病。故此，监管者应当以市场需要作为最直接的治理依据，进行对症下药。最后，滥用停牌的治理也必须作重点切入，面对这样的系统工程，应当集中精力于显著问题之上，避免大而无当。

（原载《暨南学报》2018 年第 9 期）

---

① 段厚省：《环境公益民事诉讼的基本理论思考》，载《中外法学》，2016（4）。

发展 REITs 助力房地产行业转型

朱元甲　孙晓筱

◼ 一、证券化和 REITs

（一）证券化融资

证券化是企业融资的一种方式，无论从资产负债表的左端还是右端都可以通过发行证券的方式来实现融资。资产负债表右端融资，一般为发行股票或者债券。在资产负债表的左端利用资产进行融资称为资产证券化（Asset-Backed Security，ABS）。资产证券化出现相对较晚，有比较多的限制和技术性要求，借助交易所能够获得较好的发行规模和募资效果。

资产证券化是将资产通过结构化重组的方式转变为证券投资产品，增加资产流动性的过程。"资产"包括能够带来预期收益的"资产"权利；结构化重组指通过特殊目的实体，进行信用和风险调整，分层定级；转变为证券产品，指对风险予以标准化定价，构造和转换为可在资本市场销售和流通的金融产品。

凡有预期收益和稳定（不一定是固定的）现金流入的收益权利，都可以作为证券化的基础进行融资。常见的有银行信贷资产证券化、企业应收账款证券化，以及公园旅游门票收入证券化、公路收费权证券化等。有别于传统融资方式，对具体资产的证券化是对具体信用机制的创新。李传全（2003）称资产证券化是有别于传统间接融资和直接融资的第三种信用制度。

笔者认为，资产证券化本质上是资产结构的调整。一般包括资产处置和发行证券两个重点过程。证券化过程并不一定增加资产的价值，反而会消耗部分资产，因为要承担证券化的费用。如果实现资产的真实销售，可能带来当期的收益。同时，资产结构的调整，改变了资产的流动性和再投资收益，也可能提高整体资产收益状况。

（二）REITs 及其特征

房地产信托投资基金（Real Estate Investment Trusts，REITs，也称不动产投资基金）是以房地产为基础资产的证券化投资产品。REITs 有一些专门的限制条件，如募集的资金由专业投资管理机构进行房地产投资，收入主要来源于房地产经营收益和资产增值，绝大部分收益要分配给基金投资人。

REITs 是联系房地产和资本市场的金融产品，美国房地产投资信托基金协会（NAREIT）基于 REITs 投资人角度，将其金融特性总结如下。

一是实现多元化投资：REITs 与其他市场相关性低，REITs 基金资金来源广（众多的中小投资者、机构投资者等），投资房地产对象广泛，能够实现较全面的资产配置。

二是投资收益稳定：REITs 收益与房地产市场直接相关，投资人能够享受基金源自基础资产的经营收入和资产增值，收益相对可靠，风险较低，可以降低资产组合收益波动。

三是可以抵御通胀：房地产投资带来的经营收入和资产增值收益，回报率持续超过通胀，REITs 是抵御通胀的有效投资方式。

四是业绩报酬优良：历史数据表明，REITs 多数时期业绩超过标普指数，回报率超过公司债，实现收入的增长。

五是流动性很好：REITs 可以在交易所同其他证券一样买卖，自由流通。

六是透明度高：REITs 公开发行金融产品，交易所对 REITs 产品有非常严格的治理监管要求。税负透明，市场操作和信息披露公开，有利于广大中小投资者做出判断和选择。

从发行人角度来看，发行 REITs 有以下优势：一是可以实现非流动资产的出表，融通流动性资金，改善资产负债结构状况；二是能够获得资产处置收入，提高当期收益水平；三是发行主体对融通资金的再投资，进行更有效的投资，提高整体资产收益率；四是特定资产的证券化是战略资产配置过程，可以达到资产再平衡配置的目的。

（三）REITs 促进美国房地产转型

REITs 最早出现在美国，经过五十多年的发展，产业成熟、规模庞大、市场发达。美国自从 20 世纪 60 年代通过立法允许发行 REITs 产品以来，至 90 年代，许多房地产企业通过发行 REITs 上市，增强融资能力，改善资产结构，提高了开发、经营能力，实现经营转型。REITs 推动美国房地产行业实现了产业资本与金融资本的融合，行业得以全面升级和繁荣。

美国大多数 REITs 基金是股份公司形式，发行股票在证券交易所上市、流通，REITs 得以成为房地产行业与投资者的桥梁。美国房地产行业发行 REITs，实现了对巨额房地产资产的证券化分割，使广大中小投资者可以投资于美国房地产行业，享受投资和资产增值利益。美国 REITs 的蓬勃发展，推动房地产资产的社会化持有，房地产企业融资多元化。房地产行业得益于 REITs 的推动，行业生态由私有资本为主过渡到社会资本支撑的产业模式，完成了由单一开发建设向房地产综合服务商的转型。

二、REITs 核心支撑和结构

（一）REITs 核心支撑

法律确认和税收优惠是 REITs 发展的两个核心支撑。

一是法律层面明确投资方式与投资人利益保护。在法规层面确认 REITs 基金的合法性、利益保护等内容是其发展的基础。美国、新加坡、日本等 REITs 的发展，得益于完善的立法为 REITs 提供支撑。

REITs 的立法首先明确了大众投资者以信托基金形式投资房地产的合法性问题。概括起来就是关于募资、投资和分配的定量规定。募集的资金主要（75% 以上）投资于房地产；绝大部分（75% 以上）的收益来源于房地产的经营管理收入和处置收益；强制性的规定源自房地产的收益绝大部分（90%以上）要分配给投资者，以保障投资人的利益。

"绝大部分"和"主要"有明确的下限要求，这对 REITs 作为被动投资工具，有法规层面的强制性要求，有利于市场的有序发展。税收待遇以此为基础。

二是投资人享受税收优惠的规定。税收实质上是经济利益在政府和居民间的一种分配，具有法定性和强制性。如果 REITs 的投资收益大部分被强行征税，对投资人就没有吸引力。要实现从房地产到金融产品的转换，且让广大的中小投资者享受稳定且长期持续的收益，税收优惠是 REITs 发展的一个必要条件。

一般 REITs 结构中会设立特殊目的实体，隔离风险，但也增加了交易层级和链条，投资人层面和 REITs 基金层面都可能被征收所得税。所谓 REITs 的税收优惠，就是对 REITs 组织层面免征所得税，投资人获得收益分配和资本利得时征税，税率有不同形式的减免。我国香港则在 REITs 组织层面征税，对投资人不征税。对收益实行单次征税刺激了 REITs 的发展。

美国 REITs 由法律和税收支持发展起来，其发展经历了两次重大法规调整。1960 年通过《国内税收法典》和《房地产投资信托法案》，允许相关机构向广大投资者，主要是中小投资者发行基金份额募资，委托专业化的房地产投资信托公司进行房地产投资。这解决了中小投资者不能直接投资房地产的障碍。同时，法律规定大部分资金要投资到房地产上，且所得房地产分红和增值收益绝大部分要分配给投资者。这保护了中小投资者利益。REITs 推出初期是典型的被动投资工具，只能以信托方式设立，被强制委托外部机构管理。这些被动投资的强制规定，是 REITs 与美国合伙或者 S 类公司一样享受穿透税收待遇的前提条件。《税制改革法案》（1986年），以及 1999 年、2001 年相关税收法案的修订，使 REITs 逐步有了积极管理能力，逐步采取公司形式，实行自我管理和经营，并扩大管理规模。

（二）REITs 运作结构

REITs 通过发行收益凭证或者股份的方式筹集资金，直接进行房地产投资，或者设立专门从事房地产投资的公司投资于房地产。在信托模式

REITs 中，投资者与基金管理人构成财产信托法律关系，投资人持有 RE-ITs 基金份额或者信托凭证，基金管理人依据信托合同进行投资收益分配。在公司模式 REITs 中，投资者是公司的股东，会收到股利形式的收益分配。美国税收对公司模式 REITs 采取实质重于形式的认定原则。即，在主营业务、利润分配等方面要符合 REITs 的规定，才可获得 REITs 税收优惠。否则，在"REITs"组织层面则完全按照一般公司征税。

典型的 REITs 和一般的信托基金在结构上没有实质差别，只是由于受到了法规在募资、投资、分配上的限制，具体运作管理环节略有不同。另外，REITs 可实现公开发行。信托型 REITs 一般有四个参与方：基金管理人（资产管理人）、投资人、托管人、物业管理人。

基金管理人负责 REITs 资产的管理。按照基金管理人是否投资于 RE-ITs，拥有 REITs 基金剩余收益索取权，分为内部管理人和外部管理人模式。内部管理人模式：基金管理人员投资于 REITs，管理人员的利益与投资效益直接挂钩，也允许投资者参与 REITs 的管理。这种模式的优势是可以减小委托代理问题。外部管理人模式：由外部专业的第三方管理 REITs 资产。第三方一般是房地产管理公司，具有专业和规模经济优势。显然，公司模式 REITs 适合内部管理人模式。

在成熟的 REITs 市场中，投资人既可以直接投资于 REITs，也可以通过二级市场买卖 REITs 发行的证券。REITs 在公开市场发行证券，就是公募 REITs，可以面向更广大的中小投资人，有利于提高其流动性和市场规模，扩大投资人对象，保证市场的广度和深度。无论私募还是公开发行，REITs 资金主要来源于投资人，但这不是唯一来源，REITs 可以进行债务融资。

托管人受托保管基金资产，保证资产运用安全。

物业管理人负责对标的资产进行物业管理，收取服务费。物业管理人有时也由资产管理人担任。

公开市场交易的 REITs 的基本运作模式如图 1 所示。

REITs 实质就是资产的证券化，由于特定的法规要求和税收优惠，形成了特点鲜明的金融投资产品——专门投资于房地产的信托基金。

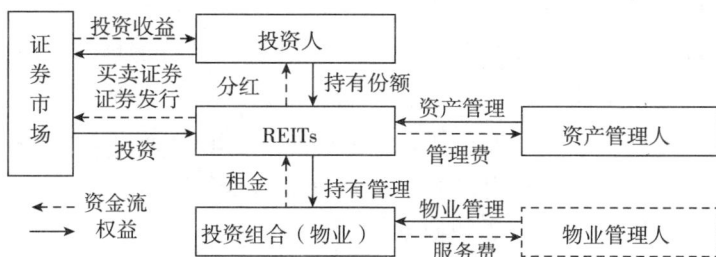

图1 REITs 运作结构

三、国内房地产资产及融资状况

（一）国内房地产行业现状

我国房地产已经市场化，政策环境总体变动较大。政府对房地产市场的调控方向和力度转换频繁，市场波动幅度增加。在国家政策调控和引导下，中国房地产市场大致已经经历了三个完整的"紧缩—扩张"周期。以2016年9月30日为分界点，各主要省市加强购房资格和数量的限制，以及金融调控加强对住房按揭信贷控制、房地产企业债务融资和公开市场融资的限制，意味着房地产市场再次进入一个新周期的紧缩起点（如图2所示）。

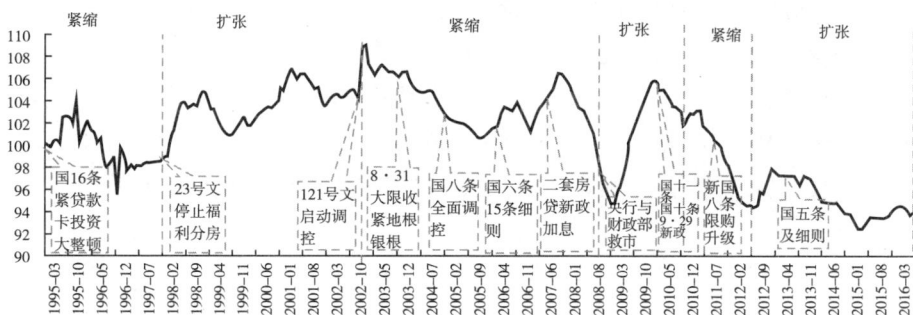

数据来源：Wind 资讯，相关文件公告。

图2 国房景气指数

工业化、城市化是经济现代化的趋势。发达国家城市化经历初级、中期和后期三个阶段。中期阶段水平，意味着城市化超过30%，发展速度加

2018 中国金融论丛

快。当城市人口超过70%，城市化进入后期，发展平稳。目前，我国城镇化水平接近60%，处于中期阶段。城市化进程伴随着房地产市场的发展。同样，经验（并非唯一路径）表明，当城市化进入平稳阶段，房地产行业由增量开发市场进入到存量管理服务市场为主导的形态，持有型物业的开发运行是致力于永续经营的房地产企业的必然选择①。

我国的房地产（含住宅和商业地产）市场需求潜力和发展空间都很大。国家除了在开发、销售环节对房地产开发企业进行引导和调控，也直接投入到保障性住房建设，这对商品房市场带来的直接冲击，促使传统房地产开发企业必须要进行转型。房地产产业形态的转变，实质从房地产开发商向服务商转型，具体包括由原来的地产开发商的功能与角色向物业经营管理转化，房地产的开发收益不局限于销售环节，更多地依靠持有、出租的后续服务来提升收益。

（二）房地产行业资产及融资

房地产行业面临的去库存压力依然存在。据国家统计局数据，近十年来商品房（住宅）销售和待售面积总体呈上升趋势，到2016年9月末，商品房（住宅）待售面积接近7亿平方米（见图3）。根据海通证券的研究测算，截至2016年10月底，商品房广义库存面积为39.1亿平方米，住宅广义库存约12.0亿平方米。

国内房地产企业面临资产负债结构调整压力非常大。根据Wind对已上市73家房地产企业的统计，截至2016年第三季度末，我国上市房地产企业的资产总值为5.89万亿元，其中房地产企业持有租售房产占总资产的63.5%，资产负债率占77.4%（见图4）。这73家上市房地产企业，基本上代表了房地产行业现状。可见，房地产企业的资产负债率偏高，库存压力大。

---

① 万得研究。

万平方米

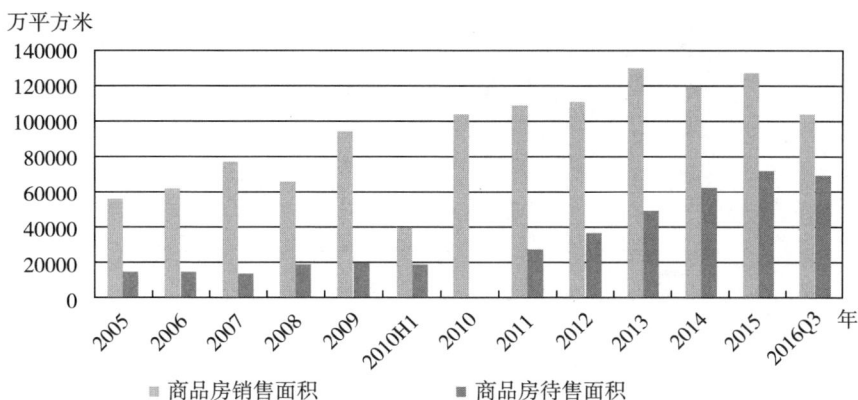

数据来源：国家统计局。

图3　商品房（住宅）待售面积情况

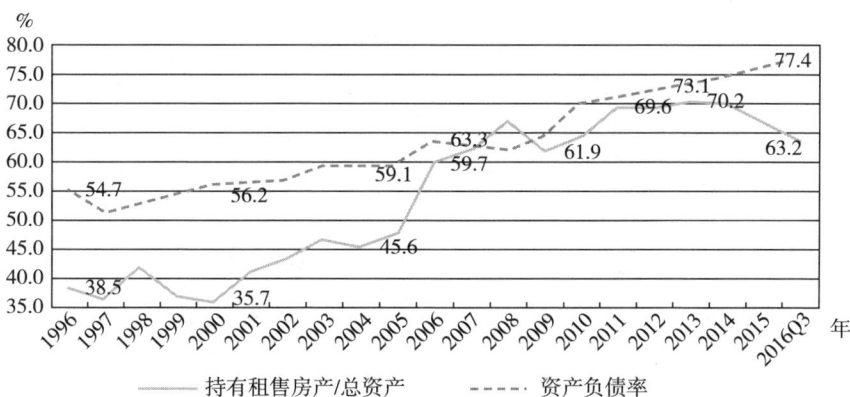

数据来源：Wind 资讯。

图4　上市房地产企业资产负债率和持有租售房产/总资产情况

国内房地产行业严重依赖贷款。一是国内房地产开发源自贷款的投资资金逐年增长，2014 年之前增长是加速度状态。此后，经济结构调整实行供给侧改革，控制银行资金流向房地产开发的规模，房地产开发的贷款规模才逐渐下降。2016 年 10 月开始，房地产企业发行债券融资和表外融资都受到了限制（见图5）。

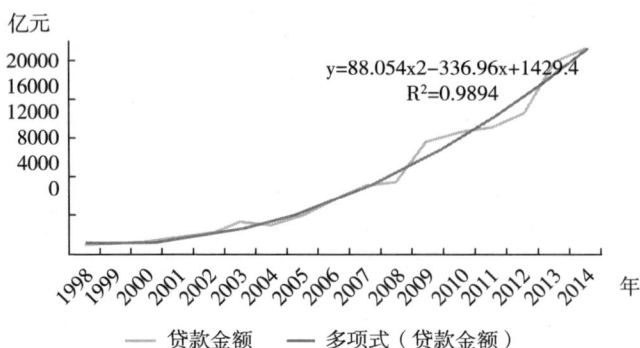

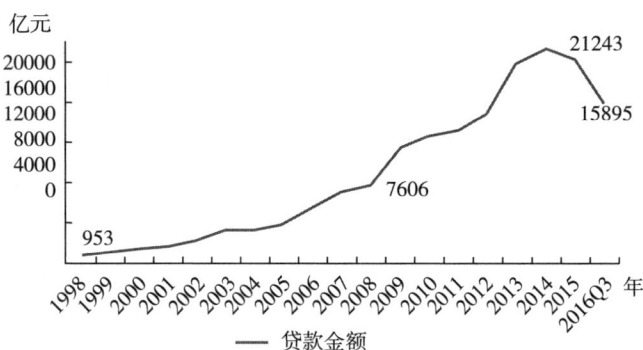

数据来源：Wind 资讯。

图5　房地产行业开发资金来源贷款金额

二是国内房地产企业贷款余额呈几何级数增长。商业性房地产 2004 年末的贷款余额为 2.38 万亿元，2016 年 6 月末的贷款余额为 23.9 万亿元，年复合增长 22%。房地产的贷款复合增长 18%（见图6）。

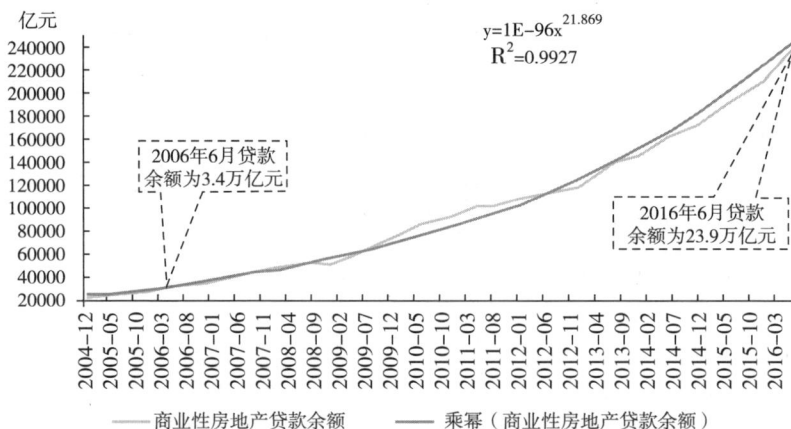

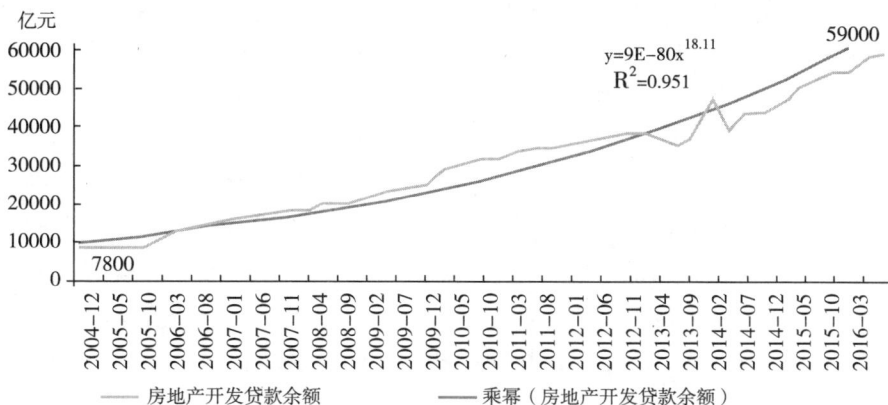

数据来源：Wind 资讯。

图 6　房地产企业贷款余额

长期经济结构的调整方向就是要降低经济对房地产的依赖，防止结构性的产业泡沫引起经济系统性风险。监管机构对地产企业融资的态度收紧，例如，地产企业通过增发、发债等形式融资的难度增大。宽松的环境不复存在，以前"空手套白狼"循环抵押从银行贷款的运作模式已经进入死胡同，房地产企业融资难度增加。地产行业调整融资方式势在必行。

四、房地产转型与 REITs

（一）房地产转型中的 REITs 机会

1. 过度依赖贷款拖累房地产转型

以往房地产企业重开发轻运营、重出售轻持有管理（出租）、重一次性变现收入轻持续性服务收入、重银行贷款和信托债务融资轻资产负债结构调整。无论是住宅开发企业还是商业性地产企业都存在这些问题。从整个行业来看，资产负债率过高，轻资产化、去货币化成为房地产企业转型的手段。

但是，房地产企业依赖贷款惯性太大，增量和余额都持续上升。截至

2018 中国金融论丛

2016 年 9 月末，全国主要金融机构（含外资）房地产贷款余额为 25.3 万亿元，同比增长 25.2%。房地产贷款余额占各项贷款余额的 24.3%（其中，住房开发贷款余额为 4.2 万亿元，同比增长 9.6%；地产开发贷款余额为 1.6 万亿元，同比增长 0.9%）。2016 年前三季度，新增房地产贷款 4.3 万亿元，同比多增 1.5 万亿元，占各项贷款新增额的 42.5%[①]。房地产行业严重依赖贷款融资的沉重身躯拖累了其转型的步伐，一是融资成本过高，侵蚀利润；二是巨额的还本付息压力不利于长远发展和规划；三是过高杠杆容易引起财务风险及经营风险。最终，银行、信托资金过度向房地产行业集中，会引起金融系统风险积聚，诱发系统性经济风险，政府介入，调控市场。

2. 持续增长的房地产开发遭遇销售行情下行

房地产开发投资逐年增长。2016 年前三季度，全国房地产开发投资完成额为 7.5 万亿元，同比增长 5.8%。其中，住宅开发投资额为 5 万亿元，同比增长 5.1%，占房地产开发投资的比重为 66.9%。全国房屋新开工面积为 12.3 亿平方米，全国房屋施工面积为 71.6 亿平方米。全国房屋竣工面积为 5.7 亿平方米，同比上升 12.1%。

价格上涨导致商品房销售增放缓。近年房价一直呈上升趋势，尤其是 2017 年，房价上涨城市增多且涨幅扩大。2016 年 9 月，全国 70 个大中城市中，新建商品住宅价格环比上涨的城市有 63 个，价格同比上涨的城市有 64 个。二手住宅价格环比上涨的城市有 60 个，价格同比上涨的城市有 57 个。截至 9 月末，全国商品房销售面积为 10.52 亿平方米，增速较上半年低 1 个百分点。商品房销售额为 8.02 万亿元，增速较上半年低 0.8 个百分点。

仅住宅就积压了近 7 亿平方米的库存，新的房产和商业地产还在持续开发建设中，直接销售遭遇价格上升影响需求的问题，行业内部的去库存、调整资产结构任务紧迫。

3. 去库存转型调整思路

从房地产供给方来看，去库存可以达到两方面的目的。一是要实现资产的出售，避免存货积压。改善资产状况，能够灵活调整战略和经营策略。二是获得资产处置的收入，提高收益，改善现金流和资产负债状况。

---

① 数据来源：国家统计局公报。

去库存最终为房地产企业转型铺垫。

房地产去库存一是将作为存货的房产卖给最终需求者，也可以将存货房地产的出售方式转化为自己经营，带来收入和利润。房地产去库存的出售和经营都有一个大前提：市场需求。需求取决于消费者的意愿和能力。价格的高低和变动情况影响消费者的消费。资产的可获得性，即商品的可分割程度决定消费者购买单位商品的支出，消费者的收入是否可支撑其购买意愿很重要。

房地产项目规模大，单位价值高，一般投资者难以直接承受，房地产的运营管理非专业机构不能带来盈利，直接出售不容易实现。房地产企业通过发行 REITs，可以将房地产出售调整为出租、经营，适应高房价时期居民租房居住需求或商业经营需要。证券化实现了对单一巨额资产的有效分割，投资者的需求可以被满足。通过证券化模式，房地产真实出售实现出表，能解决房地产企业资产结构调整的问题。

地产企业发行 REITs 既能解决去库存的问题，又能融资，调整企业资产结构，改善资产结构状况，实现轻资产运营，实施转型。发行 REITs 不必担心权益摊薄，也不必担心增加资产负债率，反而可以降低财务杠杆。

（二）资本市场的 REITs 需求

对广大投资者而言，如果能推出真正的 REITs 产品，是非常利好的金融产品。

1. 目前，国内缺乏普通投资者长期持有的投资产品

近十年来年均超过 13% 的 M_2 增长，货币超发引起物价上涨，隐性通胀厉害。居民在连年经济增长中享受到的实际财富增长效应并不明显。当期，资产荒严重，金融产品匮乏，投资渠道单一，资金都被挤到房地产，造成房价虚高，不利于房地产行业稳定。股市里面投机、内幕交易、机构操弄等违规行为时有发生，普通投资者往往遭遇亏损。公司治理乱象百出，上市融资常年不见分红，业绩变脸频繁，不断增发稀释股权，大股东、内部人控制损害小股东利益，令投资人对市场失去信心。

"双创"伞盖下的"互联网＋"简单嫁接到各个领域，只讲故事不讲产出和实际效益。不法分子钻空子，披着"P2P"的外衣骗取普通百姓的资金，非法集资规模越来越大，受害者越来越广。银行存款和理财产品利

率水平很低，保险产品只管销售不管后续服务，短期还不是合适的理财产品。

2. REITs 给投资人提供稳定持续的回报

在投资渠道匮乏、市场欠规范的环境下，REITs 作为连接资本市场和地产行业的投资品种，有明显的比较优势。对于投资者，同现有的股票、债权、基金等投资产品相比，REITs 产品和基金投资相似，属于组合投资，集合理财，专业投资，分散风险，能享受稳定（未必是固定）持久的收益，还具有一定的流动性。美国过去 15 年和过去 5 年的市场表现，权益型 REITs 总回报显著高于 S&P500 指数，抵押贷款型 REITs 总回报显著高于美国债券指数。作为市场主流的权益型 REITs，二级市场价格主要取决于 REITs 的租金收入、所持物业的增值收益及物业投资收益。美国商业物业租赁合同期限长，租金价格与 CPI 挂钩，商业物业租金价格整体较为稳定。

3. 推出 REITs 有利于资本市场扩张边界

资产证券化是未来实体经济和金融行业优化存量资产的趋势。在资本市场层面，推出 REITs，增加资本产品和交易工具，有利于资本市场结构多样化和扩容。避免以往资本市场扩容仅停留在现有证券或金融通产品的规模扩张层面，实现从资本市场的边界和内容上做大资本市场。进而到宏观经济层面，大力发展 REITs，有利于改变中国房地产行业过度依赖银行贷款，避免金融系统风险。微观层面，发展 REITs，可以为广大投资者提供有利的投资产品，为房地产企业提供商业转型的机会。

五、发展 REITs 建议

（一）国内 REITs 现状

国内房地产资产证券化或者类 REITs 融资业务需求旺盛，从 2014 年中信启航第一单项目开始，到 2016 年 9 月底，国内市场上共发行并存续 10 单与地产、物业相关的资产证券化产品，总规模合计 294.87 亿元。受制于 REITs 法律文件还没出台，实务中国内的类 REITs 产品发行主体或者关联方都要对标的资产回购，对收益担保。目前，仅有一单在公开市场发行，其他都是私募形式。

REITs 的发展基于一系列的法规和资本市场环境，核心包括：一是资金专用和及时足额分红，二是税收的待遇，三是成熟的投资人和资本市场，四是具备优质资产，即有序市场中的成熟地产项目。国内这方面法律制度不完善、税收障碍、优质基础资产稀缺、资本市场不完善等因素，导致还没有真正意义上的 REITs，类 REITs 产品进程也比较缓慢。

（二）发展 REITs 建议

1. 建立制度支撑

REITs 不是一个简单的金融产品，而是建立在投资、融资、税务、企业治理、市场运行、收益分配等法规、制度基础上的综合体。国外成熟的 REITs 市场都有一套专门的 REITS 法规体系，确定 REITs 的合法性和投资者的利益保障。

REITs 制度体系主要是确定募资、投资和分配的法定界限，重点是强制规定募集资金专用和及时足额分红。REITs 能够向投资人融资的逻辑基础，是投资人看中房地产行业的稳定收益，即租金和未来价值增值。如果不限定基金募集资金专门投资于房地产，很难保证基金资产的安全性和基金收益的稳定性、持续性。同时，必须规定基金的大部分收益要及时向投资人分配，保证投资人最终收益的稳定性和持续性。信用评级、担保和保险是 REITs 市场的重要制度基础。要尽快完善科学合理、投资人信赖的信用评级体系，建立市场化的担保和保险机制，为发行 REITs 提供信用基础。

REITS 产品对于激活商业地产存量项目，促进房地产企业资产结构调整、业务转型，推动经济发展的良性作用逐渐被认可。期待尽快制定出台 REITs 相关政策法规文件，夯实 REITs 发展的制度支撑。

2. 出台税收优惠

对投资者而言，房地产项目证券化发行的产品，单位价格下降，投资门槛所需资金规模降低，能够承受这类投资的初始投资支出。同直接销售相比，结构化设计会导致资产出售到最终权益持有人之间流转环节增加，这些增加的流转环节不应明显增加投资人的成本——资金成本和税费成本，其中税务成本又是最重要的部分。特别需要关注的是，中间环节的增加也不应该给投资人的收益增加额外的所得税。REITs 结构化设计过程中，可以采取合伙制形式（有限合伙）、信托制、公司制。不同模式的税务规则不一样，而且有限合伙制和信托制很多涉税问题还没有特别明确地税收规定。税收优惠政策是 REITs 吸引房地产融资的重要因素，也是政府用来刺激、引导和推动 REITs 市场健康快速发展的重要工具。不过，财税〔2016〕140 号文件第五条"资管产品运营过程中发生的增值税应税行为，以资管产品管理人为增值税纳税人"，对 REITs 是不利的规定。

建议出台 REITs 的税收优惠政策，明确产品结构化过程中的税负和投资人收益所得税缴纳规则，简化征税，降低税负。

3. 打开上市渠道

当前，资产荒的形势仍将持续。传统股市、债市对投资者的吸引力下降，投资渠道和资产仍旧很少。随着广大中小投资者越来越多的寻求被动投资工具，国内大规模的资金期待投资于稳定回报的资产或证券。在优质投资资产匮乏的背景下，REITs 多元化的地产金融产品可以填补市场空缺，扩张市场边界，满足投资者的投资需求。

REITs 及类 REITs 产品的公开上市发行，可以持续募资，投资者也可以保持投资流动性。REITs 要形成可持续健康发展的市场，必须要打通房地产和资本市场之间的渠道，允许 REITs 在一级市场私募资金，在二级市场公开发行证券。

4. 明确会计规则

REITs 配套的会计规则和财务技术性操作非常重要。REITs 的核心要点之一是在资产出售中实现出表，这是给发行人带来的直接好处——非流动性资产出表和收入确认。资产的真实出售实现出表，会使资产负债结构更加有利，现金和发行方自留的资产支持证券取代了原来的资产，资产的总体风险度降低。

根据现行会计准则，合并报表是以控制为基础条件。发行 REETs 资产的最终处置，要达到产权转移出了原所有人资产负债表合并范围的要求。一是资产的转让在会计上构成销售行为，二是在交易结构中的特殊目的实体不再纳入合并报表。如果无法做到真实销售，"证券化"和资产抵押贷款一样，出售证券虽然增加现金，但增加发行方负债。

会计中关于投资实体（特殊目的实体）控制有三个条件：一是指投资

方拥有对被投资方的权力，二是通过参与被投资方的相关活动而享有可变回报，三是有能力运用对被投资方的权力影响其回报金额。这些条件主要依靠经验判断，缺乏统一的量化标准。不同的人员、机构有不同的判断结果。在发行 REITS 产品过程中，可能就会存在因规则不明确而出现不同结果的情况。

因此，明确投资实体合并的控制条件量化判断标准，是降低发行 REITs 潜在风险前提条件。

5. 坚持规范发展

引导 REITs 市场规范发展，让 REITs 成为公众投资产品，扩大市场的受众面，促进市场进入自我调节发展的良性循环。

一是资本市场的规范化发展。规范资本市场发行市场，严格 REITs 产品的发行标准和程序，杜绝假 REITs 真抵押贷款的风险，避免财务风险集中到一个时点爆发，造成产品到期，流动性支持不足，陷入财务危机。规范交易市场，强化信息披露和治理监管，维护投资者的利益。

二是引导房地产市场健康发展。REITs 得以发展的重要基石是优质的地产项目。目前，国内房地产市场从拿地、开发建设到销售、经营和物业管理，市场还比较混乱。这种混乱增加了甄别优质地产的难度。优质资产缺乏表现在资产管理能力所体现的收益高低，以及与商业环境所综合表现出来的收益可持续性。规范房地产开发、出售、经营和物业管理市场，打击囤地不开发、捂盘惜售、哄抬房价等房地产投机行为和商业地产欺诈、物业管理混乱等现象。维护住宅、商场、酒店、写字楼、公寓、学生公寓、物流仓库、停车场、公路等资产的有序销售、经营和管理，从中甄选出优质项目，为 REITs 市场持续提供优质资产。

（原载《金融会计》2017 年第 2 期）

电子交易所全球竞争格局下的
衍生品上市供给侧制度改革[①]

史广龙[②]

伴随着互联网技术在传统交易所的广泛运用，以美国洲际交易所（Intercontinental Exchange, ICE）为代表的纯电子化衍生品交易所不断涌现，凭借更加透明、更加高效、流动性强、交易成本低的显著优势，短期内大量蚕食了沿用交易员公开喊价方式的传统交易所的市场份额。同时，以德意志交易所集团（Deutsche Börse AG）为代表的传统证券交易所，借助于信息技术发展金融衍生品市场的先发优势，迅速发展为集证券交易所（法兰克服证券交易所，Frankfurt Stock Exchange）与金融衍生品交易所（欧洲期货交易所，Eurex Exchange）两翼的交易所集团公司，实现了相对于纽约证券交易所（New York Stock Exchange，NYSE）、伦敦证券交易所（London Stock Exchange，LSE）和其他金融衍生品交易所等传统强劲竞争对手的弯道超车。这些领先的电子化交易平台开启了在全球范围内争夺金融衍生品上市品种的新纪元。

一、电子化交易所全球扩张范围日益广泛

电子交易平台的初期整合主要集中于各主要金融中心腹地。英国伦敦国际金融期货期权交易所（London International Financial Futures and Options Exchange，LIFFE）1996 年收购伦敦商品交易所（London Commodity

---

① 本文系北京市博士后工作经费资助项目。
② 作者系特华博士后工作站博士后，中欧陆家嘴国际金融研究院研究员，苏黎世大学法学博士。邮箱：jura1981@163.com。

Exchange, LCE), 2002 年又被泛欧交易所 (Euronext) 合并, 合并后称为泛欧伦敦国际金融期货期权交易所 (Euronext. Liffe); 2006 年 10 月, 美国芝加哥商业交易所 (Chicago Mercantile Exchange, CME) 和芝加哥期货交易所 (Chicago Board Options Exchange, CBOT) 宣布合并成全球最大的衍生品交易所——芝加哥商业交易所集团 (CME Group), 并于 2008 年并购了纽约商业交易所 (New York Mercantile Exchange, NYMEX)。在亚洲, 新加坡证券交易所 (Stock Exchange of Singapore, SES) 与新加坡国际金融交易所 (Singapore International Monetary Exchange, SIMEX) 于 1999 年 12 月合并, 成立了目前的新加坡交易所 (Singapore Exchange, SGX); 为提高香港的竞争力和迎接市场全球化所带来的挑战, 2000 年 6 月, 香港联合交易所有限公司 (Stock Exchange of Hong Kong, 联交所) 与香港期货交易所有限公司 (Hong Kong Futures Exchange, 期交所) 实行股份化并与香港中央结算有限公司 (Hong Kong Securities Clearing, 香港结算) 合并, 由单一控股公司香港交易所 (HKEX Group) 拥有; 2013 年, 东京证券交易所集团 (Tokyo Stock Exchange) 与大阪证券交易所 (Osaka Securities Exchange) 合并, 组建日本交易所集团 (Japan Exchange Group), 将合并后的金融衍生品业务统一集中至大阪。

随后, 跨国跨洲跨界并购开始愈演愈烈。2000 年阿姆斯特丹证券交易所 (Amsterdam Stock Exchange)、布鲁塞尔证券交易所 (Brussels Stock Exchange)、巴黎证券交易所 (Paris Stock Exchange) 合并为泛欧交易所 (Euronext N. V.), 并在此基础上天价收购伦敦国际金融期货及期权交易所, 最终将金融衍生品业务集中于伦敦; 2006 年纽约证券交易所 (New York Stock Exchange, NYSE) 与泛欧证券交易所合并, 组成横跨大西洋的纽约–泛欧证交所公司 (NYSE Euronext), 伦敦国际金融期货期权交易所的控制权落入美国人手中; 2007 年电子化交易平台先驱美国纳斯达克证券交易所 (National Association of Securities Dealers Automated Quotation, NASDAQ) 与北欧证券交易商欧麦克斯 (OMX) 公司并购后的新集团 (NASDAQ OMX) 宣布成立, 为纳斯达克成功拓展了欧洲金融衍生品业务及相关软件服务市场; 2012 年 11 月, 香港交易及结算所有限公司成功并购了伦敦金属交易所 (London Metal Exchange, LME); 在德意志交易所集团收购纽约泛欧交易所集团被监管部门阻止后, 2012 年 12 月美国衍生品巨头洲际交易所成功将纽约－泛欧交易所集团收入囊中。[①] 2016年初，德意志交易所集团再次考虑并购整合伦敦证券交易所，实现英吉利海峡两岸最主要的股票现货和金融衍生品交易平台的整合，随后，美国洲际交易所也对收购伦敦证券交易所表示出了浓厚的兴趣。

■二、交易所全球化竞争背后是争夺衍生品上市品种

对全球交易所整合的历史进行分析，不难发现初期整合对象主要是境内同类平台。在这一阶段，领先的衍生品交易所会吸收合并其他交易所，从而增加交易品种。例如，伦敦国际金融期货期权交易所并购伦敦期权交易市场，将股票期权纳入业务领域，收购伦敦商品交易所相当于新增了农产品期货交易品种。美国芝加哥商业交易所通过收购芝加哥期货交易所进入了其一直比较薄弱的农产品期货市场和利率期货市场。

中期整合主要发生在境内或者邻近的证券与衍生品平台之间。随着欧美国家企业资产证券化率的不断提升，成熟资本市场的证券交易所面临新股发行量的瓶颈，很难批量增加新的股权或者债权交易品种。衍生品交易所却没有这样的天花板，可以根据市场需要灵活设计交易产品。同时，股指期货与股票期权等金融衍生品与现货市场具有紧密的联系，促成了证券交易所与金融衍生品交易所之间的整合。新加坡证券交易所与新加坡国际金融交易所的合并、香港联合交易所与香港期货交易所携手均属此类。德意志交易所集团则是通过与瑞士证券交易所（Swiss Exchange，SIX）合作，整合德国期货及期权交易所（Deutsche Terminbörse，DTB）与瑞士选择权与金融期货交易所（Swiss Options and Financial Futures Exchange，SOFFEX），主要借助内部力量培育出欧洲期货交易所，实现了现货市场与衍生品市场的一体两翼布局。

近期全球电子交易所整合的看点主要是跨国跨界平台。例如，香港交易及结算所有限公司并购伦敦金属交易所（London Metal Exchange，LME），实现了发展金属类衍生品的夙愿。这类交易之所以发生，除了电

---

① 史广龙：《组建中国交易所集团，提高跨市场监管能力》，载《学习时报》，2015－11－23。

子交易所追求全品种服务提升国际竞争力的初衷之外，反垄断法也为跨平台的跨国整合创造了机遇。德意志交易所集团收购纽约－泛欧交易所集团因涉及垄断问题而搁浅。美国洲际交易所利用其与被收购方业务重叠较少的优势，趁机将纽约－泛欧交易所集团收入囊中，在原有农产品衍生品、金属衍生品、能源衍生品业务上嫁接了股票、债券的现货业务和相关金融衍生品业务。

三、资本市场现货与衍生品整合与协同的主要模式

随着互联网技术在金融要素市场的广泛运用与中国、印度等亚太国家资本市场的迅速崛起，全球金融要素市场的格局正在发生变化，这突出地表现为纽约、伦敦、东京、法兰克福等传统国际金融中心，在股票市场上依然保持强有力的竞争优势，但是受益于本国经济的迅速发展带来的公司上市潮，上海、深圳、孟买等亚太金融中心城市迎来了历史上最好的发展时期。

（一） 股票交易所发展进入瓶颈，亚太新兴市场一枝独秀

2005 年世界主要股票交易所股票市值超过万亿元的有 9 家，除了上海证券交易所外，其余交易所都集中于欧美发达国家的金融中心。此时的深圳证券交易所股票总市值为 9334 亿元，尚未达到万亿元门槛。（见表 1）十年来，纽约、东京、伦敦三大全球性股票交易所汇聚地依靠传统优势，依然在全球金融要素市场的竞争中保持领先地位。但是在这期间，纽约证券交易所虽然吞并了泛欧证券交易所成为横跨大西洋的国际交易所集团，但是营收能力并未获得根本性的提升；东京证券交易所在日本经济泡沫危机之后，股票市场长期表现低迷，上市公司总市值仅仅略微增长；伦敦证券交易所十年间上市股票总市值增长幅度略高于纽约证券交易所，但仍大幅度落后于亚太新兴市场（见表 2）。

表1 2005 年世界主要股票交易所市场数据

单位：亿美元

排名	交易所	股票总市值	上市公司数	累计交易额	指数名称	年底收盘
1	纽约证交所	133106	2270	141253	道琼斯工业平均指数	10505
2	东京证交所	45729	2331	44266	日经 225 指数	16111
3	纳斯达克交易所	36040	3164	100867	纳斯达克综合指数	2306
4	伦敦证交所	30582	3091	56739	英国富时 100 指数	5760
5	泛欧证券交易所	27068	1259	26760	CAC40 指数	4948
6	上海证券交易所	23096	832	19642	上海综合指数	1161
7	多伦多证交所	14822	3758	9045	加拿大综合指数	11272
8	法兰克福证交所	12211	764	19123	DAX 指数	5674
9	香港交易所	10550	1135	4643	恒生指数	15753
10	深圳证券交易所	9334	544	12621	深圳成分指数	2864

数据来源：《证券市场导报》，2005 年底数据统计。

十年间，新兴市场的证券交易所发展迅猛，有四家证券交易所进入万亿元总市值的阵营。中国的深圳证券交易所、上海证券交易所异军突起上市公司股票总市值大幅度攀升，此外，印度的孟买证券交易所、印度国家证券交易所也成功晋升至万亿元股票总市值俱乐部（见表2）。上述现象的根本原因在于随着地区经济的持续高增长，上市公司资源丰沛，保证了本国交易所上市公司数量的猛增，股票总市值水涨船高。因此，不难理解香港证券交易所在十年间股票总市值增加近两倍，但是同时期其他成熟市场的证券交易所股票总市值或者上市公司数仅保持微增的现状。

表2 2015 年世界主要股票交易所市场数据

单位：亿美元

排名	交易所	股票总市值	上市公司数	累计交易额	指数名称	年底收盘
1	纽约证交所	177868	2424	174773	道琼斯工业平均指数	17425
2	纳斯达克交易所	72808	2859	125153	纳斯达克综合指数	5007
3	东京证交所	48949	3513	55407	日经 225 指数	19034
4	上海证交所	45493	1081	213428	上海综合指数	3539
5	伦敦证交所	42864	2301	20924	英国富时 100 指数	6242
6	深圳证券交易所	36387	1746	196112	深圳成分指数	12665
7	香港交易所	31849	1866	21259	香港恒生指数	21914

续表

排名	交易所	股票总市值	上市公司数	累计交易额	指数名称	年底收盘
8	法兰克福证交所	17158	619	15555	德国 DAX30 指数	10743
9	多伦多证交所	15919	3559	11848	加拿大综合指数	13009
10	瑞士证交所	15193	270	9910	瑞士股票指数	8818
11	印度孟买证券交易所	15162	5836	1208	印度 SENSEX 指数	26118
12	印度国家证券交易所	14851	1794	6766	印度 NIFTY 指数	7946
13	OMX 北欧交易所	12680	832	7546	OMX 斯德哥尔摩 30 指数	1447
14	韩国交易所	12312	1961	19296	韩国成分指数	1961
15	澳大利亚证交所	11871	2108	7991	澳洲普通股指数	5345

数据来源：世界交易所联合会网站、伦敦证券交易所网站。

（二）股票交易所与衍生品交易所协同发展模式的形成

有鉴于成熟市场本国新上市公司资源日渐枯竭的长期趋势，以及全球范围内场内衍生品的重大发展机遇，各国的股票市场与衍生品市场整合趋势日渐明显，单一的股票交易所与衍生品交易所逐渐被交易所集团吞并，最终形成了各具特色的协同发展模式（见表3），其中以芝加哥商业交易所集团、印度国家证券交易所、德意志交易所集团和洲际期货交易所最为典型：

1. 专注于综合性衍生品的协同发展模式：芝加哥商业交易所集团

芝加哥商业交易所集团在全球范围内的崛起肇始于 2006 年之后对于芝加哥和纽约主要衍生品交易所的整合，一句囊括了芝加哥商业交易所（CME）、芝加哥期货交易所（CBOT）、纽约商业交易所（NYMEX）、纽约商品交易所（COMEX），并于 2014 年获得了金融监管部门对于其在伦敦设立衍生品交易所的正式批准，成为真正意义上的全球性衍生品交易所集团。除此之外，芝加哥商业交易所集团收购了道琼斯指数 90% 的股权，并因此而持有了标准普尔道琼斯指数接近四分之一的股权，这为芝加哥商业交易所集团开辟了新的利润增长点，为进一步拓展股指衍生品打开了大门。芝加哥商业交易所集团交易品种包括农产品商品期货类衍生品、能源期货类衍生品、股指期货类衍生品、外汇期货类衍生品、利率期货及期权类衍生品、金属期货类衍生品、天气衍生品、不动产衍生品、场外衍生品等。此外，除了中央场外结算交易以外，芝加哥商业交易所集团所属各交易所产品的交易提供交易平台、中央结算与市场信息。

2. 股票与衍生品协同的交易所发展模式：印度国家证券交易所

印度国家证券交易所在印度政府的主导下由印度主要金融机构发起成立于 1992 年，并于 1994 年成为《证券合约监管法》（*Securities Contracts Regulation Act*）意义上的交易所，获得了开展业务的合法身份。印度国家证券交易所在发展前期主要以股票市场为主，直至 2000 年 6 月才开始发展衍生品业务，先后推出了不同类型的基于 NIFTY 指数的期货产品。2011 年印度国家证券交易所推出了基于标准普尔指数与道琼斯工业平均指数开发出的股指期货产品，以及标准普尔指数期权产品；2012 年印度国家证券交易所推出英国富时 100 指数的期货与期权产品；从 2013 年开始，印度国家证券交易所开始与东京证券交易所合作，推动后者发展以日元计价的 NIFTY 指数衍生品。除了股指期货与期权之外，从 2008 年开始，印度国家证券交易所先后推出了美元、欧元、英镑、日元等外汇期货与期权产品，2009 年推动利率期货等衍生品的上市，2013 年 12 月，印度国家证券交易所推出了获得监管部门认可的国债期货品种。

3. 发端于股票交易所的衍生品协同模式：德意志交易所集团

类似于其他古老的交易所，德意志交易所集团可以追溯至 1585 年由商人在法兰克福发起成立的货币集中交易市场。经过长期发展，法兰克福证券交易所的影响力日益扩大，1991 年 12 月正式更名为德意志交易所股份公司，并全资控股德国期货交易所（DTB）。为了应对欧元（Euro）时代的来临，面对日益激烈的竞争态势，DTB 的集团母公司德国交易所集团与瑞士交易所决定建立策略联盟，共同投资成立欧洲期货交易所（EUREX Zurich AG），总部设于瑞士苏黎世。欧洲期货交易所以 100% 转投资设立在法兰克福的欧洲期货交易所德国子公司（EUREX Frankfurt AG），二者均沿用原 DTB 的交易与结算系统。欧洲期货交易所凭借电子化的优势，迅速击溃了伦敦金融期货交易所等欧洲其他衍生品交易所，占据了欧洲场内衍生品交易的主导地位。德意志交易所集团由此形成了法兰克福证券交易所与欧洲期货交易所并举的局面。欧洲期货交易所上市品种涵盖利率衍生品、股票衍生品、股指衍生品、外汇衍生品、固定收益衍生品、ETF 衍生品、商品衍生品、财产衍生品等，种类达到 2000 个以上。

4. 发端于衍生品交易所的股票协同模式：洲际期货交易所

洲际期货交易所的崛起肇始于 2000 年左右互联网应用普及阶段，其创始人联合全球最主要的能源交易商为 OTC 能源交易创建更为便捷、透明、高流动性、低成本的电子化交易平台。洲际期货交易所的成长伴随着衍生品交易所的全球性整合步伐。2001 年，洲际期货交易所并购位于伦敦的国际石油交易所（International Petroleum Exchange），进而介入石油等能源期货交易领域；2005 年，洲际期货交易所收购了纽约期货交易所（New York Board of Trade）和具有 120 年历史的 Winnipeg 商品交易所（Winnipeg Commodity Exchange），后者以油菜籽期货著称，洲际期货交易所大举进入农产品期货市场；2010 年，通过收购气候交易所（Climate Exchange），该交易所总部位于伦敦，它是欧洲气候交易所（European Climate Exchange）、芝加哥气候交易所（Chicago Climate Exchange）以及芝加哥气候期货交易所（Chicago Climate Futures Exchange）的运营商，洲际期货交易所由此打开了排放权衍生品市场；2013 年，洲际期货交易所借力德意志交易所集团受困于反垄断法而无法成功并购纽约泛欧证券交易所，趁机将其收入囊中。近年来，洲际期货交易所还收购了天然气衍生品领域的 APX Endex 交易所以及专注于能源、黄金和外汇衍生品的新加坡商业交易所（Singapore Mercantile Exchange）。通过持续性并购、整合与业务扩张，洲际期货交易所的产品除了纽约泛欧证券交易所的股票、债权之外，广泛涵盖了其他各交易所的农产品衍生品、能源衍生品、股票衍生品、外汇衍生品、运费衍生品、利率衍生品、金属衍生品、排放权衍生品以及场外衍生品的结算等。

表3　　　　　　　　　　2015 年世界主要衍生品交易所市场数据

排名	交易所	特征	成交量（万手）
1	芝加哥商业交易所集团（CME Group）①	大型衍生品交易所集团	353176
2	印度国家证券交易所	股票与衍生品协同的交易所	303189

① 其衍生品交易平台主要包括 Chicago Mercantile Exchange、Chicago Board of Trade、New York Mercantile Exchange。

续表

排名	交易所	特征	成交量（万手）
3	欧洲期货交易所（Eurex）	混合交易所集团下属衍生品交易所	227245
4	洲际期货交易所（Intercontinental Exchange）①	混合交易所集团下属衍生品交易所	199881
5	莫斯科交易所	股票与衍生品协同的交易所	165944
6	巴西证券期货交易所（BM&FBovespa）②	股票与衍生品协同的交易所	135859
7	芝加哥期权交易所集团（CBOE Holdings）③	大型衍生品交易所集团	117393
8	大连商品交易所	单一衍生品交易所	111632
9	郑州商品交易所	单一衍生品交易所	107034
10	上海期货交易所	单一衍生品交易所	105049
11	纳斯达克 – OMX 集团（Nasdaq OMX）④	混合交易所集团下属衍生品交易所	104565
12	韩国交易所	股票与衍生品协同的交易所	79494
13	印度孟买证券交易所（BSE）	股票与衍生品协同的交易所	61489
14	南非约翰内斯堡证券交易所（JSE）	股票与衍生品协同的交易所	48852
15	BATS Exchange	股票与衍生品协同的交易所	39642
16	日本交易所集团	股票与衍生品协同的交易所	36146
17	香港交易所集团（HKEC）⑤	股票与衍生品协同的交易所	35936
18	中国金融期货交易所	单一衍生品交易所	34087

① 其衍生品交易平台主要包括 ICE Futures Europe、NYSE Amex、NYSE Arca、ICE Futures U. S.、ICE Futures Canada、Singapore Mercantile Exchange。

② 其衍生品交易平台主要包括 Bolsa de Valores de Sao Paulo、Bolsa de Mercadorias&Futuros。

③ 其衍生品交易平台主要包括 Chicago Board Options Exchange、C2 Exchange、CBOE Futures Exchange。

④ 其衍生品交易平台主要包括 Nasdaq OMX PHLX、Nasdaq Options Market、Nasdaq OMX Nordic、Nasdaq OMX Boston、Nasdaq OMX Commodities、International Securities Exchange、International Securities Exchange Gemini。

⑤ 其衍生品交易平台主要包括 London Metal Exchange、Hong Kong Exchanges & Clearing。

续表

排名	交易所	特征	成交量（万手）
19	台湾期货交易所	单一衍生品交易所	26450
20	迈阿密国际证券交易所（MIAX）	股票与衍生品协同的交易所	25261
21	澳大利亚证券交易所集团	股票与衍生品协同的交易所	23418
22	印度大宗商品交易所（MCX）	单一衍生品交易所	21635
23	新加坡交易所①	股票与衍生品协同的交易所	18387
24	泛欧衍生品交易所（Euronext Derivatives Market）	交易所集团下属衍生品交易所	13552

数据来源：美国期货业协会、中国期货业协会、各交易所网站。

四、供给侧改革：境外衍生品上市制度应时而变

全球交易所的竞争格局正在经历传统证券交易所衰落与新型衍生品交易所崛起的新阶段。各国在交易品种上市制度上纷纷简政放权是近年来衍生品交易所之所以能够异军突起最核心的制度推手，也是促进股票市场与衍生品市场协同发展的关键。

（一）美国衍生品上市制度：从审批到备案

美国衍生品市场起步早，发展快，是全球上市品种最多，交易规模最大的期货市场。美国期货品种上市机制在经历了百余年的变迁之后，逐步成熟和完善起来，集中体现了成熟资本市场衍生品上市制度的演化历程，对于新兴市场国家具有重要的参考价值。总体而言，在衍生品市场的发展初期，联邦政府并未介入衍生品上市的审核，随后政府对衍生品上市的控制不断增强，并在达到高峰之后，逐步退出了上市品种的行政审查体系，从审批制过渡到了备案制。美国的相关联邦法律也随着衍生品市场的发展逐步进行调整和完善。

美国衍生品交易所的发展源于纯粹的商业性动机，完全由市场参与者

2018
中国金融论丛

① 其衍生品交易平台主要包括 Singapore Exchange、SGX Asiaclear。

主导，而非由政府借助市场的力量创设。1848 年，芝加哥的 82 位商人组建了世界上第一个期货交易所——芝加哥期货交易所。随后，其他期货交易所也逐步发展和成熟起来。在这一时期，美国各地的期货交易所根据自身的业务发展需要，决定是否开发新的期货产品上市交易。上市规则完全由交易所自己制定，并不受联邦法律的限制。美国期货市场的自由放任时期，在 1922 年被打破。《谷物期货法》（*Grain Futures Act of* 1922）在经历美国最高法院违宪性波折之后，最终于 1922 年 9 月 21 日颁布实施。《谷物期货法》对美国期货市场的影响主要集中在两个方面：一是限定了谷物期货只能在特定的期货交易所内进行交易，农业部对特定交易所的认定享有独立的审批权，并由其下属部门谷物期货管理局（Grain Futures Administration），负责报告交易情况与调查散布可能误导价格信息的不法行为；二是建立了由美国农业部部长、美国商务部部长以及美国司法部部长组成的谷物期货委员会（Grain Futures Commission），该委员会的监管对象为各谷物期货交易所，有权暂停或者撤销特定交易所进行谷物期货交易的资格。《谷物期货法》的实施并没有影响交易所自主决定上市谷物期货新品种的权利，交易所在开发谷物期货上市品种方面仍然具有排他性的自主权。

然而，商品期货的发展速度远远超过了立法者当初的预期，谷物期货之外的期货品种因为并不属于该法的调整范围，长期不受联邦法律的监管。联邦政府在期货领域监管权的延伸在 1936 年有了进一步的发展。1936 年 6 月 15 日，《商品交易所法》（*Commodity Exchange Act*）正式取代《谷物期货法》颁布实施。《商品交易所法》一方面将联邦法律的监管权扩充到了除谷物期货之外的商品期货领域，另一方面将谷物期货委员会更名为商品交易所委员会（Commodity Exchange Commission）。该法对美国期货市场最为深远的影响在于禁止了所有商品期货的期权交易，该影响一直延续至 1981 年。《商品交易所法》并未将期货品种上市审核权收归联邦政府，由此美国各期货交易所在这一时期可以继续自主开发新的期货品种。然而，由于《商品交易所法》对其所监管的期货品种采取的是列举的方法，因此也就不得不随着期货交易所新品种的不断增加而不断扩充监管范围。

在《商品交易所法》颁布实施后的将近四十年时间里，美国商品期货委员会在有限的法律权限之内，发挥监督商品期货市场的功能。在此期间，发生了多起重大的投机性事件，促使立法者重新思考联邦政府在期货市场的监管定位。1974 年 10 月，美国国会通过了《商品期货交易委员会法》（*Commodity Futures Trading Commission Act of* 1974），成为联邦政府监管期货市场的制度核心。建立在《商品期货交易委员会法》基础上的商品期货交易委员会（Commodity Futures Trading Commission，CFTC）成为独立的监管机构，并拥有了更为广泛的监管权，例如有权监管所有的商品期货（而不仅仅是农产品期货）。1975 年 CFTC 正式开始运行，吸收了农业部的期货交易监管权，并颁布管理指令，将期货品种上市的审核权收归至联邦政府。根据该指令，如果期货交易所要上市交易新的期货合约，必须向 CFTC 提出申请，并提交包括现货市场报告、合约规则和条款设计报告、新品种服务国民经济的详细解释，以及说明拟上市的期货品种与公众利益不发生冲突的说明。CFTC 审查集中于通过可交割量分析新期货品种被操纵的可能性。[①] 在获得 CFTC 批准之后，交易所才能够将新的期货品种上市。

CFTC 行使期货品种上市的审批权虽然可以在一定程度上起到规范市场的作用，但是由于受到行政效率等因素的制约，美国期货交易所在新期货品种上市上长期落后于美国本土之外的对手，处于非常不利的竞争地位。另一方面，美国本土放松金融监管的呼声越来越高，无论是学术层面还是政治层面都具有了压倒性的优势。在这样的大背景下，克林顿于 2000 年 10 月 21 日正式签署了《商品期货现代化法》（*Commodity Futures Modernization Act of* 2000）。《商品期货现代化法》赋予 CFTC 调整现有期货监管法律制度，建立更为灵活市场结构的广泛权力。CFTC 取消了长期被各界诟病的期货品种上市的审核制度。此后，交易所可以根据自己的需要，在新的期货品种上市前向 CFTC 提交相关备案材料，要求获得上市前的批准。具体而言，期货交易所仅仅需要满足如下条件即可以上市新的期货品种：一是根据 CFTC 的有关形式与方式的要求，以电子方式提交备案材料；二是 CFTC 应于期货品种上市前的工作日收到了上述备案材料；三是备案材料符合规定，包括（1）按要求提供备案材料封面单；（2）新产品的交易规则，包括所有与其相关的条款；（3）计划上市日；（4）上市期货品种符合相关法律与 CFTC 规则要求的书面保证；（5）上市期货品种符

---

① 大连商品交易所课题组：《期货品种上市机制研究》，2011 – 09 – 28。

合相关法律与 CFTC 规则要求的简要说明；（6）交易所提交有关计划上市期货品种至 CFTC 以及提交备案材料已经在其网站上进行通知的书面保证；（7）在情况允许时，可以要求保密。从 CFTC 要求提交的备案材料上看，联邦政府并无异于从实质上判断期货交易所上市品种是否具备商业上的可行性，然而从监管目的考虑，CFTC 仍然保留了要求期货交易所提供其他有关符合相关法律与 CFTC 规则的相关证据、信息与数据的权力。原则上，在期货交易所准备上市的期货品种符合相关法律与 CFTC 规则的情况下，CFTC 都必须同意上述期货品种上市。从现有法律来看，事前的批准并非是期货品种上市的必要条件，至少从理论上说，期货交易所有权利在不经 CFTC 事先批准的情况下，自行决定期货品种的上市，随后仍有权决定是否要求 CFTC 对此进行审核。然而，为了保证交易安全，防备不必要的法律风险，期货交易所可以根据具体新产品的情况提交材料要求 CFTC 进行事前审核。法律规定，CFTC 完成事先审核不得超过 90 天，从而保证了期货品种上市的效率。

需要特别指出的是，在证券衍生品领域，交易所上市新的品种由 CFTC 与美国证券交易委员会（U. S. Securities and Exchange Commission, SEC）共同监管。为此，相关法律设定了更为严格的标准，交易所在未向委员会提供上市金融衍生品符合相关法律要求的情况下上市交易行为违法，包括但不限于以下方面：一是作为基础性金融产品的证券要符合相关法律的要求；二是如果证券衍生产品不以现金结算，应该确立符合法律要求的交割结算机制；三是仅有非常有限的适格主体可以从事证券衍生品的交易与服务；四是证券衍生品及其基础性证券不得被用于价格操纵；五是建立相关的监控制度与程序安排；六是保证金制度应该符合相关法律要求。

（二）欧盟市场衍生品上市制度：统一规则下的注册制

欧盟有关期货品种上市制度主要体现在欧盟指令以及各成员国对这些指令进行转化而形成的国内法之中。《欧洲议会与欧盟理事会关于金融工具市场的第 2004/39/EC 号指令》（*Markets in Financial Instruments Directive*, *MIFD*）规定，在允许金融工具进行交易方面，成员国应要求受管制的市场在有关允许金融工具进行交易方面确立明确和透明的规则。这些规则应确保任何允许在受管制的市场进行交易的金融工具能够以公平、有序、有效的方式进行交易。在衍生产品领域，这些规则尤其应确保衍生产品的合同设计应使其有序地定价，并包含了有效的结算条件。除此之外，成员国应该确保受管制的市场建立起了必要的机制有规律地审查已经允许进行交易的金融工具是否符合相关条件。总体而言，金融工具市场指令确立了期货品种上市的基本标准，并将审核期货品种上市的权力下放给成员国与受管制的市场。然而，这些规则仍然过于模糊，需要更具体的指令对其中的细节进行规定。为了弥补上述缺憾，旨在实施金融工具市场指令的《欧盟委员会第 1287/2006/EC 号条例》（*Commission Regulation（EC）No. 1876/2006*）最终得以颁布。

《欧盟委员会第 1287/2006/EC 号条例》进一步规定，在审核期货品种上市时，受管制的市场应该核实如下条件已经得到满足：一是金融工具的合约条款应明确而无歧义，并能够保证金融工具的价格与基础金融产品的价格或者其他价值尺度（Value Measure）存在相互关系；二是基础金融产品的价格与价值尺度不仅应可靠并且须公开；三是对衍生产品定价所必需的信息应该充分与公开；四是决定金融工具合约结算价格的机制必须恰当地反映基础金融产品的价格或者其他价格尺度；五是在相关衍生品的结算要求或者可能要求交付基础证券或者商品而不是以货币结算的情况下，应有充分的机制保证市场参与者获得有关基础金融产品的相关信息，以及基础金融产品结算与交付的适当程序。立法者同时也注意到，金融衍生品由于基础金融产品存在极大地差异，不可能要求商品期货以及与气候变化、运费、排放限额、通胀率以及其他经济统计数据等，完全满足基础金融产品的价格与价值尺度不但可靠而且公开的要求。为此，《欧盟委员会第 1287/2006/EC 号条例》同时也规定了，在满足下列条件的情况下，上述条件可以不予适用：一是在基础金融产品的价格或者其他价值尺度未采取其他方式公开的情况下，架构金融工具的合约必须包含向市场提供信息的方法，或者能够使得市场获得基础金融产品的价格以及其他价值尺度；二是受管制的市场必须保证建立恰当的监管制度监督该类金融工具的交易与结算；三是受管制的市场必须保证金融工具的结算或者交付，无论是实物交付还是金钱结算，能够根据该金融工具合约的条款生效。

由于金融工具市场指令在欧盟并不具有直接的法律效力，需要各成员国将其转化为国内法才产生拘束力。对欧盟成员国落实上述指令情况的考察，有助于进一步了解欧盟金融衍生品上市制度。鉴于德意志交易所集团控股的欧洲期货交易所在全球期货市场，尤其是金融衍生品市场上，占据的重要地位，下文以德国的法律制度为例，对欧盟期货品种上市机制进行成员国层面的考察。德国《交易所法》（*Börsegesetz*）规定，在交易所交易的产品应该首先获得交易所董事会（相当于中国的公司管理层）的批准。同时，在正式批准之前需要获得交易所监事会（相当于中国的公司董事会）同意上市产品的交易条件。上市产品除了应该满足《金融工具市场指令》与《欧盟委员会第 1287/2006/EC 号条例》的要求，在正式批准之前，交易所还必须公布金融衍生品的合约条款。由于德国《交易所法》以法律的形式将期货产品上市的审核权赋予了受管制的交易所，交易所的批准行为在法律上属于行政行为。具体而言，金融衍生品上市属于德国《行政程序法》第 35 条意义上的一般处分行为。由此，无论是金融衍生品的上市还是退市，一旦产生争议，都受到《行政程序法》相关条款的制约。

（三）印度金融衍生品上市制度：权力下放到交易所

近年来，印度期货市场发展迅猛，以印度国家证券交易所（National Stock Exchange of India，NSE）为代表的全国性交易所交易量不断攀升。2013 年第一季度，NSE 交易量达到 5.6 亿手，位居全球第一。这一成绩在很大程度上得益于印度相对灵活的期货市场权力架构。期货产品在印度既可以在独立的衍生产品交易所进行交易，也可以在证券交易所的特定部门进行交易。印度《证券合约监管法》（*Securities Contracts Regulation Act*）规定，在认可的证券交易所进行交易，并且通过该认可交易所结算部门结算的衍生品合法有效。该法律同时规定，除非获得中央政府的批准，任何个人都不得为了协助、缔结或者履行与证券有关的合约，而组织、协助组织未获得认可的证券交易所或者成为未获得认可的证券交易所的成员。通过上述规定，证券类金融衍生品实际上只能在政府认可的交易所进行交易。衍生产品交易所与证券交易所的特定部门为自律性的监管组织，印度证券交易委员会（Securities and Exchange Board of India，SEBI）作为资本市场的监管机构也是金融衍生品市场的监管者。印度金融衍生品市场采取了分阶段按照产品类型逐步批准的模式。指数期货合约首先在 2000 年 6 月获得了批准。指数期权与股票期权则是在 2001 年 6 月与 2001 年 7 月先后获得了批准。随后，在同年 11 月，股票期货也获得了通过。行业指数在 2002 年 12 月允许进行衍生品交易。2007 年 12 月 SEBI 批准了迷你衍生品指数合约。随后，较长期限的指数期权合约以及波动率指数衍生品、债券指数衍生品、交易所交易货币衍生品在 2008 年获得了批准。外汇衍生品合约同时也要获得作为印度中央银行的印度储备银行（Reserve Bank of India，RBI）的批准。

在股票期货与股票期权领域，印度采取了设定统一的基本标准，衍生品的交易有进有退，相对灵活的做法。股票期权与个股期货如果要上市必须满足以下三个条件：一是该种股票必须在前 6 个月按照平均每日市值以及平均每日成交值滚动计算属于前 500 种股票；二是在过去 6 个月内，若要通过集中市场交易影响股价，并使该股票价格变化四分之一标准差，下单所需金额不得少于 10 万印度卢比；三是股票的市场持仓限额不应少于 5 亿印度卢比。在上述条件得到满足的情况下，即可交易该种股票的衍生品。然而，如果该种股票在允许进行衍生品交易后，无法满足上述条件的情况持续超过 3 个月，则必须停止该股票衍生品的交易。

在商品期货领域，印度虽然发展较早，但也曾经在 20 世纪 60 年代中期至整个 70 年代几乎禁止了所有商品期货的交易。随后，印度政府从 20 世纪 80 年代开始陆续重新批准了商品期货品种的上市，并在 2003 年取消了所有商品期货交易方面的禁止性规定。根据印度《远期合约监管法》的有关规定，如要成为商品衍生品的交易平台，该组织需要获得印度联邦政府的批准而成为受认可的交易所。目前，印度有 6 家全国性的商品期货交易所，以及 16 家地区性的商品期货交易所属于被政府认可的交易所。根据《远期合约监管法》（Forward Contract Regulation Act），远期市场委员会（Forward Markets Commission，FMC）是有权批准商品衍生品在认可的交易所进行交易的审核机构。政府认可的交易所应该提交商品衍生品的合同细节供 FMC 进行审核，FMC 作为类似于 SEBI 的法定监管机构在审核商品衍生品合约后，以公告的形式允许认可的特定交易所上市商品衍生品合约交易品种。在 2010 年《远期合约监管法》进行了进一步的修订，原则上允许在经过政府认可的交易所进行审核后，推出任何一种商品衍生品合约，以及商品衍生品的期权合约。

总体而言，印度逐渐放开了各类衍生品上市品种，并且在上市审核阶段保持了比较高的宽容度。鉴于印度政府对于该国的证券交易所以及衍生品交易所在公司章程以及具体制度方面具有审核权，能够比较好地监督和影响各类交易所的规则设计。此外，印度政府在批准各类金融衍生品进行交易的同时，也会在批准文书中声明，交易所作为监管金融衍生品交易的最前沿机构，有义务向监管部门提供信息。在市场上交易的金融衍生品发生不健康的投机情况时，监管部门有权采取紧急措施，包括在必要的情况下撤销任何以及所有已经做出的对于衍生产品交易合约的批准。由此，印度在放松事前审核环节的同时，加强了事中、事后的监管。

⬜五、困扰境内交易所衍生品上市效率的根源

我国场内金融衍生品市场经过近 30 年的发展，境内交易所衍生品上市品种与国外竞争对手存在巨大差异，甚至远远落后于同为新兴市场国家的印度，至今尚未有任何一家证券或期货交易所正式推出期货期权产品，个股期权、利率衍生品、外汇衍生品亦尚空白。场内金融衍生品市场欠发达的现状与中国作为大宗商品的主要进口国的地位极不匹配。在人民币相对于全球主要货币汇率大幅波动的背景下，更无力为中国外向型企业套期保值提供坚实后盾。寻求解决这些问题的答案，必须深刻认识困扰境内交易所衍生品上市效率的制度根源。

首先，与境外金融衍生品上市决定权逐步下放相反，中国的上市品种审核权则经历了由下至上逐年回收，这一截然相反的发展历程。在中国衍生品市场发展初期，国内交易所林立，在监管缺位的情况下，各交易所为了自身经济利益，竞相批准交易品种上市，酿成多起风险事件，迫使中央政府下达《关于坚决制止期货市场盲目发展的通知》及《关于进一步整顿和规范期货市场的通知》，交易所上市品种的审核权最终收归刚刚成立不久的证监会。1999 年《期货交易所管理暂行条例》第 17 条，正式将期货交易品种的上市、中止、取消和恢复的权力由国务院赋予证监会。但是在实际操作过程中，逐渐演变为国务院部委的联合审批制，证监会的权力被架空，并经过 2007 年《期货交易管理条例》制度化，证监会批准期货交易所上市新的交易品种，须征求国务院有关部门的意见。据此，衍生品的上市申请，如果无法通过国务院部委的联合审批，根本就不可能进入证监会的最终决策程序。由于相关条例并未规定国务院各部委联合审批的组

织形式与相关部委的审批时限，并且对于衍生品上市品种的审核既非其各部委的核心工作内容，也非其业务专长，相关材料送交之后，尚需对其进行独立调查研究，各部委拖延问题严重。同时，证监会在国务院部委中相对弱势的地位，进一步决定了其作为上市品种的法定批准机构实际上难以起到督促和推动审批进程，提高交易所衍生品上市效率的功能。这些都在无形中拉长了衍生品的上市周期。

其次，中国的场内金融衍生品被人为地分割在不同的交易所内。农产品期货上市品种在大连商品交易所和郑州商品交易所之间进行分摊；金属期货上市品种归于上海期货交易所；股指期货和国债期货品种是中国金融期货交易所的领地；股指期权和个股期权品种从目前的趋势看，最终将由上海证券交易所、深圳证券交易所和全国中小企业股份转让系统三分天下。表面上看，各交易所分别开发和上市不同的交易品种可以充分利用其研究优势，提高金融衍生品的上市效率，但实际上却因为形成了市场分割与垄断，影响了交易所之间的竞争，降低了金融衍生品的上市效率。除此之外，各电子化交易所与证券期货监管部门之间的上下级关系，决定了部分金融衍生品上市交易可能因陷入中央政府各部委层面的利益之争，而暂时不愿触及。利率衍生品和外汇衍生品当属此类。

最后，中国金融市场以个人投资者为主，投机氛围浓厚，股指具有暴涨暴跌的显著特色。金融衍生品保证金交易在散户主导的市场下，能够进一步放大市场的乐观与恐慌情绪。特别是在市场断崖式下行阶段，衍生品市场的任何风吹草动，都可能触发证券现货市场散户的恐慌性抛售。除此之外，衍生品市场本身也是过度投机天然土壤，曾引爆"327"国债风波等早期重大风险事件，不仅严重拖延了整个中国场内金融衍生品的发展进程，而且也对后期各交易所管理层的行为模式产生了深刻影响。交易所管理层清楚地了解推动市场热门品种上市是其职责所系，但是也对上市品种投机性炒作可能产生的负面影响忧心忡忡。

六、全球化竞争格局下中国衍生品上市配套制度的供给侧改革

境外电子化交易平台通过跨国交易所并购、跨界上市品种整合等方

式，基本完成了场内金融衍生品市场的集中，形成了芝加哥商业交易所集团、美国洲际交易所、德意志交易所集团三大巨头，欧美市场的活跃衍生品上市品种几乎已被瓜分殆尽。亚太地区的日本和中国香港也都完成了境内交易所的整合，组建了日本交易所集团和香港交易所形成防守格局。后者利用中国体制内交易所在证券现货和金融衍生品上市制度上的弱点，不断蚕食各种上市资源，并借机人民币国际化与汇率改革，领先于境内交易所开发各种人民币外汇衍生品。除香港交易所外，海外也有多家交易所已然上市了人民币衍生品，但中国作为发行人民币的主权国家，却还迟迟没有动作。从宏观层面来看，在一定程度上威胁了我国的经济金融安全。从微观层面来看，影响了我国衍生品市场服务实体经济的能力。[1] 解决上述问题，探求中国交易所在全球化竞争格局下的出路，需要从深层次的供给侧变革入手。

证券法和期货法的修订工作被纳入本届全国人大的立法规划为系统性地完善金融衍生品上市制度，有效增强中国金融衍生品市场的国际竞争力，创造了历史性的契机。立法者应该扩大证券交易所与期货交易所的营业范围，放开证券交易所与期货交易所在衍生品领域的经营自主权，促进不同类型电子交易平台之间的直接竞争。另外，立法应该明确交易所上市金融衍生品的上市条件以及备案过程，并由国务院期货监管机构在此基础上颁布具体细则，交易所根据市场状况和自身的经营优势决定金融衍生品的上市与否，并报国务院期货监督机构备案。国务院期货监督机构依法监管交易所上市品种是否违反备案材料中陈述的事实与规则，上市合约交易的合法合规性，打击金融衍生品领域的内幕交易与市场操纵行为，完善对自律监管组织违法犯罪行为的认定标准、惩处措施和法律责任规定。[2]

此外，交易所自身应该完成机制转换。修订证券法、期货法不仅要为公司制交易所留下空间，而且应规定从会员制转为公司制的程序。一旦交易所转为公司制，必然涉及交易所财产积累的分配乃至新公司的股权结构问题。在此期间，要正视交易所会员制的特殊历史背景，妥善处理现阶段

2018

中国金融论丛

---

① 赵庆明、鲍思晨：《如何应对境外人民币期货交易井喷》，载《金融界》，http://opinion. jrj. com. cn/2016/02/26094120614283. shtml。

② 黄运成、王海东：《推进期货品种上市的注册制改革》，载《中国金融》，2014（10）。

积累财产的分配问题。鉴于当前交易所的盈利模式主要依赖于资本市场特定品种的交易平台垄断权，而政府在授予交易所独家垄断权的过程中并未定价，在交易所转制过程中，应该履行定价评估程序，确定国家对累积财产分配与国有股所占的比例。国有股的表决权应由证券期货监管部门代行，实现以大股东和监管者的双重身份监督交易所的运营，避免交易所过度商业化可能对金融市场带来的负面影响，同时监管部门应考虑逐步退出对交易所人事、财务和商业运营直接或者间接的行政干预，而主要借助于大股东的表决权影响交易所的发展方向。国有股的收益应该转入独立于交易所体系之外受证券期货监管部门监管的平准基金或中小投资者保护基金，用于为防范系统性金融风险，维护中小投资者合法权益储备资源。

在完成公司制改革之后，交易所应进一步推进职业经理人制度，改变近年来薪酬结构的畸形状态，强化激励机制，在稳健发展的同时注重考察经营业绩，通过打破股票、债券现货和衍生品市场与大宗商品、能源、利率、外汇等金融衍生品市场的界限，为个别交易所最终做大做强创造条件，以市场化机制推动和鼓励各交易平台上市品种的竞争。最终，应该由受市场认可，运营能力强的交易所管理团队牵头，并购整合其他交易所平台，组建中国交易所集团，实现资本市场各交易所的协同，完成衍生品市场的整合。在经历一定的磨合与发展阶段之后，中国交易所集团股份公司应该整体上市，完成国有股减持与混合所有制改革，并考虑海外扩张。[①]

（原载《经济法论坛》2017 年总第 19 期）

---

① 史广龙：《组建中国交易所集团，提高跨市场监管能力》，载《学习时报》，2015 – 11 –
23。

券商资产管理行业的发展与转型

苏薪茗

一、券商资产管理行业的发展现状

根据中国证券投资基金业协会的统计，2015 年我国券商资产管理行业的规模达到 11.9 万亿元，相比 2014 年的 7.9 万亿元，增长近 50%，持续保持了高速增长的态势。从 2010 年以来，券商资产管理规模在过去五年里的年平均复合增长率超过 110%。从业务结构上来看，定向资产管理占了绝对比重，规模超过 10 万亿元，占比超过 85%，同比规模增速达到40%；集合资产管理规模超过 1.5 万亿元，占比超过 13%，同比规模增速达到 137.6%；专项资产管理规模尽管只有 1793 亿元，占比只有 1.5%，但同比规模增速达到 389.5%。在我国大资产管理行业中，证券公司资产管理保持了最快的增速。

二、券商资产管理行业近年来快速发展的原因分析

（一）发展初期对行业的清理整顿及时化解了业务风险

1995 年，中国人民银行开始批准证券公司从事资产管理业务。证券公司早期的资产管理业务大多是利用在证券承销业务过程中与客户建立的相互信任关系，接受客户的大量资金委托从事代理证券投资。由于当时对资产管理的风险认识不清，监管法规缺乏，从事资产管理的证券公司一方

面对客户的"委托理财"资金进行保底承诺，另一方面又将募集的资金投入二级市场中"坐庄"或"跟庄"。2002 年至 2004 年，我国证券市场持续低迷，券商资管业务风险随之爆发，出现了大量证券公司挪用客户保证金的风险案例，导致大量风险事件发生。2004 年前后，证券公司长期积累的风险集中爆发，多家证券公司被行政接管或托管。2004 年 8 月，证监会全面部署和启动证券公司综合治理工作。2008 年，随着券商综合治理的全面完成，许多符合条件的券商又重新开展了资产管理业务。证监会对证券公司的全面清理整顿及时地化解了全行业的风险，为券商资产管理业务的重启创造了条件。

（二）监管法规的及时修订为券商资产管理业务厘清了方向

2001 年 11 月，证监会发布了《关于规范证券公司受托投资管理业务的通知》，第一次界定了资产管理业务。2003 年 5 月，证监会发布了《关于证券公司从事集合性受托投资管理业务有关问题的通知》，对资产管理业务进行规范。2003 年 12 月 18 日，证监会发布《证券公司客户资产管理业务试行办法》，明确券商资产管理的业务类型，即为单一客户办理定向资产管理业务，为多个客户办理集合资产管理业务（包括面向 5 万元和 10 万元起点的普通大众客户发行的大集合资管产品，以及面向 100 万元起点、人数限制在 200 人以内的小集合资管产品），为客户办理特定目的的专项资产管理业务。2007 年证监会发布了《证券公司设立子公司试行规定》，允许子公司开展经证监会批准的证券公司的单项或多项业务。2008 年 7 月，证监会颁布实施《证券公司定向资产管理业务实施细则（试行）》和《证券公司集合资产管理业务实施细则（试行）》，形成了证券公司资产管理业务基本的规则体系。2012 年 10 月，中国证监会发布了《证券公司客户资产管理业务管理办法》《证券公司集合资产管理业务实施细则》及《证券公司定向资产管理业务实施细则》（简称"一法两则"），在原有规则体系上对证券公司资产管理业务的相关规定进行了进一步完善。特别值得一提的是，2013 年 6 月，证监会颁布实施《资产管理机构开展公募证券投资基金管理业务暂行规定》，允许符合条件的证券公司或其资管子公司申请取得公募基金管理业务资格，不再允许新设券商资管大集合产品，实现了券商资管大集合业务向公募基金业务的转变。2012 年和

2018 中国金融论丛

2015 年两次修订的《证券投资基金法》则为券商资管业务开展公募基金业务提供了上位法的支持。

（三） 监管政策的 "松绑" 为券商资管业务快速增长提供了重要基础

基于国内居民财富管理的强烈需求和资产管理行业的跨业竞争态势，监管政策开始逐步 "松绑"，2010 年证监会批准东方证券公司成立第一家证券公司资产管理子公司。2012 年 5 月，证监会召开了证券业创新大会，提出 "放松管制、放宽限制"，一是将券商资管计划由审批制转为备案制，缩短了发行时间，为券商灵活设计产品提供便利；二是放宽了投资范围和产品设计要求，可以根据客户风险偏好及风险承受能力，设计不同类别的资管产品，提高整体收益水平；三是拓宽了专向资产管理的功能，给予其信托的法律地位，可以与银行资金、保险资金等重要资金进行对接，成为券商资管创新的重要通道。

（四） 跨业合作与监管套利成为券商资产管理迅速发展的重要原因

在大资管的各个子行业中，与信托公司、基金公司相比，证券公司有众多的分支机构和从业人员，也有数量众多的股民客户与企业客户；与银行相比，证券公司不仅具有更好的薪酬激励机制，对于金融市场也有更好的研究分析能力和投资交易能力。因此，大资产管理的各个子行业之间存在错位竞争、跨业合作和优势互补的关系。尤其是在代客资产管理方面，证监会在法律上给予了券商资管信托关系的法律地位，这就为银证合作打开了广阔的市场空间。在银监会对银信合融资类业务要求进行余额比例管理和计提风险拨备之后，银证合作成为承接银行大量 "非标" 资产甚至是成为监管套利的新通道，表现为证券公司资产管理业务中定向资产管理业务占全部券商资管业务超过 85% 的比重，规模超过 10 万亿元。其中，相当大的比例成了银行 "非标" 资产新的通道。

2018

中国金融论丛

■三、券商资管行业中存在的问题与风险

（一）业务结构不合理，通道类业务中隐藏着较多信用风险

从券商资管业务结构来看，业务结构不合理：一是定向资产管理业务占据了绝对的比重，规模占比超过85％，集合资产管理和专项资产管理业务尽管增速很快，但规模占比小，存在结构性的偏离，券商主动管理的集合资产管理业务规模占比偏低；二是定向资产管理中的大部分是通道类业务，平均费率一般仅在0.05％左右，远低于集合资产管理0.71％的平均费率，尽管业务规模增速很快，但利润水平偏低，由于资金和资产来源均是两头在外，受外部因素影响大，业务收入不稳定；三是通道类业务有相当大的比例是银证合作的"非标"资产，证券公司的业务主要集中于资本市场，对于类信贷"非标业务"的风险认识不足，不论是投前的尽职调查、投中的风险审查和投后的风险管理均不到位，随着经济新常态下企业信用风险的上升和违约事件的发生，券商资产管理的"非标"业务中原来隐藏着较多的信用风险也将逐步暴露。

（二）部分券商资产管理计划存在较大市场风险

从2014年下半年开始，中国金融市场进入"股债双牛"，券商资产管理计划相应获得了超常规的快速发展，但也存在不少的问题，对金融市场的异常波动起到了助涨助跌的作用：一是部分资产管理计划违规外接具备分仓功能的信息技术系统，违规设立了子账户、分账户、子账户及伞形资管产品，甚至形成了伞中伞的交易结构，违反了账户实名制的相关规定，为违法证券期货业务活动提供了服务和便利；二是部分资产管理计划没有充分披露聘请投资顾问的信息，投资顾问要求的条件不统一，投资顾问权责不清晰，投资顾问费用不规范，甚至投资顾问与投资人存在利益冲突的问题，不利于对投资人利益的保护；三是结构化资产管理计划在"股债双牛"的市场中一开始发展迅速，为劣后级投资人获得了高额的回报，但高

杠杆投资一直缺乏相应的监管，2015 年 3 月，尽管中国证券投资基金业协会出台了《证券期货经营机构落实资产管理业务"八条底线"禁止行为细则》，对结构化资产管理计划杠杆倍数做了最高不得超过 10 倍的限制，但是，高杠杆的结构化券商资管计划仍然影响和造成了股市的大起大落，最终引发了去杠杆的风险。

（三）依托专项资管业务开展的资产证券化有待规范发展

专项资产管理业务一开始就着眼于资产证券化。从 2014 年底起，证监会发布《证券公司及基金管理公司子公司资产证券化业务管理规定》及其配套工作指引，中国证券投资基金业协会颁布了《资产支持专项计划备案管理办法》及其配套规则，为券商资产证券化业务的发展提供了诸多政策支持。券商资产证券化业务从无到有，迅速发展，涉及包括小额贷款、应收账款、基础设施收费、信托受益权、棚改和保障房、住房公积金贷款、租赁租金、保理融资、不动产投资信托、BT 回购、门票收入、航空票款等诸多资产种类，保持了近 4 倍的年规模增速。

但是，就其资产规模而言仍然偏小，依托定向资产管理业务开展的资产证券化仍然不到 2000 亿元，只占券商资管规模的 1.5%。其主要原因如下：一是资产证券化的基础资产和投资客户均主要集中于银行，银行的信贷资产证券化业务已经实现常规化，成为资产证券化的主流，证券公司在资产端与资金端与银行相比均有较大差距，券商资产证券化难以形成较大规模；二是资产证券化业务在国内是新兴业务，实践中，经常需要使用结构化的产品设计或者设置差额补足的条款进行信用增级，其真正实现"洁净出售"与"破产隔离"的效果有待于检验，与国外相比，国内的资产证券化缺乏 CDS 的风险缓释与保障，基础资产的风险不能真正从发起的企业中有效剥离出去，风险的计量、定价和转移不能真正实现，这又进一步影响了资产支持证券的流动性和交易市场的形成，成为制约规模发展的重要因素。

▢四、券商资产管理行业的发展前瞻

证券公司需要在今后大资产管理行业的激烈竞争中，坚守主业，减少监管套利，加强风险管控，扬长避短，充分发挥优势，找准位置，形成有效的错位竞争和跨业合作格局，实现券商资管行业的持续规范健康发展。具体来说，主要有以下方面：

（一）减少监管套利，加强风险管控，回归主业

尽管券商资管行业在近年来实现了超常规的发展，但是，业务增长的来源主要是依靠与银行合作开展"通道类"业务，特别是为银行的非标资产提供通道获得的，此类业务规模大、风险高、收益低，风险收益不匹配，甚至存在不少风险隐患。为此，证监会从 2016 年开始对券商进行全面的重新评级，2016 年 6 月修订了《证券公司风险控制指标管理办法》及配套措施，对连续三年 A 类券商开展的通道业务所需计提的风险资本准备比例从 0.2% 提高至 0.63%、A 类券商从 0.3% 提高至 0.72%、B 类券商从 0.4% 提高至 0.81%。

2015 年 3 月，中国证券投资基金业协会发布实施《证券期货经营机构落实资产管理业务"八条底线"禁止行为细则》。2016 年 7 月，证监会将其修订为《证券期货经营机构私募资产管理业务运作管理暂行规定》，并由证监会发布实施，加强对包括券商资管在内的私募资产管理业务的规范。对券商资管计划提出要求：一是不得从事违法证券期货业务活动或者为违法证券期货业务活动提供交易便利；二是对投资顾问明确提出规范，对第三方机构资质条件、基本要求、遴选及选聘、信息披露及职责约定、防范利益冲突以及费用支付等方面均做了明确要求，资产管理人不得委托个人或不符合条件的第三方机构为其提供投资建议；三是将风险较高的股票类、混合类结构化资管产品杠杆倍数上限由 10 倍下调至 1 倍，同时明确结构化资管计划的总资产占净资产的比例不得超过 140%，非结构化集合（"一对多"）资管计划的总资产占净资产的比例不得超过 200%，同时从投资端和产品端两端来降低杠杆水平，防止杠杆风险叠加；四是要求资

管产品不得参与或者开展资金池业务，控制投资非标资产的风险。

随着经济新常态下大力发展直接融资，"非标"资产荒的出现，金融监管政策的不断收紧和监管措施的加强，可以预计，券商资管将改变目前普遍存在的监管套利现象，逐步减少通道类业务，加强信用风险与市场风险管控，更多回归主业。

（二） 发挥内外协同优势，大力加强主动管理

从大资管子行业的比较分析来看，券商资产管理主要有以下的独特优势，一是投研优势，证券公司有大量的研究人员和分析师，对国内实体经济的各个行业，特别是发债的企业和上市公司有持续地跟踪研究和分析，投研能力是其核心竞争力，是发挥内外协同效应的基础；二是投资管理的优势，证券公司有良好的薪酬与激励约束机制，可以吸引到优秀的专业交易人员，实现货币、债券、股市、大宗商品、衍生产品、另类投资等全金融市场的大类资产配置，做好多种策略交易；三是渠道优势，证券公司尽管没有银行数目众多的分支机构和网点，但与其他资产管理机构相比，营业网点数和覆盖面依然具有相对优势，而且培养了大量的投资顾问服务客户，客户的风险偏好与风险承受能力整体高于银行的客户；四是新三板做市商的独特优势，据证监会统计，截至 2016 年 10 月，已有 85 家证券公司成为新三板做市商，新三板挂牌公司合计 9324 家，覆盖 89 个大类行业，中小微企业占比 94%，2016 年以来，挂牌公司完成 2200 多次股票发行，融资 924 亿元；并购重组 257 次，交易金额合计 466 亿元。

券商资产管理的关键在于充分发挥自身的独特优势，实现内外有效协同，做好主动管理。一是可以依托投研能力和投资管理优势，接受银行、保险和信托等资产管理机构的资金委托，从事委外业务投资，近年来，证券公司接受国内债券市场的委外业务发展非常迅速，预计这仍将是券商资管未来发展的重要趋势之一；二是券商资管可在内部协同投资银行和经纪业务，在外部协同银行、保险公司、信托公司等资产管理机构，在资产、资金和客户三个方面合作，开展质押融资、定向增发、员工持股计划、兼并收购、量化对冲、现金流管理、固定收益产品投资、权益投资、资产证券化等各类业务，为客户提供综合化金融服务，以更好地支持实体经济；三是发挥证券公司作为新三板做市商的独特优势，发行券商资管计划投资

于新三板市场，既可以丰富新三板市场投资者结构，提高新三板市场的流动性，也可为投资者获得风险收益。

（三）持续加强金融创新，推动资产证券化健康发展

通过资产支持专项计划开展资产证券化业务，是券商资管独有的制度优势。资产证券化，从供给端来看，有利于企业优化财务报表、降低企业杠杆率和融资成本、盘活和提高经济存量效率，从需求端来看，也能给投资者带来相应投资收益。适应经济"新常态"，预计今后资产证券化将实现常态化和规模化发展。因此，券商资管应在资产和资金两端加强与银行的密切合作，更好发挥与银行的协同效应，共同大力开展信贷资产证券化和企业资产证券化。券商资管应通过持续的制度创新与金融创新，参与国内的信用衍生产品创新与交易，随着信用违约互换（CDS）、总收益互换（TRS）、信用风险缓释凭证（CRMW）以及以相关指数为基础的信用衍生产品市场的丰富与发展，资产证券化的"洁净转让""真实出售"与"破产隔离"得以真正实现，风险资产的计量、定价、转移将日趋科学，资产证券化市场也将具有充分的流动性，依托专项资管开展的资产证券化业务也将得到持续健康的发展。

（原载《中国金融》2017 年第 3 期）

创业板市场公司治理的
监管制度供给分析
——基于会计信息披露的博弈视角

朱元甲　孙晓筱

一、创业板市场公司治理概况

　　创业板是指有别于主板市场，为不满足主板上市条件的创业型公司提供上市机会融资的市场。从各国发展创业板的经验来看，创业板为大批高成长性创新型中小企业提供了上市融资平台，在一定程度上解决了中小企业融资难的问题。有助于推进中小企业建立现代企业制度，规范经营管理。创业板市场也为风险投资等私募股权资本提供了退出渠道，活跃了资本市场。但是，国内创业板推出后，"三高"（高发行价、高市盈率和高超募率）现象一直存在，上市估值过高，上市后业绩变脸，高成长性受质疑；上市募集资金被挪用，公司治理的家族色彩浓厚，"三会"（股东大会、董事会、监事会）作用机制发挥有限（甚至形同虚设）；高管套现、辞职频繁，中小投资者利益受损等现象反映了创业板市场公司治理欠完善的问题。

　　公司治理，简单来说就是关于公司经营管理中的利益制度安排。从公司内部管理而言，公司治理是公司所有权人针对经营管理者的激励与约束机制，以保证股东利益最大化。"三会"和管理层构成公司内部治理结构。扩展到公司外部，公司治理是指通过一系列制度安排来协调公司与所有利益相关方之间（包括股东、债权人、管理层、雇员、供应商、顾客、社区、政府、环境等）的利益关系，平衡各方面的利益。

　　创业板市场以高成长性、高风险性和低门槛为特征，面向具有成长性的中小企业、高新企业，为其提供公开发行融资的平台和机会。但创业板上市公司治理存在以下缺陷：第一，信息披露不充分，有效性大打折扣；第二，内部人控制现象严重，内部制约功能差；第三，组织结构流于形式，公司治理机构没能发挥相应作用；第四，创业板上市公司创始人是大股东也是实际管理层，很少交由职业经理人经营管理。

◢ 二、会计信息披露

（一）会计信息披露

信息决定各方决策，信息披露构成公司治理的关键环节。在权、责、利的制度安排中，公司内部和外部的治理结构都要解决信息问题。公司治理研究源自解决信息不对称引起的委托代理问题的需要。在一个有效的市场中，信息披露是解决委托代理双方信息不对称的主要手段，与法律、法规、规章一并构成资本市场四大监管支柱。为了降低代理成本，股东要求管理层披露公司信息，最常见的形式就是年度财务报告（罗炜、朱春艳，2010）。会计信息披露的主要决定权在于外部会计师的专业判断。从法律和理论上，会计师是受股东委托对公司进行审计和核查。实际中，聘用会计师、与会计师谈判和交涉的对象是公司管理层。因此，最关键的会计信息披露还是要体现为管理层的意志。当股东对会计师的委托权扭曲成为管理层对会计师的聘任权时（樊行建，2005），管理层的目标决定了会计信息披露是否充分、公允以及充分和公允的程度。由此可见，公司治理模式和完善程度对会计信息的披露有很重要影响。

信息的可获得性是股东决策重要前提。会计信息披露对股东为代表的利益相关方的决策至为重要，决定了他们是否需要用脚投票，是否需要更换管理层。因此，各国的公司法或者资本市场监管法规，对于上市公司的信息披露都有非常明确的条文规定。除了法规强制性要求，管理层实施信息披露的动机主要是影响公司股票价格，进行盈余管理，这也是信息披露的收益。信息披露的效率取决于公司治理的有效性，市场制度的有效性，例如，市场有效性、市场的契约精神等。当然，为了进行信息披露投入的人财物是信息披露的成本，而信息披露给公司发展带来的不利影响，是一种成本也是管理层面临的机会成本。

杜兴强（2004）进一步指出：在公司各个利益相关者针对会计信息产权博弈中，公司管理层占据优势。会计信息披露不能够保证公司管理层说"真话"，无法抑制他们在会计信息披露中的机会主义行为。同时，公司利益相关方的个人理性和集体理性相悖，"搭便车"行为导致对管理层的监督和控制失效，无法保证会计信息披露的质量。为解决会计信息产权博弈中的道德风险行为和监督"搭便车"行为，除了监管机构的强制监管，对会计信息披露进行干预和监督，需要在公司治理层面设计一套规则给利益相关方提供一种理性预期和管理层一种激励以矫正会计信息产权。

管理层对会计信息披露不充分，实现盈余管理是重要目的之一。盈余管理通常指管理层为了自身利益对会计信息披露的控制过程。股东和管理层之间的博弈关系是盈余管理产生的前提。当所有权和经营权分离，管理层仅作为资产经营者而非所有者，通过非对称的博弈行为使自身利益最大化，就会发生盈余管理。邓春华（2003）对盈余管理现象的研究扩展到了不存在委托代理关系的传统业主企业。因为企业管理层通过信息披露的控制，可以改进与其他利益相关方的利益分配格局。

公司治理和会计信息有相互依存性和交互影响性（杜兴强，2002）。首先，良好的公司治理机制可以改善会计信息披露质量，防范会计信息失真；也可以避免仅侧重技术环节的改进，而忽略了会计信息本身所具有的经济后果性质，从而导致会计信息失真屡禁不止的情况。其次，会计信息在公司治理中具有关键作用，会计信息披露机制的存在可以促进公司治理的完善。

会计信息本身在股东和管理层的治理机制安排之间具有完备的商品属性。从而关于会计信息的披露和公司治理安排存在相互作用的机制。从会计信息的产权属性角度可以对此有更深的认识。

按照制度经济学的理论，在产权清晰的条件下，有关产权的任何安排，都可以是有效率的。有效率意味着没有不必要的经济损失。有关公司的经营及成果会计信息附属于公司整体权益，属于股东对公司可主张的原始权益之一。在股东将公司委托给管理层之后，所有权和经营权分离，公司的会计信息产权属性变得模糊起来，或者被管理层刻意模糊化。尽管法规均对会计信息的披露有强制规定，管理层对会计信息披露的非充分，能够使其获利更优，显然对股东不利。

会计信息的作用正在于其能够降低投资者决策过程中面临的不确定性，达到改进决策效用、促进社会资源趋利性流动的功效。在市场经济中，经过独立、客观、公正的注册会计师审计的财务报表，维系并体现着委托代理契约关系的均衡，而以财务报表作为媒介传递的会计信息是衡量企业的剩余索取权和控制权是否相匹配、监督和激励是否相容的关键变量。

（二）创业板会计信息披露

青木昌彦（1999）研究了风险资本与公司治理。它对美国硅谷模式的治理研究指出，风险资本的作用除了提供资本，还通过引入竞争形成治理机制。杜兴强（2004）总结了公司治理和会计信息披露监管的发展，在一定程度上解释了公司治理演进中会计信息监管的制度性结构的形成过程。谭兴民等（2009）用比较分析的方法，以中国和英国资本市场为对象，研究了公司治理对会计信息披露质量的影响。李维安（2011，2012）连续推出年度中国公司治理评价报告，按照市场板块划分样本公司进行研究，创业板上市公司治理指数高于主板和中小企业板。

创业板公司治理状况对信息披露存在某种制约机制。于团叶、张逸伦、宋晓满（2013）运用实证的方式研究了创业板市场上市公司信息披露情况。战略信息和非财务信息披露程度要优于财务信息披露程度。创业板上市公司整体披露程度不高，部分公司的披露仍然流于形式，不注重实质信息。创业板上市公司的管理层出于各种目的，不愿意披露更多的信息。创业板市场中会计信息要披露公司成长性、风险性内部控制和公司治理四个方面内容赵淼（2008）。赵淼（2010）经过详尽的问卷调查研究，指出成长性高、风险大是创业板上市公司的特征，提出创业板公司信息披露的框架：以会计信息为主的基本信息披露为基础，加上中国证券市场特殊性信息和创业板上市主体的公司特征信息。

创业板公司治理严重的内部人控制现象，在公司治理方面会存在信息披露不充分的问题。公司治理既是会计信息披露的内容，公司治理完善程度又制约了会计信息披露的效率。总之，创业板公司治理与会计信息披露的独特之处，后文以此为依据建立模型。

□三、公司治理与信息披露博弈分析

（一）一般博弈模型

先分析股东决定治理完善程度，管理层被股东聘任后进行决策和行动的一般情形。

公司治理结构由股东决定，信息披露由管理层决定。其他利益相关方利益由股东统一代表。将会计信息披露分为有效和无效两种。其中，有效会计信息披露，是指会计信息披露是充分的、公允的，是管理层基于股东利益最大化和公司利益最大化，管理层对会计师的聘任完全公正，且在会计师的作用下披露了股东对公司经营所需了解的所有信息，股东凭此会计信息可以充分判断公司的经营状况，做出正确的决策。而无效会计信息披露则是管理层有选择性，甚至刻意隐瞒某些对自己有利对股东不利的信息，以有利于管理层自身利益最大化为目标做出会计信息披露，会计师没有出具完全独立的会计报告，股东根据这类信息披露做出的决策被误导，甚至无法做出有效决策。

公司治理分为完善和不完善两类。其中完善的公司治理结构满足管理层的个人理性约束和激励机制，将委托代理成本降到最低，决策机制和会计信息披露机制有效。不完善的公司治理则是管理层在经营管理中充斥着道德风险和逆向选择的行为，信息披露部分有效或者无效，股东对管理层失去实质性控制力。

同时，假设市场充分有效，即会计信息披露行为及信息披露的效率会反映到公司股票价格上。会计信息披露会影响公司股票价格（进而影响经营业务开展，以及融资成本等），体现为市场对管理层的看法。

假定管理层的收益为 M_i；股东收益为 S_i（$i = 0, 1$，其中 1 表示会计信息披露有效的状态，0 表示会计信息披露无效的状态）。

公司治理完善，意味着管理层的收益完全来自股东与其订立的契约所约定的收益（即合同收益），包括固定的薪酬、福利以及与业绩相关的奖金等，但是揩油（职务消费等）的收益为零。公司治理不完善的状况下，管理层除了享受股东的合同收益，还享受来自作为公司管理层私下的灰色收益（职务消费、怠工等）。同样，不同状态下，股东的收益有所差异。用 $j = 0，1$，分别表示公司治理不完善和完善的两种状态。对应状态下收益为 $S^0，S^1$。

（二）简化静态博弈

假定股东和管理层合作一期，股东与管理层签订契约，设置公司治理框架，管理层选择会计信息披露的情况。双方的博弈收益矩阵如下。

表1　　　　　　　　　　　简单博弈模型收益矩阵

		公司治理	
		完善	不完善
会计信息披露	有效	I　$M_1^1，S_1^1$	II　$M_0^1，S_0^1$
	无效	III　$\underline{M_1^0}，\underline{S_1^0}$	IV　$M_0^0，S_0^0$

假设管理层在公司治理不完善状态下，相对公司治理完善状态下，灰色收益为 m（$m \geq 0$，且 $m_i = M_i^0 - M_i^1$）。对于管理层而言，公司治理越不完善，其灰色收益越高，而且，会计信息披露越无效，其灰色收益也越高。所以，$M_0^0 \geq M_1^0$，$M_0^1 \geq M_1^1$。

对于股东而言，其收益满足以下关系：$S_1^1 \geq S_0^1$，$S_0^1 \geq S_0^0$。即，公司治理越完善，会计信息披露越有效，股东收益越高。

完善的治理结构对股东有利，而隐瞒某些信息进行无效的披露对管理层有利。在一期博弈中，股东选择完善的公司治理是最优决策，管理层选择无效的框架信息披露是最优。因此，博弈均衡结果为III。

显然，这不是股东作为公司所有权人想得到的结果。因为这对股东而言，损失收益 $S_1^1 - S_0^1$。

（三）补偿机制博弈

上述结果，不能令股东满意。股东可以在开始对相关规则进行修改，设置对会计信息披露有激励作用的机制。该机制将改变各自的收益函数，引起博弈行为的变化。假定股东先确定公司治理结构，在该结构框架下，管理层有效披露会计信息，管理层的总收益可以得到一个额外的补偿，假设为 d，且 $S_1^1 - S_0^1 \geq d \geq m$。但是，如果管理层的会计信息披露是无效的，那么 d 将不会被兑现。在新的博弈框架下，股东选择有附带条件的完善治理结构模式，管理层会选择有效的会计信息披露，因为 $M_1^1 + d \geq M_1^0$。股东层面虽然会有 d 再分配至管理层，但是比起管理层选择无效会计信息披露产生的结果，股东的收益 $S_1^1 - d$ 还是得到改进。因此，管理层灰色收益可观察，股东对管理层的补偿可控的新机制下，新的博弈均衡结果为Ⅰ。

表2　　　　　　　　　　　补偿模式博弈模型收益矩阵

		公司治理			
		完善		不完善	
会计信息披露	有效	Ⅰ	$\underline{M_1^1 + d,\ S_1^1 - d}$	Ⅱ	$M_0^1,\ S_0^1$
	无效	Ⅲ	$M_1^0,\ S_{\underline{1}}^{0}$	Ⅳ	$M_0^0,\ S_0^0$

　　要达到Ⅰ的均衡结果，新的机制必须要将公司治理和会计信息披露统一在一个对管理层有激励和约束效力的机制当中。

（四）惩罚机制博弈

　　当然，股东也可以对管理层的无效信息披露采取惩罚措施，管理层会损失 e。股东要使得管理层选择有效的会计信息披露，需要满足 $e \geq m$。才会得到Ⅰ的均衡结果。

表3　　　　　　　　　　　惩罚模式博弈模型收益矩阵

		公司治理			
		完善		不完善	
会计信息披露	有效	Ⅰ	$\underline{M_1^1,\ S_1^1}$	Ⅱ	$M_0^1,\ S_0^1$
	无效	Ⅲ	$M_1^0 - e,\ S_{\underline{1}}^{0}$	Ⅳ	$M_0^0,\ S_0^0$

结论1：在简单博弈模型下，公司治理机制的初始设计很重要，股东要么采取激励措施，要么采用惩罚措施，且力度足够，可以使管理层有效地进行会计信息披露。

四、创业板博弈模型

上面的分析隐含这样的条件，股东将经营权完全委托给职业经理人（管理层）。对于中国的创业板市场的公司治理和会计信息披露的情况，需要修改相关的条件进行分析。

创业板上市公司治理的一个典型特征，就是公司管理层实际控制人就是公司大股东。陈小悦、徐晓东（2001，2003）对于大股东与企业业绩和公司治理做过系统的研究。上市公司第一大股东的所有权性质不同，其公司业绩、股权结构和治理效力也不同。据其研究表明，企业业绩是第一大股东持股比例的增函数。第一大股东为非国家股股东的公司有着更高的企业价值和更强的盈利能力，在经营上更具灵活性，公司治理的效力高。但是一股独大或大股东控制会侵害小股东的利益问题确是普遍存在。

在此，调整公司治理机制事先由股东决定的假设，同时管理层的收益函数也要变化，进而分析创业板市场上市公司大股东为主的管理层与小股东之间关于会计信息披露的博弈。

（一）一股独大的博弈

根据上述博弈分析，股东可以采取激励或者惩罚的措施使得管理层做出有效的会计信息披露。在创业板市场中，大股东即为公司管理层主体的情况下，小股东是市场的被动接受者，丧失了采取上述两种措施的能力，小股东对大股东的唯一控制措施或者对抗手段就是"用脚投票"，卖出持有的股票。虽然这对小股东本身利益未必有利。当大部分创业板市场的参与者都用脚投票的时候，创业板市场必然会遭受断崖式的崩盘打击，这是包括监管机构在内的所有市场参与方都不希望看到的结局。因此，作为市场秩序的维护者，监管机构的监管介入就极为重要。

不存在外部强制监管措施的环境下，小股东对大股东的作为毫无办法。创业板上市公司大股东是内部知情人，会计信息披露有效与否对他们的决策和利益没有影响。提高会计信息披露的有效性会增加成本。所以大股东会故意隐瞒信息、误导投资人，利用信息披露不充分做出不利于小股东利益的事情，例如，利用内幕信息从市场获利。所以，Ⅳ成为博弈结果（$M_0^0 \geqslant M_1^0 \geqslant M_0^1 \geqslant M_1^1$）。

表4　　　　　　　　　监管惩罚博弈模型收益矩阵

		公司治理			
		完善		不完善	
会计信息披露	有效	Ⅰ	$M_1^1,\ S_1^1$	Ⅱ	$M_0^1,\ S_0^1$
	无效	Ⅲ	$M_1^0,\ S_1^0$	Ⅳ	$\underline{M_0^0},\ \underline{S_0^0}$

结论2：如果任由创业板大股东公司治理和会计信息披露模式发展，小股东利益受到侵害。小股东选择退出创业板，市场萎缩。

（二）小股东补偿大股东的可行性

上述博弈情形，小股东的利益受损最厉害，借鉴一般博弈模式中股东补偿管理层的情形，小股东对大股东给予补偿激励，在双方利益平衡的基础上，是否可以实现小股东的利益最大化？

创业板上市公司一股独大的治理结构现状，无法形成有效的制约机制，独立董事和监事会形同虚设，内部监督机制失衡（戴蓬军、栗果，2011）。小股东是公司治理结构的被动接受者，毫无还手之力，遑论参与公司治理和决策。小股东的利益完全取决于大股东的意志，那么小股东寻求通过补偿大股东以改善利益的可行性并不存在。

所以创业板市场不存在小股东补偿大股东以改进博弈均衡的情况。

（三）监管介入的博弈结果

鉴于创业板上市公司大股东兼公司管理层，在与小股东的博弈中，完全决定了公司治理和利益分配格局，小股东对此毫无招架之力，最可能选择的是放弃参与博弈，退出市场。市场萎缩是所有参与方都不希望看到的结果，包括博弈参与方之一——市场监管方。作为市场制度的设计和管理人，监管机构有责任在市场制度设计和市场监管方面发挥作用，维持市场的良好运行，他们也有这样的条件——立法、执法和监督权，来维持市场的有序运行，保护创业板市场所有参与方的合法利益。

现在考虑监管层介入的博弈情况。市场监管对公司治理机制提出具有法定效率的约束规定，规定司会计信息披露的强制内容和要求。这是监管机构持续敦促上市公司合法经营的重要手段，对小股东或投资人的利益起到基本的保护。企业为符合监管要求实施的公司治理和会计信息披露会增加成本，即合规成本 C（$C = C_1 + C_2$，假定两者各自的合规成本分别为 C_1 和 C_2），这里 C 表示因满足合规要求而产生的直接成本支出。但是不主动遵守监管规定，公司会面临惩罚，假定惩罚及因此引起的损失为 F（包括小股东离场的潜在影响）。

因此，前面的博弈扩展为以下形式。监管层设定市场规则，包括上市条件、公司治理和会计信息披露的要求，关键是对这些规定选择积极的监管还是消极的放任方案；大股东（兼管理层）选择是否遵守监管规定，即是否选择完善的公司治理和有效的会计信息披露；小股东（投资人）根据大股东的行为选择是否要抛售公司股票，退出市场。

监管侧设定规则后：

（1）大股东上市后，选择遵守监管规则或不遵守监管规则（即合规或违规）；

（2）大股东公司治理和会计信息披露合规，小股东继续持有公司股票；

（3）大股东违规，监管层积极监管或者消极放任；

（4）监管层对大股东违规消极放任，小股东选择离开市场；

（5）监管层积极监管，且监管有效，大股东被动合规，小股东选择继续持有公司股票，否则小股东离开。

上述过程可以用图表示如下。

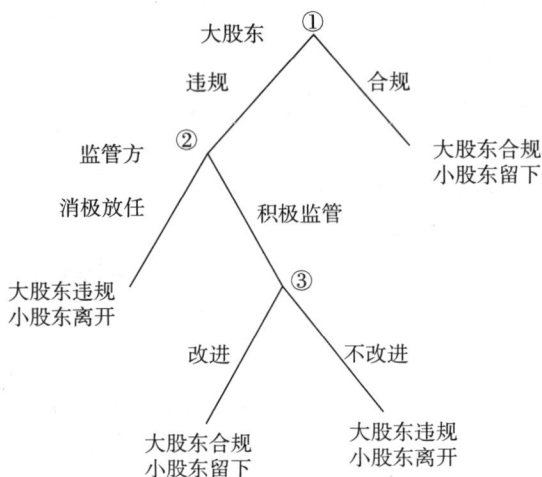

图1 有监管层参与的博弈情况

前面已经论述，基于创业板上市公司的特点，大股东没有动力自觉遵守监管规则去实施完善的公司治理和有效的会计信息披露。那么是否意味着大股东选择合规，小股东留下的均衡情形就不存在？

大股东会出现违规，后续需要依据监管层的行动而定。由于小股东离开市场，不是监管层所希望的结果。因此，大股东违规对市场造成影响，监管层会选择积极监管。积极监管的结果，取决监管行为是否改进了大股东合规程度。如果合规程度改进，那么小股东继续留下，市场继续发展。否则，小股东会离开市场。

比较大股东的灰色收益 m、合规成本（C）和惩罚损失（F）。m 与 C 的和即为大股东的违规收益，F 即违规面临的损失。如果违规收益大于惩罚损失，那么大股东会选择违规而不是遵守规则。所以，有效监管需要满足的条件就是要使大股东面临的违规惩罚损失大于其违规收益。F 可表示为违规受到惩罚的可能性大小（p）与直接罚款及业务影响损失（f）的乘积，即 $F = p \times f$。其中，p 取决于监管层的监管行为，包括监管是否积极、监管力度是否大等因素，如对信息披露时间间隔和深度的要求。监管越积极，力度越大，发现大股东违规机会越大，大股东受到惩罚的可能性越大。

当 $p \times f >（m + C）$，大股东上市后各项行为合规，公司治理完善，会计信息披露有效；

当 $p \times f \leqslant（m + C）$，大股东坚定地选择违规，侵害小股东利益。

结论3：创业板市场上，监管方、大股东和小股东（投资人）三者参与的博弈中，监管方的决策和行为直接决定了大股东的行为模式，而小股东的决策则依赖于监管市场规则。要维持市场的有序和持续发展，保护小股东利益，遏制创业板市场的公司治理乱象，监管方必须要主动加大监管力度。

五、进一步探讨

从国际创业板市场发展成功经验来看，良好的公司治理是市场持续健康发展的基础，强有力的监管制度则是非常重要的机制保障，监管有效手段就是严格的信息披露制度。提升国内创业板的发展质量，需要就公司治理和信息披露做好三个方面改进。

一是要进一步强化监管机构对创业板市场的监管主体责任。公司治理完善程度和信息披露的有效性，及两者间的关系和作用机制，与所有权和经营权的分开程度相关。基于创业板市场公司治理存在严重的内部人控制现状，大股东身兼主要管理层，公司治理机制失效，会计信息披露有效性欠佳，小股东利益受损。监管层的强力介入，提高监管强度和惩罚力度，可以促进创业板上市公司治理和会计信息披露状况的改善。强化监管机构对创业板市场的监管主体责任，改变市场博弈格局，可以改善创业板市场公司治理和会计信息披露机制。

二是以优化股权结构为核心完善创业板公司治理结构。一股独大是创业板上市公司治理问题的根源，要改变这种状况，限制大股东绝对权利，要从内部结构入手，强化组织机构的制约与协调。优化股权结构，通过成熟的机构投资人对上市公司信息披露的会议及时跟踪，可以内部完善制衡机制，形成强有力的外部监督压力，制衡大股东经营管理行为。

三是强化信息披露的硬约束力和法律效力。信息披露是向市场公开反映上市公司管理层（大股东）经营状况和成果的信息，是重要的公司治理外部约束机制。通过完整有效的信息披露，投资人（小股东）及时掌握公司经营信息，了解经营方向，做出支持还是否定的选择。以加强信息披露为目标，强制建立独立的审计制度和风控体系，强化信息披露的法定效力，对粉饰经营业绩、操控财务报表的行为给予严厉的经济处罚。

（原载《金融会计》2017 年第 5 期）

保

险

篇

落实十九大精神大力推进绿色保险发展

丁玉龙

　　党的十九大报告指出，发展绿色金融，推进绿色发展，建设美丽中国。学习十九大精神，重点是要在深刻领会大会精神的基础上，结合各行各业的实际，将十九大精神落到实处。具体到保险行业，其中重要的一项内容，就是要深入研究和推动保险业如何更好地服务绿色金融这一国家重大战略，大力推动绿色保险的发展，充分发挥保险在建设美丽中国中的独特功能和不可或缺的作用。我国是世界上受污染最严重的国家之一，环境污染已经直接影响广大人民的生命健康，绿色保险通过解决环境纠纷、分散风险、为环境侵权人提供风险监控等为环境保护提供服务。2016 年 8 月 31 日，中国人民银行、财政部、国家发展改革委、环境保护部、银监会、证监会、保监会联合印发《关于构建绿色金融体系的指导意见》，明确指出要发展绿色保险，在环境高风险领域建立环境污染强制责任保险制度，鼓励和支持保险机构创新绿色保险产品和服务，鼓励和支持保险机构参与环境风险治理体系建设，为开展绿色保险指明了方向和路径。

一、绿色保险的发展情况

　　我国绿色保险产品起步晚，发展时间短。20 世纪 90 年代初，随着改革开放、经济的快速发展，环境污染问题凸显，我国开始探索建立企业环境污染责任险，绿色保险开始发展。

　　一是环境污染强制保险开展试点。1991 年大连、沈阳、长春、吉林等城市试点环境责任险，2007 年原国家环保总局和中国保监会联合印发《关于环境污染责任保险工作的指导意见》，启动了环境污染责任保险政策试点。2008 年全国环境污染责任保险试点工作在江苏、湖北、湖南、重

2018 —— 中国金融论丛

庆、深圳等地积极展开，到 2013 年初，环境保护部与保监会又联合出台了《关于开展环境污染强制责任保险试点工作的指导意见》，以指导各地在涉重金属企业和石油化工等高环境风险行业推进环境污染强制责任保险试点。目前，全国大部分省份开展试点，覆盖涉重金属、石化、危险化学品、危险废物处置等行业，保险公司已累计为企业提供超过 1300 亿元的风险保障金。2016 年，全国投保企业 1.44 万家次，保费 2.84 亿元，保险公司共提供风险保障金 263.73 亿元，与保费相比，相当于投保企业的风险保障能力扩大近 93 倍。参与试点的保险产品从初期的 4 个发展到目前的 20 余个，国内各主要保险公司都加入了试点工作。绿色保险在防范环境风险、补偿污染受害者、推动环境保护事中事后监管方面发挥了积极作用。2017 年 6 月，环境保护部和保监会公开征求《环境污染强制责任保险管理办法（征求意见稿）》的意见，标志着环境污染责任险开始走上立法的轨道。

二是巨灾保险开始试点。建立完善与气候变化相关的巨灾保险制度，是发展绿色保险的一项重要内容。2013 年 11 月 12 日，党的十八届三中全会通过《中共中央关于全面深化改革若干重大问题的决定》，明确提出"建立巨灾保险制度"。2014 年 8 月 13 日，《国务院关于加快发展现代保险服务业的若干意见》确立"建立巨灾保险制度"的指导意见。2014 年 7 月，深圳在全国开展第一个巨灾保险试点，此后宁波、云南、四川、广东、黑龙江、厦门、河北等地相继开展巨灾保险试点。巨灾保险试点的开展，有效提高了抗灾救灾的能力，切实发挥巨灾保险补偿和保障作用。宁波市 2015 年、2016 年台风共赔付 8900 多万元，云南大理 2015 年、2016 年两次地震保险公司共计赔付了 3500 多万元，广东省 2016 年台风保险公司赔付了 2100 万元，黑龙江农业财政巨灾保险 2016 年赔付金额超 7200 余万元。2016 年 5 月，中国保监会和财政部联合印发的《关于建立城乡居民住宅地震巨灾保险制度实施方案的通知》，标志着巨灾保险制度在更广的范围开始推行，地震巨灾保险运营平台正式上线，截至 2016 年底，出单数量合计 18 万笔，提供风险保障 177.6 亿元。

三是农牧业灾害保险取得明显成效。作为绿色保险重要内容之一的农牧业灾害保险，近年来得到了快速的发展，已经覆盖的全国。各地都结合本地实际，开展各类涉农牧业灾害保险。贵州已先后启动了烤烟、茶叶、中药材、火龙果、母牛、育肥猪、猕猴桃、辣椒、梅花鹿等多个涉农保险，广西启动糖料蔗价格指数保险试点，大连已开展玉米、水稻、海珍品养殖风力指数、藻类养殖风力指数、海水鱼养殖等 26 个涉农保险。截至 2016 年，农业保险实现保费收入 417.7 亿元，参保农户约 1.9 亿户次，提供风险保障 1.42 万亿元，仅南方洪涝灾害农险支付赔款超过 70 亿元。农产品目标价格保险试点拓展到 31 个省市，"保险 + 期货"试点在 6 省推开。

当前，在开展以上绿色保险产品的基础上，保险公司还积极探索开发新的绿色保险产品，比如环保技术装备保险、针对低碳环保类消费品的产品质量安全责任保险、船舶污染损害责任保险等绿色保险产品也在积极地研发中，有的已经开始试点。同时，保险机构在承保绿色保险的同时，充分发挥风险管理专业优势，积极面向企业开展风险监测、风险评估，及时提示风险隐患，并向社会公众宣传和普风险管理知识。绿色保险作为绿色金融体系的重要组成部分和履行社会责任、创造社会价值的主要承载主体，在助推国家绿色金融战略中的地位和作用正在与日俱增、日渐凸显。

二、绿色保险发展中存在的问题

在看到绿色保险快速发展的同时，也要看到，绿色保险的发展还存在不少问题，从企业、保险公司和政府三个维度来分析，主要有：

一是企业缺乏投保动力。目前，很多企业对绿色保险的投保积极性不高，究其原因，一方面是因为企业对绿色保险的了解不多，不知道保什么、如何购买。加之绿色保险事故相对频率低，大多数投保企业鲜有赔付经历，保险保障获得感不强。另一方面，很多企业环保意识差、保险意识薄弱，还不会通过自身技术的改进和风险规避的处理来减少对环境的破坏，还有的企业侥幸思想严重，不愿意花钱买保障。还有，目前推动的绿色保险产品种类单一，无法完全契合企业的需求。

二是保险公司缺乏技术和能力。绿色保险风险较为特殊，定价费率难以确定。由于绿色保险具有损失特别大的特点，一次事故可能造成的损害难以估量，长尾风险较大，而保险公司数据积累有效，导致产品定价难，费率厘定与风险状况不匹配，理赔限制多且保费偏高，产品竞争力低。加之绿色保险目前难以集聚大量同质标的分散风险，难以适用大数法则把风险固定下来，保险公司为了利润最大化，更愿意将有限的资源投入到更为成熟的传统市场中去。

三是政府在支持和推动上有待加强。绿色保险大部分只有强制才能在更大范围内推开，而当前相关的险种强制推行尚未写入法规，导致政府因缺少法律依据，而仅靠行政力量，难以推行。有的地方政府和部门对绿色保险了解不多，思想认识没有上去，不懂得利用绿色保险这个工具，推动风险分散和对风险的管理。还有的地方政府受限于财力有限，对企业参保不能给予一定的财政补贴，来激励企业投保，从而推动力度不大。

三、推进绿色保险的建议

党的十九大提出推进绿色金融的战略部署，为我们今后开展绿色保险指明了方向。下一步，要在总结前一阶段绿色保险开展的基础上，进一步加大工作力度，把绿色保险不断推向深入。

一是大力推进绿色保险产品升级创新。要推动绿色产品实现三个增加，即保障范围的增加、产品种类的增加以及保险服务的增加。加快绿色保险产品研发和创新步伐，增加绿色保险有效供给，大力发展巨灾保险、技能环保设备保险、绿色企业贷款保证保险、生态农业保险等各种绿色保险险种，不断拓宽服务领域，更好地满足社会和企业绿色发展的各种需要。

二是推动保险业深度参与风险管理。充分发挥保险公司的风险管理优势，加强与保险经纪公司、第三方评估机构的合作，不断提高风险评估、风险防范、损害鉴定、防灾防损等专业化能力，深度参与投保企业的风险管理全过程，全面提升企业的风险管理水平。

三是推动保险业创新。要实施创新驱动发展战略，加快保险业体制机制、产品服务、商业模式等创新。充分运用移动互联网、大数据、云计算、人工智能等技术提高保险公司的管理水平，发展"互联网＋保险"，降低保险公司经营成本，提高经营管理效率。要建立统一的绿色保险数据库，在全国范围内统一收集和管理环境污染、环境损害、节能减排、污染损害赔偿支出等数据，形成共享数据库，为绿色保险产品的创新研发、费率厘定、承保理赔、风险服务等提供数据支持，提高绿色保险科学化和专业化水平。

四是各级政府大力支持。绿色保险传统推动难度较大，一般由政府支持保险公司积极推广，只有依靠产品的优势、服务的优势和有效的行政压力，才能使企业接受。另外就是政府在财政补贴方面的安排，对投保企业进行保费补贴，引导企业积极投保，同时，政府也从制度上为保险公司考虑兜底设计，调动保险公司开展绿色保险的积极性，从而使绿色保险能在更大范围内推广。

五是加强宣传。要采取多种方式，运用多种媒体，政府、保险监管部门、保险公司共同发力，充分宣传国家绿色金融的重大战略，充分宣传绿色保险的功能作用，使政府、企业乃至全社会都了解绿色保险，明白绿色保险的功能和作用，进而懂得使用绿色保险这一工具，以此来推动绿色保险发展。

（原载《中国保险报》2017 年 11 月）

"一带一路"倡议助力我国
保险产业快速发展

陈春萍 罗龙林

"一带一路"倡议是习近平主席在新时期提出的一项非常重要的长期发展战略，事关我国经济发展全局，并且对包括保险产业在内的各行各业都具有深远的指导意义，同时，各行各业对"一带一路"倡议的顺利实施也起到了重要的作用，而作为集风险补偿、社会治理和投资管理功能于一体的现代保险服务业在其中更是发挥了不可替代的作用。因此，如何使我国保险产业搭上"一带一路"建设的"顺风车"，实现快速发展，并更好地服务于"一带一路"倡议将是本文研究的重点。本文将通过分析"一带一路"倡议给我国保险产业带来的机遇和挑战，展望我国保险产业的发展前景，再提出有利于"一带一路"倡议倒逼我国保险产业发展的意见和建议，以助力我国保险产业面向世界快速发展。

一、"一带一路"倡议与保险产业相关概念

（一）"一带一路"倡议相关概念

"一带一路"倡议是习近平总书记在 2013 年访问哈萨克斯坦和东盟国家的背景下，提出的发端于中国，贯通中亚、东南亚、南亚、西亚乃至欧洲部分区域，东牵亚太经济圈，西系欧洲经济圈的"丝绸之路经济带和21 世纪海上丝绸之路"的伟大构想，简称"一带一路"倡议，其涉及 60多个国家和地区，覆盖约 44 亿人口，经济总量约 21 万亿美元，分别约占全球的 63% 和 29%，是世界上跨度最长的经济大走廊，也是世界上最具

发展潜力的经济合作带。

"一带一路"倡议的提出使得欧亚各国在政治、经济、文化、人文各领域的联系更加紧密、相互合作更加深入、发展空间更加广阔，有利于促进沿线、沿岸国家和地区实现"五通"，即政策沟通、道路联通、贸易畅通、货币流通、民心相通。但是，由于"一带一路"倡议涵盖的国家地区人口众多，涉及的领域较广，使各个企业在推进"一带一路"倡议实施的过程中，将不可避免地会遭遇到各种风险，例如：政治风险、经济风险、监管风险、运营风险等（如表1所示），这些风险的出现无疑给我国保险产业提供了宝贵的发展契机，这将直接推动我国保险产业迅猛发展。

表1   各企业在"一带一路"倡议的实施中将面临的各类风险

风险类型	说明
政治风险	当地政治不稳定性；地缘政治局势紧张；宗教极端主义和恐怖威胁的新风险等
经济风险	易受外部冲击影响；欠发达的当地金融和资本市场；基础设施存在"瓶颈"等
监管风险	欠发达的司法和监管体系、官僚主义操控、缺乏监管透明度等
运营风险	因内部流程、人员或系统不足或不合格所导致的风险，包括业务中断风险

资料来源：瑞士再保险经济研究及咨询部。

（二）保险产业的相关概念

保险产业指的是具有以契约形式集中起来的资金，用于补偿被保险人的经济利益业务的企业的集合。我国近代保险产业起始于1805年在广州开设的"谏当保安行"，经历了漫长的历史发展过程，形成了如今集风险分散、损失补偿和社会保障机制于一身的、并兼具了经济补偿、资金融通和社会管理功能的现代保险产业，对完善现代金融体系、带动扩大社会就业、促进经济提质增效升级、创新社会治理方式、保障社会稳定运行、提升社会安全感、提高人民群众生活质量具有重要意义。截至2016年底，我国保险资产总额达到151169.16亿元，较年初增长22.31%，资金运用余额达133910.67亿元，较年初增长19.78%，可见，我国保险产业总体规模巨大，资金实力雄厚，发展潜力巨大。

二、"一带一路"倡议给我国保险产业带来的机遇和挑战

（一）"一带一路"倡议给我国保险产业带来的机遇

1. "一带一路"倡议资金缺口巨大

"一带一路"倡议是一项长期性的、全球性的战略规划，需要与其他沿线、沿岸国家和地区陆续开展更深层次的合作，进行不间断性的长期投资。然而，"一带一路"倡议中所涉及的国家大部分是新兴、转型和发展中国家，其资本市场发展较为缓慢，经济实力有限，难以全部承担起巨额的投资缺口，这无疑给我国保险产业提供了一项绝佳的投资机会。据 Sigma 报告估计，2015 年至 2030 年，"一带一路"地区的基础设施缺口总计将达到 20 万亿美元，而中国占据预期缺口规模的三分之一以上，且大多数基础设施不足集中在交通、能源、通信、供水、供水、卫生和其他基础设施领域（如图 1 所示），而这些领域多为政府担保，风险较低，收益较为稳定，这大大降低了险资投资的风险指数，有利于保险产业险资保值增值。

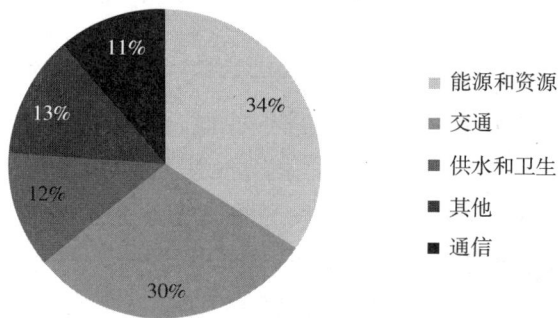

注："其他"包括公共建设、物流和仓储中心。

资料来源：亚洲开发银行研究院、瑞士再保险经济研究及咨询部。

图1 "一带一路"倡议中基建各个领域资金缺口占比

2. 基建活动和贸易自由化浪潮掀起

随着"一带一路"倡议的逐步推进，各个领域的基建项目不断兴起以及各国双边贸易合作的进步加深，这或将引发基建活动和贸易自由化的新

浪潮，这将给保险公司带来巨大的商业机遇，有利于促进国内外商业险保费的增长。目前，已规划的"一带一路"项目总规模达到 1.2 万亿美元；据此估计，这些项目所产生的保费或将达到 70 亿美元。根据估算，其中 55 亿美元的保费收入或将属于中国保险公司。而自 2016 年 8 月到 2030 年，预计"一带一路"的后续建设项目还将带来 270 亿美元的保费增长潜力，其中，160 亿美元或将归属于中国保险公司。此外，2015 年至 2030 年，"一带一路"规划带动的贸易活动将为中国保险公司带来 15 亿美元的保费收入，其中，6 亿美元来自贸易信用险。因此，瑞士再保险经济研究及咨询部估计，2015 年至 2030 年，"一带一路"规划将推动中国整体商业险（即：工程险、财产险、水险、责任险/人身意外伤害险以及贸易相关险种）保费增长 230 亿美元（如表 2 所示）。

表 2　　　"一带一路"规划预计为中国保险公司带来的各险种保费收入潜力

商业险险种	目前已规划的"一带一路"项目预计产生的保费潜力	2016 年 8 月至 2030 年间规划的"一带一路"项目预计产生的保费潜力	2015 年至 2030 年"一带一路"相关贸易预计产生的保费潜力	2015 年至 2030 年间"一带一路"规划预计产生的总保费潜力
建设相关险种（单位：10 亿美元）				
工程险	2.2	8.2	—	10.4
财产险	2.5	5.1	—	7.6
水险	0.7	2.5	—	3.2
责任险/人身意外伤害险	0.1	0.2	—	0.3
小计	5.5	16.0	—	21.5
贸易相关险种（单位：10 亿美元）				
水险（贸易相关的一般货运险）	—	—	0.9	0.9

续表

商业险险种	目前已规划的"一带一路"项目预计产生的保费潜力	2016 年 8 月至2030 年间规划的"一带一路"项目预计产生的保费潜力	2015 年至 2030 年"一带一路"相关贸易预计产生的保费潜力	2015 年至 2030年间"一带一路"规划预计产生的总保费潜力
贸易信用险	—	—	0.6	0.6
小计	—	—	1.5	1.5
总计	5.5	16.0	1.5	23.0

资料来源：瑞士再保险经济研究及咨询部。

3. "定制化""一体化"保险产品需求增加

"一带一路"倡议辐射的区域较大，涉及的国家地区人口众多，风险环境十分复杂，这将催生许多新的保险需求，使得传统的保险服务已无法满足客户的需求。对于不同的风险环境，客户更希望获得的是"定制化""一体化"的保险产品，以为企业提供更加有效的风险保障，并帮助企业降低保险成本。因此，对于保险公司而言，除了为企业提供传统的保险方案外，更多地需要转变保险方案设计理念，深入了解客户在"一带一路"市场中的需求以及风险变化，拓展新的保险空间，为客户量身定制风险保护方案，解决传统保险产品差异化不足的问题，并且最好能将保险融入企业的长期战略和增长计划中去，从而实现保险产业和参与"一带一路"倡议中企业双赢共赢的局面。

（二）"一带一路"倡议给我国保险产业带来的挑战

"一带一路"倡议提出已有四年之久，然而，我国保险产业涉及的"一带一路"保险业务发展却才刚起步，各方面都不完善。在产品服务方面，由于"一带一路"倡议沿线、沿岸的国家和地区政治环境、经济形势、文化背景、宗教信仰等各有迥异，使得"一带一路"倡议在实施的过程中存在诸多的风险与挑战，直接催生了新的保险需求，且这些需求多样化、复杂化，这对保险产业的保险业务范围和应对风险能力提出了更高的要求。然而，目前我国"一带一路"倡议中的险种多集中于建设相关险种和贸易相关险种的部分主要险种上，结构较为单一，风险覆盖面和产品服务创新明显不足；在经营管理方面，面对国际保险市场上的同业竞争，我国的保险产业不得不面临着管理创新、经营服务改善的挑战；在人才储备方面，随着"一带一路"倡议中保险业务和范围的增长，保险产业中精通小语种以及熟悉各国的风险环境和法律法规的人才缺口将不断增大，这将在一定程度上限制我国保险产业在"一带一路"倡议中业务的发展。当然，除此之外，还有"一带一路"倡议中风险管理数据库的不完善、各种合作机制的不健全、境外汇兑不畅通等方面也会对我国保险产业参与"一带一路"倡议产生一定的影响。

三、助力保险产业发展的意见和建议

（一） 加快保险产业产品和服务升级

"一带一路"建设给保险产业带来机遇的同时，其产生的新风险直接倒逼着我国保险产业加快产品升级。对于参与"一带一路"倡议中的企业而言，传统的、单一的保险产品随着各类风险环境的变化将越来越不能满足客户的需求，客户更需要的是与其风险程度相匹配的"定制化""一体化"的保险产品，并最好能将保险融入企业的长期战略中去，为此，保险公司要适当地转变保险方案设计理念（如图2所示），细分市场需求，加快产品创新升级，最大可能地兼顾客户的需求，并为客户降低保险成本。

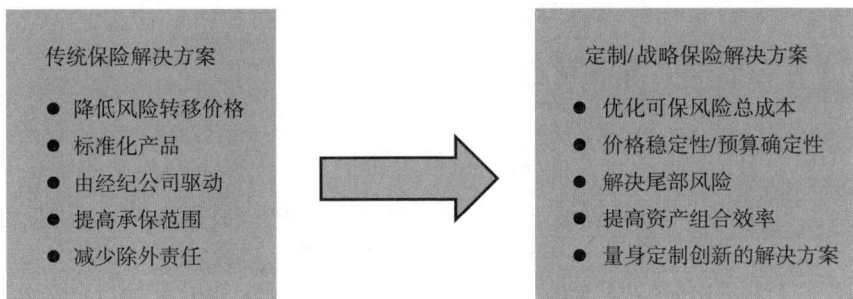

传统保险解决方案	定制/战略保险解决方案
● 降低风险转移价格 ● 标准化产品 ● 由经纪公司驱动 ● 提高承保范围 ● 减少除外责任	● 优化可保风险总成本 ● 价格稳定性/预算确定性 ● 解决尾部风险 ● 提高资产组合效率 ● 量身定制创新的解决方案

资料来源：瑞再企商、瑞士再保险经济研究及咨询部。

图2 保险公司保险方案设计理念转变

（二）推进保险产业经营管理创新

我国保险产业进军"一带一路"，不仅会面临着国内保险公司的内部竞争，还会面临着与国外保险公司的外部竞争，在双重竞争的压力下，势必倒逼我国保险产业推进经营管理创新：调整经营理念、完善内控制度、加强队伍建设、提高管理水平和服务创新等方面，以提高我国初级阶段的保险市场所显现的短板，同时，随着"一带一路"建设的推进，保险国际化程度提高，国际间交流合作的机会增多，国内保险企业可以通过吸收海外先进的管理经验和理念，加速经营管理创新的步伐，不断提升我国保险产业的市场竞争力，促进我国保险产业快速发展。

（三）加强人才培养储备

"一带一路"建设涉及的经济社会形势复杂，另外，国内保险公司对"一带一路"倡议涉及的国家和地区的政治环境、经济形势、文化背景、宗教信仰不甚了解，为了适应"一带一路"建设中复杂的经济社会形势，我国保险产业有必要加大引进和培养人才的力度，多普及与"一带一路"沿线国家和地区经济社会形势有关的知识，并且多引进懂"小语种"的保险专业人才，再加之，"一带一路"涉及的领域非常广泛，我国保险产业要想快速发展，走向世界，拓展各领域的保险业务，则建设一支知识面广、了解全球保险行业发展动态的高素质人才队伍更是必不可少的。

（四）加强合作机制建设

对于国内各保险公司而言，"一带一路"是一个全新的境外商业领域，而我国保险公司对境外保险业务和投资业务一直涉及较少，缺乏境外投资和保险业务的相关经验，因此，无论从政府层面、保险监管层面还是商业保险公司层面，都需要加强合作机制建设。商业保险公司通过与政府和保险监管相关部门沟通交流，尽量多地获得各方面的支持，同时，商业保险公司要加强，充分发挥各自在风险管理方面的数据与技术优势，共同建立"一带一路"风险管理数据库或者备忘录，增强抵御风险的能力，共同探索保险境外商业领域发展新模式，充分发掘和拓展"一带一路"商机，使我国保险产业实现真正的"出海"。

四、结论

在"一带一路"的背景下，我国保险产业加快保险产业产品升级、推进保险产业经营管理创新、加强人才培养储备、加强合作机制建设势在必行，并依托"一带一路"建设实现人才、知识、技术、管理"引进来"，险资、保险业务"走出去"，使我国保险产业面向世界发展。

（原载《中国金融》2017 年第 9 期）

创新 "中国特色" 医保体系

宋占军

  2012 年 8 月 24 日，国家发改委等六部委联合发布《关于开展城乡居民大病保险工作的指导意见》（发改社会〔2012〕2605 号），明确提出为力争避免城乡居民发生家庭灾难性医疗支出，有效提高重特大疾病的保障水平，开展城乡居民大病保险工作。三年来，党和国家高度重视大病保险工作，2014 年 8 月 27 日、2015 年 7 月 22 日两次国务院常务会议均部署推进大病保险的相关工作。据国务院医改办统计，截至 2015 年 4 月底，全国 31 个省份均已启动大病保险试点工作，其中 16 个省份已全面推开，整体覆盖人口约 7 亿人。2015 年 8 月 2 日，《国务院办公厅关于全面实施城乡居民大病保险的意见》（国办发〔2015〕57 号）公布，更是首次以国务院办公厅的名义下发文件，凝聚各地方和各部门共识，加快推进大病保险制度建设。《国务院办公厅关于全面实施城乡居民大病保险的意见》提出，"2015 年底前，大病保险覆盖所有城镇居民基本医疗保险、新型农村合作医疗参保人群，大病患者看病就医负担有效减轻。到 2017 年，建立起比较完善的大病保险制度，与医疗救助等制度紧密衔接，共同发挥托底保障功能，有效防止发生家庭灾难性医疗支出"。总体来看，大病保险在城乡居民基本医保支付的基础上，为大病患者提高了 10 个到 15 个百分点的实际报销比例，进一步缓解了城乡居民因大病致贫和返贫的问题。与此同时，我们也应看到的是，大病保险取得的成效还是初步的、阶段性的，部分低收入患者尤其是城乡困难人群，一旦发生高额医疗费用支出，即便经过城乡居民基本医保和大病保险的补偿，仍然面临着不可承受的医疗费用负担问题。大病保险尚不能完全托底，亟须政策的进一步完善。

一、大病保险创新中国特色社会主义医疗保障体系

大病保险是我国重特大疾病保障制度的有机组成部分，是中国特色社会主义医疗保障体系的重要组成部分。在建立健全的过程中，大病保险为中国特色社会主义医疗保障体系的创新进行了多方面的探索，主要表现在，第一，界定合规医疗费用从而逐步拓展基本医疗保险"三个目录"；第二，中央文件不设封顶线从而引导地方逐步取消基本医保最高支付限额；第三，统筹利用基本医保基金结余从而逐步放大基本医保的保障水平；第四，在坚持基本医保的社会保险属性的基础上引入商业保险公司的管理办法；第五，允许保险公司"保本微利"从而充分调动保险公司专业化管理的积极性。大病保险没有改变基本医保的社会保险属性，同时在经办层面积极引入商业保险机制，通过社会保险和商业保险的优势互补，进一步放大了城乡居民基本医保的保障效应，缓解了城乡居民因病致贫、因病返贫的问题。

三年来，大病患者的保障水平进一步提升。据国务院医改办统计，截至 2015 年 4 月底，大病患者实际报销比例在城乡居民基本医保支付的基础上又提高了 10 个到 15 个百分点。山东、山西、甘肃、青海、宁夏等地区通过多种方式突破现有的"三个目录"，积极探索合规医疗费用的界定。安徽、江苏、辽宁、内蒙古、浙江等地区省级大病保险实施方案均未设定大病保险封顶线，从而大大提升了城乡居民基本医保的保障上限。据保监会统计，截至 2014 年第三季度，13 家保险公司开展了大病保险。与试点初期相比，越来越多的保险公司，由谨慎参与大病保险承办工作，随着大病保险试点的进展，特别是在 2014 年国家政策和保监会的积极引导下，转为积极参与、全面竞争经办大病保险。保险公司为大病患者提供异地就医和费用结算服务，监督不合理医疗费用，为我国深化医疗保障体系改革乃至深化医药卫生体制改革打开了一个突破口，同时也为我国改进社会治理方式、创新社会治理体制做出了积极探索。

二、全面实施大病保险，更好守护群众生命健康

当前，大病保险进一步缓解了大病患者的就医负担，但同时也要清醒地看到，困难群众大病患者就医负担依然沉重。以某直辖市为例，经过城乡居民基本医保、大病保险报销之后，随着大病患者就医总费用的增加，个人自负费用仍然随之增加。当就医总费用在 20 万～30 万元之间时，大病患者个人负担平均为 140484 元。如此高额的个人负担，无疑是贫困家庭乃至中低收入家庭不可承担的。《国务院办公厅关于全面实施城乡居民大病保险的意见》提出，"鼓励地方探索向困难群体适当倾斜的具体办法，努力提高大病保险制度托底保障的精准性。"全面实施大病保险，在当前筹资水平还比较低的情况下，应通过降低起付线、提高政策报销比例、扩大合规医疗费用范围等方式，优先向困难群体提供大病保障。随着大病保险筹资水平的提升，逐步提升大病保险的整体保障水平。

全面实施大病保险，守护群众生命健康，必须控制医疗费用的不合理增长，避免医疗费用的快速增长抵消了大病保障程度的提升。2015 年 7 月 22 日国务院常务会议提出要允许商业保险部门进行核查，防止"漫天开药""漫天检查"的现象发生，为解决实际运行过程中保险公司缺乏执法权和监督权、无法独立有效监督医疗行为的困难提供了政策支持。随着保险公司参与大病保险乃至基本医保经办管理水平的提升，保险公司应逐步建立对医疗机构违规行为的惩戒机制，同时通过健康管理、支付方式改革等方式，规范医疗行为，控制医疗费用。

（《金融时报》2015 年 8 月 26 日）

国际保险科技发展实践与监管趋势研究

刘绪光　徐天骄

金融科技（FinTech）的创新具有深度提升金融服务质量，同时促进经济可持续增长的潜能。虽处在发展初期，却显露了提升金融服务覆盖率、可得性以及通过金融服务重塑社会形态的作用。保险科技（InsurTech）作为其重要应用分支，借助大数据、人工智能、区块链、物联网、生物科技等新兴技术对现有保险生态进行重塑，丰富了消费场景，拓宽了可保风险边界，增强了保险产业的延展能力。但是需要我们指出的是，保险科技在促进行业快速发展的同时，也引致或关联了新的风险，对既有的保险监管理念、框架、工具方法提出了新要求。国际上的监管实践对我们充分把握深化改革和防控风险的关系，坚持"保险业姓保、保监会姓监"，推动保险业持续健康发展具有重要启示。

一、保险科技概念的提出

保险科技（又称 InsurTech）意指科学技术驱动的保险创新，即通过创造新的业务模式、应用、流程或产品，对保险市场、保险机构或保险服务的提供方式进行优化升级，甚至重塑①。"重塑"包含两层含义，一是将保险公司原有业务流程的部分单元打碎、细化，借助新技术或新模式将其优化后取而代之；二是开发并占领未被传统保险业务覆盖的新兴领域。

需要指出的是，国际上现行"保险科技"概念与我国目前流行的

---

① Mark Carney: *FSB Chair's Letter to G20 Ministers and Governors on Financial Reforms*. 2016.

"互联网保险"有所不同。保险科技更侧重科技属性,试图以新技术突破产业链痛点、祛除行业顽疾,推动保险业的转型。而互联网保险则主要源于渠道拓展和营销媒介,强调触达客户的手段和效率效果。互联网与保险之间的跨界融合易浮于表层,大部分实践尝试尚未真正深入到商业模式层面,实践过程中跨界互联网保险活动往往边界模糊、游移转换,出现了许多脱离保险行业规律的伪创新,快速发展中也滋生了风险交叉传染的隐患,经过此番专项整治,真正有价值的互联网保险创新将得到鼓励和保护,行业创新有序回归稳中有进的发展态势。

随着技术的日渐成熟和发展环境的日臻完善,保险与科技的深度交融是大势所趋,逐步推动产业持续优化升级,形成创新驱动的良性生态体系。一是经营主体多样化。伴随保险行业的互联网化和数字化,保险科技公司凭借强大的资金实力、先进的技术、创新型的思维和颠覆性的商业模式,陆续进入保险业,给传统保险公司带来的挑战。二是新兴技术的应用加速保险业态演变。人工智能、物联网、区块链等新兴技术发展都为保险创新提供了契机,很可能催生新的保险商业模式,变革保险业格局。三是多元化的消费需求催生了更多的有效供给。互联网为保险场景化提供了成长土壤,保险公司将产品嵌入特定场景,唤起消费者风险感知,促成场景下的保险交易,未来创新场景应用将持续加深。

二、保险科技的应用谱系与实践探索

(一) 大数据 (Big Data)

主要指需要借助新兴处理模式发掘出的具有更强决策力、洞察发现力和流程优化能力的海量、多样、高价值的信息资产。作为高度数据依赖的产业,保险业具有大数据的天然属性,随着技术进步和经验积累,将在交易成本缩减、客户细分、决策优化等层面发挥重要作用,从而创造巨大的经济价值。它的主要应用如下:

一是在营销方面,实现差异化服务,提升客户价值。全面量化客户价值,对用户进行分级和标签记录,做到差异化、个性化的服务,提升用户黏性，实现精准营销。

二是在承保方面，扩大承保范围，实现个性定价。大数据技术的深度应用，将激发潜在的、全新的保险需求，如航班延误险、退货运费险等新型险种。此外，数据量越大、维度越广，将使保险产品定价更加精确，并使个性化费率厘定有了可能。

三是在运营方面，提高运营效率，优化运营流程。在理赔环节，数据挖掘技术通过比对类似案例，细分损失类型，对历史数据进行分析建模，实现对各个理赔申请的评分，定制不同解决方案，有效降低人力成本，同时形成半自动化的运营处理流程。

四是在风控方面，提升反欺诈绩效，降低理赔风险。大数据技术可精确识别理赔中可能的欺诈模式、理赔人欺诈行为以及可能存在的欺诈网络。去年，由中国保信主建的全国车险反欺诈信息系统正式上线，推动了保险反欺诈的行业联动，助力监管机构和保险公司全面打击各类保险欺诈行为。

（二）人工智能（Artificial Intelligence，AI）

人工智能可理解为"主要研究用人工技术模仿、延伸和扩展人的智能，实现机器智能，如推理、学习和自我完善等，同时生产出一种新的以近似人类思维方式做出反应的智能机器，该领域的研究包括机器人、语言识别、图像识别、自然语言处理和专家系统等[1]"。随着芯片、服务器、网络与存储等硬件在近年来的发展，原本无法广泛应用的 AI 算法重新焕发活力。此外，随着云计算、大数据的发展，万物连接和高性能计算成为现实。这些新技术为人工智能的落地应用创造了条件。根据微软亚洲研究院的分类，人工智能可以分为七个发展阶段，具体如图 1 所示。

---

① 史忠植：《中国人工智能学会第 10 届全国学术年会论文集》，北京邮电大学出版社，2003。

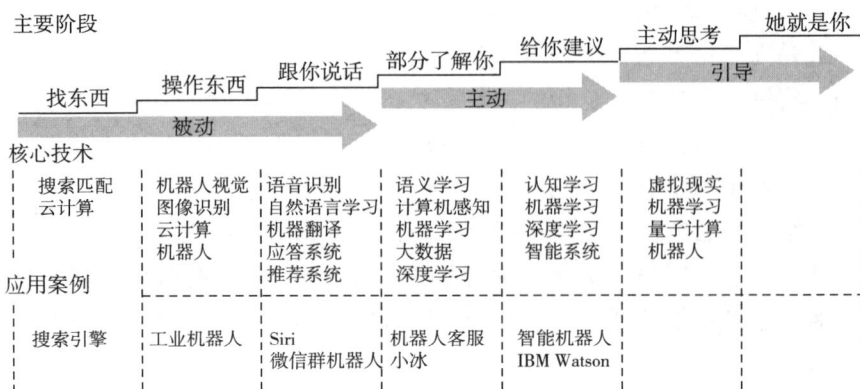

图1 人工智能发展阶段

当前，人工智能处于具有简单推理能力，可进行初级逻辑推理的发展阶段。虽不够完善，但仍能帮助传统保险行业解决诸多问题，带来更好的客户体验，同时将传统保险业带入更多的科技感。主要应用实践如下：

一是支持承保和报价。美国公司 Lemonade 通过引入人工智能技术帮助客户自助投保，同时根据客户需求自动给出保险方案。保险经纪公司 Insurify 使用人工智能模拟保险代理人，与客户进行简单交流，如询问车辆情况、咨询保险计划等，借此发送适合客户需求的保险方案。遇到复杂情形，它将自动联系人工客服，转由人工服务。

二是辅助理赔理算。日本富国生命保险相互会社计划裁减近30%的保险理赔评估部门员工，因该部门于 2017 年 1 月引入人工智能系统，以提高操作效率。Watson 系统主要负责读取医疗证明和文件，收集理赔所必需的信息，核对客户的保险合同，从而有效预防赔付疏漏。

三是防止理赔反欺诈。美国公司 Audatex 通过人工智能技术实现车辆自动定损。客户按照要求拍摄汽车损失图片，上传定损系统，系统在短时间内即可有效预测损失程度。Carpe Data 公司通过构建系统管理平台，获取社交数据，运用大数据技术构建定价和反欺诈模型，评估客户承保过程中的风险。该平台不仅能提高承保效率，而且有助于降低欺诈风险。

（三）区块链（Blockchain）

区块链技术是利用块链式数据结构来验证与存储数据、利用分布式节点共识算法来生成和更新数据、利用密码学的方式保证数据传输和访问的安全、利用由自动化脚本代码组成的智能合约来编程和操作数据的一种全新的分布式基础架构与计算范式①。它不再依靠中央节点，而是通过技术架构自动实现价值传递，以技术保证记录下来的每一笔交易都绝对可信，形成了一套去中心化的、公开透明的信任系统。区块链技术在保险领域的有效运用，将进一步打破传统保险业深化改革过程中信用和安全藩篱，产生基于新信任体系下的商业模式。其主要应用场景有以下几个方面：

一是行业信息共享。利用区块链透明、开放的特点，构建以各保险公司为节点的区块链联盟，将省却建立信任和传输数据所需求的成本，实现有效信息共享，提高运营效率。如众多公司加入 R3 区块链联盟成为其一员，意在通过采用某种共享账簿来减少乃至完全消除此类成本，同时防范系统性风险。

二是敏感信息校对。传统作业流程中，经常涉及校对用户敏感信息，而从国家法规到各公司内部都对该类敏感信息处理有严格规定，难以实现反欺诈、反洗钱等工作的协同。若使用区块链记录相关客户信息和验证情况，用客户各自持有的私钥进行加密，将可以消除对信息复制或泄露等安全问题的顾虑；在核保核赔过程中不需将原始数据传给信息需求方，只需将该区块链与公钥交予信息需求方，便能快速完成对相关信息的查找和校对，极大地提高工作效率。

三是智能合约产品。智能合约保险由代码定义后自动强制执行，一旦达到特定出险条件，即可快速理赔。例如，可通过区块链技术储存航班延误的智能合约，根据航班延误历史信息实现自动定价，同时通过编程接口获取航班状态，一旦上述合约被触发，自动支付赔款。该技术手段相较传统保险更为理想地保障了消费者合法权益，提高了客户满意度。

（四）物联网（Internet of Things）

物联网具体被称为基于互联网、射频识别技术、电子产品代码标准、无线数据通信技术构造的全球物品信息实时共享的实物互联网②。它可以

---

① 中国区块链技术和产业发展论坛：《中国区块链技术和应用发展白皮书》，2016。
② 倪一鸣：《浅析我国物联网发展中存在的问题与解决办法》，2012。

将传统分离的物理世界与信息世界联系起来，利用网关技术实现互联互通，通过海量存储和搜索引擎为上层应用提供智能化支持。物联网技术下，传感器可以获取客户的历史数据并实时观察客户行为，包括健康状况、驾驶习惯、病史等信息均有记录，因此，物联网有望成为保险业在精准定价方面新的技术寄托。

一是财产险方面。汽车是人们日常出行与运输的最普遍工具，车联网成为汽车生产与相关服务的重要探索方向。在交通管理领域，形成了智能交通系统，通过人、车、路的密切配合提高交通效率。在保险行业，形成了基于驾驶行为的车联网保险。平安财险在早期完成了第一轮 OBD 设备和移动互联网应用（好车主 App）的试点，面向首批车联网用户收集数据，通过分析用户驾驶数据，进行用户驾驶安全评级。美国保险业的车联网业务在过去五年迅猛增长，80% 以上的保险公司正在实施或积极计划 UBI 项目，据美国保险监督官协会预测，美国车联网保险渗透率将在 2018 年达到 20%。除车联网以外，智能城市、智能家居等新技术应用也正为财产险业带来变革。

二是人身险方面。物联网通过动态健康管理为慢性病患者养成有助于身体康复的良好习惯创造条件。包括可穿戴设备在内的健康管理设备已经逐步被人们接受，这些设备包括智能手环、手表、眼镜、衣服、鞋子等，通过软件支持以及数据交互、云端交互实现强大功能。保险公司基于物联网核心数据库，实现对投保人健康状况的实时监测，通过数据分析对保费定价以及赔付问题给予支持，同时建立奖惩标准，坚持运动、健康生活的人保费将被降低，而生活习惯不健康的人保费将被提高。这种方式可谓达成了双赢的局面。随着可穿戴设备的普及，将推出更丰富的基于可穿戴设备的创新产品，以新的定价模式和产品形态，推动传统业务模式变革。

（五）生物科技（Biotechnology）

生物科技可简单概括为基于现代生命科学理论，采用先进的科技手段，研究生命活动的规律或直接提供产品为社会服务。随着生物科技的进步，保险产品形态和风险管理模式也在逐渐改变。

在承保前的风险筛选环节，生物技术能够提高风险管理水平。世界卫生组织指出，早期发现是提高癌症治疗率的关键。通过癌症早期筛查技术，能够更及时、更精准地发现癌症，认真做好癌症早期发现和治疗，将可使癌症的死亡率降低约三分之一。随着技术的进一步成熟，未来保险产品与癌症早筛等技术的结合将更加紧密。此外，基因检测技术的发展，也在逐步改变保险业态。2015年6月，众安保险联合华大基因打造国内首款互联网基因检测保险计划"知因保"，旨在利用最新的互联网保险与基因检测技术，为用户提供全新的闭环式健康管理方案，包括前端风险预防、中端风险管理、后端风险处置等流程。这种结合新兴技术的保险将健康管理和基因科技充分连接，形成保障闭环，可以更好地降低成本。

◧三、保险科技发展带来的风险与挑战

随着"十三五"的顺利开局，供给侧结构性改革全面发力，中国保险业积极顺应新形势、加快运用新技术、大胆探索新模式，以技术创新助推行业供给侧改革。然而，保险科技创新带来发展红利的同时滋生了新的隐患，促发展与防风险二者之间的平衡尺度较难把握，致使传统保险监管方式较难适应新兴业务模式，监管间的协调机制也有待加强。

一是保险科技的混业特征与分业监管的体制不匹配。保险科技打破监管管辖的区域限制，跨市场跨行业发展迅猛，综合经营趋势明显。这对现行的分业监管体制带来重大挑战。现行金融监管体系存在监管竞争、信息分割、协调困难等问题，在监管工作中易出现监管真空，导致监管套利。

二是区块链带来的风险复杂且多样化。德国联邦金融监管局指出，"使用区块链技术所存在的潜在风险比以往任何时候都要多"。虽其去中心化、重塑信任的特征蕴含深刻变革金融业的巨大潜力，但应充分考虑随之产生的包括数据安全、网络层访问控制、共识层安全、智能合约层安全等多方面面临的威胁。未来在区块链网络中如何履行监管职责，构建何种保障机制维护消费者和企业合法权益，制定何种认证体系降低参与者信用风险等众多问题都需要研究思考。

三是不同监管机构间缺乏统一协调的监管机制，使得金融科技以及保险科技创新缺乏具体的指导与监管，互联网保险与保险科技快速发展所埋下的风险隐患逐渐显现。某些互联网企业设立的网络互助平台，模糊网络互助计划与保险产品的界限，顶着"普惠金融""创新颠覆"等光环，诱

使消费者产生刚性赔付预期，借创新之名套取客户利益。

四是按实际地理区域划分的监管体系也面临挑战。传统金融业已开始逐步受到金融科技业的无国界竞争，但跨境监管合作却明显滞后于跨境展业步伐。在全球资本流动出现异常时，各国应加强跨境监管，防止发展中国家出现汇率风险问题。目前，国际治理正加速推进，巴塞尔银行监管委员会、国际证监会组织以及国际保险监督官协会将发布进一步的金融科技评估报告，中英双方也宣布建立"中英金融科技桥"，将鼓励更紧密的监管和政府间合作。

五是多样化的经营主体对监管水平提出了更高的要求。某些拥有高现金余额的其他行业主体通过股权收购等方式进入保险业，动机目的不纯，以中短存续期保险为主打方向，通过高成本短期融资积聚规模，依靠权益类投资等获得超额利润，对资本市场稳定健康发展造成一定阻碍。这些新主体对保险经营规律的把握存在偏差，对金融市场风险的认识不到位，监管应进一步健全监管体系，强化对市场新主体的问责，建设公司治理监管体系，提升公司治理水平。

六是在加强监管的同时，保险业相关基础设施建设也亟待完善。应加快保险信息共享平台、保单登记管理平台、保险交易所等保险业基础设施建设，提升信息技术基础架构能力，加快以大数据融合带动保险创新发展。

四、保险科技监管的对策建议

面临保险科技发展提出的新要求，可以借鉴有限的国际监管实践与经验，考虑在审慎监管的基础上，加强行为监管和功能监管，建立统一协调的工作机制，健全事前监管预警监测体系。具体如下：

一是制定完善保险科技监管规则和体系。树立主动引导的监管理念，结合功能监管和行为监管在穿透式监管方面的作用，建立应对保险科技创新及其新型风险的长效监管机制。要及时调整法律法规，以灵活高效的制度建设作为防范风险的保障。

二是加强监管协调。坚持金融科技穿透式监管的思路与当前的金融监管架构改革具有一致性，一方面要从信息共享方面着手，建立金融系统监管协调的工作机制。另一方面，要协调好金融监管机构与地方金融管理部门之间的关系，减少保险创新泡沫化发展。

三是完善保险科技行业的风险监测、预警和处置机制。在信息充分共享的基础上，逐步加强行业公共基础设施建设，进一步建立、健全对于保险科技整体风险和个别高风险领域的预警和监测体系以及风险发生后的应急处置预案，把防控金融风险放在更加重要的位置，确保不发生系统性金融风险。

四是运用监管科技，提升监管技术水平。现代金融体系庞大而复杂，或需借助更为深层的数据挖掘方法进行跟踪分析。自动化合规、报告和监控等监管科技具有较大的发展优势，将持续为监管者"放开前端、管住后端"提供便利和支持。

五是适当借鉴国外经验，转变监管理念。包容是世界各国对待金融创新的普遍态度，但究竟如何在法律框架内实现包容、包容到何种程度而不至于风险弥漫并无统一标准。监管沙盒有助于监管方在创新中发挥建设性作用，通过监管措施的主动调整促进市场创新的价值实现，将被动适应、事件驱动的监管状态转变为主动引领的监管模式，有效弥补现有监管机制的不足。

（《金融市场研究》2017 年第 5 期）

深圳巨灾保险试点的初步成效和意义

丁玉龙

深圳巨灾保险源于 2011 年 3 月日本东部海域大地震引发福岛核事故后，全社会对巨灾风险关注空前。深圳市政府提出：深圳也是一座滨海城市，台风、暴雨很多，周边也有大亚湾核电站，可否利用保险机制解决巨灾风险保障的问题。深圳市保监局按照市政府的要求，从 2012 年以来，一直在积极推进深圳巨灾保险方案的研究制订和推动工作。经过反复研究讨论，确定了"政府出资、商业运作、广泛覆盖、基本保障"的基本思路，制定了《深圳巨灾保险方案》。2013 年 9 月，中国保监会批复深圳作为我国巨灾保险首批试点地区。2013 年 12 月 30 日，《深圳市巨灾保险方案》经深圳市政府常务会议审议通过，巨灾保险制度框架在深圳率先建立，为首批巨灾保险试点以及全国推广做出了制度示范。

一、深圳巨灾保险试点开展情况

2014 年 5 月，深圳市民政局与人保财险深圳市分公司正式签署《深圳市巨灾救助保险协议书》，由市政府出资 3600 万元向商业保险公司购买巨灾保险服务。这标志着巨灾保险在深圳率先进入实施阶段。首期保单保险期间为 2014 年 6 月 1 日至 2015 年 5 月 30 日，保障灾种覆盖了地震、台风、海啸、暴雨、泥石流、滑坡等 14 种灾害，救助项目为因巨灾造成人身伤亡的医疗费用、残疾救助金、身故救助金及其他相关费用。

深圳巨灾试点一年后，深圳保监局牵头对深圳市巨灾保险方案和承保机制进行了完善。首先，在保险责任方面，增加"住房损失补偿"，对 15 种自然灾害导致的住房损毁，承担每户每次限额 2 万元，总限额 1 亿元的补偿责任。其次，引入"共保体"承保模式，以一家首席保险承保机构为主，多家保险承保机构为辅，共同承保深圳巨灾风险。最后，在政府采购方式上，由单一来源采购改为向社会公开招标。由于采购方式发生变化，经市政府同意，市政府与人保签署了补充协议，按照上年保单内容投保，保障期限为 2015 年 6 月至 12 月，保费金额 1140 万元。

2016 年，深圳市民政局通过深圳政府采购中心网上平台进行公开招标，由国寿产深分、太保深分和华泰财险深分组成的共保体中标 2016 年度深圳巨灾保险项目，国寿产深分为主承保人，三家公司的分保比例为 55%、40%、5%。保单承保期间为 2016 年 1 月 1 日至 2016 年 12 月 31 日，保费 1689 万元。2016 年深圳市巨灾保险方案还约定，保费的 5% ~ 8% 将被提取作为防灾减损专项经费，这在制度设计上为防灾减损服务工作提供了资源保障。

二、深圳巨灾保险试点取得的初步成效

从赔付情况看，深圳市巨灾保险自 2014 年 6 月 1 日生效起至 2016 年 12 月 31 日，历经三年试点，取得了比较好的效果。

第一，起到了制度示范作用。党的十八届三中全会明确提出要"完善巨灾经济补偿机制，建立巨灾保险制度。"深圳开展巨灾保险，是贯彻落实十八届三中全会精神的具体举措。深圳作为改革开放的"窗口"和"试验田"，在巨灾保险领域先行先试、率先破题，为巨灾保险制度的全国推广积累了经验。对巨灾风险管理的政府与市场合作模式，在中国是首次，这标志着中国对巨灾风险管理从事后融资向事前风险管理策略的转变。

第二，实现了创新社会治理体系的有益探索。一方面，实施巨灾保险制度后，政府通过购买公共服务，借助保险制度安排和发挥保险功能，实现从以财政为主的经济补偿模式向以财政、保险赔付、巨灾基金共同支撑的多元化补偿模式转变。另一方面，在深圳巨灾保险方案设计中，不单纯的"就保险论保险"，而是充分发挥保险公司的专业性，为政府提供城市风险评估、地质安全隐患排查、灾害安全急救宣传等防灾减灾一揽子服务。特别是利用开展巨灾保险的契机，研究建立深圳市减灾救灾信息管理系统，灾害信息管理系统能够持续记录深圳市发生的所有巨灾情况，将成立深圳市巨灾信息的大数据平台，为市政府各有关部门提供灾害数据的统

一管理和共享服务，解决目前灾害数据分散在市政府各部门、且记录不完整这一问题，该服务得到市政府有关部门的高度肯定。

第三，提高了政府巨灾保障水平。率先建立巨灾保险制度，不仅增强了政府应对巨灾的能力，为深圳经济社会的平稳发展"保驾护航"，同时也体现了政府关注民生、保障民生，增强了市民安全感和城市吸引力。

第四，减轻政府防灾救灾压力，提升全社会保险意识和幸福感。通过保险业参与防灾减灾和灾害救助全过程，将政府事后救援转变为以商业保险为主、社会广泛参与的事前安排，有效减轻了政府抗灾救灾压力，民众享受到高效有序的大灾保险理赔服务，较好地起到了风险"缓冲垫"和社会"稳定器"的作用。许多群众在获知可以获得救助赔付的时候，都说没有想到政府会给自己购买巨灾保险，全社会的保险意识和幸福感都得到了提升，改善和服务民生方面的普惠效果不断显现，人民群众对于巨灾保险带来的切身保障也给予充分认可。

三、深圳巨灾保险试点的意义

（一）落实中央精神率先探索做出示范

党的十八届三中全会《决定》中明确提出要"完善巨灾经济补偿机制，建立巨灾保险制度。"深圳开展巨灾保险，是贯彻落实十八届三中全会精神的具体举措。2014年6月1日生效的全国首份巨灾保险协议——"深圳市巨灾救助保险协议"，在改革开放的前沿、保险创新试验区的深圳诞生，标志着中国巨灾保险制度的落地，深圳这座国际化大都市"敢为天下先"的创新精神，在借鉴巨灾保险国际先进经验、躬身实践中国巨灾保险制度方面得到再次体现。

（二）确立"政府主导、社会参与"这一我国巨灾保险的基本模式

巨灾保险运营的国际惯例，证明其明确区别于传统商业保险的政策性

保险的特点，是政府社会治理现代化与公共安全风险管理的重器。深圳市巨灾救助保险的试点，借鉴国际先进经验，结合深圳区域实际创新发展，形成了"政府主导、社会参与"的深圳特色。这一特色，也成为当前国内各地开展巨灾保险的基本模式。政府主导，主要表现在巨灾保险基金建立的财政主导、由各相关部门机构组成的"巨灾保险工作组"的各项工作开展的统筹协调，以及各级政府在防灾减灾工作的主导。社会参与，主要表现在以"巨灾救助保险工作组"为中心，以市场化机制手段，畅通社会力量参与渠道，最大限度整合社会资源，建立各种功能平台，集成为巨灾风险的监测预报体系、防御体系、应急救灾体系，充分发挥社会组织、基层自治组织和公众在风险评估与管理、灾害防御、紧急救援、救灾捐赠、医疗救护、卫生防疫、恢复重建等方面的作用。

（三）为加强城市安全管理、完善社会治理蹚出了一条新路

政府通过购买公共服务，与商业保险各司其职，充分发挥各自优势，共同应对巨灾风险。这种对巨灾风险管理的政府与市场合作模式，在国内是首次，标志着中国对巨灾风险管理从事后融资向事前风险管理策略的转变。通过开展巨灾保险，深圳市政府在加强安全城市建设和对中国保险业发展、政府社会治理创新、城市公共安全风险管理方面，都发挥了"里程碑"的作用。将巨灾保险作为了深圳城市公共安全管理、安全城市建设的重要手段，使巨灾保险一开始就具有鲜明的深圳特色，为以保险创新社会治理的中国特色的巨灾保险的探索发展树立了榜样，积累贡献深圳经验。

（《中国保险报》2017 年 10 月）

基于风险管理视角的 "一带一路" 倡议与财产保险联动分析

陈春萍　郭钟亮

"丝绸之路经济带和21世纪海上丝绸之路"（以下简称"一带一路"）倡议是习近平总书记提出的重大战略构想，也是党中央针对我国新时期的经济发展特点和对外开放需求做出的一项伟大部署。"一带一路"倡议覆盖了中亚、南亚、西亚、东南亚等60多个国家和地区，涉及总人口约44亿，经济总量约21万亿美元，分别约占全球的63%和29%，是目前全球贸易和跨境投资增长最快的地区之一。

随着"新国十条"的颁布实施，保险业已经成为国家重要的金融支柱产业，保险领域也从公司治理上升至国家的顶层设计。尤其是近年来不断出台的政策利好，充分表明了党中央对保险业寄予的深切厚望。在这个重要的历史时点上，保险业应充分利用自身的风险管理优势，利用"一带一路"倡议的巨大战略空间，实现"一带一路"倡议沿线企业与保险业的共同腾飞。

一、"一带一路" 倡议的经济机遇与挑战

（一）"一带一路" 倡议面临的经济机遇

当前中国经济处于三期叠加的状态，增速放缓，结构转型，经济转变为新常态。而"一带一路"倡议的实施不仅符合世界经济发展的客观要求，而且有利于中国经济突破发展瓶颈，实现新的腾飞，具体表现在以下三个方面。

第一，中国经济面临的一个主要问题是去产能。改革开放近40年来的快速发展使得经济结构有些失衡，工业产能过剩，个别行业呈现饱和态势，不符合中国产能升级的现实要求。而去产能的最优手段是产业和资源的向外输出，"一带一路" 倡议恰好有效解决了产能端供给侧改革的顺利推进。

第二，鉴于 "一带一路" 沿线国家经济发展的基础薄弱，发展水平较低，发展速度较慢，尤其在基础设施建设方面，当地政府或民间机构无法有效满足庞大的资金缺口，很多国家对资金的刚性需求很大。基于亚洲开发银行的预测数据，2010年到2020年十年间亚洲基建存在约8万亿美元的缺口，沿线国家虽然有着丰富的能源资源，但面临着严重的资金技术 "瓶颈"，资金的刚性需求给中国企业提供了巨大的投资机会。

第三，在亚洲基础设施投资银行和丝路基金的双重配合下，"一带一路" 倡议资金配置更加充足，融资渠道更加便捷。中国企业投资 "一带一路" 沿线国家获得了更宽松的投资条件，投资基本面整体向好。

（二）"一带一路" 倡议面临的风险挑战

1. 一般风险

一般企业生产经营面临的风险主要包括企业财产损毁风险、法律责任风险、员工伤害风险等危害性风险。此类风险可能造成财产损毁、法律责任赔偿及高昂的抗辩成本、员工伤害赔偿等直接损失，还可能造成利润损失、额外费用等间接损失，是一般企业生产经营过程中均可能遭遇的风险。显然，"一带一路" 沿线的企业同样也会面临一般的风险挑战。

2. 特殊风险

鉴于 "一带一路" 倡议的特殊性，除了面临上述企业的一般风险外，还面临其他特殊风险，包括市场环境风险、项目风险、汇率风险等。市场环境风险指 "一带一路" 沿线国家的政治经济状况与国内不同，当地政府或金融机构的行为使得经营投资的不稳定性显著增加；项目风险指直接影响项目的经济可行性的风险，比如项目的市场需求是否存在较大可能的波动、项目的投入成本是否受到政府的主观性影响；汇率风险指企业在进行经营过程中，因持有外汇或运用外汇进行结算的风险，主要包括由汇率波动而蒙受损失的可能性。

◻ 二、财产保险对于"一带一路"倡议的风险管理作用

鉴于"一带一路"倡议实施过程的风险，作为风险补偿、投资管理和社会治理机制重要组成部分的现代保险服务业，为其提供专业的风险管理咨询和技术服务创造了有利条件。保险业应积极对接国家战略，认真研究风险类型，一些商业保险公司无法承受的风险（政治、战争等）由国家承担，而适合市场化方式运营的风险交由保险公司承担，构建支持企业"走出去"的保险支柱体系。此处重点分析产险公司对"一带一路"倡议的风险管理作用。

（一）风险识别与估测

第一，产险公司能够做好充足的事前预防，指导企业防灾防损。尤其在"一带一路"倡议中，保险公司可以依据其丰富的经验判断和专业的素养能力，对沿线国家的宏观经济环境有合理地把握，对项目进行合理的评估，对企业的市场风险进行充分的可行性和尽职调查。从而准确估计和预测风险发生的概率和损失程度，尽量减少投资过程的不确定性、不透明性，以帮助企业建立海外业务合规风险防范体系，提高企业的治理水平，最大限度保护企业的合法利益。

第二，产险公司能够做好精准的事中介入。通过签订保险合同明确双方当事人对防灾防损负有的责任，以便保险公司进行及时的防控、预警，并指导被保险企业在发生保险事故时，如何及时合理地减少损失的进一步扩大，控制灾害产生的后果，促使被保险人主动加强风险管理，优化风险管理效果。

（二）风险对策

"一带一路"倡议过程中的企业具有风险的特殊性，不仅可能遭受到自然灾害与意外事故的损害，而且可能遭受市场环境变化所产生的经济风险。通过购买相应的财产损失保险，一旦遭受保险责任范围的损失，便可

及时得到保险人相应的经济补偿,从而及时购买受损的生产资料,保证企业经营连续不断地进行,财产保险针对性的风险分担机制如表 1 所示。此外,保险公司为了满足"一带一路"倡议发展战略的风险需求,不断加大与海外保险公司、国际多边金融机构以及各国保险监管机构的合作,统筹信息、人员、技术等方面的共享与互通,可以有效解决企业的后顾之忧,增加企业对海外利益的保护。

表 1　　　　　　　　　财产保险针对性的风险分担机制

保险险种	风险分担机制
企业财产保险	保障参与"一带一路"倡议的企业财产安全,保证生产经营的正常进行
营业中断保险	对沿线企业因停产、停业或经营受影响而损失的预期利润进行必要补偿
货物运输保险	分散企业生产货物在"一带一路"倡议途中的运输风险
工程保险	对"一带一路"倡议基建过程中物质财产损失以及对第三者财产损失和人身伤亡依法承担相应的赔偿责任
责任保险	保障因民事损害造成的依法对受害者应负赔偿责任
出口信用保险	贯彻国家外贸政策,减少企业出口过程的风险裸露
投资保险	保障"一带一路"倡议企业在外国投资期间因政治原因遭受投资损失的风险

(三) 风险管理效果评价

风险管理活动的衡量标准是能否以最小的风险成本获得最大的安全保障。而企业投保财产保险,通过支付相对有限、固定的保险费,将不可预计的风险锁定为企业固定的财务成本支出,列支税前合理避税,成功达到稳定审慎的经营目的。不仅合理管控了"一带一路"倡议沿线企业经营过程的各种风险,提高企业的治理水平,而且扩大了企业的信用等级,有利于企业获得银行打包贷款、托收押汇等金融支持,加快企业的资金周转能力,一举多得。

三、"一带一路"倡议促进财产保险的发展

（一）财产保险体系完善化

一直以来，我国财产保险体系发展并不均衡，图 1 显示出 2015 年度财险公司各险种保费收入占财险公司原保险保费收入的占比情况，2015 年度机动车保费收入占整个财险市场的比重达 73.59%，而与发挥"一带一路"倡议作用密切相关的各险种，如工程保险、责任保险、货物运输保险等占比相对较少，非车险险种的风险防范作用未得到有效发挥。而"一带一路"倡议风险的特殊性，可以充分激发财险公司其他险种的保险需求，平衡我国目前财产保险体系的险种结构，改善财产保险的架构体系。

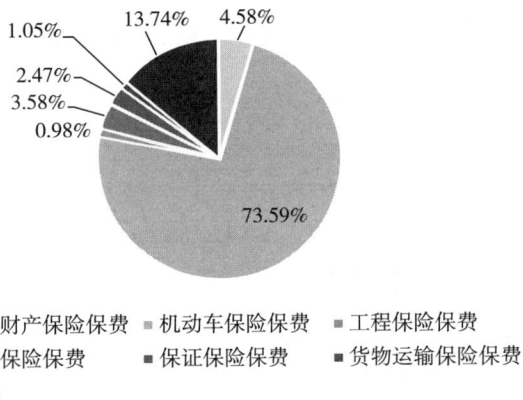

图 1　2015 年度财险公司各险种保费收入占比

（二）财产保险产品创新化

"一带一路"倡议的实施，有利于财产保险保障范围的扩大。横向维度看，"一带一路"倡议下财产保险保障了国内国外的风险，扩展了保险业覆盖的发展空间；纵向维度看，"一带一路"倡议拓宽了保险的时间跨度，赋予了保险服务的"温度"。同时，针对"一带一路"倡议本身的风

险特点，保险业应当针对性地开发一些新品种，逐步实现保障责任的定制化。通过承保一揽子产品责任，保险公司在产品的集成创新方面积累了更加丰富的经验，为"一带一路"沿线项目建设保驾护航。

（三）财产保险服务完善化

1. 保证基本服务

"一带一路"倡议促使财产保险公司保证基本的服务，包括承保、理赔、防灾和分保等。承保方面，主动分析和捕捉市场需求，做好与企业的要约承诺，努力满足企业差异化、多样化的风险需求，减少风险保障的缺口；防灾防损方面，加强对企业的防灾宣传、咨询工作，协助企业做好事前的风险防范，并在合同费率方面设置费率优惠条款，增强企业防灾防损的积极性；理赔须遵循主动、迅速、准确、合理的原则，使得被保险人迅速得到理赔，获得实际的保险保障。分保方面，采取多样化的分保方式，合理安排分保，做到风险的准确把控。

2. 增加附加服务

鉴于"一带一路"倡议风险的特殊性，保险公司可以提供系列附加服务，如提供企业全面的风险评估报告，包括国别和行业风险分析、数据参考、信息咨询等内容。保险公司应充分发挥自身在风险管理方面的数据与技术优势，针对企业具体项目的实际情况，提出该项目的可行性报告，并做出相应的风险管控指导，一方面为企业开展跨境合作提供重要的决策参考，吸引企业积极参保，另一方面，充分发挥了保险公司的社会治理职能，扩大了保险公司的社会影响力。

（四）财产保险公司国际化

从世界范围内保险公司的发展经验来看，本国企业"走出去"的过程必然伴随着保险公司的国际化。财产保险公司主动融入"一带一路"倡议，不仅可以学习先进的管理经验，提供全方位的保险服务和风险管理，而且可以构建大型的国际金融保险集团，增强我国的金融保险发展实力。随着"一带一路"倡议基础设施建设和劳务的不断输出，其附属的工程保险、责任保险等险种也迎来了走出国门的良机。

　　"一带一路"倡议的推动为我国保险业发展提供了广阔的市场机遇。我国保险业应该抓住当前绝佳的历史机遇，鼓励当前资本实力雄厚、偿付能力充足、境外业务有一定规模且具有经营管理经验的保险机构在"一带一路"沿线设立营业性机构。通过以"一带一路"沿线国家的保险机构为基础，搭建全球化的保险服务网络，借助"互联网＋"等手段创新跨境保险模式，形成资源共享和共同发展的模式，让"一带一路"倡议成为我国保险业"走出去"的"新丝路"。

（原载《中国保险报》2017 年 6 月 20 日）

大病保险 "实际支付比"
不等于 "政策报销比"

宋占军

2015 年 7 月 22 日，国务院常务会议决定全面实施城乡居民大病保险，更好守护困难群众生命健康。会议指出，城乡居民大病保险是中国特色社会主义医疗保障体系的重要组成部分，把社会保障与商业保险相结合是持续深化医改的重大创新。会议决定，截至 2015 年底前覆盖所有城乡居民基本医保参保人，原则上由政府招标选定商业保险机构承办大病保险，紧密衔接医疗救助，有效防止发生家庭灾难性医疗支出，防范冲击社会道德底线的事情出现，显著提升城乡居民医疗保障公平性。

根据《2015 中国卫生和计划生育统计提要》和《中国社会保险发展年度报告 2014》，截至 2014 年底，全国参加新型农村合作医疗的人数为 7.36 亿人，参加城镇居民基本医疗保险的人数为 3.15 亿人。总计 10.51 亿的城乡居民基本医保参保（合）人，是大病保险的目标保障对象。根据 2015 年 7 月 24 日国务院新闻办 "城乡居民大病保险相关政策例行吹风会" 披露的数据，截至 2015 年 4 月底，大病保险覆盖人口约 7 亿人。考虑国家发改委等六部委自 2012 年 8 月 24 日启动大病保险工作迄今不满三年，在较短的时间内大病保险在 31 个省份均已开展相关的试点工作，其中 16 个省份全面推开，大病保险的推进速度已然十分喜人。为了尽快让全体的城乡居民从大病保险中受益，迅速实现大病保险的 "全覆盖" 便成为我国医疗保障体系建设的一项迫切任务。同时，由于大病保险涉及十多亿人的切身利益，是党中央和国务院非常重视的一项重大民生工程和民心工程，全面推进大病保险工作，更须蹄疾而步稳。

国务院常务会议提出，对参保大病患者需个人负担的医疗费用给予保障，2015 年支付比例达到 50% 以上，今后还要逐步提高，有效减轻大病患者就医负担。回顾六部委《关于开展城乡居民大病保险工作的指导意见》（发改社会〔2012〕2605号）（以下简称《指导意见》），2012年《指导意见》即规定，"实际支付比例不低于50%"。综观全国31个省市出台的大病保险省级实施方案，大病保险支付比例亦多高于50%，高额医疗费用支付比例甚至高达80%。但是，从大病保险运行实践来看，"城乡居民大病保险相关政策例行吹风会"介绍道，"大病患者实际报销比例在基本医疗保险支付的基础上又提高了10到15个百分点"。50%的政策目标与设计，与15%的实际成效，可能是源于对"实际支付比例不低于50%"的不同理解。

大病保险的支付，以城乡居民医保先行补偿和个人负担的合规医疗费用超过上一年度城镇居民年人均可支配收入或农村居民年人均纯收入为前提。在此基础上，《指导意见》提出，"以力争避免城乡居民发生家庭灾难性医疗支出为目标，合理确定大病保险补偿政策，实际支付比例不低于50%；按医疗费用高低分段制定支付比例，原则上医疗费用越高支付比例越高。随着筹资、管理和保障水平的不断提高，逐步提高大病报销比例，最大限度地减轻个人医疗费用负担。"实际支付比例，一般是指医疗保险参保人员通过医疗保险支付的金额占医疗费用总支出的比重。审计署审计公报显示，2011年我国城镇居民基本医疗保险和新型农村合作医疗实际支付比例分别52.28%和49.20%。由于大病保险是在城乡居民基本医保报销的基础上给予进一步保障，因此大病保险"实际支付比例不低于50%"，应是对参保患者经基本医保报销后剩余医疗费用给予不低于50%的报销。在这样的制度设计之下，基本医保为参保患者大约支付50%的总医疗费用，大病保险为参保患者大约支付25%的总医疗费用，参保患者实际负担约25%的总医疗费用，这一方面符合最优健康保险合同提出的"个人负担20%~30%医疗费用"的理论要求，另一方面符合世界卫生组织推荐的"个人现金卫生支出在卫生总费用中的融资比例不高于20%，则灾难性医疗支出发生率降低到可以忽略的水平"的实践要求。

但是在实践中，各个地区多把"实际支付比例不低于50%"简单执行为"政策报销比不低于50%"。所谓"政策报销比"，是在扣除大病保险的免赔额，并且在大病保险"合规医疗费用"的基础上给予的补偿比例，也就是说，免赔额的部分是不纳入大病保险的报销范围的，非合规医疗费用的部分，无论其多寡，也未纳入大病保险的报销范围。在这种情况下，即便大病保险支付比例高达80%，但参保患者一旦自费医疗项目较多，就将难以获得大病保险的充分保障。"实际支付比"和"政策报销比"的混淆，可能是各地区大病保险支付比例普遍高于50%，但提升参保患者实际支付比例不超过15个百分点的原因。

全面推进大病保险工作，逐步提升实际支付比例，第一，需要厘清"实际支付比例不低于50%"的政策宗旨。从参保患者的角度来说，只有提升实际支付比例才能真正解决"看病贵"的问题。从大病保险政策目标的角度来说，"实际支付比例不低于50%"，应是大病保险支付的医疗费用占参保患者个人负担（基本医保报销后）总医疗费用中的占比。第二，实际支付比例是一个纲领性的政策目标，实际支付比例的提升，是通过政策报销比例的优化来实现。降低大病保险的免赔额、提高大病保险的政策报销比例、取消大病保险的封顶线、扩大大病保险合规医疗费用范畴，无疑都是提升实际支付比例的备选策略。但是，在我国参保患者就医需求快速增长、医疗费用不合理增长未能有效遏制以及基本医保融资总量有限的情况下，大病保险实际支付比例的提升，更须稳步推进，精准保障。稳步提升大病保险实际支付比例，应将大病保险的保障水平，通过降低免赔额等方式适度向低收入特别是贫困人群倾斜，同时，在现有"三个目录"的基础上，逐步扩大合规医疗费用，实现大病保险支付方案的精细化管理。随着筹资水平和经办能力的提升，大病保险应逐步建立免赔额的动态调整机制，合规医疗费用界定的药物经济学评价机制，真正实现"实际支付比例不低于50%"的政策目标。

（原载《中国保险报》2015年8月11日）

信用信息的国际发展及其在我国保险业的应用研究

刘绪光　王田一

一、征信：信用信息的收集汇总与报告评估

现代征信的含义源于信用，是指依法收集、整理、保存、加工自然人、法人及其他组织的信用信息，并对外提供信用报告、信用评估、信用信息咨询等服务，帮助客户判断、控制信用风险，进行信用管理的活动。

征信具有不同的属性，大体可按其经营特征、业务特征、服务对象和数据来源四个维度进行分类。

一是按征信经营特征，可分为公共征信、准公共征信、非公共征信。公共征信源于社会管理需要，该类征信产品免费向社会提供；准公共征信指由独立第三方机构向社会提供的企业或个人的征信信息；非公共征信指机构将征信结果用于授信和业务管理，其征信结论不对外公开，仅用于实现信用风险的自我管理和控制，如银行信贷授信等。

二是按征信业务特征，可分为企业征信和个人征信。分别收集加工企业或个人的信用信息，并提供相应服务。

三是按征信服务对象，可分为金融征信、商业征信、职业雇佣征信。金融征信服务于金融机构，为其提供信贷决策所需的信息支持；商业征信服务于批发商或零售商，为其提供赊销决策支持；职业雇佣征信服务于劳动力市场上的雇主，为其提供职业征信报告，降低雇佣风险。

四是按征信数据来源，可分为传统征信和互联网征信。传统征信的数据主要来源于银行系统等传统金融机构和公安部等政府相关部门，互联网征信的数据主要来源于互联网场景下的交易数据和社交信息。

二、信用信息的国际应用分析

(一) 国际三大征信模式比较分析

目前，国际上主要存在着三种不同的征信模式（见表1），即以美国为代表的市场化征信模式、以欧洲国家为代表的政府主导型征信模式和日本等国家发展起来的会员制征信模式，它们在核心机构、主要特征、数据来源上存在明显差异。这是由各国经济水平、政治环境、文化背景所决定的，各有特色。

表1   三种征信模式对比

	市场化模式	政府主导的混合模式	会员制模式
代表国家	美国	德国、西班牙	日本
核心机构	商业性质的信用机构——三大征信局及FICO等	德国联邦银行信贷登记中心；私营征信机构；类似于行业协会的内部征信组织；西班牙中央银行中央信贷登记部	行业协会组织的非营利性三大机构；商业公司如帝国数据银行、东京商工调查公司（企业征信）
特征	自愿性、营利性	强制性、非营利性	自愿性、营利性（企业征信）
数据来源	各类授信、公共服务机构	被监管金融机构、征信机构股东、征信组织会员机构	会员机构
优势	行业细分、对接应用最为全面，最具活力	公私个人征信机构互为补充，满足不同征信机构对数据的不同需求	提高会员银行间的信息交流程度，协会间已建立信息沟通平台
劣势	市场淘汰过程慢，代价高；市场化运作，对监管及其基础环境要求高	三种模式的并存造成数据库的割裂，不利于数据信息的全面整合和应用	收集信息种类较少，不全面；行业、机构间信息互通少，较封闭

市场化模式下的征信体系经过长时间的市场竞争，优点是可以使真正有实力的征信机构发展和壮大，使征信行业的潜力得到充分的释放，消费者的信用意识得到普及和加强。但缺点是这种发展模式达到预期结果的时间较长，在一定程度上存在资源浪费，还需防止行业寡头之间的勾结和垄断带来的市场低效。

政府主导的混合经营模式最显著的特点是借助公共权力，优点是信用信息更为权威、全面，也可以使一国的征信体系在短时间之内得以建立。但缺点是征信机构的市场地位与优势不是通过竞争获得的，长远来看不利于征信行业的发展；因个人隐私问题，信息采集和利用受到严重制约，限制了社会征信的发展潜力；因公权力而产生的运转成本、腐败等问题，也是该模式必须正视的问题。

会员制模式是一种行业合作式的征信模式，以会员自愿加入为基础，辅以会员间的强制措施，保证征信行为的高效有序。在其长期发展过程中，如何突破会员组织之间的壁垒，增加其他竞争因素，促使其转型是非常关键的问题。

（二）美国：市场化征信模式

美国征信业始于 20 世纪 20 年代，至今大体经过了四个阶段（见图1），总体来看，先是野蛮生长，然后理智整合，在这个过程中，应用场景的拓展、技术的进步和法律法规的完善起到了关键性的推动作用。目前已经形成了较完整的征信体系。美国征信模式具有市场化、全面化、标准化和制度化的特征。

一是市场化。美国的征信体系均为第三方机构独立运行，注重商业效益，以市场化导向开展业务，征信机构以一定的市场价格为委托人提供征信报告和相关咨询①。目前已形成由少数几家大企业垄断、数百家地方小型机构补充的两级行业格局。

二是全面化。在美国，包括个人的税号、银行账号、社会医疗保障

---

① 此外，美国征信体系的市场化行为已经扩展到了双向服务层面。每个信息数据的提供者可享受类似于账户变更提醒的服务，审视其在三大信用公司数据库中的信用信息，防止被加入自己不知道的负面信用，这类服务根据监视数据范围的不同进行不同的收费标准。

号、信用卡号等所有的行为记录都被直接关联到个人的社会安全号上。三大征信公司的信用信息数据库，以社会安全号为基础，覆盖全美，服务人口超过 2 亿。

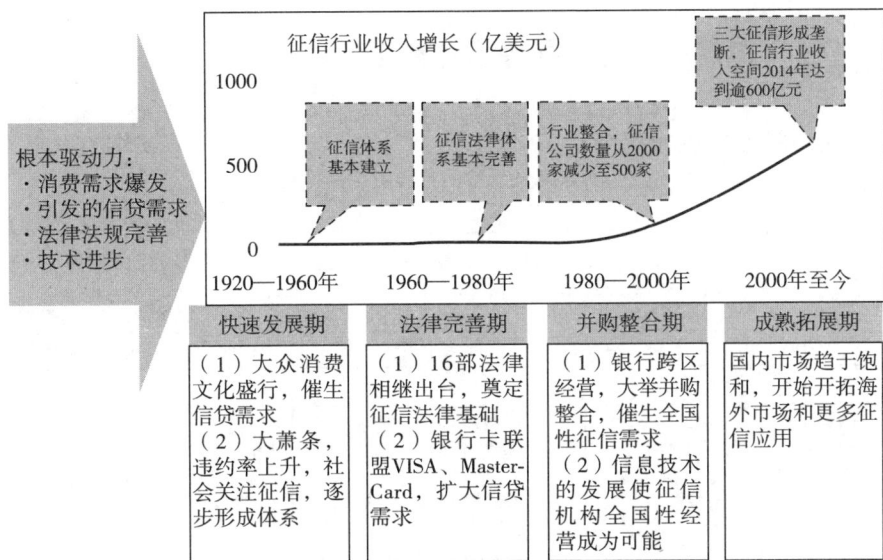

根本驱动力：
· 消费需求爆发
· 引发的信贷需求
· 法律法规完善
· 技术进步

征信行业收入增长（亿美元）

三大征信形成垄断，征信行业收入空间2014年达到逾600亿元

征信体系基本建立

征信法律体系基本完善

行业整合，征信公司数量从2000家减少至500家

1920—1960年	1960—1980年	1980—2000年	2000年至今
快速发展期	法律完善期	并购整合期	成熟拓展期
（1）大众消费文化盛行，催生信贷需求 （2）大萧条，违约率上升，社会关注征信，逐步形成体系	（1）16部法律相继出台，奠定征信法律基础 （2）银行卡联盟VISA、Master-Card，扩大信贷需求	（1）银行跨区经营，大举并购整合，催生全国性征信需求 （2）信息技术的发展使征信机构全国性经营成为可能	国内市场趋于饱和，开始开拓海外市场和更多征信应用

图 1　美国征信行业发展历程

三是标准化。主要体现在信息采集内容和流程的标准化、信用状况评估流程的标准化、信用报告生成的标准化三方面。信息采集[①]标准化是指在采集时明确应包含的内容、统一的名称和字段。信用状况评估标准化是指采用同样的工作流程和统一的计量测算模型，美国几乎所有的征信机构均采用 FICO 信用分体系[②]来直观量化评估对象的信用质量及潜在的风险。信用报告生成标准化是指作为征信机构提供的信用报告的内容和格式在全美范围内是统一的。

四是制度化。美国征信模式具有严格的制度规范。美国政府和金融管理部门不干涉征信机构的日常经营，但通过立法，以一系列法律来规范各

---

① 主要采集三个方面的内容：采集对象的基础身份信息、在金融机构的信贷信息和其他相关的公开信息，此外，又将上述信息分为征信深度指标和征信广度两大类指标。

② 该模型在百万级的大样本数据库基础上，采用大数据技术，先将消费者的 5C〔Character（品德）、Capital（资本）、Capacity（能力）、Condition（条件）和 Collateral（担保品）〕指标进行量化定位，再根据深度指标具体计算各项分数，加权得到最终的总分，最后根据总分进行分类定级。

方行为，并由联邦贸易委员会负责行业性整体监管。20 世纪 60 年代起，《公平信用报告法》《公平债务催收作业法》《平等信用机会法》《诚实租借法》等 17 部法律相继出台①，奠定了征信市场的法律基础。

（三）欧洲：政府主导型征信模式

欧洲的征信机构产生于 20 世纪 30 年代。与美国完全市场化的发展路径不同，欧洲大多数国家公共征信和民营征信共存。

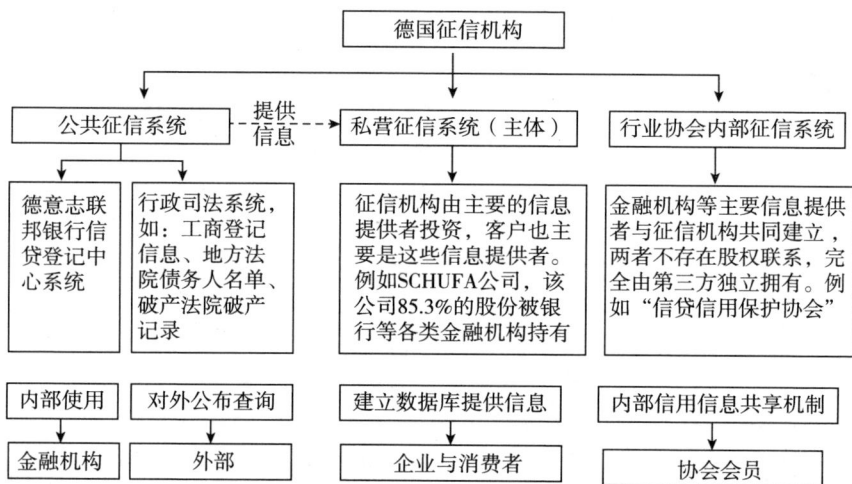

图 2　德国征信行业市场结构

一是公共民营混合格局。政府主导模式以德国的公共民营混合格局最为成熟，分为公共征信系统、民营信用服务系统、行业协会三部分。公共征信系统主要包括德意志联邦银行（德国中央银行）信贷登记中心系统以及行政、司法部门的信息系统；民营信用服务系统是德国社会信用体系的主体，主要包括民营信用服务公司建立的企业与个人信用数据库及提供的信用服务；以行业协会为主体的会员制模式，由协会建立信用信息系统，为协会会员提供个人和企业的信用信息互换平台，以内部信用信息共享机制实现信用信息的采集和使用。

二是公共性。政府设立的征信机构起到主导性或基础性的作用，具有

---

① 其中一项《信用控制法》在 1980 年被终结。

非营利性。德国政府设立的征信机构可以免费采集政府部门和法院的相关信息；采集私人部门的信息时，如果信息的提供者同时也是信息的主要使用者，则征信机构可以免费采集信息，仅在信息使用者使用信息时需要付费。

三是强制性。即依托法律形式和公共权力，推动征信信息采集和共享。德国《信贷法》规定联邦银行是唯一具有对金融机构行使统计权力的机构，各类金融机构须每月向联邦银行报送包括信贷业务数据在内的各类统计报表。强制性要求保证了信息数据来源的广泛性和全面性。

（四）日本：会员制征信模式

日本的征信公司最早出现在 19 世纪末期。1976 年日本 33 所信息中心组成个人信用信息中心，由日本信用信息中心联合会管理；到 20 世纪 90 年代，日本企业征信领域两大巨头、个人征信领域的三大中心布局形成。日本征信模式以会员制、专业适用性、行业自律管理与法律保障化为特征。

一是会员制。日本的个人征信大体上可划分为银行体系、消费信贷体系和销售信用体系，分别对应银行业协会、信贷业协会和信用产业协会，协会会员包括银行、信用卡公司、保证公司、其他金融机构、商业公司以及零售店等（见图3）。如银行协会建立了非营利的银行会员制机构，即日本个人信用信息中心，其信息来源于会员银行，会员银行在与个人签订消费贷款合同时，均要求个人义务提供真实的个人信用信息，个人信息中心负责对消费者个人或企业进行征信。

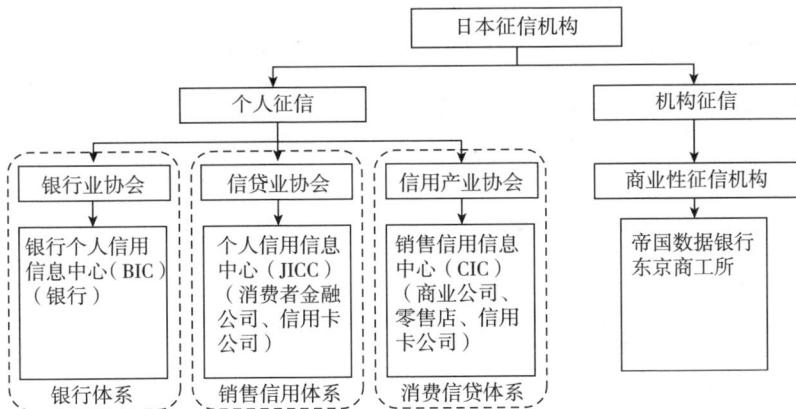

图3 日本征信行业市场结构

同时日本征信业还存在一些商业性的征信公司，如"帝国数据银行"，它拥有亚洲最大的企业资信数据库，有 4000 户上市公司和 230 万户非上市企业资料，占 70% 以上的日本征信市场份额。

二是专业适用性。由于日本的征信体系是以行业协会及其会员为基础，且主要为会员开展日常经营提供服务，因此从基础数据库的建立、数据信息的分析及对被调查人的评估都极具针对性，从业务的实际需要出发提供最适用的、专业的征信服务。

三是行业自律管理与法律保障。在个人征信机构监管上，日本并没有专设的政府机构，主要通过行业协会进行自律管理①，如银行业协会个人信用信息中心的业务内容、业务范围和运行规则等都有全国银行业协会理事会制定。在企业征信方面，完全实行市场化管理。政府将重点放在完善立法上（见表 2），目前，正在制订和完善有关保护个人隐私的基本法律，重在确定个人金融信用信息、医疗信息、通信信息的开放程度。

表 2   日本征信行业相关法律法规

分类	法律规定	颁布时间	具体规定
促进个人信用信息的公开	《行政改革委员会行政信息公开法纲要》	1993 年	对征信机构收集政府部门保有的信用信息提供法律依据
	《政府信息公开法》	2001 年	大量信息免费向社会公开
保护个人隐私的法律	《贷款业规制法》和《分期付款销售法》	1983 年	对于个人信用信息的收集和使用等做了初步规定，规定对信用信息机构保有的信息只能用于调查消费者的偿债能力或支付能力
	《行政机关保有的电子计算机处理的个人信息保护法》	1988 年	对行政机关保有的由计算机进行处理的个人信息提供了法律保护

① 征信机构自行制定一些规章制度对征信活动约束，如征信机构应采取相应的措施保证信用信息的安全，防止自然的、人为的因素造成的信息损害；凡是接触个人信用信息的所有人员都需签署对个人信息保密的誓约书，以保证从业人员在退休或离岗后不泄露，不使用工作期间获取的个人信用信息；必须建立完整的配套机制，满足个人信用档案主体对信息的异议权的实现，并且需为个人信用档案主体的投诉提供便利的途径等。

续表

分类	法律规定	颁布时间	具体规定
保护个人隐私的法律	《信用信息服务机构的个人信用信息保护方针》	1999 年	征信机构在收集个人信息时不能涉及个人信用档案主体的种族、政治倾向、宗教信仰、病历等与信用无关的信息，只能将收集的信息限定在判断个人信用档案主体的支付能力与偿还能力上
	《个人信息保护法》	2003 年	对尊重个人人格的基本理念、国家以及地方公共团体对个人信息的处理职责、个人信息保护措施的基本事项等予以明确，对个人信息处理者（包括征信机构）应遵守的义务等进行了详细规定

（五）国际征信业的发展经验

比较分析国际征信业的发展情况，信用信息的共享应用效果得益于政府和行业协会在法律法规、数据标准、行业服务和产品种类四方面打下的良好基础。

一是法律法规。美国从信用信息管理、保护个人隐私和规范政府信息公开三个层次制定了 16 项法律；日本从促进个人信用信息公开、保护个人隐私两个方面立法；德国采用分散立法模式，对征信活动制定了专门的法律，征信活动涉及的隐私保护、信贷信息共享等问题分别适用民商法、数据保护法、金融法等法律。

二是数据标准体系。美国制定了统一的标准数据报告和标准数据采集格式，规定任何行业和单位均需使用统一、开放的数据输入标准格式，以保证原始数据的一致性；德国要求各类金融机构每月向联邦银行报送规范统一的信贷业务统计报表。

三是行业服务体系。美国属于成熟的市场主导型民营征信模式；德国则以公共征信系统为基础、民营信用服务体系为主体，相互补充，促进跨部门的信息共享；日本为典型的会员制征信模式，促进协会内部信息共享。

四是征信产品种类。美国在征信信息应用中，除生成个人和企业信用报告外，还提供包括管理决策和业务流程、行业解决方案、营销策略辅助制定、信用监测、身份保护等一系列的信用衍生服务，充分发挥了征信数据的经济效用，激发了征信服务的发展潜力。

◪三、信用信息在保险行业的应用展望

随着社会经济的发展，信用信息在人们社会经济活动中的作用愈加明显。未来，人们将基于信用信息所标识的等级，参与信用相关社会活动，征信将成为金融乃至整个社会活动的基础。保险业既是征信信息的提供者，也是征信信息的使用者，信用信息在保险行业的应用潜力巨大。

我国保险行业征信建设刚刚起步。部分保险公司试水保险征信领域，如平安集团成立的前海征信，逐步将征信信息应用于保险业务的实践中，由定性参考向定量分析转变；平安保险、太平洋财险、中国人寿财险、人保财险、中信保、众安保险等多个保险公司相继与人民银行征信系统进行对接，展开保险与征信体系的合作。可以预见，保险征信将助力现代保险服务业的发展。

一要借助保险信息共享平台，加强保险业自身的信用体系建设。在美国，95%的保险公司都在使用律商联讯公司的信用信息服务。除提供征信信息之外，律商联讯还建立并维护了一个全国性的保险数据库，即保险损失交易数据库，用于记录和存储投保人索赔历史数据。保险公司自愿将投保人的索赔信息和索赔申请信息提供给这个数据库，并通过该平台实现索赔信息在保险公司之间的共享，并依据该数据库信息出具保险索赔报告。保险公司在核保或定价时都会使用保险索赔报告，并结合投保人的保险评分做出综合评估。

二要建立并完善法律法规以支持保险业使用征信信息。征信信息应用必然会涉及个人隐私保护的相关问题。在美国，法律明确规定保险公司在开展保险业务时可使用征信机构提供的信用报告。《公平信用报告法》中明确了保险公司开展保险业务时，可直接查询相应主体信用报告，无须取得信息主体的授权。这从法律安排上为保险公司使用征信服务提供制度依据。而我国这方面法律法规仍是空白，有待研究。

三要使用征信信息提升保险风险管理能力。在美国，除使用保险历史记录外，大多财产保险公司也使用征信信息预测消费者保险风险（主要是索赔风险），也即保险评分，以信用报告的信息为基础，通过对信用信息的统计分析，预测投保人在未来一段时间内发生保险索赔的可能性。美国联邦贸易委员会 2007 年的调查报告证实，消费者的信用历史与个人未来的保险损失之间，存在很强的相关性，那些善于管理自身信用的人也会很好地维护自己的汽车或房屋，其索赔概率也较小。这是保险公司开展产品管理、提高风险管理能力的一个重要手段。

同时，使用基于信用的保险评分也帮助更多的消费者降低投保成本，通过使用保险评分，60% 的消费者都会被给予一定的保费折扣。借鉴发达国家的成熟经验，我国保险公司在核保和定价阶段，可引入征信报告，有效进行风险管理。

四要利用保险信息服务公共事务。保险业作为国家治理现代化的重要参与者，有责任也有义务在精准扶贫等公共事务中发挥重要作用。集中统一建设的行业征信系统能够记录投资型保险产品的重要因素信息，是查询保险资产的可靠渠道，可用于查询扶贫对象有无大额保险资产、家庭成员财务状况、投保记录、职业等投保告知事项，辅助民政、扶贫办等相关机构结合其他审核要素，剔除不满足扶贫资格的申请人，防范欺诈骗扶问题的发生，为精准扶贫、精准脱贫打好信用基础。

五要利用保险信用信息服务小微企业，提升金融服务的普惠性和覆盖面。当前，小微企业贷款难问题是多年顽疾。可利用保险信用信息，充分核对保险账户记载的保险失信、诚信积分等信用等级情况，探索建立小微企业信用保证保险与银行信贷的联动机制，促进银保互动，降低金融机构服务小微企业的成本和风险，协助解决贷款难问题，扩大普惠金融的覆盖面，营造满足多层次融资需求的金融生态。

（原载《金融电子化》2016 年第 10 期）

我国境内巨灾风险证券化的可行性分析

丁玉龙

由于我国巨灾种类多、发生频率高、造成的损失大，再加之再保险市场的不发达，一定程度上制约了巨灾保险制度的开展。因此，要在开展巨灾保险试点的同时，对巨灾风险证券化开展研究，通过对其证券化，有效分散巨灾风险。

一、开展巨灾风险证券化的必要性

开展巨灾风险证券化可以减轻国家财政救灾负担。在我国发生自然灾害损失后，一般政府均会在各级层面对民众进行救助和拨款，但这给财政也带来了较大压力。近年来汶川地震、楚雄地震、菲特台风、威马逊台风以及各地暴雨内涝等灾害频发，巨额救灾和灾后重建费用，给国家财政带来了很大的压力。同时巨灾风险具有很大波动性，而中央财政预算内的救灾资金往往是逐年预算，同时只占财政支出计划的小部分，在巨灾发生时往往需要临时大额拨款，这给国家财政的稳定性会带来很大冲击。巨灾风险证券化能够为国家财政对冲巨灾风险损失提供一个很好的平台。一方面巨灾证券化产品可以在政府产生实际需求时提供资金支持，缓解政府的财政压力。另一方面可以将政府的救灾支出风险向国内外资本市场转移，通过这个转移方式利用较少的财政支出撬动较大的社会资金，形成一个有效的杠杆。

开展巨灾风险证券化可以撬动国际资本市场、扩大巨灾承保能力。传统商业保险和再保险公司限制于实有资本和偿付能力监管要求，在巨灾承保能力上往往有限。我国近年来地震和台风等巨灾造成的直接经济损失往往上百亿元，虽然目前保险损失相比直接经济损失的比例较小，但随着

"国十条"的贯彻实施和我国保险深度、密度进一步强化，社会对巨灾保险的承保能力需求会进一步迅速增长，这对我国保险公司的巨灾承保能力将提出更高的要求。从全球来看，保险行业总容量占整个金融行业总容量的比例不高，在国内更低。相比传统保险行业，资本市场有更充分的能力去吸收风险。巨灾风险证券化产品作为一种融资和风险转移工具，在成熟市场被广泛应用，能有效地将巨灾保险风险转移到资本市场中去，从而利用资本市场的容量来扩充保险承保能力。

开展巨灾风险证券化可以吸引投资人、促进金融产业链发展。巨灾证券化产品对于固定收益投资人具有较大的吸引力。作为一种多元化投资品种，巨灾证券化产品的风险主要与自然气候有关，而与传统投资品种（如股市、国债、企业债）几乎不存在相关性。巨灾债券的投资回报率和其他相同评级的企业债券相关性很低，巨灾债券的损失风险为发生重大灾害，而企业债券的风险为企业发生倒闭等违约事件，这将有利于投资人分散风险改善投资组合。此外，由于巨灾债券的发行具有地域性特征，投资人也可以通过购买不同地区和灾因的巨灾债券进一步分散投资风险。特别是2008年经济危机后，投资人更加清晰地认识到了巨灾债券在优化投资组合上的优势。

自党的十八届三中全会提出巨灾保险制度建设任务以来，保监会、各级政府、主要保险公司和再保公司积极开展了巨灾保险产品的研究、设计、试点等工作。其中发现作为棘手的问题是，一方面社会对巨灾保险必要性的认知严重缺乏，另一方面是保险业巨灾承保能力严重不足。鉴于现阶段保险业巨灾保险制度在制度建设、产品应用、承保能力等方面与社会和国家的需求仍存在差距，考虑补充保险业巨灾承保额度不足的现状，特别是极端自然灾害损失风险形成的巨额财政风险，以及新常态下金融创新的改革需求，巨灾保险证券化机制实施的必要性显而易见。

二、我国境内开展巨灾风险证券化已具备一定基础

《中共中央关于全面深化改革若干重大问题的决定》和《国务院关于加快发展现代保险服务业的若干意见》，都明确提出建立巨灾保险制度。巨灾保险制度既包括巨灾保险，也包含与巨灾相关的制度设计，其中常见

的有巨灾基金和巨灾债券，特别是巨灾债券作为国际上成熟的巨灾风险证券化产品，成为近年来专家学者关注的课题，当前我国开展巨灾风险证券化有了一定的基础。

一是巨灾保险试点工作的开展。2014 年 7 月，深圳开始第一个巨灾保险试点，此后宁波、云南、四川、广东、厦门、河北相继开展巨灾保险。

深圳巨灾从 2014 年 5 月开始试点，成为全国首个巨灾落地的试点项目，宁波的巨灾保险试点从 2014 年 11 月开始。深圳和宁波巨灾保险有很大相似之处，巨灾产品的形态均为损失补偿型保险产品，投保人均为政府，具体由民政局签署，保障范围主要是台风、暴雨、地震等自然灾害，保障对象主要为灾害发生时处于行政区域范围内的所有人口及房屋损失补偿。

云南省大理州政策性农房地震保险试点自 2015 年 8 月 20 日启动，四川省城乡居民住房地震保险试点于 2015 年 11 月在乐山市正式启动承保工作，之后绵阳、宜宾、甘孜相继启动承保工作。云南大理州、四川省两地巨灾试点也有很大相似之处，就是巨灾产品为地震保险，投保人为政府，保费采取财政补贴的方式。

广东省巨灾保险从 2016 年在粤东西北 10 个地市开展试点，保险责任范围为发生频率较高的台风、强降雨以及破坏力较强的地震，巨灾指数保险进行分层赔付，共提供风险保障 23.47 亿元。2016 年，黑龙江省启动农业财政巨灾指数保险试点，覆盖了 28 个贫困县干旱、低温、强降水及洪水等常见农业灾害。试点险种包括干旱指数保险、低温指数保险、降水过多指数保险和洪水淹没范围指数保险。广东省、黑龙江省两地巨灾试点都是采取指数保险产品，把指数保险引入到巨灾保险中。

二是我国在境外发行了巨灾债券。在中国保监会的直接指导下，中再产险开展了在境外发行巨灾债券的试点工作。经过了近两年的理论研究和技术准备，在与海外投资者及专业机构进行深入交流，解决了技术、法律、数据分析、市场规则以及交易方式等一系列问题后，于 2015 年 7 月 1 日，在美国发行了一只巨灾债券。这只债券由中再产险为发起人，以地震风险为保障对象，发起人通过在百慕大注册一家 SPV，这家 SPV 叫 Panda Re，共募集到 5000 万美元，主要由美国的一些机构投资者购买。这只债券的发行对于国内保险业特别是巨灾保险方面是具有开创意义的，这表明了我国可以在境外发行巨灾债券，这一路径未来也是可复制可推广的。

　　三是以资产支持计划开展巨灾风险证券化业务的政策破冰。2017 年 5 月，中国保监会下发的《中国保监会关于保险业支持实体经济发展的指导意见》又进一步指出：发展巨灾保险，支持保险资产管理机构作为受托人，通过资产支持计划等形式开展巨灾保险风险证券化业务。这为通过资产支持计划发行巨灾债券提供了政策性依据。因此，如探索在国内发行巨灾债券，可通过资产支持计划将专项备付金收益和风险向资本市场转移的方式进行。这个模式一定程度上参考我国农产品价格保险推广中的"保险＋期货"模式，2016 年，有 8 家保险公司获得"保险＋期货"试点批复，在全国 12 个省份开展试点，通过和期货公司签订场外期权合约的模式转移保险风险，与购买再保险起到相同的作用。2016 年、2017 年我国中央一号文件中都提到：稳步扩大"保险＋期货"试点。为贯彻一号文件精神，2017 年 5 月 4 日保监会发布的《保险业支持实体经济发展的指导意见》提出稳步扩大"保险＋期货"试点，利用保险业务协同优势，运用农产品期货、期权等工具对冲有关风险。

　　此外，自贸区的设立和保险创新试验区的建设，都为开展巨灾风险证券化等产品的创新提供了良好的契机。特别是中国保监会赋予上海自贸区先行先试的政策和深圳前海自贸区 8 条优惠政策，推进自贸区金融业的发展，特别是与国际的接轨。巨灾风险证券化也作为上海自贸区和深圳前海重点研究的课题，在不断推进之中。资产证券化的成功推行也为巨灾风险证券化积累了经验和做法。我国自 2013 年以来，资产证券化业务实现了快速发展，特别是信贷资产证券化产品发行进入井喷期。军工行业、基金、信贷等资产证券化多层次、多领域的推行和发展，以及债券及证券市场的发展，都为巨灾风险证券化提供了经验和条件。作为在国际上通行的巨灾证券化产品，必然随着资产证券化的发展得以破冰和推广。

三、我国境内开展巨灾风险证券化的制约因素及建议

　　中国境内实现巨灾保险证券化的主要挑战在于，调整相关业务的法律框架以及相关业务实践的专业能力和市场运作。

　　首先，特殊目的保险载体的设立需要进行相关法律修改。设立特殊目的保险公司有待于保监会对《保险公司管理规定》乃至《保险法》进行

补充修订，加入"特殊目的保险载体"的设立条件、流程、经营、承保、理赔、发债、监管等相关规定条款。此类法规的设定可借鉴巨灾保险特殊目的保险载体的法律框架，以及业务实践较为成熟的开曼群岛和百慕大群岛保险法和特殊目的保险载体规定。特殊目的保险载体发行巨灾债券属于证监会法规和监管范畴。鉴于所辖的类似业务已经具备较为成熟的法律框架，证监会仅需要针对特殊目的保险载体发行巨灾或保险属性债券，配合保监会关于特殊目的保险载体的规定，对巨灾保险和保险属性资产证券化业务进行法规补充。另外，巨灾债券的额度管理和市场交易属于人民银行、证监会、银监会的法规和监管范畴。鉴于债券额度和债券交易的法规体系已经较为完善，人民银行、证监会、银监会仅需要在现行的法规基础上针对巨灾债券的额度管理和市场交易进行法规补充。在新常态下，上述法律框架的挑战基本可以被相关监管机构的金融创新政策所消化，而且在国家批准的经济特区、自贸区内，"先行先试"政策容许突破现行法规限制对可能发挥突出贡献的金融创新项目进行试点。

其次，专业的机构和人才缺乏。巨灾保险证券化业务模式在于特殊目的保险载体发行巨灾债券，获取债券本金作为保证金对等保险金的偿付能力保证，向发起人出具巨灾保险或再保险合同，同时，确保债券本金通过信托账户，在保证赔付流动性和到期赎回流动性前提下，投资于收益可靠的投资项目，并且向巨灾债券投资人提供投资收益和保险费作为债券投资收益。有鉴于此，此业务的市场成功因素或挑战在于具备保险和债券资质和经验的专业投行，在充分了解发起人的巨灾保险风险属性和价格构成的基础上，将该风险资产路演推销给特定的巨灾债券投资人，其中之关键在于投资人接受巨灾保险费率和信托账户投资收益率，并且获得该债券市场交易流动性的信心。同时，此类业务成功的关键离不开具备保险和债券资质的专业经纪人和律师提供结构设计、证券承销、交易管理、账簿管理、载体托管、法律顾问等不可或缺和不可替代的专业服务，巨灾风险的模型提供方的专业服务是证券承销和债券交易流动性的关键条件。

最后，发行巨灾债券的市场环境不够成熟。国内的资本市场还不成熟，投资者对于巨灾债券的认识程度不高，对巨灾债券回报的要求也会很高，使得风险证券化相对于传统再保险的价格优势在短期内难以实现。同时，公开发行的巨灾证券化产品为了吸引投资者，往往进行信用评级。由于巨灾保险业务的特殊性和我国缺乏信用评级标准，且缺少此类专业的中介服务机构等原因，信用评级服务也是目前国内巨灾证券化发展过程中的一个短板。另外，巨灾证券风险损失可能使投资者失去本金，所以风险承受能力更强的机构投资者是购买巨灾债券的主流群体。同时，由于巨灾债券本金存在风险，可能导致债券评级较低，也限制了一部分投资者的进入。

鉴于巨灾风险证券化这一成熟的模式已经在国际上得到充分运用，并且发行规模逐年提高，而我国目前限于法律、政策及市场环境等方面的制约，在巨灾风险证券化方面还属空白。下一步，还需要多方努力，从多个维度积极推动这项工作的开展，可以探索从以下几个方面着手：

第一，对目前已经政策允许的以资产支持计划开展巨灾风险证券化业务加快落实力度。保监会下发的《中国保监会关于保险业支持实体经济发展的指导意见》已明确指出：发展巨灾保险，支持保险资产管理机构作为受托人，通过资产支持计划等形式开展巨灾保险风险证券化业务。这为通过资产支持计划发行巨灾债券提供了政策性依据。目前，已有相关的公司设计了具体的产品，需要进一步加快与监管部门的对接，能够尽早落地。

第二，积极探索对相关法律制度的修订。结合对《保险法》的修订工作，增加特殊目的保险公司的设立，明确其设立条件、资本要求、运行规则及监管规定，破除巨灾证券化的障碍，推动巨灾保险的发展和资本市场的发展。在此基础上，推动证监会、中国人民银行等对发行巨灾债券相关规定的修订，使这项工作真正落地。

第三，加强研究和宣传。成立专门的课题或者研究机构，深入学习借鉴国际上巨灾风险证券化的成功经验，结合我国当前开展巨灾风险证券化的实际，以及资本市场债券发行的成熟做法，提出我国发行巨灾债券的可行性方案，在条件成熟的地区开展试点。同时，采取多种形式，积极宣传巨灾保险及证券化的知识，进一步提高全社会对巨灾风险证券化的理解和关注，不断将这些工作推向深入，最终填补空白落地实施。

（《深圳保险》2017 年第 10 期）

2018
——
中国金融论丛

险资对"一带一路"倡议实施的影响及政策建议

陈春萍　罗龙林[①]

2013 年，习近平总书记在访问哈萨克斯坦和东盟国家时提出了"一带一路"倡议的构想，具体指的是"丝绸之路经济带"和"21 世纪海上丝绸之路"，其发端于中国，贯通中亚、东南亚、南亚、西亚乃至欧洲部分区域，东牵亚太经济圈，西系欧洲经济圈，涉及 60 多个国家和地区，覆盖约 44 亿人口，经济总量约 21 万亿美元，分别约占全球的 63% 和29%，是世界上跨度最长的经济大走廊，也是世界上最具发展潜力的经济合作带。然而，"一带一路"倡议实施，所需资金缺口巨大。据亚洲开发银行测算，"一带一路"倡议将会产生 5600 亿美元的资金缺口，需从投资渠道和民间资本中获得。

随着我国境外投资政策的放宽，"一带一路"倡议建设的资金缺口无疑给我国险资"走出去"提供了绝佳的契机，开启了我国险资境外投资的探索之路。因此，如何使险资更好地服务于"一带一路"倡议将是本文研究的重点，以此助力"一带一路"倡议顺利实施，并实现我国保险业快速发展以及我国经济成功转型升级。

一、险资规模及运用现状

险资全称为保险资金，泛指保险公司的资本金和准备金，主要是在保

---

① 陈春萍，特华博士后科研工作站，在站博士后，研究方向："一带一路"倡议与保险创新研究；罗龙林，在校研究生，保险学硕士，北京工商大学经济学院保险精算专业，研究方向：风险管理与保险精算。

险公司经营业务时，通过发行保险契约筹集而来的债务性资本。这些债务性资本在保单支付与最后保单赔款支付之间的一段时间，将未支付赔款的保费余额以及股东投到公司的权益性资本进行投资，获取投资收益，这就是保险资金运用。

（一） 险资总体规模

近十几年来，我国保险业发展迅速，保险资产总额和资金运用余额一直呈递增趋势，截至 2016 年底，我国保险资产总额达到 151169.16 亿元，较年初增长 22.31%，资金运用余额达 133910.67 亿元，较年初增长 19.78%，这两项数据远高于同期 GDP 增长，且投资规模目前已经超过公募基金和券商资产管理的投资规模。由此可见，我国险资的总体规模巨大，资金实力雄厚。

（二） 险资运用现状

1. 险资国内运用现状

据统计，从 2001 年至 2012 年，我国险资主要运用于银行存款和投资两大块，且银行存款占比较大，其中，银行存款包括活期存款、定期存款、存出保证金和存出资本保证金，投资领域主要涉及国债和证券投资基金。从 2013 年起，我国险资运用逐步趋于多样化，涉及银行存款、债券、股票和证券投资基金以及其他投资，并且银行存款及国债的投资比例不断下降，而股票和证券投资基金及其他投资的比例不断上升，这说明，我国险资在注重安全性的同时也更注重收益性。据 Wind 资讯统计，我国险资基本收益率保持在 4% 左右。

2. 险资国外运用现状

近十几年来，由于种种限制，我国保险企业境外投资业务发展一直较为滞后。直至 2004 年《保险外汇资金境外运用管理暂行办法》颁布，我国险资境外投资才得以顺利开展。然而投资范畴仅限于活期存款、债券、货币市场工具及其他国务院规定形式的金融产品。2007 年，《保险资金境外投资管理暂行办法》的出台，使投资产品的限定有了较大程度的突破。2012 年，《保险资金境外投资管理暂行办法实施细则》的颁布，再次放开了险资境外投资的范畴。2014 年，"新国十条"的颁布，又一次拓宽了我国险资境外投资的渠道。2015 年，《关于调整保险资金境外投资有关政策的通知》的发布，再一次放宽了我国险资境外投资监管政策，深入发掘境外投资市场潜力，拓宽和创新我国险资境外投资渠道，大幅度提升了我国险资"走出去"的体量。

二、"一带一路"倡议实施给险资带来的机遇和挑战

（一）"一带一路"倡议实施给险资带来的机遇

1. 拓宽投资渠道

"一带一路"倡议实施前，由于我国各类严格的政策法规限制，险资境外投资规模一直较小、范围较窄、发展进程较慢，尚处于探索起步阶段。

"一带一路"倡议实施后，"新国十条"、《关于调整保险资金境外投资有关政策的通知》等政策相继颁布，使我国险资境外投资的范畴和监管政策进一步放宽，为我国险资境外投资提供了有力的政策支持。

此外，"一带一路"倡议是世界上跨度最长的经济大走廊，也是世界上最具发展潜力的经济合作带，"一带一路"倡议实施过程中存在资金短缺问题以及各类风险，自然离不开境外保险业务和险资境外投资业务，这为我国险资拓宽了投资渠道。

2. 合理配置险资

"一带一路"倡议实施后，我国险资由原先传统的投资领域，拓展到了境外投资领域。同时，国家发展改革委、外交部和商务部联合发布的《推动共建丝绸之路经济带和 21 世纪海上丝绸之路的愿景与行动》中，明确了"一带一路"倡议的合作重点、合作机制等，并提及险资可以尝试在基础设施联通、拓展海外市场、资金融通、能源贸易等很多方面进行投资尝试，使我国险资得到了合理配置，而不仅限于境外活期存款、债券、货币市场工具等金融产品的投资。

3. 提高险资收益

近年来，我国经济进入新常态，经济增速放缓，投资空间大大缩减，收益率降低。而"一带一路"倡议的提出以及相关政策的颁布，使我国险资境外投资业务大幅度提升，加之国外投资环境相对宽松，我国险资境外投资存在许多寻利空间。

特别是"一带一路"倡议，其基础设施投资项目多为政府担保，风险较低且存在较大的获利空间，能在一定程度上解决我国险资目前收益率偏低且波动幅度较大的投资现状。

（二）"一带一路"倡议实施给险资带来的挑战

"一带一路"倡议涵盖了中亚、南亚、西亚、东南亚、中东欧等共64个国家，各国的政治环境、经济形势、文化背景、宗教信仰等各有迥异，"一带一路"倡议面临的风险涉及方方面面，这将对我国险资的安全性造成一定影响。同时，险资在"一带一路"倡议中的投资对象大多数是一些基建项目，而基建项目的投资运营周期长，这将在一定程度上影响到我国险资的流动性。除此之外，政治、经济、安全、项目运营等风险无疑给我国险资埋下了一颗颗"地雷"。因此，"一带一路"倡议实施给我国险资带来的挑战不容忽视，有必要通过国家政策的支持引导和保险产业优化升级等措施来积极应对。

三、险资对"一带一路"倡议实施的影响

（一）有利于解决"一带一路"倡议中相关企业资金短缺融资难问题

"一带一路"倡议中所涉及的国家大部分是新兴、转型和发展中国家，其资本市场发展较为缓慢，经济实力有限。因此，在"一带一路"倡议的推进过程中，显然需要外部的充足资金和先进发展理念支持，而险资拥有巨大的资金实力，正好能解决"一带一路"倡议实施过程中的资金短缺问

题。同时，为了更好地服务于"一带一路"倡议，中国保险投资公司发起设立了中国保险投资基金，主要服务于"一带一路"倡议建设。截至目前，已募集超过 700 亿元资金投资于"一带一路"倡议。由此可见，险资能够在一定程度上解决参与"一带一路"倡议建设中的相关企业资金短缺融资难等问题。

（二） 有利于加快"一带一路"倡议实施步伐

"一带一路"倡议需要的资金缺口巨大，只有资金逐步到位了，"一带一路"倡议建设中的各个项目才能有序进行，否则，"一带一路"倡议建设中的各个项目只能一拖再拖，而近年来，我国保险业发展迅速，险资资金实力雄厚，有能力填补"一带一路"倡议建设中的部分资金缺口，加快"一带一路"倡议实施的步伐，推动"一带一路"倡议逐步落实。

■四、险资服务于"一带一路"倡议的政策建议

近几年，险资境外投资的范围和监管政策逐步放宽，各大保险公司争相"试水"险资境外投资业务。但是，据中国保监会数据显示，我国险资境外投资资金占比不到 1.1%，可见，我国险资境外投资业务还有待进一步提高。因此，为了促进险资更多地投向"一带一路"倡议建设，更好地服务于"一带一路"倡议，笔者提出了以下几点建议。

（一） 完善法律法规监管制度

从 2004 年起，与险资境外投资相关的政策性文件陆陆续续出台了不少。但是，与险资境外投资有关的法律法规和监管性文件却近乎空白，这将使许多境外投资领域存在"灰色地带"，容易导致险资境外投资畸形发展，阻碍我国保险业健康发展。因此，如何规范险资境外投资市场秩序，促进我国保险业健康发展将是目前险资"出海"面临的关键问题之一。为此，政府有必要从法律法规和监管制度着手，通过法律法规和监管制度的支持、规范和引导，促进我国险资境外投资业务的健康发展，使险资更好

地服务于"一带一路"倡议。

（二） 优化险资投资组合

在我国相关政策的支持鼓励下，以及"一带一路"倡议的经济大环境下，"险资"投资于"一带一路"倡议建设的趋势愈演愈烈，但风险不容忽视。因为"一带一路"倡议覆盖面广，存在政治风险、经济风险、安全风险、项目运营风险等诸多风险，而不同的风险对不同的投资项目影响程度是不同的，所以，有必要优化险资投资组合，合理调度资金，在提升险资投资安全性的前提下，最大限度提高险资境外投资业务的收益。

（三） 加快保险产业优化升级

我国保险业起步晚，基础薄弱，其经济补偿、资金融通、社会管理三大功能的发挥还不充分。同时，"一带一路"倡议实施将推动保险产业从经营方式和管理模式上产生深刻变革。因此，需要加快保险产业优化升级，加强资产负债管理，优化险资投资运作模式，充分利用"一带一路"倡议带来的重要契机，不断壮大保险业实力，更好地服务于经济社会发展。

（四） 加强险资投资人才队伍建设

由于"一带一路"倡议涉及的沿线、沿岸国家和地区众多，且这些国家和地区在经济状况、政治环境、文化背景、宗教信仰等诸多方面存在较大差异。因此，有必要建设一支熟悉"一带一路"沿线国家和地区的经济、政治、历史文化、地理环境等状况的专业境外投资人才队伍，为险资做好合理的投资规划。同时，也需要建设一支综合管理型投资人才队伍驻点境外投资机构，提高境外投资机构风险管控水平，深入挖掘和扩展"一带一路"倡议中的投资商机。

五、结论

"一带一路"倡议实施给我国保险业发展带来了新的机遇，也带来了新的挑战。本文从险资境外投资的角度，分析了"一带一路"倡议与险资运用之间的相互影响，并提出了以下建议：（1）完善法律法规监管制度，促进险资境外投资健康发展；（2）优化险资投资组合，降低险资投资风险；（3）加快保险产业优化升级，充分利用"一带一路"倡议带来的重要契机；（4）加强险资投资人才队伍建设，拓展境外投资商机。以此来更好地服务于"一带一路"倡议建设，推动"一带一路"倡议顺利实施。

（原载《深圳保险》2017 年第 10 期）

大病保险应防止平均数掩盖大多数

宋占军

一、大病保险全面启动

2012 年 8 月 24 日，国家发展改革委等六部委共同发布了《关于开展城乡居民大病保险工作的指导意见》（以下简称《指导意见》），明确提出为力争避免城乡居民发生家庭灾难性医疗支出，有效提高重特大疾病的保障水平，开展城乡居民大病保险工作。自启动以来，大病保险迅速推开，保监会统计数据显示，"截至 2014 年底，共有 16 家保险公司在全国 27 个省 265 个地市的 2128 个县区开展大病保险，覆盖人口 7 亿人，占应覆盖人数的近 70%。" 2015 年 3 月 5 日国务院总理李克强在政府工作报告中指出，截至 2014 年底，"城乡居民大病保险试点扩大到所有省份。" 总体来看，截至 2014 年底，城乡居民大病保险已经在全国范围内全面启动。

二、大病保险大约提升 12% 的实际支付比例

综合全国和部分省市大病保险运行数据，如表 1 所示，大病保险大约提升 12% 的实际支付比例，反映了大病保险进一步提升了城乡居民的医疗保障水平，在一定程度上缓解了城乡居民的就医负担。

2018
中国金融论丛

表1 　　　全国及部分地区大病保险提升实际支付比例情况

地区	大病保险提升报销比例	资料来源
全国	12%	卫计委（2014）
全国	10%~15%	保监会（2015）
四川	11%	李天平，吴斌，许尉（2013）
江苏太仓	12.2%	王宝敏，沈健蓉，毕胜，等（2014）
重庆	11%	周平（2014）
宁夏	18%	张博（2014）
山东	12.2%	姚慧（2015）
安徽	10%	许媛媛，陈中楼（2015）

资料来源：本文整理。

三、12%的提升比例达到《指导意见》要求了吗

《指导意见》规定，大病保险"实际支付比例不低于50%；按医疗费用高低分段制定支付比例，原则上医疗费用越高支付比例越高"。2012年8月国务院医改办公室主任孙志刚就开展大病保险工作答记者问时指出，大病保险对"个人负担的合规医疗费用在基本医保已经报销的基础上再次给予报销，要求实际报销比例不低于50%"。2012年9月人力资源和社会保障部副部长胡晓义在国新办举办的新闻发布会上，解读大病保险实际支付比例不低于50%时指出，"是在基本医疗保险已经报销的基础上，再超出的部分，只要是合规的支出，再报销至少50%。这样就可以减轻遇到这种风险家庭的经济负担。"

实际支付比例，一般是指医疗保险参保人员通过医疗保险支付的金额占医疗费用总支出的比重。审计署审计公报（2012年第34号）显示，2011年我国城镇居民基本医疗保险和新型农村合作医疗实际支付比例分别为52.28%和49.20%。如果假定2011年城镇居民基本医疗保险和新型农村合作医疗实际支付比例均为50%，那么，作为补充两项基本医疗保险制度的大病保险，其实际支付比例不低于50%，则应是在参保人员实际个人负担医疗费用的基础上，给予不低于50%的报销，从而大病保险提升参保人员医疗费用实际支付比例的目标，不应低于25%。因此在一定程度上

可以认为，大病保险虽然进一步提升了实际支付比例，但与《指导意见》的要求还存在一定差距。

客观而言，大病保险自启动迄今不满 3 年，在制度的建立和探索阶段，大病保险便迅速实现了全国范围内的铺开，并在有限的筹资基础上，提升了大约12%的实际支付比例，进一步缓解了参保患者的高额医疗费用负担。这一成绩的取得，已然十分不易。随着大病保险政策的完善以及筹资水平的提升，大病保险也势必将进一步提升实际支付比例，逐步接近和达到《指导意见》的目标要求。

四、防止平均数掩盖大多数

需要我们注意的是，大病保险提升12%的实际支付比例，是一个平均数，即大病保险补偿参保患者实际支付比例的平均值。在缺乏精细化的大病保险补偿政策的情况下，即便经过大病保险的报销，部分低收入大病患者仍然可能面临沉重的高额医疗费用负担。

以某直辖市为例，根据该地区的大病保险政策，参加城乡居民基本医疗保险的人员，其患病住院（含门诊特定疾病）治疗发生的医疗费用，经城乡居民基本医疗保险报销后，在政策范围内年度累计个人负担金额超过上一年度城镇居民人均可支配收入的，超过的部分纳入城乡居民大病保险保障范围。统计该直辖市社会保险基金管理中心的大病保险经办数据发现，经过城乡居民医保、大病保险报销之后，随着大病患者就医总费用的增加，个人自负费用仍然随之增加。如表 2 所示，10 万~20 万元就医总费用，个人负担平均为71713 元，30 万元以上就医总费用，个人负担平均为231388 元。如此高额的个人负担是低收入家庭特别是贫困家庭所不能承担的。

表2　　　　分费用段某直辖市城乡居民患者累计住院个人自负费用

发生金额	平均值	中位数	最小值	最大值	标准差	观测值
0~2 万元	4013	3509	3.920	15377	2670	1460
2 万~5 万元	16140	16123	1508	37153	7467	2507
5 万~10 万元	35773	33877	4055	79905	12985	3365

续表

发生金额	平均值	中位数	最小值	最大值	标准差	观测值
10万~20万元	71713	69388	10283	161729	24045	945
20万~30万元	140484	141719	78884	219972	32511	78
30万元以上	231388	220948	101540	475246	74955	41
合计	30361	24756	3.920	475246	29704	8396

资料来源：某直辖市社会保险基金管理中心。

　　2014年中央经济工作会议在"加强保障和改善民生工作"部分指出，"坚持守住底线、突出重点、完善制度、引导舆论的基本思路，多些雪中送炭，更加注重保障基本民生，更加关注低收入群众生活，更加重视社会大局稳定。……要更多面向特定人口、具体人口，实现精准脱贫，防止平均数掩盖大多数。"大病保险"以力争避免城乡居民发生家庭灾难性医疗支出为目标"，在筹资水平有限的情况下，大病保险更要实现精准补偿，将保障方案向低收入特别是贫困人群适度倾斜，例如，降低低保人群的大病保险起付线。大病保险的保障到位，一定要防止平均数掩盖大多数，更要防止保障水平"劫贫济富"，实现保障方案的精细化管理。

（原载《金融时报》2015年7月29日）

大数据在保险业的应用及其
对保险监管的影响

刘绪光　王田一

一、大数据的发展现状与趋势

（一）大数据的特征与实质

以大数据和云计算为代表的新技术正在融入并深刻影响人们的生产生活，而且已经成为当前引领金融业变革的关键因素。要深入把握大数据的实质，可以从资源、工具和理念三个层面全面理解。

首先，大数据是新资源，体现了一种全新的资源观。在数据量出现指数级增长、数据分析技术快速发展的背景下，数据已经作为"资源"发挥新价值。国际一流企业纷纷把大数据作为竞争利器，世界各国、特别是发达国家也都把大数据作为国家重要的战略资源。

其次，大数据是一种新理念，带来了全新的思维角度。大数据理念新在两个方面：一是"数据驱动"，即企业的经营不再只由领导人凭经验确定的战略驱动，而是可以自下而上的由数据驱动，甚至可以由机器根据数据直接决策并执行；二是"数据闭环"，即打造了包括数据采集、建模分析、效果评估到反馈修正各个环节在内的完整闭环，从而能够不断地自我升级、自我优化。

最后，大数据是新技术，代表着一种认识世界的新工具。大数据技术是应用广泛的通用技术，一方面开源软件将贵族化的海量数据挖掘技术平民化，并伴随着"互联网＋"的持续推进渗透到各个行业价值创造和分配的全过程。另一方面，分布式技术可以用来存储和分析海量用户的行为数据，从而洞悉用户的潜在的、真实的需求。大数据技术的使用，可以降低交易成本、提高市场透明度、精确细分客户群、优化决策机制，催生出新产业、新业态、新模式，创造巨大经济价值。

（二）大数据技术的应用现状与局限性

大数据的价值体现在应用上，整体而言，全球大数据应用仍处于发展初期，且各行业领域应用并不均衡。目前，大数据应用主要呈现以下几个特点：一是知易行难，理念快于应用。大数据常识广泛传播，数据价值深入人心，但具体如何操作实施，还没有形成清晰可行的思路和模式。二是星星之火，还没有形成燎原之势。当前大数据应用成功案例主要集中于互联网行业，金融、零售、电信、公共管理、医疗卫生等领域也正在积极尝试，但还没有明显成效。三是数据封闭，数据开放共享有待加强。大数据的理想目标是能够汇聚内外部数据形成综合分析的全局视野，然而实际情况是现有应用仍然以机构内部数据为主。由于法律和数据交易机制的不健全，数据交易平台和数据源拥有者在对外开放和交易数据上仍然持谨慎态度。四是创新不足，突破性创新应用尚不多见。大数据应用多集中于市场营销领域，如改善客户服务、流程优化、精准营销和削减成本等，而新产品、新服务、新商业模式等突破性创新应用不多。

展望未来，大数据应用发展有望继续加速。但在大数据热潮面前，既要充分认识大数据的潜力，积极把握技术进步带来的重要机遇，也要冷静分析大数据应用带来的现实挑战，有效规避大数据技术存在的局限性。一是大数据难以对人的行为做出精确预测。大数据无法预测人类行为，归根结底还是因为人具有"自由意志"，能够根据外界环境调整自身行为，导致大数据算法模型无法适应并失去准确性。二是只关注大数据相关关系是不够的。大数据关注的是相关关系而非因果关系，但在疾病诊断、工厂监控等场景下，需要根据确定的、置信度非常高的结论来决策，仅凭相关关系是远远不够的。三是大数据来源的不均匀可能导致分析结果出现偏见或盲区。在数据分析时，如果不考虑数据来源的不均衡因素，就可能存在某些群体被忽略，而某些群体因采集使用率高，其意见或特征被过分放大。四是大数据不能提供价值判断。大数据技术的运用，尤其是在需要价值判断时，需要在道德、伦理和法律规范下运作，这种情况下，人工介入进行必要的监督和审核是十分必要的。五是大数据无法从根本上消灭信息不对称，甚至还有可能出现新的数据寡头。大数据的全面采集和融合应用有望在局部缓和信息不对称的矛盾，但马太效应在大数据应用领域仍非常明显。拥有大数据资源、掌握大数据分析技术的企业，往往会占据更加有利的地位，通过占有更多数据形成数据寡头，从而形成新的信息不对称。在大数据时代，如何进一步弥合数据鸿沟，如何防止数据"霸权"的滥用，将会成为一个重要新课题。

■二、保险业大数据的应用现状

（一）保险业大数据应用的发展阶段

2018

中国金融论丛

保险业的发展史，本身就是一部数据应用沿革的历史。在大数据时代，保险业拥有的数据类型从结构化扩展到非结构化，从交易数据扩展到行为数据，从内部数据扩展到外部数据，从定量数据扩展到定性数据，保险业的数据基础更加夯实。结合大数据技术发展趋势，我们认为保险业大数据的应用可分为三个阶段：内部循环、外延拓展和全面应用。

在内部循环阶段，企业利用自身产品和业务活动产生的大量数据，通过深入的挖掘分析，以数据指导决策，优化业务流程，吸引更多客户，进而产生新的数据，形成一个正向激励的闭环。在外延拓展阶段，企业需要利用自有数据去解决主营业务以外的问题，拓展自有数据的应用领域；或是引入与主营业务直接或间接关联的外部数据，更好地解决自身发展中遇到的问题。到全面应用阶段，强调大数据应用的普及性和专业性，经过规模化和规范化发展，在产业链上分化出数据提供商、数据加工商和数据消费者等专业化组织，数据贯穿于企业的价值链。伴随大数据应用阶段的提升，数据来源日趋丰富、数据结构日趋多样，软硬件技术水平和分析能力也日渐提高，相应地，大数据技术的数据创造能力也不断提升。

（二） 保险业大数据的应用现状

从不同行业应用大数据的水平看，保险业走在前列，但比互联网行业稍慢；从金融同业看，保险业也落后于银行业、证券业，后者的行业数据信息共享平台建设较早，为大数据应用奠定了基础，而保险业的行业共享平台刚起步；从保险业自身发展阶段看，目前还处在大数据应用的初级"内部循环"阶段，下一步将借助行业数据信息共享平台拓展应用领域；从全球保险业看，国外保险机构走在国内的前面。

当前，国外保险业大数据应用具有以下特点：一是对大数据的价值创造潜力已有广泛共识，保险业对大数据应用重视程度日益加深。二是数据来源日趋多元化。除传统的业务数据、财务数据外，国外保险业正积极拓展数据来源，客服、语音、官方网站、社交媒体、地理信息、可穿戴设备以及部分行业外数据都将成为大数据背景下保险业新的数据来源。三是应用领域不断扩展。国际保险业普遍认为，大数据同保险业的结合是全方位的、全流程的，要充分挖掘应用节点，更好地利用大数据技术创造价值。四是商业效果开始显现。国际保险业普遍认为大数据理念、技术和资源的有效运用，将为行业创造前所未有的商业价值。

从国内情况看，保险业大数据应用呈现以下几个特点：一是高度重视大数据研究应用。大部分保险机构都认为大数据将给传统金融保险业带来深刻变革，必将成为未来企业的核心竞争力。二是数据资源积累仍有差距。调查显示，我国保险业数据资源总量仍偏小，以结构化数据为主，非结构化数据利用率较低，数据规模、应用效率与互联网等大数据应用先进行业相比还有很大差距。三是应用程度有限且不均衡。大部分保险机构还处于学习理解阶段，少数公司开始进行小规模的试验，大数据的大规模商业应用尚未出现。四是现有应用主要集中在营销领域。主要是通过对客户数据的全面收集，多维度刻画客户特征，实现精准营销。五是大数据团队建设遇到现实困难。从行业现状看，已经建立专门的大数据研发团队的公司占比仅为 20% 左右。三分之二的研发团队人数在 10 人以下，90% 的团队成员来自公司信息技术部门，跨学科、跨领域的复合型大数据人才严重不足。

（三） 保险业大数据应用的潜在突破口

展望未来，保险业大数据应用最有可能在下述几个领域取得突破：

一是扩大承保范围。受保险理论和承保技术局限，过去为不可保的风险，在大数据时代可能成为可保风险。大数据理念和技术的深度应用，将有效激发潜在的、全新的保险需求，如已经开展的运费退货险、正在酝酿的网络空间保险、云保险等。

二是实现个性定价。大数据的出现使个性化费率的制定和最优产品定价有了可能。数据量越大、数据维度越广，定价的精确度就越高，保险公司面临的逆向选择风险越低，费率的科学性、充足性和公平性也就越理想。

三是优化核保理赔。通过运用大数据分析建模，可以有效实现自动化核保核赔。美国丘博保险集团的客户体验理赔视图处理系统、北京保监局和交管局推出的"事故 e 理赔" App 等是典型应用。

四是提升反欺诈绩效。根据大数据技术本身的特点和保险公司欺诈事件的发生特性，可以在核保及理赔环节应用大数据技术开展反欺诈检测，如欧洲保险及再保险联盟建立的"承保与理赔交换网"、我国保险行业信息共享平台正在研发的全国保险反欺诈系统等。

五是提高运营效率。大数据技术在财务管理、行政管理、人力资源管理等领域的深入应用，对于改善保险企业运营管理水平也有积极作用。

六是助力风险管控。保险业可以在声誉风险、信用风险、操作风险等领域有效运用大数据技术，不断提高企业风险管理能力和水平。

■三、大数据给保险监管带来的机遇与挑战

（一） 机 遇

对于保险监管而言，大数据应用能够揭示传统技术方式难以展现的关联关系，为有效处理复杂风险提供新的手段，为保险监管的现代化转型带

来了新的机遇。

一是大数据有助于推进监管制度现代化。监管部门可以将现有监管信息管理系统中的监管数据与股东、高管外部背景信息进行大数据关联挖掘，推进公司治理监管制度现代化。依托大数据建立保险业信用信息数据库，建立健全失信联合惩戒机制，推进市场行为监管制度现代化。实现保险机构承保、理赔、投资等领域的大数据与偿付能力监管指标关联分析，推进偿付能力监管制度现代化。

二是大数据有利于推动监管手段现代化。通过开放监管信息，加大信息披露力度，可以有效发挥大数据在增强市场监督约束方面的积极作用。将保险机构经营管理全流程数据纳入非现场监管框架，建立多维大数据分析挖掘体系，为监管部门加强风险预警和防范提供大数据基础。综合运用网络舆情研判、投诉语音识别等非结构化数据分析手段，完善和优化保险公司服务评价体系，进一步促进保险消费者权益保护。

三是大数据有利于推动监管机制现代化。在大数据背景下，各监管当局之间的信息共享成为可能，通过建立外部协作机制，可以有效防止和规避监管套利。依托大数据理念开发建设各类保险监管信息系统，运用大数据思维改造和优化传统监管流程，有助于改善监管资源错配的问题，形成更加合理的内部协作机制。

（二）挑战

一是大数据冲击传统保险监管理念。尽管监管部门在运用信息技术和数据资源推进监管现代化方面已取得了显著的进展，但各级监管干部对数据信息的重视程度还有待加强，监管理念需要由过去的经验驱动向数据驱动升级。

二是大数据挑战传统业务监管模式。在大数据背景下创新型业务监管难度更大，更容易造成风险跨行业传递，在风险防范与发展创新之间求取平衡的难度更高，对现行保险监管模式带来了新的挑战。

三是复合型保险监管人才队伍亟待加强。复合型专业人才的匮乏是制约保险监管机构运用大数据技术进行创新监管的重要因素之一。我国保险监管干部队伍建设起步较晚、基础相对薄弱，特别是与大数据运用相关的非现场监管、保险统计和信息化监管干部队伍建设与其他金融监管部门相比，还存在一定的差距。

四、运用大数据促进保险业改革创新、加强保险监管的对策建议

一是完善组织实施机制。监管部门要承担引领角色，建立保险业大数据发展和应用统筹协调机制，强化行业大数据资源统筹管理。建议设立专门的推进大数据应用领导小组，推动实施一批行业大数据示范应用工程。加强保险信息共享平台建设，使其成为行业重要的公共基础设施，在此基础上实现保险业同其他相关行业开展更加广泛、深入的数据交换和信息共享。从企业层面看，鼓励保险机构设立专门大数据应用机构，密切跟踪大数据前沿技术，拓展行业大数据应用领域和方向，实现大数据资产的价值最大化。

二是建立健全监管制度。监管部门需要顺应大数据时代的发展潮流，以开放包容的心态支持保险机构运用大数据开展产品、服务和管理创新。研究制定大数据、云计算、互联网保险等相关领域监管规则，为创新留有余地。深化保险统计改革，创新统计调查信息采集方式，探索构建大数据监管模型。强化大数据标准化工作，研究制定保险大数据的采集标准、技术标准和质量标准。

三是加快推进信息共享。推动已建和在建的保险监管信息系统实现互联互通。建立多部门网上项目并联平台，实现跨部门、跨层级行政许可审批、核准、备案的统一受理、同步审查、信息共享和透明公开。完善车险信息共享平台，研究建立非车险业务信息共享机制，开展保单登记、农险、健康险等行业信息共享平台建设。汇集以客户为逻辑核心的保单级大数据信息，在全行业层面拓展大数据深度应用领域。建立保险业信用信息系统，发挥大数据在信用评价和失信惩戒方面的基础作用。大力推动保险业与银行、征信、公安、交通、医疗、气象等行业外相关机构实现数据共享。

四是重视数据信息安全。完善 IT 治理机制，研究制定大数据条件下的保险业信息系统安全规则和数据安全规则，实现大数据资源采集、传输、存储、利用、开放等全流程的规范管理，健全与大数据时代相适应的

信息安全保障体系。高度重视大数据时代保险消费者个人隐私保护问题，加强对大数据滥用、侵犯个人隐私等行为的管理和惩戒力度。监管部门数据开放要坚持风险可控、循序渐进原则，研究建立监管数据安全保障体系，确保监管数据信息安全。

五是加强专业人才培养。鼓励保险机构与高校及科研机构采取跨机构、跨院系联合培养方式，大力培养兼具经济管理、金融保险、精算统计和数据科学、数据工程复合背景的保险大数据专业人才。支持保险机构与互联网等其他机构开展大数据应用深度合作，加大行业外大数据人才引进和培养力度。完善大数据监管人才培养及职业发展机制。

（原载《保险理论与实践》2016 年第 11 期）

我国巨灾保险试点开展情况综述

丁玉龙

2013 年 11 月 12 日，党的十八届三中全会通过《中共中央关于全面深化改革若干重大问题的决定》，明确提出"建立巨灾保险制度"。2014 年 3 月 5 日，李克强总理在做政府工作报告时，提出要"探索建立巨灾保险制度"。2014 年 8 月 13 日，《国务院关于加快发展现代保险服务业的若干意见》正式发布，确立"建立巨灾保险制度"的指导意见。2014 年 7 月，深圳开始第一个巨灾保险试点，此后宁波、云南、四川、广东、黑龙江等地相继开展巨灾保险试点，我国巨灾保险试点工作拉开帷幕。

一、各地巨灾试点开展情况

试点开展以来，各地结合自身实际，在巨灾模式、政府支持保障等各方面都进行了有益的尝试和探索，初步积累一些做法和经验。

第一，深圳、宁波巨灾保险的多灾种巨灾保险试点。深圳巨灾从 2014 年 5 月开始试点，由深圳市民政局与人保财险深圳市分公司正式签署《深圳市巨灾救助保险协议书》，由市政府出资 3600 万元向商业保险公司购买巨灾保险服务，成为全国首个巨灾落地的试点项目。宁波的巨灾保险试点从 2014 年 11 月开始，由宁波市民政局与人保财险宁波市分公司签署了公共巨灾保险合同，首年由宁波市政府出资 3800 万元向商业保险公司购买 6 亿元的巨灾风险保障。深圳和宁波巨灾保险有很大相似之处，巨灾产品的形态均为损失补偿型保险产品，投保人均为政府，具体由民政局签署，保障对象主要为灾害发生时处于行政区域范围内的所有人口，深圳按 1200 万人计算，宁波按 1000 万人计算，赔付标准为居民人身伤亡抚恤最高赔偿限额均为每人最高 10 万元，以及因巨灾造成人身伤亡的医疗费用、残疾救助金、身故救助金及其他相关费用。除此之外，宁波增加了家庭财产损失救助赔偿，最高赔偿限额为每户 2000 元。保障范围基本相似，深圳为地震、台风、海啸、暴雨、泥石流、滑坡等 14 种灾害，宁波为台风、强热带风暴、龙卷风、暴雨、洪水和雷击（雷击仅针对人身伤亡）自然灾害及其引起的突发性滑坡、泥石流、水库溃坝、漏电和化工装置爆炸、泄漏等次生灾害。

首先，两地在试点期间根据情况都对试点方案进行了调整。深圳试点一年后增加了因 15 种自然灾害导致的住房损毁补偿，承担每户每次限额 2 万元，总限额 1 亿元的补偿责任。其次，引入"共保体"承保模式，以一家首席保险承保机构为主，多家保险承保机构为辅，共同承保深圳巨灾风险。最后，在政府采购方式上，由单一来源采购改为向社会公开招标。2016 年，深圳市民政局通过深圳政府采购中心网上平台公开招标由国寿产深分、太保深分和华泰财险深分组成的共保体中标 2016 年度深圳巨灾保险项目，保费 1689 万元。宁波市 2016 年也将巨灾保险保额由 6 亿元增加至 7 亿元，保费由 3800 万元提升至 5700 万元。保障范围在原有的台风、暴雨、洪水等自然灾害造成的居民人身伤亡及家庭财产损失基础上，增加重大安全生产事故和暴恐等突发公共安全风险保障。

第二，云南省大理州、四川省的地震保险试点。云南省大理州政策性农房地震保险试点自 2015 年 8 月 20 日启动，为全州境内因 5 级（含）以上地震造成的农村房屋直接损失和城镇居民死亡提供了风险保障。其中，农村房屋直接损失风险保障 4.2 亿元，城镇居民死亡风险保障 8000 万元。大理州政策性农房地震保险年保费 3215 万元，全部由政府财政承担，其中，省级财政承担 60%，州县级财政承担 40%。

四川省城乡居民住房地震保险试点在充分准备的基础上，于 2015 年 11 月正式启动承保工作，11 月份乐山市政府率先出台了实施办法，召开了启动大会，开展承保工作。继乐山之后，绵阳、宜宾、甘孜相继启动承保工作。截至 2016 年 6 月 30 日，试点工作共计为 54.54 万户居民提供风险保障 140.30 亿元，实现保费收入 3378.83 万元。四川省财政厅首年度为试点工作预拨 4000 余万元保费补贴资金，省级财政和市（州）财政合计拨付 2000 万元成立四川省地震保险基金，同时按照实收保费的 20% 计提并接受社会捐赠，同时，对投保的城乡居民给予 60% 的保费补贴。

第三，广东省、黑龙江省的巨灾指数保险试点。广东省巨灾保险从

2016 年在粤东西北湛江、韶关、梅州、汕尾、茂名、汕头、河源、云浮、清远、阳江 10 个地市开展试点，由省市两级财政配套出资，每个试点地市预算 3000 万元，保费在 3000 万元以内的，按照省级与地市 3∶1 的比例分担，超过 3000 万元的部分由地市承担。省级层面公开招标确定人保财险、平安财险、太平洋财险三家公司承保资格后，试点地市通过竞争性谈判等方式自行选择一家或多家组成的共保体作为承保公司。按照"一市一方案"的原则，承保公司针对当地的特点和地市政府的需求，量身定制个性化的保险方案。保险责任范围为发生频率较高的台风、强降雨以及破坏力较强的地震，巨灾指数保险赔付触发机制基于气象、地震等部门发布的连续降雨量、台风等级、地震震级等参数，进行分层赔付，共提供风险保障 23.47 亿元。

2016 年，黑龙江省启动农业财政巨灾指数保险试点，覆盖了 28 个贫困县干旱、低温、强降水及洪水等常见农业灾害。试点险种包括干旱指数保险、低温指数保险、降水过多指数保险和洪水淹没范围指数保险。针对各县不同灾害类型，设置了高、低两个赔付标准，分别对应百年一遇和六年一遇灾害，确保普通灾害下仍有一定保险赔付，依据气象监测数据，当灾害程度超过设定阈值后，保险公司按合同约定将赔款支付到省财政指定账户，作为救灾资金的补充统筹使用。省财政厅代表省政府投保，总保费 1 亿元，合计保险金额达 23.24 亿元。

二、巨灾试点工作取得的成效

（一）探索建立了政府、市场与社会组织共同参与的灾害救助体系，促进政府职能转变

试点地区都坚持政府主导、市场运作，将财政资金与保险保障深度融合，服务政府职能转变。一是政府购买巨灾保险服务。以政府作为投保人和被保险人，灾害发生后，直接由保险公司赔付给地方政府，再由政府统一安排救灾。通过政府转移支付，使保险赔付资金全面覆盖受灾地区，特别是那些没有保险意识或没有经济能力购买商业保险的群众从中受益。二

是整合防灾减灾资源。发挥巨灾保险费率的杠杆作用和保险公司的风险管理优势，推动投保地区做好防灾防损工作，变事后的被动救济为事前主动的风险防范，丰富和完善灾前、灾中、灾后全覆盖的灾害管理体系，提高全社会抵御自然灾害的能力，改变社会公众在灾害救助方面过分依赖政府的传统思维，提升社会公众应对风险的意识和能力。三是实现救灾资金预算化。通过巨灾保险制度，将应急的救灾财政资金转化为每年的巨灾保险费财政预算，放大财政支出的效应，形成常态化的机制。以市场化和制度化的方式建立起应对巨灾的资金储备，减少灾年财政可能出现的收支不平衡，平滑灾害引起的政府财政波动。

（二）提高了抗灾救灾的能力，切实发挥巨灾保险补偿和保障作用

宁波市 2015 年"灿鸿""杜鹃"台风以及 2016 年"莫兰蒂"台风导致宁波大范围受灾，巨灾保险接报案超过 20 万户（次），共赔付 8900 多万元。云南大理 2015 年 10 月保山市昌宁县、2016 年 5 月云龙县两次地震，保险公司共计赔付了 3553.76 万元，在原有灾害救助基础上，地震保险使每户受灾重建户多得 1 万~3 万元的重建资金，使每户修缮加固户多得 1000~3000 元的修复资金，显著提高了灾区群众恢复重建的能力。广东省 2016 年 10 月"海马"台风登陆后，触发一次赔付，保险公司向汕头、梅州、河源三个地市政府共支付赔款 2100 万元，用于救灾复产和灾后救助，受到当地政府和群众好评。黑龙江 2016 年农业财政巨灾保险试点夏、秋季多个阶段性指数触发，赔付金额超 7200 余万元，为受灾贫困县补充救灾赈灾资金，缓解"因灾致贫、因灾返贫"方面发挥了重要作用。

（三）减轻政府防灾救灾压力，提升全社会保险意识和幸福感

通过保险业参与防灾减灾和灾害救助全过程，将政府事后救援转变为以商业保险为主、社会广泛参与的事前安排，有效减轻了政府抗灾救灾压力，民众享受到高效有序的大灾保险理赔服务，较好地起到了风险"缓冲

垫"和社会"稳定器"的作用。许多群众在获知可以获得救助赔付的时候，连呼没有想到政府会给自己购买巨灾保险，全社会的保险意识和幸福感都得到了提升。根据宁波市网信办的网络统计，90%以上的民众对"灿鸿"台风巨灾保险工作给予"点赞"。大理州巨灾的成功经验让本地居民对地震保险有了更加深入的认识，地震保险需求开始逐步释放。2016年，由人保财险等45家保险公司共同承保销售的"城乡居民住宅地震保险"在云南落地，产品开卖一段时期内，全省城乡居民住宅地震保险保费规模占到了全国的27%，提供了风险保障7.69亿元。

三、存在的问题及下一步的建议

巨灾保险试点以来，在实践中还存在一些问题，主要有：

一是制度体系有待健全。巨灾保险法规和制度的要素包括保费来源、交付比例、巨灾准备金的计提、税收政策、政府赔偿责任、巨灾保险基金运用、独立核算等30多项。各地巨灾保险试点时间不长，相关制度在不断健全和完善中，还存在不少制度空白和制度缺失。

二是巨灾保险的理念还没有深入人心。试点工作遵循商业保险的基本原则，同时兼具政策性保险的主要特点，以政府宣传为主还是以企业宣传为主的定位和责任划分不够清晰，导致宣传力度不足，社会、政府和基层群众对巨灾保险的了解还不多，对巨灾保险的认可度和接受度有待提高，制约了巨灾保险承保覆盖面的扩大。

三是与国家方案存在差异。2016年5月，中国保监会和财政部联合印发《关于建立城乡居民住宅地震巨灾保险制度实施方案的通知》，明确要在全国范围内开展城乡居民住宅地震巨灾保险。目前开展试点的四川省和云南省大理州地震巨灾与国家方案在保额设定、风险分担、保险责任方面基本吻合，但在保险标的、保费来源、承办机构和地震保险基金等方面存在较大差异，制度并轨工作将面临一定挑战。

针对当前巨灾保险试点情况及存在的问题，下一步建议：

一是建议地震保险立法。地震保险目前尚暂无专门的法律规范，所涉保障和支持政策散见于不同规定中，有的甚至是空白。建议国家加快出台《地震巨灾保险条例》等相关法规。

二是建议加强社会宣传。巨灾保险作为我国保险业的一项新生事物，在基层地区尚未得到基层政府的全力认可和支持，基层地区群众的参保积极性也还较低。建议国家层面加强巨灾保险的社会宣传力度，广泛深入开展巨灾保险政策宣传，调动全社会参与巨灾保险的积极性，提升全社会防灾减灾意识。

三是建议予以税收优惠政策。地震巨灾保险风险平滑周期长，现行一年一征的税收政策与地震巨灾保险的经营特征不相符。建议予以"地震巨灾保险风险准备金税前列支"及"地震巨灾保险所得税减免"等税收优惠政策，扩大风险准备金计提基础，增厚地震保险资金安全垫。

四是建议丰富风险对冲工具。探索开发巨灾债券、巨灾彩票、巨灾基金等地震巨灾金融产品，为巨灾保险提供尽可能多的风险缓释和对冲工具。

（原载《中国保险报》2017 年 11 月）

大病保险再升级

宋占军

2015 年 7 月 22 日，国务院常务会议决定全面实施城乡居民大病保险，更好守护困难群众生命健康，并于 8 月 2 日发布《国务院办公厅关于全面实施城乡居民大病保险的意见》（以下简称《意见》），提出"2015 年底前，大病保险覆盖所有城镇居民基本医疗保险、新型农村合作医疗参保人群"。这是继 2012 年 8 月 24 日国家发改委等六部委联合发布《关于开展城乡居民大病保险工作的指导意见》之后，首次以国务院办公厅的名义下发文件，凝聚各地方和各部门共识，加快推进大病保险制度建设。

一、大病患者保障水平有望进一步提升

《意见》提出"2015 年大病保险支付比例应达到50%以上，随着大病保险筹资能力、管理水平不断提高，进一步提高支付比例，更有效地减轻个人医疗费用负担。按照医疗费用高低分段制定大病保险支付比例，医疗费用越高支付比例越高"。回顾来看，2012 年《关于开展城乡居民大病保险工作的指导意见》即规定，大病保险"实际支付比例不低于50%"。实际支付比例，一般是指医疗保险参保人员通过医疗保险支付的金额占医疗费用总支出的比重。审计署审计公报显示，2011 年我国城镇居民基本医疗保险和新型农村合作医疗实际支付比例分别为 52.28% 和 49.20%。由于大病保险是在城乡居民基本医保报销的基础上给予进一步保障，因此大病保险"实际支付比例不低于50%"或"支付比例应达到50%以上"，应是对参保患者经基本医保报销后剩余医疗费用给予不低于50%的报销。在这样的制度设计之下，基本医保为参保患者大约支付50%的总医疗费

用，大病保险应为参保患者大约支付25%的总医疗费用，即大病保险的保障水平目标是为大病患者提升大约25个百分点的实际支付比例。

根据2015年7月24日国务院新闻办"城乡居民大病保险相关政策例行吹风会"披露的数据，截至2015年4月，大病患者实际支付比例，在基本医疗保险支付的基础上又提高了10到15个百分点。综合全国和部分省市大病保险运行数据，如表1所示，大病保险大约提升12%的实际支付比例，反映了大病保险进一步提升了城乡居民的医疗保障水平，在一定程度上缓解了城乡居民的就医负担，但同时应该看到的是，当前大病保险为大病患者提升12个百分点的实际支付比例，与25%的政策目标仍存在较大差距。随着国务院常务会议和国务院办公厅大力推进大病保险工作，并高度强调提升大病保险的保障水平，可以预见的是，大病患者的保障水平有望进一步提升。

二、困难群众就医保障更为精准

当前，大病保险在一定程度上缓解了大病患者的就医负担，但同时也要清醒地看到，困难群众大病患者就医负担依然沉重。在缺乏全国性大病保险经办数据的情况下，本文尝试利用文献分析法，收集我国部分地区大病保险待遇情况，以反映困难群众大病患者的就医负担问题。如表2所示，以宁夏地区为例，经大病保险报销后，尽管实际报销比例与政策范围内报销比例十分接近，且高达80%以上，但固原市大病保险报销后次均个人自付需11361元，而2013年宁夏地区城镇居民人均可支配收入21833元，农村居民人均纯收入6931元，次均个人自付11361元无疑将为宁夏地区农村居民和中低收入城镇居民带来沉重的医疗财务负担。同时，在省级大病保险方案基本一致的前提下，宁夏石嘴山市和固原市大病保险报销后次均个人自付分别为2587元和11361元，也反映了我国各地区大病保险实际保障水平的巨大差异。

表1   宁夏大病保险待遇情况

市县	报销后次均个人自付（元）	政策范围内报销比例（%）	实际报销比例（%）
石嘴山市	2587	84	83
固原市	11361	85	83

资料来源：张博.宁夏大病保险政策对现行制度的影响［J］.中国医疗保险，2014（11）：42－45.

本文再以山东省潍坊市新农合大病保险为例，试图以多个地区的大病保险情况来更为准确地反映大病患者待遇情况。如表2所示，2013年，5万元以下患者占总人次的98.04%，10万元以上患者占总人次的0.15%。尽管山东省潍坊市新农合大病保险医疗费用越高支付比例越高，但是高费用段的自付费用依然较高，其中，总费用在20万~25万元之间的患者次均自付费用为74798元，总费用在25万元以上的患者次均自付费用更是高达82089元，而2013年山东省农村居民人均纯收入仅为10619.9元，高额医疗费用患者的自付费用需要7~8倍的农村居民人均纯收入来承担，无疑是贫困家庭乃至中低收入家庭不可承担的。

表2   山东省潍坊市新农合大病保险不同医疗费用段分布和补偿情况

费用段	总费用（万元）；人次占比	新农合报销比例	大病保险补偿	自付比例	次均自付费用（元）
0~5万元	69212（98.04%）	53.38%	12.73%	33.89%	3362
5万~10万元	8259（1.81%）	45.58%	23.79%	30.63%	19655
10万~15万元	1017（0.15%）	41.49%	26.9%	31.61%	36953
15万~20万元	272（0.022%）	45.55%	25.92%	28.53%	48558
20万~25万元	107（0.007%）	32.99%	32.16%	34.84%	74798
25万元以上	92（0.0042%）	32.01%	41.17%	26.82%	82089
合计	78798（100%）	52.33%	14.18%	33.50%	3709

资料来源：沈郁淇，桑新刚，盛红旗：《新型农村合作医疗重大疾病医疗保险实施效果评价——基于山东省潍坊市重大病医疗保险数据》，载《社会医学杂志》，2014（19）：16－18.

《国务院办公厅关于全面实施城乡居民大病保险的意见》提出，"鼓励地方探索向困难群体适当倾斜的具体办法，努力提高大病保险制度托底保障的精准性"，并要求到2015年底前，"大病患者看病就医负担有效减轻"，到2017年，"建立起比较完善的大病保险制度，与医疗救助等制度紧密衔接，共同发挥托底保障功能，有效防止发生家庭灾难性医疗支出，城乡居民医疗保障的公平性得到显著提升"。大病保险支付方案向困难群体适当倾斜，体现了 2014 年中央经济工作会议在加强保障和改善民生工作方面"要更多面向特定人口、具体人口，实现精准脱贫，防止平均数掩盖大多数"的要求。随着大病保险政策的建立健全，大病保险的保障将更为精准，这将大幅缓解困难群众的就医负担。

三、提升大病保险保障水平的主要着力点

大病保险未能实现保障水平的预定目标，同时对低收入尤其是城乡困难人群的保障不足，本文认为，一方面是由于大病保险的筹资水平有限，另一方面则是由于大病保险保障方案的精准性不足。综观各地区大病保险省级实施方案，大病保险人均筹资在 25 元左右，而根据测算，实现大病保险保障水平的预定目标，人均筹资至少需要 45 元，因此当前大病保险的筹资不足。同时，大病保险是一种平均化的保障方案，不以患者收入和身份等特征予以差别支付。在这种情况下，大病患者在城乡居民基本医保报销之后，个人负担的合规医疗费用超过当地城镇居民人均可支配收入或农村居民人均纯收入的部分，可以获得大病保险大约50%的报销。由于低收入和城乡困难人群的人均可支配收入或人均纯收入远远低于社会平均水平，因此当前大病保险平均化的保障方案难免导致低收入和城乡困难人群承受着相对更为沉重的医疗费用负担。尽管有的地方通过降低城乡最低生活保障人群的大病保险起付线，或者对城乡居民基本医保、大病保险报销之后个人负担的合规医疗费用给予再次报销，但这种差异化的大病保险保障方案多局限于城乡最低生活保障人群，未能全面涵盖因病致贫、因病返贫的城乡困难人群。

因此，完善大病保险政策，提升大病保险保障水平，应大幅提升大病保险的筹资水平。《意见》提出"完善城乡居民基本医保的多渠道筹资机制，保证制度的可持续发展"。目前，我国已进入经济发展新常态，在经济增速和财政增收放缓的情况下，国家财政难以持续大幅投入基本医疗保障体系，因此大病保险亟须建立政府、个人和城乡居民基本医保基金的多渠道筹资机制。江苏省《关于全面推进城乡居民大病保险有关工作的通知》明确指出"建立财政、医保基金和个人等共担的城乡居民大病保险多

渠道筹资机制",为各地区逐步将适当的个人缴费纳入大病保险筹资提供了一种方案。

同时,完善大病保险政策,更好守护困难群众生命健康,应通过精细化的管理,完善大病保险的支付政策。《意见》提出"(高额医疗费用)根据城乡居民收入变化情况,建立动态调整机制,研究细化大病的科学界定标准,具体由地方政府根据实际情况确定"。高额医疗费用动态调整机制的建立,为大病保险支付政策的及时调整奠定了基础。进一步分析来看,《意见》将高额医疗费用界定为城乡居民家庭灾难性医疗支出的标准,在实践中各地区一方面采纳了高额医疗费用作为城乡居民家庭灾难性医疗支出的标准,但另一方面却多把高额医疗费用界定为大病保险的"门槛线",对这部分医疗费用予以免赔,这实质上偏离了《意见》的政策初衷。为有效防止城乡居民发生家庭灾难性医疗支出,大病保险的支付政策应明确提出,在精确统计大病患者医疗费用的前提下,大病保险的起付线应适当低于当地城镇居民、农村居民年人均可支配收入。

完善大病保险政策,还应明确"大病保险支付比例应达到50%以上",是指对于经基本医保报销后个人负担的合规医疗费用,大病保险给予50%以上的实际补偿。各地区不能把"实际支付比例不低于50%"简单执行为"政策报销比不低于50%"。江西省《关于建立和完善城乡居民大病保险制度的意见》规定,对符合医疗救助条件的参合人,大病保险起付标准下降50%,为我国其他地区细化困难群体的大病保险起付线提供了一种方案。最后,在现有城乡居民基本医保"三个目录"的基础上,应坚持"保必需、防诱导、除奢侈"的原则,同时采用"排除法"和"准入法",应明确列明特需医疗等不予支付项目的负面清单,并通过药物经济学的评估与遴选,纳入治疗必需且疗效明确的药品、诊疗项目或服务设施,辅以动态调整机制,科学界定合规医疗费用,实现大病保险的精细化管理。

(原载《金融博览》2015 年第 9 期)

指数保险在我国巨灾保险中的运用分析

丁玉龙

党的十八届三中全会《决定》提出，完善保险经济补偿机制，建立巨灾保险制度。保险"新国十条"要求围绕更好保障和改善民生，以制度建设为基础，以商业保险为平台，以多层次风险分担为保障，建立巨灾保险制度。当前，地震巨灾作为巨灾保险中最常见的一个险种，随着 2016 年保监会、财政部《建立城乡居民住宅地震巨灾保险制度实施方案》的下发实施，以地震为突破口的巨灾保险制度开展实践探索。但是我国地域辽阔，各地频发的巨灾种类不尽相同，特别是气象灾害占总自然灾害的65%以上，每年由于气象灾害造成的直接和间接经济损失占到了 GDP 的 2% 左右，而我国还尚未建立完善的巨灾保险体系以应对气象风险。目前，基于应对气象风险的一种新的模式——巨灾指数保险，已开始进行试点，为我国巨灾保险的开展提供了一个新的重要的模式。

一、当前我国指数保险开展情况

国内指数保险先由气象指数保险开始试点，保障的重点是种植业和养殖业，后来又在农产品价格上开展试点，与此同时，指数保险模式也被运用到巨灾保险中，成为巨灾保险的一种保险模式。

一是气象指数保险已经起步。我国的气象指数保险试点于 2007 年首先由安信农业保险公司在上海南汇等 4 区县进行试点，主要承保西瓜连阴雨指数保险。近年来，我国天气指数保险试点不断增多，覆盖的范围也逐渐扩大。据不完全统计，目前全国正在实施的天气指数保险品种有 10 多种，区域集中在中东部地区，保险保障范围主要涵盖财政巨灾指数保险试点，覆盖了 28 个贫困县干旱、低温、强降水及洪水等常见农业灾害。试点险种包括干旱指数保险、低温指数保险、降水过多指数保险和洪水淹没范围指数保险。针对各县不同灾害类型，设置了高、低两个赔付标准，分别对应百年一遇和六年一遇灾害的水产养殖业和种植业。在已实施项目中，安徽小麦和水稻的天气指数保险、江西南丰蜜橘保险、大连獐子岛海珍品风力指数保险和福建烟叶种植保险等都具有一定的代表性。开展气象指数保险的公司有人保财险、阳光农业相互保险、安信保险、国元保险等公司。

此外，气象指数保险在能源电力领域也有初步发展。比如，2012 年广东梅雁水电股份有限公司发布了《关于购买降水发电指数保险的公告》，公告称公司与鼎和产险签订了《降水发电指数保险保险单》，就公司在梅州市地理范围内五座水力发电站 2012 年的预期总发电量进行投保。

二是价格指数保险开始试点。以 2016 年广西启动糖料蔗价格指数保险试点代表，探索运用"补贴 + 保险 + 期货/期权"模式，针对当地 40 万亩优质高产高糖糖料蔗基地，开展糖料蔗价格指数保险试点。保险责任涵盖糖厂、蔗农双方，当市场上每吨白糖平均售价低于触发点 5400 元时，保险公司将价格下跌部分赔偿给糖厂，下不封底，弥补糖厂亏损，确保按计划价格敞开收购糖料蔗。当每吨白糖平均销售价高于 5400 元时，保险公司按照一定标准补偿蔗农，确保蔗农分享白糖盈利销售环节的利润。同时，保险公司通过再保险安排和购买看跌期货/期权，分散和转移糖料蔗市场风险。预计提供最大风险保障 8.8 亿元，保费由自治区财政补贴 38%，价格调节基金补贴 42%，糖厂补贴 10%，农户自负 10%。通过引入糖料蔗价格指数保险机制，有效改变了以往政府定价情形下糖价下跌时蔗农糖料蔗卖不出去，糖价上涨时蔗农无法分享收益的难题，将为中西部经济欠发达地区维护保障农户收入，推进主要农产品价格机制改革做出有益探索。

三是财政巨灾指数保险试点取得初步成效。2016 年，黑龙江省启动农业保险，理赔更加透明高效。依据客观的气象监测数据，当灾害程度超过设定阈值后，保险公司按合同约定将赔款支付到省财政指定账户，作为救灾资金的补充统筹使用。省财政厅代表省政府投保，合计保险金额达 23.24 亿元。试点首次将巨灾保险由地震拓展到农业扶贫领域，并利用保险机制平滑财政年度预算，这会有效解决以往救灾资金"无灾小灾花不出、大灾巨灾不够花"的问题，保障重点更加突出。2016 年，农业财政巨灾保险试点夏、秋季多个阶段性指数触发，赔付金额超 7200 余万元，为受灾贫困县补充救灾赈灾资金，缓解"因灾致贫、因灾返贫"方面发挥了重要作用。

四是巨灾指数保险试点推开。广东省积极推动全省巨灾保险试点工作，2015 年 12 月，省政府批准印发《广东省巨灾保险试点工作实施方案》，2016 年在湛江、韶关、梅州、汕尾、茂名、汕头、河源、云浮、清远、阳江 10 个地市开展试点，保费由省市两级财政配套出资，每个试点地市预算 3000 万元，提供风险保障 23.47 亿元。承保公司省级层面公开招标确定为人保财险、平安财险、太平洋财险三家公司，试点地市通过竞争性谈判等方式自行选择一家或多家组成的共保体作为承保公司。巨灾指数保险赔付触发机制基于气象、地震等部门发布的连续降雨量、台风等级、地震震级等参数，这些数据权威、标准、客观。以汕尾市为例，巨灾保险以台风和强降雨作为保险责任，年度最高赔付限额 2.02 亿元，其中台风赔付限额 1.5 亿元，根据风力等级分五层赔付，强降雨赔付限额 5200 万元，根据降雨量分四层赔付。在 2016 年 10 月的"海马"台风中触发一次赔付，共支付赔款 2100 万元，受到当地政府和群众好评，新华社、中央电视台等媒体专题报道。

二、发展过程中存在的问题

指数保险的发展，为巨灾保险提供了新的解决方案，随着试点工作的深入，也存在一些问题，主要有：

一是精算建模的难度较大。巨灾指数保险的核心技术在于对起赔点、保险金额和赔付结构等进行精算和设计。精算建模需要将连续降雨量、台风等级、地震震级等历史数据和受灾损失金额相关联，工作要求高、难度大，对数据积累和精算技术均提出了挑战。

二是保险理念需进一步强化。巨灾指数保险作为一种创新型的保险工具，需要得到政府、群众、媒体等社会各界的支持和认可，灾后损失补偿的理念要从原来依靠政府救助逐步转变为运用保险这一市场化的手段。特别是老百姓的理解度不高，指数保险在我国是新生事物，加之本身具有一定的复杂性，使得老百姓对其理解程度有限。如何将其先进发展理念宣传推广，使之被广为接受，是推广指数保险必须解决的问题。

三是基差风险较难避免。基差风险，本质为误差，是指有的承保地区触发理赔却未受灾，有的地区未触发理赔但遭受灾害，在气象指数保险产品的定价和理赔过程中时常会出现，较难避免。产生基差风险的主要原因是由于我国基准和基本气象站总数整体偏少，分布不均衡导致。另外由于我国地形地貌的复杂性，承保区域离基准和基本气象站网较远也会导致基差风险。目前，我国气象局共有气象观测站 5 万多个，其中基准和基本站约 720 个，且站点为离散型分布，呈东密西疏的布局。由于自动站的观测误差较大，一般不太适宜风险计算。基差风险需要采用先进的技术手段进行控制。

三、完善和推进巨灾保险制度的建议

一是加强经验总结。认真总结试点地区巨灾指数保险的工作情况，深入分析试点工作的经验和不足，加强各地的沟通协调，为建立更大范围的巨灾保险制度奠定基础。

二是加大宣传力度。采取多种渠道、多种方式加强对巨灾指数保险目标、意义和成效的宣传，提高社会公众的认可，形成合力，营造良好的社会舆论氛围。

三是完善数据共享。以巨灾指数保险为契机，部门和地区之间建立数据共享机制，形成台风、强降雨、地震等灾害和损失情况的数据库，提高数据精准度，为更好推进巨灾保险工作打下扎实基础。

（原载《中国保险报》2017 年 11 月）

低利率环境下如何追求保险投资收益率

宋占军 龚骄

2017 年 1 月，保监会发布《关于进一步加强保险资金股票投资监管有关事项的通知》（保监发〔2017〕9 号），明确了保险资金投资股市的监管导向。在"保险姓保"的监管环境下，当前保险资金投资面临低利率、到期资产占比提升、再配置压力较大等不利因素，探讨低利率环境下我国保险资金运用的前景，做到资产和负债匹配，是值得关注的话题。

一、当前保险资金投资面临的环境

（一）保险资金投资收益率面临下降的趋势

中国 GDP 增速从 2007 年以来处于不断下滑的过程中，当前我国宏观经济正面临着长期潜在增速下降和周期性放缓的双重压力，因而与经济景气度密切相关的一些资产的投资收益率也同步下降。由于股市高涨，在 2014 年、2015 年两年保险资金投资取得了很好的收益率（见图1）。随着资本市场进入波动期以及利率下行，以往保险资金重点投资的债券、股票类产品预期收益明显下降。市场利率早在 2014 年就出现大幅下滑，虽然在 2016 年底有所回升，但固定收益类资产对利率波动较为敏感，长期内保险资金将面临再投资收益下降的风险。保险公司资产配置难度日益加大，美国、日本和中国台湾等寿险业比较发达的国家和地区都面临过低利率的问题，如何保持保险投资收益率逐渐成为保险资产配置面临的主要问题。

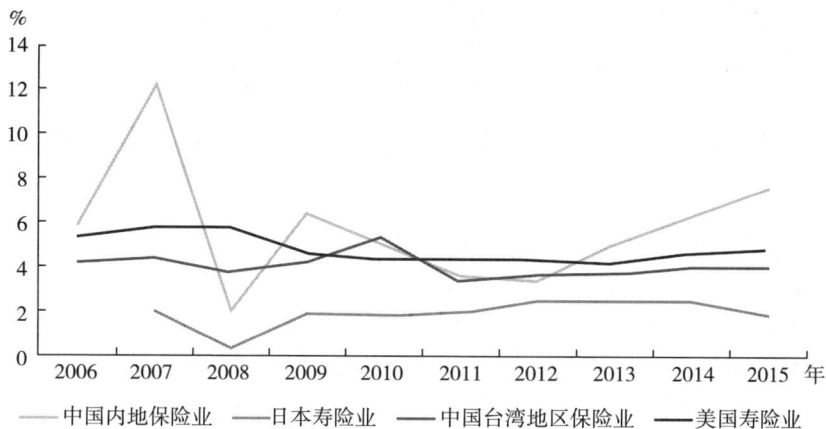

数据来源：《2016 中国保险市场年报》、LIAJ、TII、ACLI。

图1　2006—2015 年各国或地区保险资金运用收益率

（二）　保险资金投资配置的监管面临更细化的趋势

近年来，保监会陆续发布关于保险资金运用的各项新政，放开保险资金在基础设施债权计划、不动产等金融产品的投资限制，保险资金可投资范围不断扩大，保险资金逐步参与到以市场化利率为定价体系的资产管理当中。保险资金步入"大类监管"时代，进一步增强了其资产配置的弹性，赋予了保险机构更多的自主权。2016 年，"偿二代"开始正式实施，保险公司风险管理水平和资本使用率上升。与"偿一代"相比，新的监管指标更加体现风险导向而非规模导向，监管层对一家保险机构的最终评价指标是风险综合评级。根据现有"偿二代"的规定，多元化的投资策略将能有效分散风险，保险机构可以通过分散投资增强风控能力、减少最低资本要求来提高其偿付能力充足率，而不再囿于增资、发债和分保等传统途径。同时，"偿二代"对风险不同的业务和资产提出了不同的资本要求，减少了"偿一代"由于资本管理过于粗放带来的资本冗余，有利于提高行业资本的使用效率。《关于保险资金参与沪港通试点的监管口径》的发布，标志着保险资金可参与沪港通试点，海外投资渠道也进一步放开，推动我国保险资金进行全球化配置、在更大范围内进分散风险。《关于进一步加强保险资金股票投资监管有关事项的通知》切实落实了"财务投资为主，战略投资为辅"的保险资金运用监管导向,保监会"放开前端、管住后端"的监管思路愈加清晰,保险资金运用监管细化的信号更加明确。

(三) 现有保险资金投资方式面临创新和风险防范的趋势

目前,保险资金主要投资于银行存款、债券、债权投资计划等固定收益产品(见图2),组合股票投资、权益类证券投资基金等权益类产品,不动产等,其资金运用面临的突出问题主要表现为:固定收益类产品投资收益率不断下降,目前已降至比较低的水平(如5年期国债收益率仅3.1%左右),难以覆盖一些类别保险资金的来源成本;而国内信用违约风险明显上升,保险资金投资组合信用风险敞口加大。组合股票投资受市场非理性价格波动影响较大;不动产投资流动性欠佳,租金收益率较低,而不动产价格受到房地产周期性波动的影响。保险资金深度参与PPP项目潜力还有待完善和开发;非标类资产优质项目减少、投资收益下降、风险加大等。保险资金增长较快,而现有投资方式的局限性,保险机构很难做到资产和负债基本匹配,增大了保险公司的偿付能力风险。迫切要求保险资金创新投资工具的运用,专注于长期投资、价值投资和资产负债匹配投资,从而提升风险管理能力,拓宽投资视野、提升投资能力。

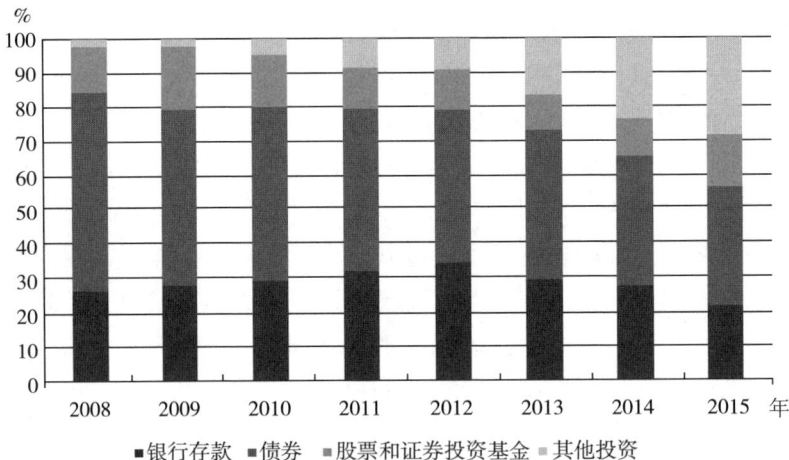

数据来源:历年中国保险年鉴。

图2 2008—2015年保险业资金运用情况

◼ 二、低利率环境下保险资产配置的国际经验

各国保险资产配置的差异是由多方面的因素造成的，如金融体制、金融市场结构以及法律法规及会计制度等。不同国家对保险资金的投资均有所规定，美国、日本等都有严格的规定。另外，美国直接融资体系比较发达，而日本间接融资体系发达，因而美国保险在资本市场的配置比例较高，而日本在贷款的配置比例较高。

（一）美国寿险业的资产配置维持在稳定水平

美国对不同负债性质的保险资金采用了不同的监管标准，总体来说对财险资金投资监管较为宽松，可投资范围较广，可承担风险较高。对于寿险资金运用的监管，则根据保险公司是否对被保险人承担固定给付责任而分为一般账户和独立账户。财险公司持有的股票资产高于寿险公司一般账户但低于独立账户，并较多地配置于另类资产。寿险公司的一般账户持有较多的贷款和固定收益类资产，独立账户则将较多的资产配置于普通股等权益类资产。美国寿险资产配置与负债结构紧密相关。在一般账户中，美国寿险业资金的资产配置受经济周期影响相对较小，固定收益类占比基本稳定在70%左右、抵押贷款和保单贷款稳定在12%左右。虽然股票类占比只在2.2%上下浮动，但收益贡献占比正逐年增大，2015年收益贡献占比达到了32%。

（二）日本寿险业资产配置中固定收益类资产占比大幅上升

在日本经济泡沫破裂后，持续低迷的股市和低利率政策使寿险业遭遇了严重的利差损危机，随后日本寿险业在股票、不动产类资产的配置大幅降低。金融危机之后，寿险业在固定收益类资产的配置进一步上升至51%，且海外投资中也多数以债券为主。具体有以下几方面：第一，以固定收益类资产为主（尤其是国债）；第二，股票配置占比在2007年超过11%，但这些年逐渐下滑至5.4%，仍然显著高于美国寿险一般账户股票

占比；第三，海外投资占比高，到 2015 年占比达到 21.4%，但其中 90% 以上投资于海外债券；第四，抵押贷款占比与美国寿险一般账户差不多。

（三）中国台湾地区寿险业资产配置中海外投资占比较高

2008 年，我国台湾地区为提高保险资金运用效率，明确海外投资资金总额提升至资金总额的 45%。寿险的海外资产配置自 2008 年起一直处于上升的态势，占比从 30.31% 上升至 2015 年的 57.59%，在可比国家和地区中处于高位。2015 年，我国台湾地区寿险对当地股票配置比例为 6%，且常年维持在附近水平，对不动产的配置略有上升，和经济增速较为相关的寿险贷款和放款占比均呈下降趋势，2015 年分别为 3.2% 和 4.8%。从我国台湾地区寿险行业资产配置权重看，海外资产是其取得收益率溢价的主要途径。

三、我国低利率环境下的保险资产配置的建议

受债务高企、老龄化程度加深、劳动力成本上升以及技术创新和制度创新放缓等一系列因素的影响，我国经济增长速度不断放缓，再加上受国外主要经济体的低利率环境影响，我国将在长期内处于低利率环境，低利率对我国保险资产配置的影响逐渐突出。在低利率预期下，保险资金要避免高风险博弈，尽量谋求长期、稳定的投资收益。

考虑到当前利率仍处于低利率时期，信用债逐渐打破刚性兑付、违约风险增加，保险公司需要对现有的固定收益配置结构进行调整，逐步增加期限长、风险低、收益率适中的长期信用产品配置比例，弥补配置传统债券类资产的缺陷，进一步加大符合配置需求的债权计划、低风险企业债、优先股以及固定收益金融产品的配置力度，在拉长久期的同时使固定收益资产的收益率稳定在相对较高水平。

因此，在低利率环境下，扩大价值型权益类资产配置比重，是取得较高的长期平均回报的重要方法，也是经长期实践检验过的方法。保险资金的性质决定了其在权益方面的投资，因此保险资金应开展积极股权投资，提高积极股权投资在资金配置中的比例，可以为保险公司带来未来长期

性、战略性的资本增值机会，更符合保险资金长期投资、价值投资的资金性质要求。长远来看，积极股权投资一方面可以对抗通货膨胀风险，分享国民经济快速增长成果；另一方面又可弥补现有投资方式的不足，有效加强对资产负债结构、期限等方面的合理匹配，缓解负债经营压力，降低保险资产风险。

在低利率的大环境下，单靠以市场利率为基准的固定收益产品已很难维持保险资金的保值增值，保险资金需要寻求新的投资领域。目前，保险公司的另类投资主要集中在房地产、债权计划、信托、理财产品等。保险公司应进一步扩大另类投资的领域和规模，充分发挥保险资金期限长、金额大的优势。例如，保险资金可以通过债权计划 PPP、股权投资和委托建设相结合等方式，对地方性基础设施建设或旧城改造项目进行融资；保险资金也可借助自身的资金实力和保险业务的系统优势，通过并购、股权投资等方式布局养老、医疗、健康、大数据产业。总体而言，另类投资的投资方向是具有稳定现金流、适度回报率以及较低风险的产业。

在当前中国利率处在低利率、美元进入加息周期的背景下，积极进行境外资产配置有助于保险公司抵抗利率周期，并在全球化范围内分散风险。目前，保险资金可投资的海外标的包括股票、债券、基金和不动产等。根据外汇管理局 2017 年公布的投资额度来看，保险类的 QDII 额度为 308.33 亿美元，保险资金境外投资比例还不到 1.6%，离欧美发达国家保险公司境外投资占比 10%～15% 的比例和保监会规定的 15% 投资上限差距仍然非常之远。保险公司要在境外投资规模和境外资产专业管理团队建设上稳步推进，迈向全球资产配置路径，以拓宽保险资金投资渠道、增加保险资金配置可选范围、分散投资风险和提升保险资金投资收益的质量与空间。建议保险公司在海外投资方面积极准备，遵循不熟不投的原则，在具体投资时要非常谨慎，充分考虑各种潜在风险。早期保险资金可考虑与境外优秀的机构投资者合作，通过不动产投资、股权并购、私募基金等方式分享成熟境外市场投资收益。提升国内保险公司境外投资的相关经验、团队和投资能力建设后，把握海外投资主要机会，如境外融资、利差交易，外汇投资，衍生品投资，新兴市场债券，发达国家的高收益债券，海外不动产等，获取长期稳定的投资收益。

（原载《中国保险》2017 年第 2 期）

综

合

篇

篮球产业发展的战略选择
及相关问题阐述

胡冰洋

◩一、当前我国篮球产业发展中主要的战略选择分析

（一）篮球职业化发展的关键就是扭转型战略

在改革开放以前，人们普遍认为体育事业的兴办主要就是靠政府，由国家拨款、依靠行政手段来开展体育，这导致社会参与体育的积极性和创造性不够高、无法提升体育工作效率以及效益，进而无法促进我国体育事业的发展、影响体育产业发展水平，甚至也无法实现篮球参与的发展。所以对于这一时期来说，其战略选择应该以扭转型战略形式为主，通过对政治体制进行改革、对体育管理体制进行完善，不断提升群众对体育运动的热爱，不断提升体育参与者的数量，从而更好地发展相应体育配套设施，更好地满足人们对体育文化的需求，这样才能真正促进体育产业的发展，也能为篮球产业发展奠定坚实的基础。

（二）篮球职业化发展中应重视增长型战略

篮球运动在我国当前得到非常广的普及，打篮球的人也随之不断增多，体育物质条件也在进行合理的完善，这使得人们参与篮球运动和观看篮球比赛的热情也在随之提升，并且在新闻媒体和网络信息技术不断发展的情况下，篮球运动被很多的商家重视起来，这些商家通过将媒体和篮球

进行结合从而实现广告效应，或者与篮球组织进行结盟，又或者直接创办自己的篮球运动实体。受西方发达国家篮球职业联盟成功运行的影响，当前人们必须要重新审视和重视当前篮球产业的主要发展战略。1995 年是我国实现篮球产业化、职业化的第一年，1999 年我国篮球管理中心正式成立，这预示着我国篮球产业增长型战略正在有效运行。

（三）篮球职业化发展的动力就是防御型战略

CBA 职业篮球联赛正式打响时期，正是我国的篮球产业步入快速发展的时期，并且与之相关的配套产业也随之快速发展，但却受到我国竞技体育体制的制约。当前我国的篮球产业发展状况也将逐渐清晰，但是自身存在的以下问题和不足却并没有解决：CBA 联赛中的管理环节还是由政府所垄断，具有一定的强制性管理形式；能够与 CBA 产业发展相适应的职业联盟或使体育中介存在缺陷；欠缺一定的高水平外援或是外教的引进，管理形式欠缺完善性。这些问题会对我国篮球产业的良性发展带来非常严重的影响，只有通过制定合理的防御型战略，才能够有效地解决我国篮球产业发展中存在的相应问题。

■二、在篮球产业发展中应注意的几点问题

首先，欠缺相对合理的联赛整体收入结构，俱乐部收入水平偏低。当前我国的职业联赛数量与质量还存在不足之处，整体的收入结构也欠缺一定的合理性，收入水平也是偏低的。

其次，联赛的管理体制存在不健全的现象。针对当前的职业联赛管理体系进行分析，发现其管理体系存在不完善的现象，这给篮球职业联赛的有效开展带来非常严重的影响，其中就包括管理制度不健全、制度改革不完善、俱乐部权利利益分配不清晰以及人才培养和选秀制度存在不完善性等问题。

最后，欠缺一定的品牌影响力。篮球明星姚明退役后，没有中国运动员能够立足于世界顶级篮球联赛，这一现象就说明我国当前的球员能力还应该进一步提升。此外，由于近几届的大型篮球比赛中我国成绩并不理

想，导致职业联赛的品牌影响力也在不断地降低。

三、篮球产业发展战略的选择及其良好发展建议

（一）合理运用宏观调控手段，对篮球产业结构进行合理的调整

首先，应该制定合理目标，确保产业结构合理调整，应该利用竞赛表演业的核心产值，借助其产业带动力量，更好地促进大众篮球健身和篮球体育用品业体系的完善，从而保证产业结构的完整性，促进我国篮球产业更好地发展。其次，通过价值经济方法对资源进行整合，促进体育竞赛表演业稳定发展。竞赛表演是体育产业的核心环节，所以应该借助经济对相应的资源进行整合，完善篮球产业结构，促进体育竞赛表演业稳定发展。再次，借助行政手段对体制机制进行改革，增强资源使用效率。最后，合理运用法律法规对市场秩序进行维护，防止不规范操作行为出现，确保整体工作的合理合法性。

（二）建立属于大众化的篮球市场

对于各级行政机构，要大力支持群众篮球运动的发展，建立完善的基础设施，从而更好地满足广大群众的运动需求，提升篮球人口比例。体育部门应该与教育部门进行合作，在校园重视篮球运用，建立青少年篮球队，创建丰富的学校篮球竞赛活动，实现教育、运动共同进步，激励民间业余篮球队和业余篮球俱乐部的建立，为社会培养更多的篮球优秀人才。开展群众业余篮球竞赛的指导工作，调整群众体育资源，优化体育队伍，完善政府与民营资本的有效合作，建立属于群众的篮球事业，并将其有效地引入社会当中，为我国篮球产业的发展奠定坚实有力的基础。

（三）重视引导体育用品行业更好发展

市场应提升管理力度，重视法律制度的实施，有效创建体育用品市场

管理机制，对其进行有效保护。相应的管理部门也应该积极地鼓励体育用品制造企业开展创新，增强企业的创新意识，实现其管理创新、技术创新以及产品创新，有效促进企业更好发展。政府应该重视对体育用品产业的界定规则，使相应的企业能明确自身定位，抓住重点、找准方向，真正促进体育用品行业更好发展。企业与管理部门进行有效合作，合理运用资本市场杠杆力量，制定不同的融资渠道，从而更好地满足企业的发展需求，也能更好地实现篮球产业的发展。建立良好的企业形象，制定底蕴丰厚的品牌文化。通过运用以软实力去吸引国内客户群体等，真正有效地促进企业在市场经济条件下更好发展，也能够真正有效地实现我国篮球产业的健康发展。

（原载《时代金融》2017 年第 5 期下旬刊）

论"一带一路"倡议中的
文化自信与文化自觉

夏陆然

  2015 年 3 月，国家发展改革委、外交部和商务部联合发布的《推动共建丝绸之路经济带和 21 世纪海上丝绸之路的愿景与行动》一文中提出，"一带一路"建设以"政策沟通、设施联通、贸易畅通、资金融通、民心相通"为目标。其中，"民心相通"重在文化上的交流互通、增进相互了解、增强人类命运共同体意识，是要以"人文交流为重点"，"加强文化传媒的国际交流合作，塑造和谐友好的文化生态和舆论环境。"很明显，实现民心相通是要为其他"四通"打好精神基础，同时，实现民心相通也是其他"四通"以及和平发展的目的所在，也是推动中国企业"走出去"、有效融入当地社会、形成特有企业文化的必要手段。

一、文化自信是民心相通的前提

  美国思想家丹尼尔·贝尔在其代表作《资本主义文化矛盾》一书中充满激情地宣称："文化很显然具有至高无上的地位……文化已经成为我们文明中最有活力的组成部分，其能量超越了技术推动力本身。"文化具有的巨大作用在爱德华·泰勒经典的文化概念中就已窥出。中国共产党十七届六中全会形成的《关于深化文化体制改革推动社会主义文化大发展大繁荣若干重大问题的决定》（以下简称《决定》）中强调了发展文化事业的重要性与紧迫性："世界多极化、经济全球化深入发展，科学技术日新月异，各种思想文化交流交融交锋更加频繁，文化在综合国力竞争中的地位和作用更加凸显。"

  如何通过推动以中国文化为基础实现民心相通，从而推进"一带一

2018
中国金融论丛

路"倡议更广泛地落地？如何让文化上的交流互通、和谐共生成为"一带一路"沿线国家人民民心相通的基础，并为其他"四通"提供坚实的精神支柱和感情基础？如何在推进贸易畅通、推进基础设施联通、推进中国企业"走出去"并立足于当地中发挥文化的作用？笔者认为，中国文化通过"一带一路"倡议面向世界并发挥出应有的作用、发出洪亮的中国声音，讲述好中国故事，必须先建立起文化自信。

2016年7月，习近平总书记在庆祝中国共产党成立95周年大会讲话中指出："坚持不忘初心，继续前进，就要坚持'四个自信'"，也就是坚持"中国特色社会主义道路自信、理论自信、制度自信、文化自信"，并强调"文化自信，是更基础、更广泛、更深厚的自信"。"四个自信"是在党的十八大所提出的"三个自信"的基础上，创新性地加入了"文化自信"并将之摆在更突出的位置上。

有学者指出，文化自信"就在于文化本质的把握与阐明关乎中国特色社会主义的发展方向和价值前景，关乎中国特色社会主义能否在人们的精神实践领域获得信念扎根与牢固认同；……就在于文化本质的把握与阐明关乎中国特色社会主义能否坚实地走向广大人民群众的日常生活世界并获得最广泛的社会基础和群众基础；……就在于文化本质的把握与阐明关乎中国特色社会主义能否具有延续并讲清楚中华文明的历史连续性、实践主体性和价值普遍性的文化能量和意义功能。"

实现文化自信将密切联系着中国特色社会主义建设的未来，同时，也将是中国人通过"一带一路"建设的脚步走出去，文化上迈向世界，讲述中国故事、发出中国声音的根本前提；唯有自信，才可以让讲述的声音更加洪亮、讲述的方式更加多元，也才能让更多的人真正地去聆听。也唯有达到自我相信、自我团结、自我认同，才可以取得他人的尊重、认可和信任，才能为共建美好世界，展开各项经济、贸易合作奠定思想基础。

因此，民心相通是"一带一路"倡议推进的落脚点，也是目标；文化自信则是民心相通的前提与必要条件。

按照人类的思维形式，形成自信必须基于对本身特质的深入了解，在实现自信必须有着自觉自省。文化亦是如此，要实现文化自信，就必须建立在文化自觉的基础上。

二、文化自觉是文化自信的前提

1997 年 1 月，费孝通先生有鉴于"当今世界共同的时代要求"，于"耄耋之年"提出了"文化自觉"概念："文化自觉只是指生活在一定文化中的人对其文化有'自知之明'，明白它的来历，形成过程，所具的特色和它发展的趋向，不带有任何'文化回归'的意思，不是要'复旧'，同时也不主张'全盘西化'或'全盘他化'。自知之明是为了加强对文化转型的自主能力，取得决定适应新环境、新时代时文化选择的自主地位。"之后，费先生在各种场合多次谈论文化自觉，也引发了众多专家学者的瞩目、思考与讨论。

费先生的这个定义看似易懂，强调传统文化的价值也似乎不是什么新鲜话题，但是，在全球化时代的所谓"文明冲突"背景下提出"文化自觉"，其概念富于创见，意义重大，时至今日依旧如此。

文化自觉强调重视本土文化的价值，却绝不是等同于"复古主义"。它并不是主张以儒、释、道等传统思想为国家建设的核心，而是对本土文化进行清醒审慎，力求客观地再发现、再认识，探寻出中华传统文化中适应于当今时代发展要求的、仍具有现实意义和价值的那部分文化遗产，尤其是作为中华民族文明核心、作为中华民族标签的那些。重新释放出这些核心文化具有的社会作用力，为整个民族国家在社会稳定以及对外文化交流提供内在的动力。

美国人类学家克利福德·格尔茨在补充马克斯·韦伯的"人是悬在由他自己所编织的意义之网中的动物"的论断时称："所谓文化就是这样一些由人自己编织的意义之网……"这一命题从一个侧面说明了本土文化资源对于一个民族的重要意义。一个民族所依存的文化，是由其先民在漫长历史中不断发展形成的。这种长久积淀而成的文化的内核将是这个民族区别于世界上其他民族的关键，是这个民族自我价值得以延存、发扬的关键。恰如《决定》所称："在我国五千多年文明发展历程中，各族人民紧密团结、自强不息，共同创造出源远流长、博大精深的中华文化，为中华民族发展壮大提供了强大精神力量，为人类文明进步做出了不可磨灭的重大贡献。"习近平总书记提出文化自信中的另外两个层面，即革命文化、社会主义先进文化，也是如此。

这些文化资源为中国人民在当今世界中的生存、生活、奋斗提供了解释的方法、前进的目标，也是团结奋斗的精神食粮。发掘本土文化中有价值的部分对于现实社会是卓有意义的，推广中国文化中类似的璀璨成果，也会提升中国在世界的影响力，是实现"中国梦"的一条途径，是推进"一带一路"倡议的有力举措。

以本土文化为中国特色社会主义文化建设的基础，能够充分形成积极的社会作用力，能够"为继续解放思想、坚持改革开放、推动科学发展、促进社会和谐提供坚强思想保证、强大精神动力、有力舆论支持、良好文化条件"。只有这样，才能使中华文化在对外交流的过程中保持自己的特质，同时扩大自己的影响力，保障文化上的安全。

当前，面对更加复杂的世界形势，"一带一路"倡议探索出人类共同迈进的道路，本土文化自觉更显其应运时代的价值。它要求我们用辩证、历史的眼光，深入推进改革开放，以更加自信的姿态，积极融入当前世界，积极地把握时代的命运，不落入简单盲目的"跟风""被全球化"，进而重蹈西方的覆辙，重走西方的弯路。文化自觉要求深刻地理解、把握多民族国家本土文化的特点及其发展的脉络，进而发现中华民族发展的科学规律，谋求国家、民族、社会的长久、和谐发展。在多种文化的相互参照、印证之下，寻找最适合本国国情、中国特色的文化发展之路。这是文化自觉的根本目的。

另外，文化自觉所指是整个中华民族，即 56 个民族所拥有的多姿多彩的文化。可以说，文化自觉，也为各少数民族优秀文化的传承、崛起提供了契机。也唯有平等地尊重各民族的文化，才能得到整个中华民族内部的文化安全。"一带一路"倡议的一个重要落脚点，就是盘活西部特别是少数民族地区的资源优势的文化多样性优势，文化自觉自然而然地推动了"一带一路"倡议的内在建设。

德国哲学家恩斯特·卡西尔曾言："作为一个整体的人类文化，可以被称为人不断自我解放的历程。"文化问题不仅关系着一个国家或民族的兴衰，也联系着整个人类的前途与命运。"文化即交流，交流即文化。"在推进"一带一路"倡议落地的过程中，在越来越多的多元文化交流、交汇、碰撞的局面中，我们唯有立足于中国特色社会主义文化，通过深层的自觉自省，建立起文化上的真正自信，才能够在这条路上走得更稳更好。

（原载《企业改革与管理》2018 年第 1 期）

派生诉讼何以可能：日本的启示

林少伟

一、问题的提出：一个重大的谬误

我国 2005 年修订的《公司法》首次明文赋予股东有提起派生诉讼之权,[①] 以期防止控制股东、董事或经理滥用权利, 损害公司利益。然而这一制度的移植并未产生预料中的正面效果, 股东对该权利的行使在实践中也较为罕见。有学者通过调查发现, 自 2006 年派生诉讼实施后, 截至 2009 年, 共有 50 件派生诉讼案例, 平均每年不到 13 件案例。这不但与实践中少数股东利益备受侵犯的普遍现象不相匹配, 也与实践中产生的其他大量公司纠纷案例不相协调。有学者认为, 派生诉讼之所以"名存实亡", 不仅因其程序上设置的层层障碍, 也与其缺乏激励因素密不可分。[②] 为完善派生诉讼并提高其可用性, 绝大多数学者认为应改革诉讼费用缴纳规定, 并赋予原告股东的诉讼费用补偿请求权和胜诉利益分享权, 以调动广大股东提起派生诉讼的积极性。[③] 他们以日本为例证, 认为日本 20 世纪 90 年代始派生诉讼之所以被广泛使用, 是因为日本于 1993 年修改了《日本商法典》, 将派生诉讼确定为非财产权请求, 收取数额较低的固定诉讼费用, 调动了股东提起派生诉讼的积极性。这种论证蕴含着两大逻辑前提：第一, 股东是否提起派生诉讼, 主要取决于其对诉讼成本与收益的分

2018

中国金融论丛

---

① 《中华人民共和国公司法》第一百五十二条。
② 刘俊海：《现代公司法》, 法律出版社, 2008。
③ 刘俊海：《新公司法的制度创新：立法争点与解释难点》, 法律出版社, 2006；刘冬：《我国股东派生诉讼制度研究》, 群众出版社, 2011。

析，即从经济学上而言，股东作为理性之人，在考虑是否进行某种行为时，必先对该行为成本与收益进行衡量，如利大于弊，则会提起诉讼，否则选择忍让、无视。第二，通过改革诉讼费用，可在金钱方面激励股东，提高股东提起派生诉讼的积极性，以实现派生诉讼制度由"文本"向"活法"的转化。这种逻辑进程的论证乍看具有强大说服力，事实上，不仅国内学者如此论证，国外学者也持类似看法。然而，事实上真是如此吗？日本股东派生诉讼之所以在 20 世纪 90 年代被频繁使用真是源于诉讼费用的改革吗？股东在提起派生诉讼时是否真以理性经济人角色进行成本收益的权衡？如上述理论逻辑存有重大谬误，那又如何解释日本在诉讼费用改革后派生诉讼大量产生的现象？本文试图以日本派生诉讼的实践为分析对象，通过整理、归纳和分析实践中派生诉讼的相关数据，对上述问题进行一一解读，并以行为经济学的角度论证派生诉讼何以可能。

二、日本派生诉讼历程及其可能原因

（一）沉睡的三十五年

日本商法规范始于明治时代。通过借鉴和移植德国法，日本于 1899 年通过《日本商法典》。当时并没有派生诉讼的相关规定，直至第二次世界大战结束后，受美国法影响，日本于 1950 年《公司法》中正式确立派生诉讼制度，该规定要求只有连续六个月以上持有公司股份百分之一以上的股东才有资格提起诉讼。股东提起派生诉讼的，须先向公司董事会提出要求，如公司拒绝或在三十日内未提起诉讼的，则股东方有权利向法院提起诉讼。该规定目的在于震慑公司董事，以保障公司及股东个人权益。但在实践中，该规定如同沉睡的权利，极少为股东所使用。在实施的前五年内，没有出现一件相关案例。至 1985 年整整三十五年中，也只有 25 例左右，年均不到一例。这与美国形成强烈对比，20 世纪 60 年代至 80 年代期间，几乎有 19% 的美国公众公司有过派生诉讼的经历。事实上，仅特拉华州，一年所发生的派生诉讼案例就比日本派生诉讼实施后前三十五年的案例总数还要多。

面对派生诉讼沉睡的三十五年，有学者认为，这可能源于东方的忍让文化，即如非迫不得已，宁可忍让，也不"惹是生非"，诉诸法院。然而，这种文化解释论并不具有说服力，原因很简单：1918 年至 1939 年期间，日本的诉讼案例数量非常高。如日本人受东方文化影响，不愿意提起派生诉讼，那如何解释此段期间高数量的诉讼案例？Mark Ramseyer 甚至将这种文化解释论称之为"同义反复"（tautology），认为用非诉讼文化解释派生诉讼几无所用，实质上并没有达到解释的目的，而只是在重复同一命题。可见，这种动辄冠以"文化"或"国情"等宏大词汇进行的解释不但毫无说服力，实际上也是懒于论证的表现。

除文化解释论外，也有学者提出其他原因，大致而言，有三种：第一，日本诉讼法律制度效率过低、成本过高，严重打击股东提起派生诉讼的积极性和热情。第二，与上述观点相反，Mark Ramseyer 则认为日本诉讼体系效率高，可预见性大，当事人在进入诉讼程序之前即可准确预测诉讼结果，这种精准的诉讼可预见性使得股东在提起派生诉讼之前即可预见诉讼结果，基于理性的成本收益考量，股东因此甚少愿意行使该诉讼权利。第三，日本一位备受尊敬的法学家 Takao Tanase 则提出与上述观点截然不同的解释，他认为日本的政治精英（political elite）偏好于以非诉讼化途径解决纠纷，也因此设置了多种便捷、高效的非诉讼解决机制，股东在衡量是否提起派生诉讼以保障公司利益时，自然会考虑其他解决途径。这三种完全不同的解释似乎自相矛盾，但深思之下，它们背后的理论实际上是一致的：股东在考虑是否提起派生诉讼时，以理性经济人的角色自居，考量诉讼的成本与收益，如诉讼的成本大于所获收益，则股东会选择其他解决途径，拒绝提起诉讼，以避免遭受可预见的损失。这种理所当然且富有吸引力的解释理论几乎为学界所公认。特别是在 1993 年日本进行诉讼费用改革后，派生诉讼大量产生，更为这一理论增强说服力，使之显得毋庸置疑和无可挑剔。

（二）1993 年后的派生诉讼

如同上面所述，派生诉讼实施后的前三十五年如同沉睡的制度，无人问津。但自 20 世纪 90 年代开始，派生诉讼的案子出现井喷式增长。仅1993 年一年，就有 86 个案件等待审理，相当于前三十五年的四倍，此后派生诉讼案件数量逐年提高，直至 1999 年达到顶峰，有 222 个案件，随后出现下降趋势。见表 1。

表 1 日本派生诉讼案件数量统计

年份	高级法院			地区法院			合计		
	新受理	已审结	正审理	新受理	已审结	正审理	新受理	已审结	正审理
1993	无	无	10	无	无	76	无	无	86
1994	无	无	10	无	无	129	无	无	139
1995	无	无	14	无	无	148	无	无	162
1996	12	13	13	68	66	150	80	79	163
1997	11	9	15	88	66	172	99	75	187
1998	17	18	14	73	59	186	90	77	200
1999	15	11	18	95	77	204	110	88	222
2000	31	29	20	84	99	189	115	128	209
2001	28	26	22	66	87	168	94	113	190
2002	9	9	22	78	105	141	87	114	163
2003	无	无	无	85	76	150	无	无	无
2004	无	无	无	78	100	128	无	无	无
2005	无	无	无	70	91	107	无	无	无
2006	无	无	无	72	77	102	无	无	无
2007	无	无	无	70	50	122	无	无	无
2008	无	无	无	64	46	140	无	无	无
2009	无	无	无	70	42	168	无	无	无

日本派生诉讼自 1993 年后出现的井喷式增长，很多学者将其归因于诉讼费用的改革。1993 年之前，原告股东如提起派生诉讼，须向法院缴纳一定数额的诉讼费用，该数额根据诉讼标的金额而定。显然，派生诉讼标的金额数目一般较大，尤其在涉及上市公司纠纷时，原告股东所要求的赔偿数目更为巨大。此时，原告股东起诉时须根据索赔金额比例缴纳诉讼费用，这无疑严重打击股东的积极性。但 1992 年日兴证券一案彻底改变这一规定，它确立了将派生诉讼视为非财产请求权的规则，并以此按较低的固定数额收取诉讼费用。1993 年修订的《日本商法典》也确认了这一

规定。① 在 West 看来，诉讼费用的降低，可以解释派生诉讼大量产生的现象，因为股东作为理性经济人，在考虑是否提起派生诉讼时，必会进行成本收益的分析，而诉讼费用的改革无疑降低股东的诉讼成本，从而提高派生诉讼的可利用性。这种基于理性经济人和成本收益分析的解释理论也为国内学界所接受和认可。

除股东本身出于经济考量外，派生诉讼之所以大量产生还有另一个原因，即律师的作用。West 指出，与美国类似，日本的律师出于经济诱因考虑，也会推动派生诉讼。尤其是在保护投资者权益组织 Kabunushi Onbuzuman 成立以后，该组织的律师成员为从诉讼中获取利益，也会极力鼓动股东提起派生诉讼。② 然而，这种基于理性经济人和成本收益分析的理论真能解释日本派生诉讼沉睡的三十五年和随后井喷式的增长现象？

三、对传统解释理论的批判

2018

中国金融论丛

如同上面所述，绝大多数学者认为，股东作为理性经济人，在决定是否行使派生诉讼权利时，会考量诉讼成本与收益，日本派生诉讼在前三十五年几无所用，而在 1993 年诉讼费用改革后大量产生即是这一理论的强有力佐证。同时，律师为从诉讼中获取利益，也会刺激和推动派生诉讼的发展。然而，这种传统的解释理论在逻辑与数据面前可谓不堪一击。

（一）理性的股东

认为股东为理性经济人的理论依据是，日本派生诉讼在前三十五年所用极少，乃因为诉讼成本高于预期收益。而 1993 年诉讼费用改革后，诉讼成本大量减少，导致诉讼收益相应提高，作为理性经济人的股东此时当然愿意提起派生诉讼。然而，这种论证存有三大缺陷。

---

① 刘俊海：《新公司法的制度创新：立法争点与解释难点》，法律出版社，2006。

② West 虽然承认日本不具有美国所谓的风险代理收费机制（contingency fee arrangement），从而在某种程度上降低了律师在派生诉讼中所起的作用，但他仍然坚称，日本律师出于个人受益考虑，仍会煽动和支持股东提起派生诉讼，从而在某种程度上刺激派生诉讼。具体参见：M. West, "Why Shareholders Sue: The Evidence from Japan" (2001) 30 *Journal of Legal Studies*, 353。

第一，该论证忽视了 1993 年实施诉讼费用改革之前派生诉讼的实际情况。假如 1993 年之前，派生诉讼仍如一潭死水，那或许可作为传统理性人解释的佐证，但事实并非如此。有学者对 1990 年到 1993 年三年期间派生诉讼发生的数量进行统计，发现这段时间内公开报道的派生诉讼案件高达四十例，这比前三十五年的总数多了一倍。① 假如传统理性人的解释理论成立，那如何解释在诉讼程序没有发生改变、诉讼费用没有进行变革之前，竟会出现如此大量的派生诉讼案件？② 吊诡的是，在诸多学者论证日本派生诉讼原因时，均有意无意地回避了 1990 年至 1993 年派生诉讼为何突然增长这一不可忽视的现象。可见，股东在决定是否提起派生诉讼时，成本与收益并非其主要考量因素，必定有其他原因在其中发挥作用。

第二，诉讼费用降低与派生诉讼数量上升二者之间并非一定是因果关系。诉讼费用降低与派生诉讼数量上升之间是否具有一定关联尚且难以论证，即使承认二者之间具有一定关联，也很难证明该关系是因果关系。因为派生诉讼数量的上升，并不必然是诉讼费用降低的结果，股东很可能受其他因素的驱使而提起派生诉讼。退而言之，即使二者之间存有因果关系，也很可能派生诉讼数量上升是因，而诉讼费用降低是果。因为 1993 年之前，派生诉讼案件已有上升趋势，1993 年诉讼费用的改革很可能是为适应这种上升趋势而做出的改变。③

第三，派生诉讼的实践表明，很少股东能从派生诉讼中获利。日本最高法院虽然统计并发布派生诉讼案件的年度数量，但并没有公布每个具体案件的详情，包括原告是否胜诉、双方是否达成和解等。而这些详情的缺乏，无疑不利于分析股东是否能从派生诉讼中有所获利。幸得已有学者对此做了相关统计。Nakahigashi 和 Puchniak 花费数月时间，从各大数据库搜寻相关信息，并形成以下数据（见表 2、表 3）。

---

① M. West, "Why Shareholders Sue: The Evidence from Japan" (2001) 30 *Journal of Legal Studies*, 353.

② 这段时间内发生如此多的派生诉讼案例的原因我们将在下文论述。

③ 事实上，这种谁因谁果的纯粹理论探讨并不能说服彼此，相反，这种辩论很可能增加双方的分歧而非增进共识。

表 2　　　　　1993—2009 年能查明的派生诉讼案件结果统计

原告胜诉	原告败诉	原告撤诉	驳回起诉	双方和解	总数
9.459%	39.189%	8.108%	16.216%	27.027%	148

表 3　　　　KO 数据库：1993—2009 年能查明的派生诉讼案件结果统计

原告胜诉	原告败诉	原告撤诉	驳回起诉	双方和解	总数
7.143%	21.429%	3.571%	0.000%	67.857%	28

　　由上面两个不同来源的表格数据可知，派生诉讼案件具体数目虽相差较大，但在诉讼结果的比例上，却大致相同。自 1993 年诉讼费用改革以来，到 2009 年为止，从公开的所能查明结果的案件上而言，只有不到十分之一的诉求获得法院认可，原告股东获得胜诉。与此相反，被告胜诉率竟平均超过 30%。如算上原告撤诉和驳回起诉的数量，则被告胜诉率几乎高达 60%。这种胜负比例明显失衡的现象表明股东在决定是否提起派生诉讼时并非出于成本收益的考虑，否则，他们不会在胜诉率如此低的情况下仍然提起诉讼。特别是考虑到原告股东仍需缴纳一定数额的诉讼费用和缺乏风险代理收费机制的情况下，股东如欲提起派生诉讼，须冒较大的风险才可能获得丝微成功的机会。

　　即使在这些为数不多的原告胜诉案件中，原告股东所得可谓微不足道。为对原告股东在胜诉中所获多少做出大概估算，有必要将派生诉讼中公司的类型区分为上市公司与非上市公司，因为上市公司信息公开，透明度相对较大，股份价格清晰可查，故可直接估算公司股东所持每一股份因胜诉而所获之收益。在上述 148 件案件中，牵涉上市公司的达到 119 件，而在这近 200 件上市公司派生诉讼案件中，原告股东胜诉率才 5%，只有平均胜诉率的一半。Nakahigashi 和 Puchniak 对五家发生过派生诉讼的上市公司的信息进行分析，发现原告股东胜诉后，其所持有公司股份平均每股只涨 2.5%（具体见表 4）。提起派生诉讼的往往是少数股东，在持有股份较少的情况下每股仅涨 2.5%，这种收益与败诉情况下付出的成本相比，可谓小巫比大巫。因此，以理性经济人解释股东基于成本收益而决定是否提起派生诉讼在此数据面前无疑丧失说服力。

表4 **原告胜诉案件中上市公司每一股份所获收益**

公司名称	诉求金额 （日元）	赔偿金额 （日元）	赔偿与诉求 金额比例	发行股 份总额	每一股份 所获收益	股票 价格	股份收益 与股票 价格比
Hazama Cor- poration	14000000	14000000	100.00%	321076000	0.04360	4150	1.05068
Yakult Hon- sha	65000000000	6754000000	10.39%	175910000	38.39463	1742	0.02204
Mitsubishi Oil	9000000000	180000000	2.00%	1514507271	0.11885	204	0.00058
Duskin Cor- poration	10602000000	5343000000	50.40%	67394823	79.27908	1754	0.04519
Apamanshop Holdings	130000000	126000000	96.92%	1033822	121.87784	2070	0.05887

　　或有人以美国为例证，他们认为，美国派生诉讼胜诉率也较低，但这并不完全影响股东行使派生诉讼权利的积极性，因为绝大多数诉讼以和解结案，而和解可为公司和原告律师带来不少的收益。[①] 但日本派生诉讼的和解与美国有两大区别：第一，日本派生诉讼的和解率并不高，与美国高达六成多的和解率不同，日本的和解率只有不到三成。第二，即使以和解结案的派生诉讼，原告公司所得也寥寥无几。根据 Nakahigashi 和 Puchniak 对十三家上市公司和解案件的统计，和解后上市公司平均每一股份只涨 0.2 日元，相当于平均提高了 0.05% 的股价（具体见表5），如此之小的增值可谓微不足道，如分配到每个股东所持有的股份，则其增值更是极为渺小，几乎可以忽略不计。

---

　　① 根据 Romano 的调查研究，65% 的派生诉讼以和解结束。这种局面主要源于律师的作用，因为律师可以从和解中获取一大笔律师费。原告虽然所获甚少，但起码不用付出成本。对于被告而言，他们在有董事保险机制的情况下，基于公司整体利益考虑，也乐意与原告达成和解。具体参见：R. Romano, "The Shareholder Suit: Litigation Without Foundation?" (1991) 7 *Journal of law, Economics and Organization*, 58。

表5　　　　　　　　上市公司派生诉讼和解后每一股份所获收益

公司名称	赔偿金额	发行股份总额	每一股份所获收益	股票价格	股份收益与股票价格比
Obayashi Corporation	20000000	745173000	0.0268	541	0.00005
Cosmo Securities	130000000	423601000	0.3069	271	0.00113
Kajima Corporation	40000000	961312000	0.0416	317	0.00013
Daiwa Bank	250000000	2743837000	0.0911	92	0.00099
Takashimaya	170000000	305044000	0.5573	1420	0.00039
Sumitomo Corporation	430000000	1064462000	0.4040	791	0.00051
Nomura Securities	380000000	1962977000	0.1936	880	0.00022
Ajinomoto Corporation	120000000	649445000	0.1848	1102	0.00017
Dai-Ichi Kangyo Bank	127000000	3505384000	0.0362	870	0.00004
Hitachi Ltd.	100000000	3337894000	0.0300	1640	0.00002
Kobe Steel	310000000	2867549000	0.1081	53	0.00204
Mitsubishi Motors	180000000	1483438000	0.1213	219	0.00055
Tokyo Style	100000000	102507000	0.9755	1415	0.00069

由以上基于数据的论证可知，传统的股东出于成本收益的理性假设决定是否提起派生诉讼的解释理论并不符合实践情况。如股东真是如传统解释中被视为理性经济人，则其在胜败诉比例极不相称的情况一定不会提起派生诉讼。因此，必定有其他原因，使得股东在明知提起诉讼并不能为自己及公司带来较大利益的情况下仍然坚持起诉。

（二）　律师的推动

有学者提出，即使基于理性经济人的理论无法解释大量产生的派生诉讼，也不意味着成本与收益在诉讼中所起作用的减弱或失效，因为在诉讼进程中，律师的角色也极为重要，他们会为获取利益而极力推动股东行使派生诉讼权利。① 不可否认，律师在诉讼进程中具有一定的作用，但以此认定律师可推动派生诉讼则会产生逻辑与实践的困惑。

在逻辑上，日本与美国不一样，它并没有实施风险代理收费机制（contingency feearrangement）。日本律师收费由两大部分组成：一是预先缴纳、不得退回的预付费用（chakushukin）。二是根据诉讼结果而确定的胜诉费用（hoshukin）。② 鉴于此，股东在提起派生诉讼时，无论最终结果如何，他必须缴纳一定数额的预付费用，否则诉讼无从提起。假如股东为理性经济人，他在面对胜诉率不到一成的情况下，断不会仍执意缴纳预付费用而提起派生诉讼。如股东提起诉讼之缘由非源于理性经济人假设，则律师也无推动作用，因为预付费用的收取决定了日本律师无法鼓励股东行使诉讼权利，进而无法推动派生诉讼的发展。与日本相反的是，美国律师之所以能提高广大股东行使派生诉讼的积极性，是因为风险代理收费这一机制使得股东可以不用付出任何费用就可雇用律师。即使败诉，股东也无须支付任何律师费用。但在日本，即便在某些案件中，一些律师降低预付费用，股东仍需支付 300000 日元到 5000000 日元数额不等的律师预付费用。这笔数额与律师协会制定的收费标准相比，已是大幅度降低，但对于少数股东而言，仍然不少。可见，从逻辑上而言，日本律师与美国律师不同，难以有效推动派生诉讼。

即使日本律师与原告股东达成共识，借鉴美国风险代理收费机制，免受预先费用，而只在胜诉时抽取一定比例的律师费用，③ 这也无法证明律师在派生诉讼中的推动作用，因为该理论假设的前提是律师从胜诉的案件中所获收入高于可能付出的成本，然而这种理论假设并不符合日本派生诉讼的现状。如同前面所述，股东提起派生诉讼的胜诉率只有 10% 左右，律

---

① M. West，"Why Shareholders Sue：The Evidence from Japan"（2001）30 *Journal of Legal Studies*，353.

② 由日本律师联合协会制定的收费标准虽不具有强制效力，但在实践上为律师所自觉遵守。2004 年 4 月 1 日，该收费标准有所修改，赋予律师更多的裁量权，使之与顾客自由达成共识。即便如此，原先的收费标准仍为律师所参考。

③ 律师收费标准自 2004 年修订以后，对律师收费要求有所宽松，理论上律师完全可以按照美国的风险代理收费规则进行收费（即只有当代理的案件胜诉时才能收取费用），但实际上，日本律师很少采取这种收费规则，而仍然遵循以前的收费标准。

师如采纳风险代理收费机制，以最终胜诉而获取一定比例的酬金，则如此之低的胜诉率无疑会遭到大多数律师的抵制。一名理性的律师，基于成本收益而考量是否接受代理案件的律师，不仅不会愿意代理派生诉讼，反而可能会抗拒或抵制这类案件，只有那些"无比绝望的""窝在壁橱大小的办公室里"的律师才会抱着一丝胜诉的希望接受代理派生诉讼。

四、派生诉讼何以可能：一种行为经济学分析

既然股东在决定是否提起派生诉讼时，非以理性经济人自居，非基于成本收益的考量，那派生诉讼何以可能？如何解释股东在明知诉讼成本大于收益时仍义无反顾地行使权利，起诉不当行为人？这种明显丧失理性的行为是否有理论依据可供支撑？本文认为，行为经济学上关于准理性与有限理性的分析可解释这种现象。

（一）准理性行为

准理性行为是指并不直接提高行为人的物质财富，但可增进行为人整体福利的行为。[1] 传统的理性行为一般从金钱或财富的意义进行理解，而准理性行为却从个人整体的福利为出发点。此时，整体的福利既包括金钱或财富，也包括其他非金钱的利益，比如个人名誉、长久利益等。最为典型的准理性行为莫过于捐款给慈善机构，这种捐赠行为直接减少捐赠人的财富，是明显的非理性行为，但捐赠人通过捐赠行为可提高个人声誉，从而很可能获取其他包括金钱在内的利益。因此，这种直接减少金钱利益但可增进整体福利的行为，即为准理性行为。事实上，假如扩大传统定义为金钱或财富意义上的理性概念，将行为人其他非金钱或非财富意义的福利也纳入其范围，则这种准理性行为实质上是扩大意义上的理性行为。准理性行为对日本派生诉讼的影响主要通过三大主体：维权律师、总会屋

① Dan W. Puchniak and Masafumi Nakahigashi, "Japan's Love for Derivative Actions: Irrational Behaviour and Non – Economic Motives as Rational Explanations for Shareholder Litigation" (2012) 45 *Vanderbilt Journal of Transnational Law Volume*, 1 – 82.

（Sokaiya）和环保分子。

1. 维权律师

如同上面所述，一名基于理性经济人的律师是不愿意接受代理派生诉讼的，原因在于派生诉讼胜诉率低，付出的成本远大于可能的收益。然而，维权律师却会出于政治目的而主动、积极地代理派生诉讼。这些维权律师是为保护投资者权益而设立的非营利机构（Kabunushi onbuzuman）成员，[①] 他们以保护股东权益为目的，通过各种途径影响政府决策和立法。其中，由维权律师选择代理一些具有影响力的派生诉讼案件，通过媒体的广泛报道和传播，不仅提高股东以诉讼保护自身权利的意识，也可震慑公司董事和管理人员，防止他们以权谋私，损害公司利益。鉴于此，维权律师在考虑是否接受代理派生诉讼时，并非出于诉讼本身成本与收益的考量，而是基于其政治目的，即使最终败诉，维权律师在金钱上一无所得，[②] 这些案件也可能会提高其他公司广大股东的权利意识，从而实现他们原本的目的。维权律师的这种目的可从其处理案件的方式窥见一二。在 148 例派生诉讼案件中，由维权律师代理的案件有 30 件，其中 66% 的案件以和解结案，而这些和解协议几乎无一不以承诺改善公司治理为主要条件。

2. 总会屋

总会屋，又称为企业敲诈者，与日本黑帮具有一定的联系，以威胁公司将其财务状况或者管理层的私生活等敏感信息公之于众为手段，敲诈勒索企业金钱。[③] 派生诉讼作为一种股东诉讼形式，自然成为总会屋敲诈企业的一种工具。他们通过购买上市公司股份，成为公司股东，进而以各种理由提起派生诉讼。公司为了避免在诉讼过程中公开披露公司信息，只能选择顺从总会屋意志。可见，总会屋提起派生诉讼，并非基于该诉讼本身成本与收益的考量，而是具有其他目的，以实现其他目的为动机而提起诉讼。在这种情况下，该诉讼本身赢或输已然无关紧要。1993 年至 2009 年，

---

① 该机构成立于 1996 年，主要由律师、会计师和学者组成，以保护投资者权益为目的，通过各种途径影响政府决策和立法。具体参见 C. Milhaupt，"Non-profit Organizations as Investor Protection: Economic Theory, and Evidence from East Asia"（2004）29 *Yale Journal of International Law*，169 – 207。

② 作为 Kabunushi onbuzuman 成员的维权律师，如代理案件败诉，其律师费用由该机构承担。但如胜诉，则胜诉所得也归 Kabunushi onbuzuman。

③ 过去数十年，总会屋已成功地通过各种手段从企业诈取数百亿日元。具体参见：M. West，"Why Shareholders Sue: The Evidence from Japan"（2001）30 *Journal of Legal Studies*，371。

约有 5% 的派生诉讼涉及总会屋。

3. 环保分子

日本国内一些环保组织也会通过派生诉讼的手段威胁公司，以迫使公司放弃一些可能影响环境的项目。与总会屋类似，他们通过购买一定数量的上市公司股份，在公司准备开建或扩建可能污染环境的工厂时，以派生诉讼为手段，迫使公司放弃相关项目。此时，原告股东提起派生诉讼也并非基于诉讼本身的收益，而是为达致环保目的。据统计，由环保分子提起的派生诉讼约占派生诉讼总数的 2%。

可见，在准理性行为的三大主体中，维权律师、总会屋和环保分子已占可公开查明的派生诉讼总数的四分之一（见表 6），而这尚不包括其他的难以查实的准理性行为，因为对于一般的原告股东而言，只有他们自己才知道提起诉讼的行为是否出于准理性，外人很难知晓。

表 6　　　　　　　　　三大准理性行为主体参与派生诉讼统计

主体	数量（件）	占总数比例	总比例
维权律师	30	20%	
总会屋	7	5%	27%
环保分子	3	2%	

（二）　有限理性行为

在古典经济学理论中，人被假设为具有理性的经济人，其行为以获得最大利润或效果为目标。[①] 然而，这种假定每个行为人均有使自己获得最大效用或利润的意愿和能力的理论受到了越来越多的质疑和挑战。以西蒙为代表的学者提出有限理性理论（bounded rationality），他们认为，理性的适用范围是有限的，这种有限性体现在以下两个方面：一是社会环境。西蒙认为环境是复杂和不确定的，在非个人交换形式中，人这种复杂多变

---

① 在经济学史上最早提出这一思想是亚当·斯密，他在 *Lectures on Jurisprudence* 一书中提道："我们每天所取得的食物和饮料，并非出于屠户、酿酒师和面包师的恩惠，而是源于他们的利己心。我们不会说唤起他们利他心的话，而会说唤起他们利己心的话。"Adam Smith, *Lectures on Jurisprudence*（edited by R. L. Meek, D. D. Raphael and P. G. Stein）（Oxford：Oxford University Press, 1978）, 571 – 572。

的环境容易造成不确定性，而且交易越多，不确定性就越大，信息也就越不完全。二是人的认知能力。西蒙认为人对环境的计算能力和认识能力是有限的，人不可能无所不知。[①] 根据有限理性理论，人们的决策所依据的理性因素非常有限，因而做出的决策当然也并非最优。特别是在复杂的派生诉讼中，人们根本不愿意花费大量的时间和精力进行分析，而是选择简化的思维模式做出判断。这种决策过程模式在心理学上被称之为精神式启发（mental heuristics），[②] 即在解决某种复杂问题或做出某种决定时，使用快捷、常识性的规则。这种简单化的思维模式使得行为人在面临某个复杂问题时，往往会依据可利用性法则（availability heuristic），即根据他们对事件已有的信息，包括记忆的难易程度或记忆中的多寡，来确定该事件发生的可能性。此时，行为人所做的决策或判断并非通过对尽可能多的信息进行筛选，而是受到事件刺激的频率、新异性、生动性、情绪性等影响。

日本派生诉讼的大量产生至少有部分可归咎于股东的这种有限理性行为。派生诉讼程序较为复杂，股东在提起派生诉讼时，并不会花费大量时间和精力分析该诉讼可能出现的情况，而是依据可利用性法则，凭借自身记忆和认识做出判断，而这种判断大多受到新闻媒体对某些个别胜诉案件报道的影响，特别是1986年东京地区法院对派生诉讼所作判决的影响。如上面所述，日本在1950年实施派生诉讼的前三十五年里，该制度基本处于沉睡状态，偶有应用，也无一胜诉，这一局面直至1986年方有所改变。这一年，东京地区法院在一派生诉讼中史无前例的判决原告股东胜诉，引起巨大震动。媒体铺天盖地的报道、学者热火朝天的议论，使得广大股东不仅知悉这一消息，也极大地鼓励了他们使用该诉权以保护公司和自身利益，即使该案的胜诉仅仅是派生诉讼中的特例。此后数年间，派生诉讼逐年上升，并于1993年达到一个小高峰。这也可以解释为何日本在1993年改革诉讼费用之前，派生诉讼突然产生并逐渐上升的现象。

日本股东因有限理性行为而提起派生诉讼的解释并非水中之月、镜中

---

① 西蒙关于有限理性的探讨，可参见其经典著作：H. Simon, *Models of Man, Social and Rational*, New York：John Wiley 1957, 270 – 271. 国内关于理性到有限理性的理论演变，可参见：袁艺、茅宁：《从经济理性到有限理性：经济学研究理性假设的演变》，载《经济学家》，2007（2），邓汉慧：《西蒙的有限理性研究综述》，载《国土资源高等职业教育研究》，2002（4）。

② R. Korobkin and T. Ulen, "Law and Behavioural Science：Removing the Rationality Assumption from Law and Economics"（2000）88 *California Law Review*, 1051 –1144.

之花，而是有实践依据的。West 曾对此进行过一次小范围的调查，他调查询问了十个提起派生诉讼的原告股东，当被问到在提起派生诉讼之前是否考虑过胜诉可能性时，他们的回答竟高度一致，均预计提起诉讼后会胜诉或至少与被告达成和解。这种与现实胜诉率明显不相吻合的预先期望无疑证实了有限理性对股东的影响，即股东在决定是否提起派生诉讼时，仅凭借记忆和有限信息而做出判断，而 1986 年因胜诉而轰动一时的东京地区法院派生诉讼一案，无疑给股东留下了不可磨灭的印象，以至于忽视了绝大多数派生诉讼均以败诉告终的无奈现实。

此外，有限理性还可能产生过度自信偏差（overconfidence bias），即行为人在受制于有限理性情况下，很可能会过于相信自己的判断能力，高估成功的机会，这种认识的偏差即是过度自信偏差。[①] 具体到派生诉讼中，即使有部分原告股东知悉胜诉率较为渺茫，但他们受限于各种不完全信息，会高估自己，认为即便有 90% 的诉讼不利于原告，自己所提起的诉讼也属于其中有利于原告的 10%。

有限理性也会使股东产生"羊群行为"（herding behaviour），即股东提起派生诉讼乃出于跟从多数人的决策行为，而趋向于忽略对自己有价值的因素。[②] 这种从众心理（conformity）使得原告股东对派生诉讼权利的行使更多的是以一种时尚的心态对待。日本公司法领域权威学者 Mitsuo Kondo 认为，日本派生诉讼之所以在 20 世纪 90 年代初急剧上升，是因为当时该行为被视为"一种时尚"，而后来有下降趋势则是因为"该时尚渐已消退"。虽然简单地将诉讼行为视为一种时尚来解释日本派生诉讼的上升和下降，似显奇怪，但这种"时尚"的解释实质上正是羊群行为和从众心理的通俗化代名词。当原告股东受此影响时，主导是否提起派生诉讼的因素并非理性或成本收益，这些已被置之脑后，取而代之的是"时尚"等非理性因素。

---

① C. Jolls, "Behavioural Economics Analysis of Redistributive Legal Rules" (1998) 51 *Vanderbilt Law Review*, 1653 – 1677.

② R. Shiller, *Irrational Exuberance*, New York：Broadway Books, 2000, 149 – 153.

五、结语

    派生诉讼迥异于一般诉讼的一大特点是该诉讼所得归于公司所有，而非原告股东，因为股东所提之诉讼乃代表公司，股东个人本身并无资格提起派生诉讼（这也是为何称之为派生诉讼的原因）。但如诉讼失败，则原告股东须承担相关损失，包括缴纳诉讼费用和律师费用等。在如此不平衡的情况下，如能减轻原告股东的费用负担，必定会促进派生诉讼的使用。这种传统的解释理论暗含着一个逻辑前提：即原告股东在决定是否提起派生诉讼时，必是以理性经济人自居，通过对诉讼成本和收益的考量而做出决定，日本派生诉讼的实践即为该解释理论的强有力佐证。然而，我们通过对日本派生诉讼实际案件的数据分析可发现，日本派生诉讼胜诉率相当少，所得收益也不多。即使在诉讼费用改革后，日本原告股东仍需付出一定的费用。在胜诉希望渺茫的情况下，这些成本无疑远远超过收益。鉴于此，日本原告股东提起派生诉讼并非出于对成本和收益的考虑，而是受制于其他因素的影响。其中，行为经济学上的准理性和有限理性可以有效解释这种现象：即原告股东在决定提起派生诉讼时，并非完全理性的，至少并非基于成本与收益的衡量，而是受限于准理性和有限理性。事实上，派生诉讼如此，其他诉讼行为也未尝不是如此。在分析某种权利或诉讼形态是否为人们所积极所用时，传统的理性解释理论是否依然有效或具有说服力值得学界重新审视。

（原载《北方法学》2017 年第 3 期）

篮球运动的本质和战术特征、功能的若干研究

胡冰洋

19 世纪 90 年代初期篮球运动初步建设，经过百余年的发展历程，篮球运动已经演变成一项现代体育运动项目，在强化人体体能、促进社会经济保值增值以及充实人类文明体系等方面均发挥着巨大的作用。篮球运动理论体系的建设健全，本质、战术特征以及功能为其核心支点，基于此本文展开相关论述。

一、篮球运动的本质

篮球运动得以健康持久发展的内在动源便是其将竞技与娱乐整合为一。其可以被看作是一类游戏，在特殊器具以及环境条件的制约下，紧扣高空目标去进行的集中式攻击防守的游戏。在不断的发展与改进的过程中，篮球运动演变成现代国际竞技体育项目，带有现代文化和人文教育特色，但是其本质依然被理解为游戏活动。

二、战术特征

（一）进攻与防守统一的特征

篮球运动作为一项集体式运动，带有对抗性特征，进攻和防守是其发展进程中互为对立的要素，其唇齿相依又相互约束，特别是"攻守平衡"

2018

中国金融论丛

理论研究以后，其在推动进攻和防守战术发展方面发挥巨大作用。尽量缩短与对手间距，主动式进攻；科学地运用四肢与腰背部，发出有效动作，旨在使对手的技术无计可施，频频出现错差。该种主动式进攻防守技术彰显出战术行为特点，在以球为核心的正常紧迫逼近整体多变防守战术和被动防守演变成主动进攻的环节中，均会尽最大努力取得最快捷反向攻击的转化型战术。为了最大限度地与攻击性防守战术发展需求相匹配，当代篮球运动进攻战术也善于应用贴身进攻，外线具备精确的三分投篮手，内线又有战术很强的人员，此时任何一次进攻，得分均得到切实的保障，也可以使对方频频出现违规现象。

在战术上，抢攻理念是极为浓厚的，敢于搜索快速功转变成阵地进攻之初的节点，应用个体强攻的多人协助方式，在部分地区进行快速进攻。与此同时抓住时机，争取前场篮板球从而获得二次进攻的机会，一旦进攻结束，应用封、堵、卡、夹、联防等多样化对策，向对手进行防守式进攻，其宗旨在于获得使用篮球的权利。篮球运动进攻和防守一致化的战术特点，在进攻式与位移式进攻环节中鲜明地体现出来。

（二）战术配合行动与个人战术行动统一的特征

配合行动实质上就是战术应用环节中，至少三人构成的小组有针对性、规划性地协调进行。始终以攻守为基准，并在相关对策的协助下，最终强化整个团队工作的协同性。个人战术就是个体参照对手特征与进攻技术执行的需求，对其施以有的放矢的措施。个人战术行为的产出是篮球队员智慧、体能、体育素养以及临场应变能力的整体表现形式。

战术配合行动最大特征体现在目标的明确性，以及任务执行的快捷性等方面，劣势在于不能对实际场景做出灵敏性反应。但是将其与个人战术行动整合在一起，优势互补，构建出你中有我、我中有你的局势，创建出多样化篮球运动战术。

（三）技术与战术一致性的特征

篮球运动技术与战术之间是互存互助的，技术是战术发展的依托，战术为技术的外在体现形式，两者存在辩证关系，又带有一致性特征。队员若拥有整体性技术，并能对其精确、熟练的应用，其所创建的战术类型就会体现出多样化特征，在对其应用之时也是灵敏的。对篮球运动战术的本质进行分析，其可以被视为多样化技术整合的形式，队员之间在特定条件下对其进行科学的应用，才能创建出战术。由此可见，技术为战术发展的依托，又为其发展趋势指明了方向，其为带有前瞻性特征的篮球攻守战术体系建立健全奠定基础。当然篮球技术的发展与完善，也反向作用于战术，推动其发展进程。总结以上论述的内容，可见篮球运动技术和战术之间的关系是互存互助的，其为篮球运动技术和战术创新发展目标的实现奠定了基础。

三、篮球运动战术的功能

（一） 篮球运动战术的协同功能

若想在一场篮球比赛中，每一队员的功能充分发挥出来，同时不同队员之间在技能上又能相互合作，将整队的优势淋漓尽致地彰显出来，不同队员在思想理念上统一、目的清晰明确是基础，这是行为统一性目标实现的依托，同时应该对技术施以科学的整合对策，从而使前一个队员应用的技术为后续队员技术动作的完美展示奠定基础。这类把不同篮球队员的单项技术行动串联在一起，为同一目标的实现不懈奋斗，便是篮球运动战术具备的协同功能。基于篮球比赛的对手类型存在差异性这一实况，所以篮球战术的应用务必要体现出灵活性与多变性特征。上述目标的实现对不同队员之间技术互补、合作以及协同能力体现出强烈的依赖性。通常情况下一个篮球队员应该具有投篮、抢球以及策划三类基础能力。若能够将具有不同特长的队员进行科学配置以及有效整合，那么在篮球比赛环节上战术与技术的实效性就会充分发挥出来，强化整个队伍的竞争实力。

（二） 篮球运动战术的聚合功能

在篮球比赛中，战术的另一大功能为强化整个团队的战斗力。这主要是因为应用有效的战术将本队的特长发挥出来，或者是抑制对手优势，从而使本队处于得利的局势中，获得更高的分数。此外，合理地应用篮球战术，有效地将单独进攻与防守能力有机整合。演变成协同作战能力，在综合效能的作用下在比赛中夺冠，这便是篮球运动战术的聚合功能。

（三）篮球运动战术的导向功能

篮球运动战术的应用，其宗旨在于有效地处理比赛进程中多样化问题，为有效规划的编制与执行提供基础性条件，从而使相关问题依照参赛者主观意愿得以转型。上述目标的实现主要是因为参赛者利用某一技术动作对问题发展的趋向发挥导向作用，这便是篮球运动战术的导向功能。

■四、结束语

其实，篮球运动作为一项竞技活动，其战术功能是多样化的，本文受篇幅的限制只是浅浅而谈，其还具有掩饰功能、抑制功能以及过渡功能等。只有对篮球运动本质、特征以及战术功能有一个整体性认识，才能为其发展注入活力。

（原载《知识文库》2017 年第 6 期）

国际商法统一规则解释论的构建

史广龙

毋庸置疑，国际商法统一规则的解释与续造是一个永恒的，但同时又是一个新兴的研究课题。1981 年，著名比较法学家克茨（Kötz）针对国际商法统一规则在当时的发展状况，将它描述为"在各国国内法的汪洋大海上点缀的一座座孤岛。"三十几年后的今天，情况已经发生了天翻地覆的变化，国际统一商法运用取得了长足的发展。旨在统一国际商法的各种国际条约，如雨后春笋般在几乎所有重要法律领域大量涌现。这一发展态势不仅涉及买卖法、票据法、运输法，甚至就连传统的国际私法（冲突法）、国际民事程序法都多多少少出现了走向统一的趋向。大量国际条约的缔结实现了国际商法规则在形式上的一致。但是，长期以来，国际商法统一规则始终没有建构起一套获得普遍信赖，并得到广泛承认的解释理论。统一解释理论的缺失，导致各国在法律适用上沿着本国传统各自为政，严重减损了统一规则的效用和威力。本文从这一迫切需要解决的现实问题出发，在传统法诠释学的框架上，建构一套国际商法统一规则解释论的基本方案。

《联合国国际货物买卖合同公约》（以下简称《公约》）在诸多国际商法统一规则中具有特殊地位，长期以来一直被视为国际商法统一规则的典范。《公约》第 7 条确立的基本解释方法，为大量后续统一商法国际公约所效仿。它的经典表述往往被追随者们直接采纳或者稍加修改后继续沿用。为此，本文以《公约》第 7 条为示范对象，分析国际商法统一规则解释论构造方面的基本问题。下文的讨论原则上适用于全体统一规则。

一、追本溯源——国际商法统一规则的基础论

（一）国际商法统一规则的概念

几十年来，在国际商法统一规则法律概念的界定问题上，一直存在着很大的争议。菲利普斯（Philipps）将国际商法统一规则定义为"建立在国家间条约基础之上的，事实上或者至少原则上，同样适用于不同国家的法律规范的总和"；格鲁贝尔（Gruber）则认为国际商法统一规则是在多个国家统一适用并具有一般法律约束力的（客观）法律规范的整体。在这些互为争鸣的观点中，最具影响力的无疑当属克劳弗勒（Kropholler）在其 1975 年出版的《国际商法统一规则》一书中提出的经典定义。他认为国际商法的统一规则是"按其目的与宗旨，应该并且实际上相同地适用于至少两个国家的私法原则与规范的整体。"

我们在对上述诸定义进行分析后，不难发现，它们都毫无例外地包含着两个相同的构成要件："国际性"与"统一性"。灵活掌握国际商法统一规则的这两个主要构成要件，是进一步深入探讨它的特性与法学方法论的出发点。两者具有紧密的联系但同时又彼此区别。所谓国际性是指法律规范至少同时适用于两个以上国家。所谓统一性是指在国际性的基础之上，各国在法律适用方面要尽量实现一致。沿着国际性与统一性这两个基本方向，国际商法统一规则确立了有别于各国国内私法，同时又独立于其他国际法律体系的基本特征，构成了一个具有鲜明特色的全新法律领域。

国际商法统一规则的解释论是简化国际间私法适用，与提高国际间商业交易法律制度的稳定性和可遇见性的桥梁与枢纽，在整个国际商法统一规则体系中居于核心地位。国际商法统一规则的解释论是解释者在分析案件法律适用问题陷入僵局时，确定基本方向和诸多考察因素并进行权衡取舍的主要标准。为实现国际商法统一规则简化法律适用目的的初衷，一方面要求各国尽可能促进统一国际商法运动在更广阔领域的实现，另一方面也要求国际商法统一规则解释论本身简洁、稳定并具有可普及性。反过来，易于掌握的国际商法统一规则解释论将进一步降低追踪法律发展的交

易成本，规范适用国际商法统一规则的基本方法，提高了法律的安全性、稳定性，并以此大大提升国际商事交易法律风险的可评估性和可预见性。

（二） 统一国际商法公约的特性

随着经济全球化的不断推进，各国之间的相互依赖性越发强烈。各国对国际商法统一规则的渴求，推动和促成了在这一领域的深度合作。国际条约是国际商法统一规则的主要法律渊源，也是统一国际商法最为重要和最为有效的工具，国际商法领域的国际条约具有显著的个性特征：

第一，统一国际商法条约在各国国内效力各异。而各国学界在国际法与国内法的关系问题上也一直存在很大争议。根据一元论的主张，国际法与国内法在适用效力上并不存在本质上的区别。当某个国家缔结了一项国际条约，相应的这个条约在该国就具有约束力。相反，二元论视国际法与国内法为彼此独立、相互区别的法律体系。采纳二元论的国家一般在缔结国际条约之后需要将国际法在国内进行转化。我国宪法对此没有明确规定。即使在宪法有专门规定的国家，类似的争议也往往难以避免。

第二，统一国际商法条约介于公法与私法之间。在有关国际商法统一规则法学方法论的探讨方面——尽管目前这一问题还没有被关注和深入研究——国际商法统一规则形式上的归属具有非常重要的意义。一方面，这些国际条约就其形式而言，由对各缔约国——这样的公法主体——具有约束力的法律规范组成。另一方面，这些国际条约就其内容而论，主要涉及的是私法主体之间的权利义务关系。国际商法统一规则形式上归属于国际公法，但是它所调整的核心问题并不涉及国家或者国际组织这样的国际法律关系主体。国际统一商法运动的目的在于减轻私人主体在跨国经济活动中的法律负担，所产生的统一规则本质上乃是私法规范。

（三） 适用国际商法统一规则的重大意义与现实困境

如何保证各国的法律适用者们在解释与续造统一规则时保持一致，是适用国际商法统一规则的核心问题。国际商法统一规则的解释必须依赖于世界各地仲裁庭的仲裁员和各国法院的法官。然而，这些法律适用者最为熟悉的本国的法学方法论，又往往建立在互不相同的法律文化、历史背景、经济生活和政治体制基础之上，差异不可避免。从根本上说，统一法律适用的实现有赖于国际商法统一规则领域解释论的统一。国际商法统一规则解释论的建构，必须走出两大困境：

第一，各国的法学方法论彼此差异极大，无法协调。试图对各国的法学方法论进行归纳总结、抽象提炼，来构建一个统一的国际商法适用方法论并不可行。此外，尚不存在一个最高规格的国际法院来统一国际商法适用的标准。这些都造成了国际商法统一规则在世界各国有差异的广泛适用与规则本身追求统一性之间的矛盾。目前，各国法律适用者在司法实践中，往往援引本国惯常的法学方法论对国际商法统一规则进行解释，并导致了法律适用上的众多差异。鉴于目前的做法与国际商法统一规则所追求的目标相悖，长期来看必须寻求替代性解决方案。

第二，法律适用的一致性要求可能导致僵化。国际商法统一规则主要建构在国际条约的基础之上。和国内法相比，它可能存在着更大的僵化性危机。一方面，在国际商法领域尚不存在一种获得普遍认可的独立的解释论，仲裁庭的仲裁员与各国法院的法官无从依赖一种值得信赖的普适性解决方案。一旦彻底禁止各国法学方法论的渗透，他们往往会不约而同地倾向于严守条约的文本表述，法律适用过程中的僵化性几乎不可避免。另一方面，统一国际商法条约的修订有赖于范围广泛的国际性合作。多边国际条约修订的启动与实施，往往耗时长久，收获寥寥。试图通过不断修订统一国际商法条约的方式，来实现统一适用不具有可操作性。

二、泾渭分明——国际商法统一规则的导向论

到目前为止，我们尚未讨论这样一个核心主题：国际商法统一规则的法学方法论究竟应该如何构造？学界对此争议颇大。一种观点认为，国际商法统一规则的法学方法论应该归入国际法上法学方法论的探讨领域，但在具体构建和实施上观点的提出者却或语焉不详，或顾左右而言他。相反的观点认为，统一规则的适用应该以法律适用者谙熟的本国法学方法论为准，显然并不足取。克劳弗勒（Kropholler）选取了一条中间道路，认为国际商法统一规则的解释论，既独立于各国国内私法的法学方法论又独立于国际法的方法论，它原则上自成一体。卡纳里斯（Canaris）和格鲁贝尔

（Gruber）发展了这一观点，但又各有侧重。卡纳里斯（Canaris）认为，国际商法统一规则的方法论应以法律适用者本国国内法中的解释论为基础展开，但是要进行必要的修正。卡纳里斯（Canaris）的这种方案解决不了在国际范围内统一法律适用的问题。格鲁贝尔（Gruber）则认为，无论是各国国内法中的法学方法论还是国际法上的法学方法论，都仅仅是发展国际商法统一规则法学方法论的认识来源。在具体的设计上他倾向于对各国的法学方法论进行综合提炼、抽象概括，自然也不具有可操作性。

由于上述种种观点，都不能提供一条切实可行的出路，我们只能以典型的国际商法统一规则为例，对国际商法法学方法论的本质进行细致探讨，以此寻求突破。

（一）基本判断

建构国际商法统一规则法学方法论的上述两种不同导向——从国际法上的法学方法论出发与从各国私法的法学方法论出发——各有利弊，都不能毫无保留地全然接受。为适应国际商法统一规则法律适用的需要，必须对私法领域的法学方法论与国际法上的法学方法论进行必要的打磨。必须吸纳国际法法学方法论的原因在于，国际商法统一规则的法律渊源主要是多边国际条约，它不同于一般的仅在本国具有约束力的国内法。若适用各国国内私法的法学方法论对国际商法统一规则进行解释，则难免造成各国解释结果的千差万别。据此一点，就足以断定在探求国际商法统一规则法学方法论的问题上，各国国内私法的法学方法论并不是一个优良的培育平台。相反，借助于国际法上的解释方法——尤其是国际条约的解释方法——却是一条可行的出路。但这也仅是全部真相的一方面。另一方面，适用各国国内私法法学方法论的真理在于，国际商法统一规则所调整的主要是私人主体之间的权利义务关系，这是一个典型的私法关系。在私人商事关系领域里，适用国际法上的法学方法论解释和续造国际商法统一规则有南辕北辙之嫌。吸纳国际法法学方法论仅仅揭示了部分真理，足以说明建构国际商法统一规则法学方法论时，必须向私法领域的法学方法论有所借鉴。《公约》形式上源于国际条约，实质内容涉及的却是私法关系，法学方法论上必须有所体现。

（二）对《条约法》与《公约》关系的再认识

在《维也纳条约法公约》（以下简称《条约法》）编撰的过程中，立法者吸纳了条约法长期发展过程中业已形成的习惯法规则。在一些具体的领域，《条约法》不仅将这些习惯法规则具体化，而且澄清了其中的模糊部分。《条约法》实施以来，受到国际社会的广泛关注。各国纷纷加入，成为该公约的一员。《条约法》在国际条约习惯法规则的确定方面，发挥了不可替代的决定性作用。以至于《条约法》与相关习惯法规则几乎可以相互弥补，同等对待。《条约法》的适用往往可以超出缔约国的范围，在国际领域具有普适的约束力。

令人遗憾的是，到目前为止，在有关国际商法统一规则法学方法论的探讨中，《条约法》的相关规则仅仅被视为次要的来源。主流观点一直不遗余力地宣称，《条约法》第 31 条至第 33 条的条约解释规则仅仅对《公约》第四章，以及在多种语言文本的解释方面具有直接的效力。支持主流观点的学者均采用造法性条约（law‒makingtreaty）与契约性条约（cont-ractualtreaty）这样的二分法对国际条约进行分类。相应地，他们将《公约》拆分为两部分，认为第一部分至第三部分为私法规范，属于造法性的规范，应该适用各国私法的法学方法论，而其余部分为契约性规范，相应地适用《条约法》的解释规则。

上述主流观点并不足取。它的症结在于这样二分法的划分标准实际上肇始于学界长期以来反复争论的有关国际法渊源的问题。这一纯学术上的探讨目前已经没有什么实际价值。造法性规范与契约性规范实际上经常同时存在于同一条约的内部，而不是彼此排斥、相互对立。因此，在新近的法学文献中，已经全然拒绝了这样的分类标准。更何况，既不能明确得出也不能合理推断，《条约法》认可造法性条约与契约性条约的二分法，并将《条约法》的适用范围仅局限在条约部分内容的解释上。然而，《条约法》本身也有缺陷，它所包含的法律适用规则并不完全，需要运用建立在各国法学方法论基础之上，获得广泛认可的司法解释学进行填充。

三、去伪存真——国际商法统一规则的解释论

（一） 文义解释的建构

如同在国内法以及国际法中那样，解释《公约》也要从理解文义入手。国际商法统一规则文字表述的准确性非常重要。精准的表达可以有效避免国际商法统一规则适用上的歧义和不必要的混乱。但是，完全精确并且毫无疑义地表达往往并不存在。由于《公约》法律文本涉及多国语言，即便在文本形成过程中，翻译者尽量避免各文本语言之间不必要的差异，也不能完全排除各个语言文本的少数文义不完全对应的问题。此外，在《公约》施行之后，各国法律语言也可能随着时间的流逝而产生新的意思，或者原有意思在该国法律语言体系中发生变迁，这些因素都可能影响法律适用者对《公约》的理解和适用。为此，国际商法统一规则的文义解释必须在模糊中寻求明确，在变动中寻求稳定。

第一，《条约法》第 31 条第 1 款的可适用性。

《条约法》不仅对缔约国具有普遍的约束力，同时由于《条约法》起草过程中吸纳的若干解释规则实际上是已经获得普遍认可的国际惯例的产物，其效力更可以拓展到非缔约国的范畴。原则上应承认，《条约法》有关条约解释规则在国际商法统一规则领域的普适性。鉴于《公约》主要调整国际商事主体之间的货物买卖法律关系，需要进一步思考的是，当运用《条约法》对《公约》进行解释时，需要考虑哪些特殊因素？根据《条约法》第 31 条第 1 款的规定，法律适用者依照惯常的文义对《公约》进行解释。但惯常的文义往往并不能从概念本身得出，进而需要进一步考量法律概念的体系关联，所涉及的规范对象或者是有关的规范背景。由此，法律适用者必须在一个特定的情境下，理解和把握《公约》条文的文义。然而，《公约》的文义并非一旦产生即不发生变化的稳定体系，毋宁说，不同时期的惯常文义也可能存在细微或者明显的差异。实践中，惯常文义的确定应以条约缔结时的语言习惯为准，条约缔结后概念意义的变迁不应列为考虑的范围。这一论断实际上有效地隔绝了各国私法的变迁可能对《公

约》解释造成的冲击。各国私法是主权国家对内部私法关系进行的一般性制度安排。法律适用者在运用国内私法的过程中，必然需要克服法律的僵化性，为变动不居的民商事活动提供既不违背国内法文义，又能够体现时代精神的私法裁判。不同于具有独立性的《公约》，国内私法的变通解释只能在各国既定但同时又存在极大差异性的法律体系内进行。长此以往，《公约》不同文本中初始相同的语言含义也可能在各国私法的演进过程中被赋予不同的意思。将确定惯常的文义的时间点选择在公约缔结时，可以有效避免各国私法的异变对公约统一适用的潜在侵蚀。

不同于不确定具体时段就难以特定化的惯常文义，法律语言的产生往往已经经历了长期的演变过程，并具有相对稳定的含义。《公约》的法律语言体系在产生之初就从根本上受到了衍生于罗马法的欧洲私法文化的深刻影响。其中的一些重要法律概念，即使在不用的法律体系中亦保持着稳定的特殊含义。如果《公约》文本所表达的语言是一种法律语言，并因此而具有特殊的稳定含义——比如"要约""承诺"等——那么就要依据这些特殊含义对《公约》进行解释。上述方法可以有效地缩减概念可能存在的多重含义。

第二，多种语言文本的问题。

以条约文本表达为基础的文义解释并非毫无问题，单就条约文本而言，就同时存在着具有相同约束力的多种语言文本，比如，《公约》有中文、阿拉伯文、英文、法文、俄文、西班牙文六种官方文本。《条约法》第 33 条第 3 款规定，各种官方文本中的相同法律概念被推定为具有相同的含义。但是也不能排除这样的情况，即不同语言文本中法律概念的含义事实上可能不完全一致甚至完全相左。即便不同文本中采用了在各国法律体系中意义基本相同的法律概念，但是也不能排除这些概念可能存在细微的差异。这些细微的差异虽然从整体来看并不影响各条约文本含义的一致性，但是在面对具体案件时，各国的法律适用者却可能因为对这些概念略有差异性的理解而做出不同甚至相反的裁判。此时，如何对这些概念进行解释就成了非常棘手的问题。法律概念尚且如此，普通语言概念在《公约》不同文本中的实质或潜在差异则可能更为明显。

主流观点认为，因为《公约》起草与谈判阶段的工作语言为英文，那么当法律适用者存在疑义时，应以英文文本为主要参考依据。这种推论方式并不可取，因为两者之间并不存在必然的因果关系。谈判者采用英语作为工作语言纯粹是出于便利的需要，并没有因此而受英文文本拘束的意思。如果《公约》缔约国有此意思的话，就不会同时缔结多个具有相同约束力的文本，而仅需接受唯一的英文文本。认为在各种官方文本之中，某种语言文本在未经条约本身加以规定的情况下就具有更高效力，是一种不折不扣的错误认识，它不仅严重背离了各缔约国的合意，也违反了《条约法》第 33 条第 1 款。事实上，这些在《公约》起草和谈判准备阶段使用的英文材料，仅仅构成《条约法》第 32 条意义上的补充性解释资料。按照《条约法》第 33 条第 4 款的规定，倘若根据《条约法》第 31 条及以下条款，解释者尚无法消除各官方文本之间的意义分歧，就应采用顾及条约目的及宗旨的，那个最能调和各约文含义的意思。

（二）体系解释的建构

在对统一国际商法公约进行解释时，每个条款在条约整体中所处的位置，以及每个条款所要解决的法律问题在其他相关条款中又是如何处理的，都是需要解释者慎重考量的重要因素。《条约法》第 31 条第 2 款及第 3 款对此浓墨重彩地加以强调。体系解释在国际商法统一规则的适用领域已经获得广泛的认同。法律适用者需要以待决案件为基础，构建起一个包含所有相关法律条文的体系，并在此基础上，在整个法秩序内部探求相关法律条文与其他法条之间的意义关联。但是这种浅尝辄止地分析并不充分。在《公约》内部，并不是所有内容（如前言部分）都调整国际买卖合同双方的权利义务关系。在《公约》之外，尚有其他国家间的条约与各国内部的私法体系。法律适用者构建体系的范围不同，就会涉及不同的内部与外部法律规定，《公约》相关法条的解释结果也可能随之发生变化。需要进一步追问的是，需要解释者进行意义关联考量的范围究竟有多大？

《条约法》第 31 条第 2 款意义上的"上下文"，不仅包括正文，还包括条约的前言与附件。因此，在对《公约》进行体系性解释的时候，条约前言与正文具有同样重要的意义。《公约》在前言中已经明确，国际货物买卖合同的统一规则本身已经照顾到了各国不同的社会、经济和法律制度，因此在《公约》实施的过程中，各国法院和仲裁庭不应以各国某些方面的特殊性而轻易限制《公约》在其适用范围内的约束力。另外，对当事国嗣后所订关于条约解释或适用的任何协定、嗣后在条约适用方面确定各当事国对条约解释协定的任何惯例，以及适用于当事国间关系的任何有关国际法规则也要与上下文一并考虑。由此，当确定适用某个国家的法律并以此引入《公约》对国际货物买卖合同进行裁决时，尚需考虑该国缔结的与《公约》在体系上有关的其他规则或者惯例。

在对国际商法统一规则进行解释时，原则上不应考虑各缔约国的国内法。《公约》本身存在的目的即在于减少国际间贸易的法律障碍，如果将各国国内私法经过体系性解释而渗入公约之中，则无异于在国际商法统一规则法律框架之内植入了很可能严重影响统一适用的因素。法律适用者引入各缔约国的国内法对《公约》进行解释，将不可避免地危及国际商法统一规则所追求的目标与宗旨。另一方面，在各国私法体系内部，往往也存在针对买卖合同的特殊规定。如果缔约国有援用国内私法系统地调整国际买卖合同的构想，自然也就没有必要以国家间条约的形式将国际货物销售法律关系系统性的规定于《公约》之中。各国以缔结国际商法统一规则的形式，确立了《公约》在国际货物买卖领域的排他性适用地位，本身就是在吸收各国买卖合同法的同时建构新的规则体系，最终确立起了一个具有相当独立性的自主法律系统。《公约》的自主解释原则，不允许将不统一的国内法纳入体系解释的视野，否则将严重影响法律适用的统一性，并最终影响《公约》目的的实现。

到目前为止，我们仅将视野局限于《公约》内部。但是当把它从《公约》本身移开，并进一步关注《公约》与其他统一国际商法条约的体系关联时，景象就将随之发生根本性的变化。事实上，一部分学者长期以来一直对这一体系思维的拓展抱有极大的热情。他们认为，体系性解释可以有效扩充国际商法统一规则适用的空间，并保证国际商法公约彼此之间的融洽。而另一部分学者则对此持反对意见。在此，有必要对这两种观点进行评析。

认为《公约》与其他统一国际商法条约存在体系解释空间的论证基石在于：只有通过这种方式，法律适用者才能对——被克格尔（Kegel）形象地形容为，仿佛是从湿地上不断冒出的蘑菇一样的——层出不穷的统一国际商法公约，有一个足够清晰的整体认识。法律适用者借助于体系性解释，使一个公约能够与其他的相关公约具有联动性，这样就可以克服国际商法统一规则过于僵化，难以适应不断变化的客观环境的缺陷。在对陈旧的公约进行解释时，如果能够不断引入新的统一国际商法公约，就可以有效避免裁判结论与国际贸易实践之间的脱节，从而推动新旧国际商事公约法律适用的统一。另一方面，新国际商事公约往往缔约国数量有限，在适用新公约时通过体系性解释引入已经获得普遍接受的国际商法规则，能够有效提高新公约法律适用结论在国际范围内的可接受性。因此，在对《公约》进行解释时，不仅要允许甚至要推动解释者对其他统一国际商法公约相关部分的体系性考察。

认为《公约》与其他统一国际商法条约不存在体系关联的论据主要是以下两点：一是这种关联在事实上并不存在。国际商法统一规则领域并不存一个具有排他性立法权的终极立法者，相反，各国际商事公约往往是由不同的缔约国起草和通过。这些国际商事公约之间并不存在由统一立法者设计和安排的体系性架构；二是各国的法律适用者不可避免地将对国际商法公约之间的体系性存在不同理解，这种做法可能危及法律稳定。基于上述认识，只有由相同国家缔结的国际商法条约之间才可以进行体系解释。上述反对意见具有一定的可取性，但在现实中根本行不通。一方面，在这样严苛的要求下，可以进行体系性解释的情况肯定屈指可数；另一方面，这种做法也无法缓解统一国际商法条约本身的老化和适用上的僵化。根据《条约法》第 31 条第 3 款 C，适用于当事国间关系之任何有关国际法规则，也应与上下文一并考虑进入体系解释的范畴。在体系解释上，决定性的考察因素并非是条约的制定者是否相同，毋宁是这些统一国际商法条约是否在"当事国间"具有约束力。在进行体系性解释时，需要进一步考量的是这些同时适用于"当事国间"的规范是否具有内容上的关联性。因此，在个案中，并不排除虽然规则的制定者不同，但是依然应进行体系性解释的情况。

（三）目的论解释的建构

目的论解释在国内法的解释中已经获得了广泛的认可，在国际商法统一规则领域也应受到同等的重视。目的论解释的合理性在于，它能够尽可能使解释结果与法律所追求的目标达成一致。在这方面，国际商法统一规则与各国国内法的追求是一致的。学界对目的论解释在国际商法统一规则领域的适用已经形成基本的共识。在对国际商法统一规则进行目的论解释时，法律适用者必须特别注意识别相关规则的原则性目标与价值基础。

《公约》第 7 条第 1 款规定了整个条约所要实现的目标，在进行目的论解释时需要仔细考量。

第一，主观目的论解释。

主观的目的论解释指向规范制定者的历史意志和这一意志所追求的目标。法律规范应该在其可能存在的意义范围之内，按照立法者的目标和意图进行解释。从这个意义上说，法律适用者必须探求立法者隐藏在规范文本背后的目的，并在此基础上排除不符合这一目的的诸多解释可能，从而得出唯一确定的解释结论。主观的目的论解释究其根源来说，仍属于历史解释的范畴（根据立法者的意图进行解释）。在《公约》起草和讨论过程中，遗留了大量的文献资料，这些文献资料不仅为《公约》条文的产生过程提供了重要的历史参考，并且可以成为法律适用者解释这些条文的基本参照。主流观点认为，历史解释对国际商事交易中的法律稳定性以及法律适用的统一性大有裨益，在国际商法统一规则领域，法律适用者无论如何不应该跳过历史解释这样一个对法律的安全性和法律适用的统一性如此重要的解释方法。

但主流观点并不足取。沿着主流观点思考，必然要进一步追问，如何确定立法者的意志与规范构想？在 1980 年 10 月 3 日至 1980 年 11 月 4 日举行的维也纳国际买卖法大会上，全球有 62 个国家和地区参加了讨论。在大会的表决阶段，有 42 个国家表示赞成，有 10 个国家提出保留意见。从这些实际情况出发，如果想要确定所有参与大会讨论的代表的共同观点，或者要确定赞成条约草案的所有代表对于每个具体条文的共同见解，都无异于天方夜谭。试问，当各个代表意见相左之时，哪个代表的意见更具有权威性呢？由于历史解释自身无法避免的重大缺陷，它在各种解释方法中的权重也必然大打折扣。那种认为主观的目的论解释可以提高法律适用统一性的观点，显然高估了《公约》历史文献资料本身在内容上的一致性。尤其是当我们考虑到，随着时间的推移，当年涉及条约条款时考虑的特殊境况可能已经变迁或者不再存在，相应地，对条约的解释应该适应不断发展的国际商事交易实践，而不能抱残守缺。如果让当初参与《公约》讨论的各国代表在当代背景下重新进行商谈，各方也很可能会对国际商法公约的文本含义有新的理解和诠释。更为重要的是，当代的法律适用者在面对相互矛盾的历史资料时，不可避免地要进行一定的选择，倾向于某种解释结果，而将其余解释可能排除在外。这本身就已经反映了法律适用者对客观历史文献的主观理解过程，在此过程之中，不同的法律适用者同样可能得出不同的解释结论。主观的目的论解释并不因其主要参考客观的历史资料而能够保证国际商法统一规则解释结论的客观性和稳定性。参照《条约法》第 32 条，建立在历史解释基础之上的主观的目的论解释在各种解释方法中仅具有次要的价值。

第二，客观目的论解释。

客观的目的论解释无意于探究历史上立法者的主观意图，而是追问独立于立法者意志之外的，客观的规范目的。无论历史上立法者具有怎样的主观目的，最终的国际商法条约都只能以客观的文本形式表达出来。就立法层面来说，法律文本本身已经涵盖了立法者所要表达的意旨。各国签署国际商法条约的过程表明，各缔约国愿意接受国际商法条约文本的约束，但并不表明也完全接受其他缔约国通过文本试图表达的主观意图。从这个意义上说，对各缔约国有约束力的仅仅是条约文本本身以及文本表达的规范目的。客观目的论解释的基础在于国际商法公约文本语言表达必然存在一定的疏漏与不足，如果仅仅将法律适用者的视域局限于文本本身，则这些疏漏与不足将影响国际商法的统一适用。客观的目的论解释一方面为法律适用者提供了排除部分解释结论的可能，另一方面也可以成为解释法律文本的目的指导。法律适用者对《公约》法律文本的解释，即是一个不断发现文本背后规范目的的过程，同时也是运用这些发现了的规范目的理解文本含义的过程。

以客观的规范目的为基础对国际商法统一规则进行解释，也存在不小的缺陷，那就是很难保证各国裁判结果的统一性。在理解和发现国际商法公约条文背后的目的时，法律适用者很难不受到各国国内法的影响，同时法律适用者自身的观念也可能影响到对法律文本的解释。当法律适用者运用目的论解释，弥合国际商法统一规则与变化了的客观情况之间的裂缝时，这种缺陷就表现得尤其明显。客观的目的论解释将有可能危及统一国际商法条约所追求的统一适用和法律安全。因此，必须对客观的目的论解释有足够的警惕。根据《条约法》第 31 条第 1 款，条约要"按照其目的与宗旨"进行解释。这是客观目的论解释的核心。但问题是，我们如何确定条约的目的与宗旨呢？根据自主解释原则，对条约的目的与宗旨的考察必须排除各国国内法上的价值评价，要从条约的客观表达出发，并将条约的前言与附件纳入考察的范围，以便推究出条约的真意。但需要注意的是，这一过程所探究的并不是历史上立法者的主观真实意志，而是在考虑条约总体表述基础之上抽象出来的客观的目的与宗旨。客观目的论解释所追求的是最契合这一客观目的与宗旨的解释结果。

（四） 历史解释的建构

上面提到的各种解释方法往往难以彻底排除法律解释中的疑点，因此还需要其他的解释方法进行补充。在国际商法统一规则的适用领域，历史解释已经获得了两大主要法系——民法法系与普通法系——学理的普遍认可。被历史解释列入考虑范围的包括：作为《公约》前身的海牙《国际货物买卖统一法公约》（ULIS）、最初草案及其咨询意见、秘书处对纽约草案的评述以及 1980 年维也纳大会上的提案以及讨论情况。这些资料大多保存完好，使得法律适用者对《公约》进行历史解释时，拥有比其他统一国际商法公约更丰富的背景资料来源。但是，这些历史资料也同样可以成为法律适用者的负担。这一点在经历过多次修改的条文上表现得尤其明显。《国际货物买卖法统一公约》缔约国的数量非常有限，在随后的《公约》起草和讨论过程中，采纳了广泛的意见和建议，从这个意义上说《公约》的诸多条文实际上是各国相互妥协的产物，而且越是到后期，草案内容越与各国的普遍意见相一致。对于法律适用者来说，并没有必要从《公约》的最初形式按照时间的轨迹分析条文的具体产生过程，以此获得历史解释的一般性结论。在多数情况下，法律适用者需要以一种逆向的视角，回溯《公约》条文的产生历程，如果在某一个时间点已经获得了历史解释的结论，一般情况下没有必要继续追溯剩余历程。

正如上文对主观目的论解释的分析那样，历史解释具有其本身难以克服的天然弱点。诉诸历史解释本身往往并不能让法律适用者获得一个完全清晰并且毫无疑义的解释结论。在各种解释方法中仅具有次要的价值。这一点在《条约法》第 32 条的表述中已见端倪。该条规定，前期的准备工作与条约缔结时的情况只能作为补充性的解释工具而被考虑：即只有在为证实经过文义解释、体系解释和目的论解释获得的意见时，或者虽然依据上述三种解释方法对条约进行了解释，但是意义依旧难以确定以及解释结果明显谬误或者不合理时，才能启用条约准备工作以及条约缔结时的资料。从这个意义上说，历史解释实际上是一种弱势的解释方法，如果历史解释得出的结论与其他解释方法的结论相冲突，则应该考虑其他解释方法得出的结论，并以此作为裁决的根据。只有在其他解释方法无法得出确定性的结论时，历史解释才可以被纳入法律适用者的考察视野。

（五） 比较法解释的建构

比较法解释对国际商法具有特殊的意义和价值。长期以来，比较法解释不仅获得了学术界的普遍承认，而且在司法实践中也已经发挥了一定的作用。为便于展开论述，下面将区分两种类型的比较法解释：不纯正的比较法解释与纯正的比较法解释。

第一，不纯正的比较法解释。

首先分析的是所谓的"不纯正的比较法"解释，即在解释国际商法统一规则时，对其他缔约国已经形成的判决进行有比较的分析，这是当前广泛运用的一种比较法解释方法。它的重点并非是像传统做法那样比较各国不同法律体系的有关制度，而是比较国际商法统一规则在各国的不同适用情况。《公约》第 7 条第 1 款将推动《公约》在各国的统一适用作为一项基本的解释原则。为了使各国的司法判决最大可能实现统一，法律适用者在进行解释时，参考其他国家的相关判决结论，自然也就成了题中之意。进一步说，如果我们承认在国际商法统一规则领域存在一个由国际判例构成的体系，那么我们就应该认可外国判例对其他国家的拘束力。有学者甚至力主推动形成"超国家的判例法"。

然而，国际商法统一规则的适用者仍需面对以下难解的谜团，比如，如何正确理解外国判决的表述，如何正确分析外国判决的理由，这些往往都需要有相应的外国法知识背景，甚至还需要克服法律文化上的无形障碍。此外，外国的判决对于本国法院来说根本不具有任何实质意义上的拘束力。《公约》形成的判决尚未满足构成判例法的基本条件。尽管存在上述难题，我们不能回避，一旦克服这些障碍后，带来的好处将是多么诱人！当法律适用者依照国际商法统一规则进行裁判时，必然希望自己的判决结论能够获得尽可能广泛的认可，至少其他国家就相同法律问题进行的判决不至于走得太远，或者至少不至于完全相反。只有这样，才能保证在跨国商事交易领域实现法律的稳定性和可预见性。若希望各国分散的司法判决，具有一个共同的基本方向，就不可避免地需要法律适用者在司法实践中，恰当地运用其他各国在司法实践中业已积累起来的智慧。认为外国的判决对本国法院没有拘束力，并非没有道理，但据此就否决考量各国司法判决，也仅仅说对了真理中的一部分。所以要考虑各国司法判决，并不在于这一司法裁判是否由外国做出，而是着眼于各缔约国可能普遍接受某一做法的潜在概率。据此，各国的司法判决虽然不应该被当作具有拘束力的判决来看待，但并不排除其成为具有重要考量价值的做法。根据《条约法》第 31 条第 3 款 b，条约缔结后各当事国对条约解释之协定之任何惯例，可以与条约的上下文一并考虑。

第二，纯正的比较法解释。

与不纯正的比较法对应的是纯正的比较法。纯正的比较法是对各国不同法律秩序之间的比较。经典的区分原则从所比较的法律秩序的特性出发，将纯正的比较法分为四类：（1）各成员国未经统一，但是本质类似的法律制度；（2）国际条约所采纳的特定国家的法律制度；（3）成员国之间的法律协调；（4）国际条约有意偏离国内法的规定。各成员国尚未统一但类似的法律制度依然属于各国国内法的范畴。这些法律制度虽然具有一定的相似性，但是并不具有国际性的约束力。类似地，成员国之间的法律协调仅仅是针对国内法进行必要的调整，以避免各国之间类似案件裁判结论的差异。各国依然保留形成相关国内法规则的自主空间，并且法律制度之间的差异化并不能完全避免，经协调的法律与国际商事公约不能等同。最后，各成员国缔结国际条约如果有意偏离某些国内法制度，则已经表明各国不愿意在国际商事领域受其约束，因此，这类法律也不应纳入比较考察的视野。更为重要的是，上述三类比较法方法均涉及法律适用者追溯至有关国内法律秩序的做法，考虑到统一国际商法条约的自主解释原则，均不应被认可。有讨论意义的仅限于国际条约所采纳的特定国家的法律制度。

《公约》的产生本身就建立在广泛的比较法基础之上，尤其是拉贝尔（Rabel）对国际买卖法的根本性研究。《公约》也因此被誉为"长期比较法研究所取得的丰硕成果"。对此，有学者认为，比较法解释独立于历史性解释或者主观目的论解释之外，是一种全新的解释方法。然而，这一观点并不足取。对条约形成过程中采纳的有关国家国内法律的比较，本质上是探求《公约》条款的产生过程，以及立法者对相关条文的制度性构想，建立于历史解释或者主观目的论解释的基础之上。从本质上说，对统一国际商法条约所采纳的一国或者多国国内法的比较，可以根据《条约法》第

32 条，被认定为属于条约的准备公约和缔约情况，从而以补充性解释资料的形式纳入考察范围。从上面的分析可以看出，这样纯正的比较法解释也仅仅具有次要的地位和价值。相应地，这一解释方法的适用领域仅限于《条约法》第 32 条规定的两种情况：其他解释方法无法得出确定性的结论，或者对其他解释方法得出的结论有疑义。

（六）诸多解释方法的关系

法律解释本质上是一种思维过程。在进行法律解释的过程中，法律适用者并不是机械地援引法律条文，而是创造性地将法律条文适用于待决案件之中。法律适用者采用侧重不同解释因素——主观性因素与客观性因素——的解释方法往往会得出不同的解释结论。主观性解释因素倾向于探究历史上立法者的意志，并以此为基础确定相关法律条文的含义，最终将待决案件与历史上立法者的规范性设想结合。而客观性因素则是从客观的条约文本出发，将待决案件置于已经形成并且对相关生活事实具有约束力的法律秩序之内，发现并寻找法律条文的解释结论。法律适用者在解释国际商法统一规则过程不得不对多个解释方法得出的相互冲突的结论进行选取，从而对待决案件做出裁判。如果仅仅将各种解释方法作为法律适用者面对国际商法统一规则解释问题时仅仅作为参考并可以任意选择的菜单，则国际商法条约在各缔约国的统一适用根本无法实现。质言之，如果国际商法统一规则的解释论无法确定法律适用者采用不同解释方法的过程以及优先性，那么它就不可能保证不同法律适用者对相同法律条款进行解释可以得出相同或者基本类似的解释结论，进而也就不能保证同案同判的实现。《条约法》同时采纳了主观性因素与客观性因素。在国际商法条约的解释过程中，对于法律适用者而言，具有决定性意义的是客观因素，即条约文本。根据《条约法》第 31 条第 1 款，植根于概念惯常含义的文义解释是法律适用者的出发点，同时也划定了法律解释与法律续造的界限。在解释国际商法统一规则的过程中，明确的字面含义具有特别重要的意义，它可以最大可能地防止解释者通过目的论解释，将自身的价值评判引入对条约文本的理解。但惯常的文义并不总是非常清晰，它往往需要解释者从上下文的语境里探求概念的特殊含义。《条约法》第 31 条详细列举体系性解释的具体方法，足见其重要性。在进行体系解释的过程中，法律适用者不仅要考虑相关的国际法规则，同时也要将与《公约》有关的惯例纳入考察的视野。在经过文义解释与体系解释之后，法律条文如果依然存在多种解释可能，就应该选取与国际商法统一规则的目标与宗旨最契合的解释结果。（客观的）目的论解释可以成为对公约进行灵活解释，来适应不断变化着的客观现实的有效工具。其他的解释资料，比如前期的准备工作和统一国际商法条约缔结时的客观情况，仅仅具有次要的意义。因此，建立在这些补充性资料基础之上的各种解释方法——比如主观的目的论解释、历史性解释、纯正的比较法解释等——在国际商法统一规则的适用中也仅仅具有参考价值。在运用客观性解释方法能够得出国际商法条约有关条款明确的解释结论的情况下，法律适用者无须进入到主观性解释方法的分析层面。但是当前者不能提供唯一解释结论时，法律使用者有义务参考历史资料，站在立法者的角度历史性地分析条约文本表达的含义。

四、结论

通过上面的分析可以看出，在国际商法统一规则领域，实现法学方法论的统一并非没有可能，统一法学方法论的实现，将对国际商法真正统一的实现起到根本性的推动作用。下文将对全文论证得出的最主要的结论进行梳理。

国际商法统一规则的概念由两个主要的特征构成：国际性与统一性。相应地，国际商法统一规则的方法论也必须植根于此。任何试图将统一国际商法公约进行某种技术上的隔离的做法——无论是归入国际法还是归入国内法，无论是归入公法还是归入私法——都具有不彻底性。按照这些区分标准进行的切割都与法律现实相背离，它隔断了国际商事法律关系的基本脉络，具有显而易见的缺陷。国际商法统一规则本身极其复杂，从本源与形式上看它属于国际法，但从内容上看它又属于典型的私法。相应地，在探讨国际商法统一规则的法学方法论时，也要从两个方面进行：一方面，从它的国际法属性出发，承认国际法上的法学方法在国际商法统一规则领域基本有效；另一方面，从它的私法属性出发，对国际法上的法学方法进行必要的修正。

在进行文义解释时，首先要确定的是特定概念的惯常文义。国际商法统一规则往往具有多种官方语言文本，当解释存在疑义时，应该根据《条约法》第 33 条的规则确定具体的文义。原则上应该承认国际商法统一规则之间存在一定的体系关联。在具体判断时，法律适用者的主要标准是这些国际商法统一规则是否在"当事国间"具有约束力，以及是否具有内容上的关联性。根据《条约法》第 31 条第 1 款，在对国际商法统一规则进行客观的目的论解释时，必须考虑到条约的宗旨。也就是说，当存在多种解释可能时，尽量选取最能实现条约目的与宗旨的解释结果。主观的目的论解释究其本质来说，依然属于历史解释，根据《条约法》第 32 条，历史性解释仅仅具有次要的地位。各条约成员国在具体法律问题上统一的司法裁判，可以作为当事国在缔结条约后形成的有关条约解释的惯例，在进行体系解释时一并考虑。如果国际商法统一规则采纳了某个国家或者多个国家国内法的规定，那么在进行解释时，对这些规定的比较法解释，可以作为《条约法》第 32 条意义上的条约准备工作以及缔约情况而被考虑，但是也仅仅具有次要地位。

（原载《法律方法》2016 年第 1 期）

英国公司法现代化历程及其评析

·‥‥‥‥‥‥‥‥‥‥‥

林少伟

◢一、引言

自一百五十多年前，被誉为现代公司法之父的 Robert Lowe 提出建立股份有限责任公司后，英国公司法的理论、原则及制度便被其他国家所参考或借鉴。此后上百年的制度演进中，虽多有曲折与停滞，但英国公司法现代化的总体方向并未改变。而 2006 年《公司法》的颁布，意味着英国公司法向现代化进程迈出重大的历史性步伐。此次《公司法》修改历时八年，在英国立法史上可谓罕见。议会辩论中，"具有历史性的立法""巨大的立法工程""不可思议的立法进度""庞大的怪物""现代立法模式的楷模"等词眼频繁出现。最终通过的《公司法》共有 47 部分、1300 个条文和 16 个附件，是英国议会有史以来通过的最厚的法律文件，也是 1850 年以来对英国现有商事法律最具广度和深度的修改。① 然而，此次规模庞大、前所未有的修法，是否能实现预设目标？现代化后的公司法是否仍存有缺陷？如有，原因为何？本文试图通过整理英国公司法现代化立法历程，并评析修改后公司法的实施情况，以探究历经八年的公司法现代化运动的成与败。

---

① Arad Reisberg, Corporate Law in the UK After Recent Reforms: The Good, the Bad, and the Ugly, V. 63 Issue 1 *Current Legal Problems*, 2012.

二、现代化缘由及争论

众所周知，英国公司法历经特许主义、法定主义以及注册主义。国内公司法教材对此均或多或少有所涉猎，自不必多言。值得我们注意的是，在注册主义阶段，1844 年的《合作股份公司法》虽然确定了公司独立法人之地位，但有限责任并未获得认可，因此公司股东仍对公司之债务负有无限责任。这一致命的缺陷促使 1855 年《有限责任法》的诞生。但鲜为人知的是，在有限责任法颁布之前，已有相关案例涉及这一制度。在 *Hallett v Dowdall* 中，法院认为，合作股份公司可以在签订合同中加入"有限责任"之条款，只要合同相对方签署同意，则股东可免无限责任之负担。① 此外，虽然《合作股份公司法》中出现"公司"一词，却有名无实，实质上是合伙形式的扩大化。② 纵然如此，随着《1855 年有限责任法》《1856 年股份公司法》和《1862 年公司法》的颁布实施，具有现代意义的公司法也终于确立。

此后，英国陆续有六个委员会报告，包括 Loreburn，Wrenbury，Greene，Cohen，Jenkins 和 Prentice 等提出各种修改意见，然而英国公司法并未大幅度修改。1997 年上台执政的工党政府，推行经济改革，通过贸易与产业部设立公司法审议指导小组，启动公司法现代化修法历程。震惊全球的安然、世通公司等破产丑闻，惊醒沉醉于往日辉煌的英国人，促使公司法修改迈出关键步伐。

此外，公司法本身固有的缺陷也迫使修法迫在眉睫。原有公司法源于维多利亚时期，虽历经数次修改，其基本原则和制度并没有发生根本性变化。相反，历次的修改使得公司法伤痕累累，体系混乱。公司法本身的语言文字晦涩冗长，与现代英语词汇的发展格格不入。③ 而某些制度已失去

---

① *Hallett v Dowdall*（1852）21 LJQB 98.

② Saleem Sheikh, *A Guide to the Companies Act* 2006, Routledge–Cavendish, 2008, 12.

③ 如特殊决议（special resolutions）与特别决议（extraordinary resolutions），如不细心研究，很可能被视为一致。

效用，无存在必要。① Beckett 坦诚，原有公司法过于繁杂和严重落后，其导致的后果是增加交易成本和阻碍经济发展。②

鉴于此，英国各界对公司法的修改必要性达成共识，然而，何种修法方向仍有争议。分歧大致有两种，一是规范派。认为应加强公司法或相关法律的作用，通过赋予公司法强大的功能，包括制订更多的强制性条款或其他规范性条文来规范公司经营，防止公司失范行为，保护中小股东利益，维护债权人合法权益，培育健康的市场经济。二是市场派。即崇尚市场作用，认为公司为了提高市场竞争能力，必会按照市场规则自我调整，无须外在力量的过度干预。我们不难看出，这两种不同的立法思路，实质上是政府与市场之间关系在公司法上的反映。理想之路，当然是取得二者之平衡。既不过多干预公司，使之在市场经济中淘汰或壮大，同时规范失范行为，保护利益相关者的权益。但名为理想，即是难达。然而这并不妨碍朝此方向之努力，2006 年公司法在某种程度上即是这一努力之体现。

三、现代化历程

自 1862 年以来，英国公司法基本上每二十年修改一次。1997 年工党上台执政后，便启动公司法的修改。1998 年 3 月，公司法审议指导小组（The Company Law Review Steering Group）的成立，标志着公司法现代化历程帷幕的拉开。

（一）战略框架（The Strategic Framework）

公司法审议指导小组成立后，于 1999 年发布修改公司法的第一份文件《战略框架》。该框架是公司法现代化进程的第一份修改意见报告，为

---

① 比如，公司不但要登记记名股东的姓名、地址，也要登记他们成为股东和结束为股东的日期。这条源于 1856 年公司法的规定是出于当时有限责任制度并未广泛应用，将成为或结束股东资格的具体日期登记在册，可以作为判断其承担责任的期限。然而，在现今有限责任已成为公司特性之一的情况下依然沿袭此规定则显得荒谬。

② Margaret Beckett, President of the Board of Trade (1998), Foreword to Modern Company Law: For A Competitive Economy.

后来的几份报告奠定基础。战略框架认为，原公司法已不能适应现代化的发展，全面性、重大性的修改在所难免，公司法的修改应遵循以下三个原则：第一，便于交易。报告认为，公司法应当鼓励合同自由和透明性。合同自由意味着公司法应当减少不必要的规范和限制，以赋予公司更多的自主权利进行交易。透明性则意味着公司相关信息的披露，以保障交易第三方的安全，降低交易成本，促进商业活动。第二，便于适用。报告认为，现代化公司法应当尽量去复杂化，无论是逻辑结构，还是遣词造句，都应当尽量用简单通俗的词语表达，便于实践操作。第三，规则界限。报告认为，新公司法应当明确各种规则界限，不能超越自己的边界，也不应承载过多的功能和负荷，以免背负难以承受之重。

在上述三个原则的指导下，战略框架针对原有公司法，提出以下几大问题：第一，为增强公司的竞争性和促进社会整体福利，现代化的公司法应当舍弃守旧的股东利益为首要目标的价值取向，代之以开明的股东价值（enlightened shareholder value）。第二，公司法的现代化要求公司法不应当只为大型公司或公众公司立法，也需照顾小型公司或私人公司，这也是新公司法"便于交易"和"便于适用"的立法原则的应有之义。第三，简化公司设立程序和手续，方便公司的设立，以增强国际竞争力。第四，原有资本维持原则过于严格，在是否能够真正保护债权人利益方面也值得怀疑。新公司法应当在资本减少、公司股份回购和财务资助等规制方面适当放松。第五，适应现代技术发展，利用现代技术提高公司运营效率和管理标准，如允许董事会议或股东会议以互联网的形式召开等。

公司法审议指导小组发布的战略框架，基本上涵盖了公司法修改需要注意的要点，也为后续报告的颁布确定框架，定下基调，是公司法现代化的第一份战略性文件。

（二） 法律委员会报告之一：股东救济措施[①]

在公司法审议指导小组为公司法修改发布建议报告时，英格兰、威尔士及苏格兰法律委员会也为此出谋划策，并相继发布两个关于公司法修改的报告：股东救济措施和公司董事义务。

---

① Law Commission Report, Shareholder Remedies, Report No. 246 (1997).

法律委员会首先发布的是关于股东的救济措施。报告认为，普通法关于股东代表公司提起派生诉讼的规定过于复杂和严格，不利于保护少数股东及公司的整体利益。新公司法应当将之成文法化，并废止派生诉讼提起之障碍，以使派生诉讼有名有实。此外，对于不公平损害救济（unfair prejudice），委员会建议应赋予法院更多权力，以缩短诉讼周期，提高诉讼效率。为防止因对股东利益的倾斜保护而导致董事过于谨慎，委员会提出了尊重公司内部管理、强调原告适格、遵从契约规定、避免琐碎诉讼和提高管理效率等指引，以试图在保护少数股东利益与鼓励董事经营之间取得平衡。

（三）法律委员会报告之二：公司董事[①]

董事义务的成文化一直为立法者所摒弃。他们认为，将董事义务成文化是一项庞大复杂工程，可能得不偿失。其一，董事义务成文化之后会丧失其灵活性，不能及时适应外部环境的变化。法律委员会则认为，董事义务经过上百年的发展，已渐成熟，成文化在法律技术方面不成问题。其二，关于成文化后可能产生的丧失灵活性问题，委员会认为将董事义务成文化并不意味着将所有的董事义务均列举在内。相反，成文化的董事义务是将已知的或可预见的义务规定在内，同时也对未知的可能产生的义务持保留意见。比如可通过"公司董事也受本法尚未规定的其他义务的制约"等语句进行保留，待普通法解决。此外，董事义务成文化还具有使公司法更为稳定、确定、易于实施和理解等优势。鉴于此，委员会列举了包括合理、技能和勤勉、忠诚、独立判断、避免利益冲突等义务，其中大部分为后来立法者所接受。

---

① The Law Commission and the Scottish Law Commission, Company Directors: Regulating Conflicts of Interests and Formulating a Statement of Duties (September 1999), Law Com No. 261, Scot Law Com No. 173.

（四） 建立框架①

在上述诸多报告发布之后，公司法审议与指导小组收到很多支持意见，② 便趁热打铁，在战略框架的基础上，发布建立框架报告。此报告主要针对以下三个方面：第一，在公司价值目标方面，提出开明的股东价值这一概念，以试图在肯定传统的股东首要价值的同时，吸取公司社会责任的要素，以适应现代化发展。第二，在董事方面，重申董事义务成文化的必要性，并对董事具体义务的相互关系和非执行董事在上市公司的角色提出立法建议。第三，在公司财务报告方面，小组提出应简化小型或私人公司的要求，以避免加重小公司的负担。此外，为防止公司财务报告出现错误或作假，小组建议扩大对公司的审计范围和加大审计者责任。

（五） 完成结构③

小组在战略框架和建立框架的基础上，于 2000 年 11 月发布完成结构报告。该报告主要是对之前报告内容的强调，同时也明确提出了新型公司法应当确立为小公司服务的立法理念。即现代化公司法应当改变传统的立法思维，代之以优先考虑小型公司或私人公司的立法理念：第一，在立法结构方面，应当以小型公司的特征为基点进行整体安排，将大公司或公众公司特有的规制作为例外补充进行规定。第二，在立法技术方面，应当便利小公司的适用，废止一些不必要的制度。立法语言应当去复杂化，以易懂为标准。

---

① Department of Trade and Industry, Company Law for A Competitive Economy：Developing the Framework（March 2000）.

② 当然也有一些反对意见，比如 The Law Society for England and Wales and the Faculty of Advocates 反对将董事义务成文化，其反对的原因是立法技术上不可行。

③ Department of Trade and Industry, Modern Company Law for A Competitive Economy：Completing the Structure（November 2000）.

（六） 最后报告①

在完成结构报告发布之后，公司法审议指导小组开始起草公司法草案，最终于 2001 年 7 月发布最后报告。该报告以两卷本形式发布，卷一主要是公司法的修改建议，卷二主要是新公司法草案。两卷本的立法意见被誉为英国立法史上一百五十年以来最为壮观之法律建议。最后报告是在综合前几个报告的基础上，结合其他立法意见，最终发布的立法建议文本。它主要强调三个方面：第一，公司法应当简单化和现代化，以服务小型或私立公司，为之提供必要的便利。第二，公司法应服务现代经济，为公司提供法律框架。第三，确保专门机构的灵活性与及时性，以克服成文法之滞后性与固守性。

（七） 2002 年政府白皮书：公司法的现代化②

为回应指导小组的立法建议，工党政府于 2002 年颁布第一份关于公司法修改的白皮书。该白皮书强调，1985 年公司法源于 19 世纪，历经一百多年洗涤，已不再适应现代化发展。普通法的诸多规则也因过于烦琐与复杂无法有效规制公司失范行为。公司法的修改过程之所以历时较长，是出于谨慎考虑。一部完善的现代化公司法可以鼓励设立公司，刺激经济并吸引外国投资，增强并提高国家经济的竞争力。反之，一部落后于时代和繁杂的公司法则可能阻碍企业发展，降低国际竞争力。因此，对公司法的修改应大刀阔斧与小心谨慎相结合。一方面应鼓起勇气，废除不符合现代化发展的制度规范；另一方面应广泛咨询，听取各界意见，谨慎修改相关条文。

白皮书赞成新公司法以优先考虑小型或私人公司为立法理念，并重申指导小组关于新公司法为小公司服务的相关规定。白皮书认为，优先考虑大型公司的传统立法理念有其历史原因。19 世纪，受工业革命影响，英国的基础性设施建造势头正盛，一般小型公司因其资金有限而无力投资。

---

① Modern Company Law for A Competitive Economy：Final Report.

② Department of Trade and Industry, Modernising Company Law （July 2002）（Cm. 5553 – 1）.

募集社会公众资金的大型公众公司的介入使立法者认为设立公众公司乃是将来发展之趋势，其发展规模也必将远超私人公司。因此，优先考虑公众公司作为当时的立法思维首先被确立，并在之后的历次修改中从未动摇。然而事实发展与预期相反，私人公司不但数量没有减少，反而不断增加，直至 20 世纪末，私人公司在英国注册公司中占据 98%。因此，改变传统立法理念，以服务小公司为立法逻辑的新公司法应运而生。

（八）2005 年政府白皮书：公司法改革①

在 2002 年白皮书的基础上，工党政府于 2005 年发布第二份公司法白皮书，提出新公司法应当全面改革以适应现代化的发展。因为"一部公平、现代和有效的公司法对经济和社会都有关键的作用"。② 该白皮书强调了新公司法的四个目标：第一，通过明确董事义务内涵，厘定董事义务界限和规范公司信息披露，提高股东参与度和长远投资文化。第二，尽量减免对小型公司的不必要限制，放宽程序要求，以优先考虑小型公司为理念，优先考虑小型公司特点，弘扬私人公司友好型的公司法文化。第三，扩大公司设立的自由，减免公司设立不必要之程序与限制，以便利公司设立。

在工党政府的大力支持下，2005 年公司法草案经过下议院审读，上议院通过，并于 2006 年 11 月 8 日获得王室批准。至此，历时 8 年的修改最终以"2006 年公司法"名义正式公布。

四、2006 年公司法评析

2006 年公司法的颁布实施可谓是对现代化要求的回应，但问题的关键在于，这些变动或修改是否真能适应现代化的发展，进而促进商业经济

---

① Department of Trade and Industry, Company Law Reform, March 2005, Cmnd 6456.
② Foreword by the Rt Hon Patricia Hewitt, White Paper, 3.

2018 中国金融论丛

发展，增强英国经济活力？① 纵观英国公司法现代化历程，不难发现，此次公司法修改的大致有以下目标：便利公司设立、减少干预公司、优先考虑小型公司和保护少数股东权益。2006 年公司法颁布实施至今已有数年时间，其是否能实现这些立法目的？在实施过程中又有何挑战？

（一） 便利公司设立

2006 年公司法的立法宗旨之一是便利公司设立，简化公司设立程序和手续。通过鼓励设立公司，促进商业交易，进而推动经济发展。根据公司法审议指导小组的意见，2006 年公司法将以 "最简单、最快捷和最廉价的方式" 为公司设立提供便利。事实上却事与愿违。据世界银行提供的数据，2010 年如欲在英国设立公司，须通过 6 个程序，费时 13 天，并花费人均国民总收入的 0.8%（见表 1）。②

表 1 英国公司设立相关数据

项目 \ 时间	2005 年	2009 年	2010 年
排名	7	8	16
程序（个）	6	6	6
时间（天）	13	13	13
花费（人均国民总收入%）	0.8	0.8	0.7
最低资本（人均国民总收入%）	0.0	0.0	0.0

由表 1 可知，2006 年公司法颁布后，公司设立程序并没有发生变化，仍需经过 6 个程序，在时间上也与以往保持一致。设立费用虽较以往有所

---

① 法律的修改和变动与器械的设计和制造大不一样。对于器械而言，每一次的设计与制造可谓是集前人之智慧，而造先进之械。但法律的每一次修改则不一定能促进社会经济的发展，相反，它甚至可能会阻碍社会的文明进程。参见：Arad Reisberg, Corporate Law in the UK After Recent Reforms：The Good, the Bad, and the Ugly, 63（1）*Current Legal Problems*, 2012。

② International Bank for Reconstruction and Development, The World Bank, *Doing Business* 2005, 2009 *and* 2010 Report.

降低，但幅度并不明显。但在排名上，英国却由第 7 名降到第 16 名。可见，在创造便利公司设立环境、吸引外来投资方面，不进则退。英国 2006 年公司法在公司设立方面较以往已有所变动，但相对其他国家而言，仍显不足。

此外，在申请设立公司的具体过程中，2006 年公司法弱化公司大纲的作用，将之简化至备忘录的形式，以方便公司设立。然而，2006 年公司法实施后，申请表格内容激增，表格页数由原先的两页增加至现在的 18 页。此外，在关于通过收购壳公司设立公司方面，2006 年公司法并没有做出太多的修改。如欲通过这方面获得有限责任的保护，则当事人不仅需要修改相关的章程规定，还须收集各种辞职信、填写烦冗的股权转让表格以及向公司登记管理机构递交一系列相关文件。这些程序和文件要求并没有因 2006 年公司法的颁布实施而有所变化。英国公司法专家 Sealy 对此曾无不讽刺般指出，在真正"现代化"的公司法面前，壳公司恐将成为历史尘埃。Sealy 还不留情面地批评 2006 年公司法，指其如同伪善的怪物，不仅是对商业的侮辱，也是对真实的商业世界的否定。① Sealy 的批评可能过于激烈，但并非没有理由。2006 年公司法声称以最便捷、迅速和廉价的方式为公司设立提供方便，但最终却没有真正实现这一目标（至少在目前看来）。英国立法者完全可以进一步简化设立程序和手续，方便公司设立。一致紧随英国普通法的新西兰在这方面已然完全超越英国。在新西兰设立公司，只需一张信用卡，一部可上网的电脑即可完成公司注册，整个过程耗时约两个小时，花费 150 新西兰元。② 如同 Reisberg 所言，在新西兰注册设立公司如同在网上购买机票一般方便。③ 可惜的是，2006 年公司法并没有跨出历史性的一步，彻底解决公司设立效率问题。

（二）减少干预公司

2006 年公司法的另一宗旨是尽量减少对公司的干预，贯彻公司自治

---

① Len Sealy, *Sweet & Maxwell's Company Law Newsletter*, Sweet & Maxwell, 2008, 18, 2.

② 见新西兰公司注册网站：http://www.companies.govt.nz/cms.

③ Arad Reisberg, Corporate Law in the UK After Recent Reforms：The Good, the Bad, and the Ugly, 63（1）*Current Legal Problems*, 2012.

理念，在适度保障交易安全的前提下，提高商业效率。为此，公司法废除和放宽了一些不必要的限制。然而，这些变动有些微不足道，作用不大。比如公司法不再要求董事对公众披露居住地址，这些资料不涉及公司核心管理，属于法律文本上的细枝末节，废除该要求并不带来任何影响。另外，有些修改则是民间期待已久，早该如此。比如废除以往大一统的示范章程，针对不同类型的公司提供不同的示范章程，以方便不同类型公司自主选择。此外，不再要求私人公司设立公司秘书职位被视为减轻公司负担的一大措施。根据 1985 年公司法，即使是小规模的私立公司，也须设立公司秘书职位。该强制性要求被视为英国公司法忽视中小公司利益的传统体现之一。在以优先考虑中小公司为立法宗旨情况下，该强制性要求不再适用于私人公司。但问题在于，即使 2006 年公司法不再强制性要求私人公司设立公司秘书职位，但本应由公司秘书承担的职责同样需要有这么一个人承担，无论该人的职位或工作名称是何。

除上述一些微不足道或早该如此的修改外，2006 年公司法还在公司资本限制方面进行了大幅度的修改，以减少对公司自治的干预。比如在财务资助方面（financial assistance），原有公司法严格禁止一切公司对外提供财务资助，以防止公司资产的减少、避免市场操纵等。[①] 但 2006 年公司法松开对私人公司的限制，允许私人公司对外提供财务资助。这一变动受到不少学者的欢迎，认为财务资质的有限放宽有利于私人公司对自身资本的自我调整和增强杠杆融资的市场作用。[②] 然而，这种修改并不彻底，当私立公司作为公众公司的子公司或由公众公司控股时，该私立公司仍然受到财务资质的禁止。此外，这种财务资质的有限放宽能在多大程度上为私人公司带来实际帮助也值得商榷。甚而，这种出于善意的立法很可能被公司高管利用，以变相减少甚至侵吞资本，损害公司股东及债权人的正当权益。此外，在股本减少方面，2006 年公司法对私人公司也做出变通，允许私人公司减少股本时可以选择发布有偿债能力声明（solvency statement），而无须获得法院准许。然而，这种二选一的变通规定很可能不利于公司整体利益。一般而言，通过请求法院准许获得减少股本合法性的路

---

① Eilis Ferran, *Principles of Corporate Finance Law*, Oxford University Press, 2008, 269 - 272.

② C Proctor, Financial Assistance: New Proposals and New Perspectives, 28 *Company Lawyer*, 2007.

径需时耗费，董事为节时省钱一般会选择以发布有偿债能力声明的形式合法减资。然而，当董事发现发布有偿债能力声明不利于自身利益时，其很可能以牺牲公司利益为代价，而寻求法院许可以合法减少股本。

事实上，这种出于善意初衷却导致恶性后果的立法在很多国家并不少见。背后原因很多，比如没有考虑到法律实施中可能遇到的困难、立法技术不够高超，制度出现漏洞等。当某个法律不能实现立法者的目的时，立法者总是寄望于通过修改法律或制定新的法律试图实现规范的既有价值目标。如此循环，原目标被如同洋葱般的法律层层包住。这种制度设置，依Barry 所言，会降低民主问责制的效力。① 此外，法律的制定与法律实现的目的并非简单的一对一关系。法律制定通过后在实践中的实施效果可能符合立法者的目的，也可能事与愿违，产生反效果。这是因为法律的调整对象并不总是被动和消极的。从经济上而言，守法者面对法律的负担，其理性思维是如何在遵守法律的同时又能减轻该负担，即通过合法的手段规避法律。这种经济人的理性思维在实践中可能会对政策或法律造成抵消的效果，从而使法律打回原形，仅仅作为纸上法，② 甚至可能会产生反效果。③ 2006 年公司法出于尊重公司自治理念，试图减少干预，让法院归法院，公司归公司，这种初衷无疑值得赞赏，然因此而致使某些制度可能被利用甚至产生立法者难以意料的（负面）后果，则需深思和重新考量。

（三）优先考虑小型公司

优先考虑小型或私人公司是本次公司法修改的宗旨之一。为达此目标，2006 年公司法无论是从整体结构、内容编排还是语言文字，均力求服务于小型公司，为之提供便利。的确，与以往公司法相比，2006 年公司法在优先考虑小型公司方面确实有所进步，比如在整体结构上，突出小型公司的特点，将之作为公司法基本制度而非例外进行规定。在内容方面，专门制定针对小型或私人公司的示范章程，以鼓励小型公司的设立。

---

① N Barry, The Market, Liberty and the Regulatory State, 14 (4) *Economic Affairs*, 1994.
② 如英国曾推行的窗口税（window tax）。
③ 如强制要求驾驶员系安全带这一制度初衷在于保护驾驶员的生命安全。然而，驾驶员可能会因依赖安全带而更肆无忌惮地超速驾驶，导致更多的交通安全事故。

简化小型公司股东会的召集和决议通过程序，以免耗时耗费。在语言文字方面，也力求克服维多利亚时期的晦涩表达，以使小型公司股东或董事能一目了然。

然而，2006 年公司法在贯彻优先考虑小型公司的立法宗旨方面并不彻底，甚至因过于追求"大而全"而导致该宗旨大打折扣。比如，在公司法立法期间，指导小组建议应废除一些不必要的制度，以尽量减少对公司的干预，但最终成形的公司法文本是英国议会有记录以来通过的最厚的法律，含有 1300 条规定。如此巨大的文本，很难想象小型公司的股东或董事会一目了然。如聘请专业人士，则无疑会加重这些小型公司的负担。特别是对于那些只有两三名股东的小规模公司而言，聘请专业人士进行指导不太现实。此外，2006 年公司法虽文本巨厚，却并不意味着普通法失去用武之地。如董事义务虽已成文法化，但对制定法上董事义务的解释与适用离不开传统普通法的相关规定。[1] 这意味着小型公司董事不仅需要清楚知悉制定法的相关义务，还需了解相关制度在普通法的解释与适用。在公司法法条已然繁多的情况下，还要求股东和董事了解普通法的相关规定，无疑更是火上浇油。或许正如 Sealy 所言，所谓优先考虑小型公司的立法宗旨仅是障眼法。[2]

（四） 保护股东利益

公司法的核心是规制公司治理，而公司治理主要是对公司高管与股东之间关系的调整。前面所述的减少干预公司实质上是针对公司高管，即尊重董事或管理人员自主管理公司。但这种尊重公司自治的立法理念不能以股东（特别是少数股东）利益受侵犯为代价。因此，保护股东利益自然成为公司法修改的另一宗旨。

此次修法，在保护股东利益方面的最大亮点莫过于派生诉讼的成文法化。在传统的普通法中，因受制于福斯规则（Foss rule），股东原则上并

---

① 2006 年公司法第 170 条关于董事一般义务的第四款明确指出，一般义务应当按照与普通法规则和衡平法原则相同的方式进行解释和适用，在解释和适用一般义务时应当考虑相应的普通法规则和衡平法原则。

② Len Sealy, *Sweet & Maxwell's Company Law Newsletter*, Sweet & Maxwell, 2008, 18, 2.

没有提起派生诉讼的资格，只有在符合一定条件下（如加害人控制公司），股东方能提起派生诉讼。此外，普通法的派生诉讼程序复杂严格、耗时过长、标准不清，难以适应现代化的发展。① 鉴于此，2006 年公司法将之成文法化，试图建立一高效、公平和经济的解决公司股东与管理者之间争议的模式。新型派生诉讼程序被一分为二，第一阶段程序要求该诉讼须有表面证据，否则派生诉讼到此为止，不得继续，以保护公司不受诉累。如顺利进入第二阶段，则官须发函要求公司提供相关的证据进行答辩。在第二阶段中，制定法明确规定了在符合一定条件下，法官必须拒绝派生诉讼的请求。② 立法者也列出一些情形，作为法官裁判时必须考虑的因素。③ 此外，新型派生诉讼拓宽了股东可以起诉的范围，即使董事疏忽大意或没有因不法行为获益，也可能处于受诉地位。④

然而，成文化的派生诉讼并完全克服普通法的种种障碍，而轻装上阵。通过对派生诉讼实施后的案例分析可知，法院在解释新型派生诉讼程序时处于尴尬地位：即在依据全新的制定法程序时，出现了法官解释不统一，甚至相互矛盾的现象。另一方面，法官在进行具体解释时，仍不得不借助传统普通法的规则。普通法并没有完全被取代。相反，在某种程度上而言，2006 年的新公司法实质上是对传统普通法的一种成文法确认，是传统普通法的回归。⑤

◻五、结语

无可否认，历经八年修改而成的 2006 年公司法在很多方面有所进步，也体现了英国政府在公司法现代化方面所做出的艰辛努力。然而，修法期间所提出的几大立法宗旨并没有完全得以实现，这种努力和进步与其付出

---

① Consultation Paper Para 14. 1.
② 比如当行为人被诉之行为发生之前已被授权或事后被公司批准认可。参见 Companies Act 2006 s263（2）。
③ 比如原告股东是否处于善意、派生诉讼的继续对公司的影响等。参见 Companies Act 2006 s263（3）。
④ Companies Act 2006 s260（3）.
⑤ 林少伟：《英国派生诉讼的最新发展：普通法的回归》，载《时代法学》，2011（4）。

2018
中国金融论丛

的立法成本明显并不相称。甚至，一些出于善意初衷的制度在实施中很可能被规避和利用，进而可能产生负面效果。之所以出现这种局面，大致有以下三个原因：第一，对公司法冀望过高，视之为万能法，企图以一法解万难。这种立法思维忽视了公司法本身所固有的缺陷，同时也看不到轻触式规范（light-touch regulation）的优势，① 必然导致公司法背负难以承受之重。第二，在立法过程中，各压力团体通过各种途径进行施压，公司法沦落成为各利益方相互妥协的产品，② 进而导致原先纯粹的立法宗旨难以真正实现。第三，过于注重英国本土，欠缺国际视野。此次修法，无论是公司法审查与指导小组，抑或法律委员会，均以本土心态提出各种立法建议，缺乏以一种国际化的心态和视野进行考虑。在竞争全球化的今天，这种局限于本土的立法思维无疑不利于公司法在提高国际竞争力的作用与角色，也易导致制度演变的僵化。③

正如上文所述，英国公司法已基本形成每二十年修改一次的惯例，此次修法期间出现的问题有待十五年后解决，但个中教训也不应被遗忘。下一次的修法应当跳出公司法固有的框架，审思公司法功能与局限，重新定位公司法在资本市场与商业经济中的地位与角色。也更应跳出英国本土，不仅向英联邦国家学习，也应向其他国家借鉴先进制度，以提高国际竞争力。

（原载《民商法论丛》2016 年第 61 卷）

---

① 所谓轻触式规范（也称为倡导性规范），是一种介于强制性规范与任意性规范之间的新型规范。它的效力在于"遵守或解释"，即对于法律明确规定需要实施的制度，公司可以根据自身的情况决定遵照执行。如公司选择不予遵守，则须向股东进行充分的解释。这种轻触式规范既能体现立法者的意志和态度，也能因地制宜、尊重个体，由行为主体根据具体情况选择是否遵守，被认为是资本市场的新型规范。目前，欧盟部分国家和中国香港对上市公司治理的规制均采用这一"遵守或解释"原则。

② 这种因压力团体施压而导致公司法难以实现规范既有价值的典型例子莫过于派生诉讼。派生诉讼的成文法化本意在于克服普通法的种种程序障碍和实体困难，以便利股东提起诉讼，保障公司和自身权益。然而，在压力团体的施压下，最终出台的派生诉讼虽然扩大了股东可提起诉讼的事由，却因二分阶段程序和模糊标准致使股东无所适从。

③ Reisberg 曾提出批评，认为 2006 年公司法修改期间应参考或借鉴 1985 年加拿大商业公司法和 1993 年新西兰公司法。参见 Arad Reisberg, Corporate Law in the UK After Recent Reforms: The Good, the Bad, and the Ugly, V. 63 Issue 1 *Current Legal Problems*, 2012。

上海实体商业转型升级困境及对策建议

曹建涛　冯叔君

一、引言

上海位于我国经济发展最前沿区域，是我国重要商业代表城市之一。上海购物一条街、知名商圈的高档百货和大型连锁超市，各个社区的中小连锁超市，以及散落各个街道的 24 小时便利店和各类零售专卖店，构成了上海实体商业的基本业态样式。在全国经济增长趋于放缓的背景下，上海商业发展表现良好。2016 年，全市社会消费品零售总额约为 1.1 万亿元，比上年增长 8%，增速下降 0.1 个百分点。其中，批发零售业总额达到 9874.15 亿元，同比增长 8.4%，增速回升 0.3 个百分点。同期，全市全年实现批发和零售业增加值 4032.43 亿元，比上年增长 4.6%，占全市当年 GDP 的 14.68%。可见，上海商业为上海经济增长仍然发挥重要作用，为全市经济社会持续健康发展做出重要贡献。

事实上，在经济新常态、上海成立自贸区、"互联网＋"以及供给侧结构性改革等背景下，上海商业在高速发展的同时，仍然亟须转型升级，需要以更高的业态形式适应新的发展。一般而言，产业转型升级可以定义为在一国或地区的国民经济主要构成中，产业技术、产业结构、产业规模、产业组织、产业人员转移等发生显著变动的状态或过程。早在 2013 年，习近平同志强调企业要"腾笼换鸟、凤凰涅槃"。"腾笼换鸟、凤凰涅槃"思想自提出以来，被一些经济学者和管理学者形象地称为"两鸟论"。"两鸟论"形象准确地说明了"转方式、调结构"的重大意义和方向路径，道出了中国持续增长的动力所在，同时意味着上海商业转型升级必须采取"腾笼换鸟、凤凰涅槃"的策略指导产业转型。针对商业转型升

2018

中国金融论丛

级，国外文献如 Grossman（1991）、Lucas（1993）、Lee 和 Chen（2000）、Kaplinsky 等（2002）进行了相关的探讨；国内文献如欧阳鹏（2010）、董锡健（2010）、周勇（2013）、蒋丙南（2014）、徐印州（2014）、陆远（2015）、张广生（2015）等，也就国内实体商业转型和升级提出了有价值观点和建议。

近年来，上海市一直重视商业转型升级。2013 年上海零售商大会暨购物节总结会议报告指出，创新打造上海商业升级版，通过九大转型促进上海商业转型升级。2014 年上海市出台《关于加快上海商业转型升级提高商业综合竞争力的若干意见》，全面阐明了本市商业转型升级的方向和重点。2015 年上海市制定了《上海市商业网点布局规划（2014—2020年)》，对商业网点设施进行了调整、引导和规范，初步建立起商业建设项目的全生命周期管理机制。2016 年 1 月上海市人大财政经济委员会发布《关于本市促进商业转型升级情况的调研报告》，进一步总结上海近年来商业转型升级的情况。当前，上海市商务委聚焦"十三五"上海建设国际消费城市的目标，把握消费需求升级的新趋势，扩大中高端消费有效供给，从需求侧和供给侧两端同时发力。从总体上说，上海市在过去几年内不断在智慧商圈、社区生活商业、营商法治环境、跨境电商等许多领域积极探索，致力于推动上海商业转型升级的新格局。

因此，为了更好地促进上海市转型升级，本文首先分析上海商业转型升级面临的主要问题，最后在以上分析基础上提出相关对策建议。

二、面临主要困境及分析

（一）网络零售高歌猛进对实体商业冲击加大

在"互联网＋"背景下，线上零售或网上销售渠道发展迅速，且影响力日益扩大，对传统经营模式、商品流通、商圈布局等带来前所未有的挑战，对线下实体零售商造成巨大冲击。2016 年，上海市网上商店零售额达到 1249.77 亿元，同比增长 15.8％，虽然增速大幅下降但仍然高于社会消费品零售总额的增长幅度；而且，网上商店零售额占社会消费品零售总额的比重为 11.4%，比上年提高 0.5 个百分点。同时，第 39 次 CNNIC 报告显示，截至 2016 年底我国网民规模达 7.31 亿，互联网普及率为 53.2%。网络零售主体最大特点是资金少、技术强、规模小，而上海相对封闭的市场一度阻碍一些没有资金但具有技术优势的区域外零售企业的进入。此外，随着网上零售的发展，网上零售一些不合理地方不断凸显出来，存在假货盛行、刷单成风、低价倾销等现象。而且，一些网上零售商或运营商大肆烧钱，跑马圈地，进一步挤压了实体零售商的生存空间。

（二）人口结构、消费升级和消费习惯的变化冲击着现有商业体系

首先，人口结构变化的主要体现是人口老龄化和网民多为年轻人现状。近年来，上海 60 岁人口数量不断攀升，人口老龄化趋势进一步凸显。同时，18 岁到 59 岁的成年人口数量略有下降，18 岁以下的未成年人口数量基本持平。根据第 37 次 CNNIC 报告，我国网民以 10～39 岁群体为主，占整体的 75.1%，而 50 岁以上的网民不足 10%，60 岁以上的网民仅占到 3.9%。因此，在传统产业"互联网＋"和商业亟须转型升级的背景下，上海的商业转型升级需要更为精准定位，促进商业模式创新和加强技术创新的同时，不能忽略老龄化人口趋势变化，发展电子商务的同时，不能忽视老龄人群偏好于实体店的购买习惯。其次，随着我国经济发展以及人们生活水平的提高，居民消费升级，开始向更高层级跃进。根据上海统计数据计算，上海市居民 2013 年恩格尔系数为 34.9%，比 1999 年低了 10.3 个百分点。上海居民 2013 年发展系数达到 19.44%，比 1999 年高出了 2 个百分点。最后，近年来，"80 后""90 后"逐步成为市场消费的主体，同时他们基本都是网民群体，他们的购买习惯和购买行为同他们父辈相比有着较大的改变。"80 后""90 后"网民群体逐步成为社会主力消费群体，他们可以通过互联网和电子商务了解和认识到整个世界的高端、高质量、新时尚消费品，他们可以通过旅游消费或网上购买方式获得日本、韩国、欧美等境外产品。

（三）上海商业面临巨大成本和竞争压力

上海实体商业除了受到网络销售巨大冲击之外，上海商业面临巨大竞争压力。上海土地资源紧缺，商务成本高企，商业网点日趋饱和，各类商圈之间竞争加剧，能源资源和生态环境约束更趋强化，转型升级压力进一步凸显。第一，传统商业企业尤其是市属、区属大型国有商业企业受体制机制等瓶颈因素制约，近年来发展缓慢，成本高企，生产率下降，创新能力不足。第二，随着经济的发展，上海地租成本与房价同步升值，上海的工资水平和低保要求也使人力成本居高不下，导致上海商业经营成本不断攀升。此外，由于上海庞大的市场需求，对境外很多零售企业都有吸引力，引发更多境外商业市场竞争，导致上海商业也面临着境外零售企业的竞争压力。

（四）政策对上海商业的发展支持度存在不足

政府对商业发展的作用主要体现在两个方面：一是通过政策支持促进商业发展，二是通过制度约束和规范商业发展。当政府利用有效的行政政策与手段加以推动，就会加速商业的创新与发展。比如 20 世纪 80 年代和 90 年代初期，上海狠抓中央推动的"菜篮子"工程，解决了居民买菜难问题。再如，上海政府大力支持连锁超市经营模式，带来连锁超市蓬勃发展。目前，尽管上海市已经开始重视商业转型升级，提出通过九大转型促进上海商业转型升级，然而上海商业仍然处于一种自发运转的状态，政策对上海商业的发展支持度存在不足。上海商业的主体由国有资本把持，在得不到相应支持的情况下，还要受对国有资本管制制度的约束，导致商业企业经营自由度受损，变革意愿不足。而且，对民营资本经营商业的政策支持度也存在不足，总体导致上海民营商业处于单打独斗的局面。

（五）商业公信力缺失一定程度上影响商业转型升级效果

西方政治学里有一个"塔西佗陷阱"（Tacitus Trap）的提法，即当政府部门失去公信力时，无论说真话还是假话，做好事还是坏事，都会被认为是说假话、做坏事。同样，在商业领域里，如果整体商业公信力缺失，不管转型升级做得怎么样，不管商业服务水平提高多少，都有可能存在着"塔西佗陷阱"风险。有专家指出：1936 年全国 100 多个商业品牌，上海就占据了八成多。许多老上海生产的产品比洋货都好，比如鹅牌汗衫，法国人的汗衫都做不过中国人，都买来鹅牌汗衫，贴上自己的标签销售。然而，现在上海商业老品牌走上了下坡路，口碑不如以前，更多的年轻人通过互联网了解全球商品，更多通过互联网或旅游机会从全球选购商品。因此，在这样背景下，重塑上海商业公信力还需要一个过程，这在一定程度上影响商业转型升级效果。

（六）企业经营管理能力有待进一步提升

第一，实体零售企业经营理念落后。部分企业受制于传统发展思路，经营理念未能跟上市场环境和消费者行为的变化，传统百货"二房东"的心态未完全改变，经营同质化问题严重。第二，传统商业自营水平不足，较少拥有自有品牌空白，而且物流管理能力水平不高，主要存在配送效率较低、物流成本较高、配送服务能力不足等问题。第三，服务水平和质量有待提高。如今，一些实体零售商一直没有弄明白这样的真理：万变不离其宗，零售业吸引顾客的核心是服务，零售业转型最终应回归其服务本质。

三、对策建议

《周书》曰："农不出则乏其食，工不出则乏其事，商不出则三宝绝，虞不出则财匮少。"可见，商业对社会经济发展和人民生活福利有着巨大影响。根据党的十八届三中全会精神，市场这只手应该"调节"经济活动、提高效率和引导城市发展，而政府应该领导社会管理、公共服务、社会公平和农村发展。在上海商业转型升级问题上，企业是社会经济发展的细胞，商业型企业应当是商业转型升级主要推动者和执行者；同时，政府也应当利用管理职能，给予商业转型升级科学调控，加强支持力度，提高服务管理水平。因此，为了更好地加快上海市商业转型升级，本文下面将从政府政策和企业层面提出相关对策建议。

（一）政府层面建议

第一，加快上海商业征税模式创新，力争让上海成为国人购物最佳目的地，成为国外商品进入中国销售最佳场所。随着上海居民收入水平的提高，上海人的消费观念、生活观念得到提升，上海居民有着更高质量、一流品牌、新时尚产品的需求；同时，内地经济飞速发展，内地部分居民拥有更高购买能力，有着更高消费层次倾向。而近年来，国人热衷于到英国、法国、美国、日本、韩国以及中国香港等国家和地区购物，挤爆境外商场却成为另外一道风景，这个现象值得反思。部分公众掀起海外购物潮，一方面要求中国产业升级、迈向中高端水平，生产出更多符合本国主流人群购买意愿的好东西，另一方面急需关税等政策的调整，营造公平竞争的进出口环境，把部分过高关税降下来，把国外好产品引进来，把消费者留在国内。例如，可以对国内消费者需求大部分国外日用消费品，开展降低进口关税试点；完善服饰、化妆品等的消费税政策；增设和恢复口岸进境免税店，合理扩大免税品种，增加免税购物额，方便国内消费者在境内购买国外产品；进一步推进境外旅客购物通关和退税便利化等。

第二，提升上海商业品牌的公信力，让全国人民敢于、乐于在上海购物。记得在20世纪时，内地居民买不到东西时，首先会想到上海，因为上海产品种类多，质量好，价格实惠。但是，现在已经不再是物资匮乏的年代，上海有的东西其他一些大城市同样会有，上海商业已经不再具有特色，而且由于上海租地成本、人力成本上升等因素，上海产品价格不再具备优势。产品没有特色，价格没有优势，服务质量没有保证，自然上海商业品牌的公信力就会下降。如果公信力下降，这就如同"塔西佗陷阱"一样，纵然上海商业进行转型升级，居民仍然不再相信上海商业品牌。所以，上海一方面要积极推进商业转型升级，另一方面要积极帮助商业企业提升品牌的公信力，让上海成为全国人民靠得住、信得过的购物天堂。

第三，优化上海商圈布局的同时，优化上海旅游交通体系。上海常住居民已经超过2400万人，加上外来短期旅游等人口，上海人口规模极为庞大。而且，上海迪士尼乐园开放后，上海人口数量迎来新高峰。事实上，上海总面积为6340平方公里，上海有能力容纳2500万人口，问题是这些人口全部拥挤到市区内，特别是拥挤到特定区域内，就会给上海的公共管理带来极大的挑战。从总体上说，上海商圈日趋合理和完善，逐步形成十大都市商业中心、24 个区域商业中心等现代商圈体系。但是，上海公交体系特别是地铁体系，多为南北走向，几乎都要经过市内，这必然会增大上海核心城区的拥挤程度。随着自贸区成立、上海商业转型升级、迪士尼开园，来上海购物的消费群体越来越多，而上海拥挤不堪的局面不仅给公共管理带来难题，也使得购物者对购物环境的满意度下降。因此，上海在优化商圈布局的同时，亟须优化上海旅游交通体系。例如，可以绕开主市区建设打通虹桥机场和浦东机场的地铁主干线，可以在上海南部修建嘉兴、松江南站直接向东延伸至川沙迪士尼乐园的地铁线路，可以在上海北部修建太仓、嘉定经过宝山向南至外高桥的地铁线路等。

（二） 商业企业层面建议

第一，重视供应链体系建设。完善上海商业供应链体系建设的前提是要重视商业人才建设，特别是要引进与培养兼具商业素养和信息技术能力的复合型人才，建设高效人力资源体系。传统实体零售商与供应商的关系主要体现为两种模式，一是利用自身掌控终端的市场力量，收取通道费用作为自身主要的盈利点。二是通过吸引供应商品牌驻店的方式，按比例收取销售点，作为自身盈利。对前一种盈利模式，易激发零售商与供应商的矛盾，降低零售商对供应链的管控能力。对后一种模式，零售商把自身转化为商业地产商，风险转移给品牌商，同时对供应链的影响也降至最低，无法有效管理和选择商场经营的商品。此外，重视供应商与零售商共同作用，一方面增强供应商对企业核心业务进行管控能力，另一方面增强零售商商品销售和服务的能力。同时，零售商应与供应商展开深层合作，如共同开发市场、共同研发产品、共同控制生产成本等，达到利益共享。

第二，重视和推进商业创新。在连锁经营时代，上海商业创造和经历了连锁经营发展辉煌。但是，在"互联网＋"的背景下，除一些自发的民营零售商业企业外，上海整体商业尤其是国有商业企业，应对市场变化乏力。因此，开创新的商业模式是上海商业转型升级的必由之路。新的商业模式满足消费者的特定需替代为传统零售商业把持的部分市场，产生迭代效应。应用技术创造效益，拓展市场的能力已经成为商业企业竞争力的直观表现之一。近几年模式创新在业界屡见不鲜，有企业专注于生鲜从原产地生产到最终销售的全过程，有企业根据市场细分设置小业种专营店取得成功。此外，商业融资渠道的创新引起越来越多商业企业管理者的关注。零售行业是资金密集型、高现金流的行业，很多具有发展潜力的零售企业往往在形成健康的资金链之前，只能寄希望于风险投资，没有更多的融资能力。因此，对于一些中小商业企业来说，学会多渠道融资，建立多渠道的融资体系，将是商业融资创新的重要发展方向。

第三，重视商业服务水平和质量。综观全球的商业服务水平，上海实体商业应当学习日本商业的服务意识。日本为了保护消费者的隐私和安全，鼓励社区商业和便利店为居民提供代收、代退、代保管业务，这样把网上购物与实体店的服务结合起来，从而增加了便利店的服务范围，受到了消费者的喜爱。因此，实体商业不应该以商品销售和满足顾客需要为主，而是应该以服务顾客为主；不应该以低价吸引顾客为主，而是应该以提高顾客服务价值为主。而且，实体零售商应该利用各种服务手段和技术工具为到店顾客提供从商品知识培训、商品选购参谋、便捷支付、有偿或免费的送货等购物过程的全方位服务，让消费者真正体会到购物是轻松、愉快、令人向往的体验。

（原载《现代管理科学》2017 年第 4 期）

中国 M_2/GDP 变动指数与
消费价格指数的关系

曹建涛

一、研究背景及问题

M_2/GDP 是 M_2（广义货币供应量）跟 GDP（国内生产总值）的比值，它是一个常用的金融指标或经济指标，能够衡量一个国家一定时期内金融深化的程度。M_2/GDP 比值过高不好，已经成为学术界和货币管理部门的共识，但是这一比值达到多少为过高或过低，尚未形成一致观点。

当前，在我国现有 M_2 和现有 GDP 的基础上，M_2 与 GDP 差额越来越大，M_2/GDP 比值越来越高，这就使得货币超发成为我国经济学界以及政府管理部门深切关注的焦点。1995 年我国 GDP 和 M_2 分别为 61339.9 亿元、60750.5 亿元，二者几乎相当。2015 年，我国 GDP 达到 676707.8 亿元，同期 M_2 为 1392278.1 亿元，M_2/GDP 比值为 2.06[①]。显然，近 25 年来我国 M_2/GDP 比值不断上扬，直到 2015 年时 GDP 超出 M_2 一倍之余。由于美国与中国是世界上最大的两个经济体，人们经常会拿中国的数据与美国相比，发现中美之间的 M_2/GDP 水平相差甚远，因为多年来美国 M_2/GDP 比值一直维持在 1 倍以下水平。我国的 M_2/GDP 不断走高，而且保持了较高的经济增长速度，为此，这一看似违背经济规律的现象被国外学者称为"中国之谜"。

近年来，国内外学者热切关注我国货币超发现象，并探讨货币超发可

---

① 数据来源：根据国家统计局和中国人民银行数据，并推算得出。

能引起的后果以及产生的原因。其中，一些国内外学者认为这一现象是不合理的，并探讨它的危害和风险，如张杰（1997）、戴根有（2000）、李国疆（2001）、杨继生（2009）、Hsu（2014）等；另一些国内外学者认为这一现象存在一定的合理性，并试图提出相关的假说和依据，如易纲（1995）、谢平和俞乔（1996）、曾令华（2001）、伍志文（2003）、裴平和熊鹏（2003）、刘士余和王振华（2005）、李斌（2010）、李治国等（2010）、Bahmani‐Oskooee 等（2013）。显而易见，M_2/GDP 比值在上升，同时消费物价指数（CPI）也在上升，故很多研究文献都在致力于研究 M_2 或 M_2/GDP 比值与 CPI 或其他物价指数之间的相互影响关系。一些研究认为，货币因素与通货膨胀或物价增长不存在直接关系，如 Hsing 等（2009）、费兆奇（2012）、谢家智和张明（2012）、赵海华（2013）等。也有一些研究认为，货币因素与物价增长或通货膨胀之间存在着短期或长期的相互影响关系，如 Austin 等（2007）、方勇和吴剑飞（2009）、Baharumshah 等（2009）、Michael（2011）、刘业政和刘军（2011）、张成思（2012a）、张五六（2013）、李斯文（2016）等。

事实上，一个国家货币供应量多少，并非是随意的，总是会由于这样或那样的原因产生，或者同其他经济因素和政策相联系。而且，货币供给量是一个持续的过程，不可能会出现骤然地上升或下降。可以说，在现实基础上，仅仅盯着 M_2 与 GDP 差额的大小以及 M_2/GDP 比值的大小，没有太多实际意义。本文认为，CPI 作为物价指数之一，是对消费物价的变动指数衡量，而 M_2/GDP 仅仅是一个当期数据比值，与 CPI 没有可比性。为此，本文试图采用 M_2/GDP 变动指数，即参考 CPI 计算方法，运用当期 M_2/GDP 值除以参照基期 M_2/GDP 值。采用 M_2/GDP 变动指数与 CPI 比较，有着重要意义：首先，当年 M_2/GDP 比值或 M_2 与 GDP 差额都是静态的，而 M_2/GDP 变动指数是动态的，反映金融深化程度的变动情况，可以更好地解释经济现象的变化；其次，CPI 是物价水平变动指数，选用 M_2/GDP 变化指数来比较，使二者有着对等性；最后，理论推导表明，这种比较有着理论依据。

因此，本文试图研究 M_2/GDP 比值变动指数与物价指数之间的关系。换句话说，货币超发是否合理以及如何解释，并不是本文所研究的问题。本文主旨在于：分析两个指数之间是否存在长期的均衡或稳定关系；如果这个稳定关系存在，那么可以在现有的框架下预测 M_2/GDP 比值以及与之指标的变化趋势，并进一步探讨它对我国今后货币及相关政策会有怎样的启示。

二、理论及模型

（一）理论基础

为了更好地分析 M_2/GDP 变动指数与 CPI 的关系，需要溯本求源，从最基本的货币公式进行探讨。根据经典的货币理论，欧文·费雪提出了交易方程式：$MV = PY$。其中，M 指货币数量，V 是货币流通速度，Y 指商品交易总量，P 是平均价格水平。庇古、马歇尔等提出和发展了剑桥方程式，即 $M = KPY$。其中，M 和 P 仍指货币数量和物价水平，Y 指名义收入，K 指货币占名义收入 Y 的比重。事实上，如果取 $K = 1/V$，两个方程式有着异曲同工之妙。后来，一些经济学家在此基础上，对货币公式进行拓展，提出更多货币方程。但是，万变不离其宗，货币公式的核心还是在描述货币量与物价、国民收入等变量之间的关系。

为了简单起见，本文在交易方程式的基础上进行推导。以 M_2 表示货币量，以 GDP 表示国民收入，V 和 P 仍然表示为货币流通速度和物价水平，则在第 t 期，存在以下等式：

$$M_{2t} \cdot V_t = P_t \cdot GDP_t \tag{1}$$

同样，参照式（1），也可以很容易写出第 i 期的等式。两个等式进行比较后，便可以得出如下等式：

$$\frac{(M_2/GDP)_t}{(M_2/GDP)_i} \cdot \frac{V_t}{V_i} = \frac{P_t}{P_i} \tag{2}$$

在式（2）中，可以记作 $\dfrac{(M_2/GDP)_t}{(M_2/GDP)_i} = MPI_t$。同时，用消费价格指数（CPI）表示价格指数，即 $\dfrac{P_t}{P_i} = CPI_t$。显然，如果把第 i 期作为基期，CPI_t 表示物价指数，MPI_t 看作是 M_2 和 GDP 比值的增长指数。因此，CPI_t 与 MPI_t 的关系表示如下：

$$\text{CPI}_t = \text{MPI} \cdot \frac{V_t}{V_i} \tag{3}$$

为了更好地判断指数变量之间关系变化的稳定性,对式(3)取对数,所得结果如下:

$$\ln\text{CPI}_t = \ln\text{MPI}_t + \ln\frac{V_t}{V_i} \tag{4}$$

公式(4)便是本文构建模型的理论基础。而且,式(4)和式(3)表明了 M_2/GDP 比值变动指数与消费价格指数的对等关系。

(二) 模型构建

根据公式(4),$\ln\text{CPI}_t$ 和 $\ln\text{MPI}_t$ 均是时间序列变量。时间序列变量一般存在着向量自相关现象,故无法运用简单的 OLS 模型进行回归处理。VAR 模型(向量自回归模型)能够有效地描述和时间变量系统,可以预测长期动态的稳定关系。为此,构建 VAR 模型,如下:

$$y_t = \mu + \Gamma_1 y_{t-1} + \Gamma_2 y_{t-2} + \cdots + \Gamma_p y_{t-p} + e_t \tag{5}$$

其中,$y_t = (\ln\text{CPI}_t, \ln\text{MPI}_t)$,$e_t$ 为无自相关的干扰向量,且 $Ee_t = (0, 0)'$,$Ee_t e'_t = \sigma^2 I$,μ 为常数项向量,Γ_i 为系数矩阵(2×2),p 为最佳延滞期数或延迟阶数。

运用 VAR 模型,首先需要进行平稳性检验或同阶差分单整检验。若通过平稳性检验则可以直接估计模型和直接进行 Granger 因果关系检验(不平稳时可采用 Wald-Granger 因果关系检验)。否则,需要经过同阶差分单整检验,且通过同阶单整检和协整检验,然后再进行模型估计。最后,进行 Wald-Granger 因果关系检验、脉冲响应检验等。

三、数据描述及实证分析

(一) 数据来源及描述

为了更好地了解和分析 M_2、GDP 和 CPI 的趋势,本文根据 1990—

2015 年国家统计局、中国人民银行的统计数据，选取和整理出 M_2、GDP、M_2/GDP 等数据。并且，将 1990 年 M_2/GDP 比值为基期，将 1990 年消费价格水平作为基期，从而推算出 MPI 和 CPI 以及它们的对数值 lnMPI 和 lnCPI，如表 1 所示。

表 1　　　　 M_2、GDP 及 CPI 等变量及演算（1990—2015 年）①

年份	M_2（亿元）	GDP(亿元)	M_2/GDP	MPI（100）	CPI（100）	lnMPI	lnCPI
1990	15293.4	18872.9	0.81	100.00	100.00	4.61	4.61
1991	19349.9	22005.6	0.88	108.51	103.40	4.69	4.64
1992	25402.2	27194.5	0.93	115.27	110.02	4.75	4.70
1993	34879.8	35673.2	0.98	120.66	126.19	4.79	4.84
1994	46923.5	48637.5	0.96	119.05	156.60	4.78	5.05
1995	60750.5	61339.9	0.99	122.22	183.38	4.81	5.21
1996	76094.9	71813.6	1.06	130.76	198.60	4.87	5.29
1997	90995.3	79715	1.14	140.87	204.16	4.95	5.32
1998	104498.5	85195.5	1.23	151.36	202.53	5.02	5.31
1999	117638.1	90564.4	1.30	160.29	199.69	5.08	5.30
2000	132487.5	100280.1	1.32	163.04	200.49	5.09	5.30
2001	152888.5	110863.1	1.38	170.18	201.90	5.14	5.31
2002	183246.9	121717.4	1.51	185.78	200.28	5.22	5.30
2003	219226.8	137422.0	1.60	196.86	202.68	5.28	5.31
2004	250802.8	161840.2	1.55	191.24	210.59	5.25	5.35
2005	296040.1	187318.9	1.58	195.03	214.38	5.27	5.37
2006	345577.9	219438.5	1.57	194.34	217.60	5.27	5.38
2007	403401.3	270232.3	1.49	184.21	228.04	5.22	5.43
2008	475166.6	319515.5	1.49	183.52	241.49	5.21	5.49
2009	610224.5	349081.4	1.75	215.72	239.80	5.37	5.48
2010	725851.8	413030.3	1.76	216.87	247.72	5.38	5.51
2011	851590.9	489300.6	1.74	214.77	261.09	5.37	5.56
2012	974148.8	540367.4	1.80	222.46	267.88	5.40	5.59
2013	1106525.0	595244.4	1.86	229.40	274.85	5.44	5.62
2014	1228374.8	643974.0	1.91	235.39	280.34	5.46	5.64
2015	1392278.1	676707.8	2.06	253.89	284.83	5.54	5.65

---

① 作者根据中国统计年鉴和中国人民银行统计数据整理得出。

首先，选择 M_2 与 GDP 差额来衡量货币超发，没有太多研究价值。根据表 1 数据，将 M_2、GDP、M_2/GDP 的数据值绘制成图 1。很容易发现，最近 15 年来，M_2 与 GDP 之间差距越来越大，这正是很多学者所说的货币超发现象。同时，M_2/GDP 有不断上扬的趋势，但总体上这种趋势较为平缓、稳定。因此，这进一步表明，分析 M_2/GDP 比值的变动指数，比分析 M_2 与 GDP 之间差额或 M_2/GDP 比值，更有着现实意义。

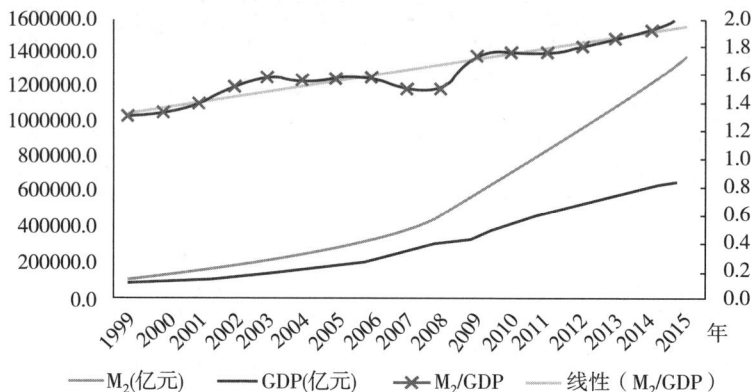

图 1　M_2、GDP 及 M_2/GDP 走势（1999—2015）①

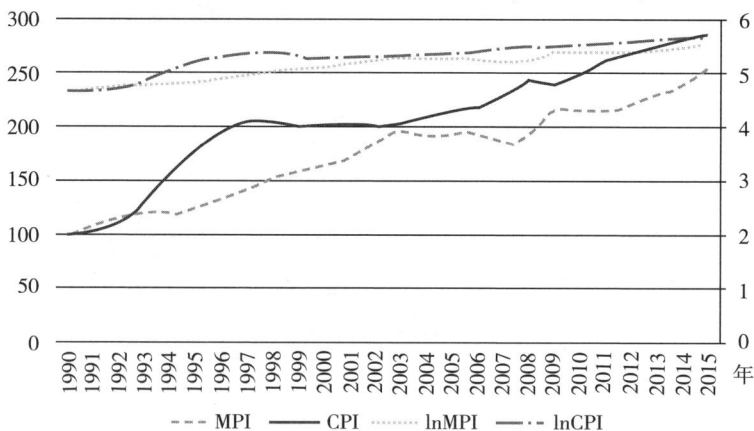

图 2　MPI、CPI、lnMPI、lnCPI 的走势（1990—2015 年）

显然，分析 MPI（M_2/GDP 比值变动指数）更有实际意义。根据图 1

① 作者根据国家统计局数据以及中国人民银行统计数据整理得出。

数据，我们直观上很容易从看出 CPI 与 MPI 的变动趋势，以及 lnCPI 与 lnMPI 的变动趋势。如图 2 所示，CPI 与 MPI 有着一致的上扬趋势，lnCPI 与 lnMPI 有着较为平稳的上扬趋势。而且，经测算，CPI 与 MPI 之间的相关系数为 0.90，lnCPI 与 lnMPI 的相关系数达到 0.98。这说明，不仅 CPI 与 MPI，而且 lnCPI 与 lnMPI 都具有进一步研究的统计学意义。

（二）实证分析

1. 平稳性检验

lnMPI 与 lnCPI 为时间序列数据，建立 VAR 模型首先需要进行平稳性检验。根据计量经济学研究方法，一般采用单位根检验方法，检验时间序列变量的平稳性。本文主要采用 ADF 检验方法进单位根检验，检验所研究变量的平稳性。运用 Eviews 软件，所得到 ADF 检验结果，如表 2 所示。

表 2   lnMPI 与 lnCPI 及各自差分的 ADF 检验结果

变量	ADF 检验 t 值	5% 显著水平值	P 值
lnMPI	4.038573	−1.955020	0.9999
ΔlnMPI	−4.300825	−2.991878	0.0027*
lnCPI	0.839450	−1.955681	0.8858
ΔlnCPI	−4.906589	−3.012363	0.0009*

根据表 2，显然在 5% 显著水平下，lnMPI 与 lnCPI 均不是平稳序列。进一步运用 Eviews 软件，检验 lnMPI 与 lnCPI 的一阶差分序列 ΔlnMPI 和 ΔlnCPI 的平稳性。结果显示，在 5% 显著水平下，ΔlnMPI 和 ΔlnCPI 具有平稳性，这表明 lnMPI 与 lnCPI 满足同一阶单整要求。

2. 协整检验

协整检验主要包括两种方法：一种是用于多变量检验的回归系数的协整检验；另一种是用于双变量的 OLS（最小二乘法）回归模型残差协整检验。本文主要研究 lnMPI 与 lnCPI 两个变量之间的关系，故采用后者。

根据 OLS 模型，很容易建立 lnMPI 与 lnCPI 两个变量的关系式（或协整方程）如下：

$$lnCPI = a + b lnMPI + \varepsilon \tag{6}$$

其中，a 和 b 是待估计参数，ε 为随机扰动项。根据 OLS 回归结果，

很容易得到

$$\ln CPI = 0.146897 + 1.003607 \ln MPI \tag{7}$$

（P 值 = 0.77）（P 值 = 1.71E − 10）

根据 OLS 回归结果，b 的估计值有统计学意义。这表明，lnMPI 与 lnCPI 之间存在线性关系，它们之间存在着协整关系。而且，式（7）暗示着，当 MPI 增加 1% 时，CPI 上升约为 1%，也可以认为是二者之间的敏感度为 1。这在一定程度上表明 MPI 与 CPI 存在比例关系，进一步证实公式（4）的理论意义。

同时，根据 OLS 回归结果，可以同样 ADF 检验法，检验残差估计值 $\hat{\varepsilon}$ 序列的平稳性。运用 ADF 检验方法，使用 EViews 软件很容易得到结果，如表 3 所示。

表 3 lnMPI 与 lnCPI 之间 OLS 模型的残差估计值序列的 ADF 检验

变量	ADF 检验 t 值	5% 显著水平值	P 值
$\hat{\varepsilon}$	− 1.963229	− 1.955020	0.0491

由表 3 可以看出，在 5% 显著水平下，方程式（6）的残差序列 $\hat{\varepsilon}$ 具有平稳性。这表明，这两个时间序列具有长期稳定关系。因此，以上分析表明，lnMPI 与 lnCPI 序列满足 VAR 模型的条件。

3. VAR 模型估计

首先，进行滞后阶数选择。关于 VAR 模型滞后阶数选择标准，一般采用 AIC 和 SC 准则，取 AIC 和 SC 最小值。由于，选取的样本数量有限，仅有 26 个，为了确保滞后期样本数的自由度在 20 个以上，故在滞后 4 期中进行识别。运用 EViews 软件，所得 AIC 与 SC 准则的结果，见表 4。根据表 4 所示，显然采用滞后阶数 p = 2 比较合适。

表 4 AIC 与 SC 准则的结果

Lag	AIC	SC
1	− 7.092212	− 6.794655
2	− 8.377747 *	− 7.881819 *
3	− 8.324219	− 7.629920
4	− 8.325801	− 7.433130

然后，运用 EViews 软件估计出 VAR 模型，故得出式（5）所表示的

方程组估计结果如下：

$$\ln CPI = 0.147108 + 1.640784 \times \ln CPI(-1) - 0.885046 \times \ln CPI(-2) +$$
$$0.334291 \times \ln MPI(-1) - 0.110356 \times \ln MPI(-2) \quad (8)$$
$$\ln MPI = 0.271605 + 0.002609 \times \ln CPI(-1) + 0.169149 \times \ln CPI(-2) +$$
$$0.813569 \times \ln MPI(-1) - 0.036051 \times \ln CPI(-2) \quad (9)$$

式（8）和式（9）是所估计的 VAR 模型结果，它们调整的 R_2 分别为 0.989466 和 0.967652。这一结果除了表现出 lnCPI 受到往期影响之外，也反映出 lnCPI 和 lnMPI 时间序列的长期稳定关系。

4. 对 VAR 模型进一步检验

第一，进行 Wald-Granger 因果检验。对于非平稳时间序列变量，不能够直接使用 Granger 因果检验，但是可利用 Wald-Granger 方法进行因果检验。运用 EViews 软件，检验结果见表5。根据表5，显然拒绝"lnMPI 不是引起 lnCPI 的 Wald-Granger 原因"的假设，证实 lnMPI 是引起 lnCPI 变化的 Wald-Granger 原因；同时，通过"lnCPI 不是引起 lnMPI 的 Wald-Granger 原因"假设。这就进一步证实了 VAR 模型的估计结果式（8）的统计学的意义。由此可见，从 Wald-Granger 因果检验角度来看，MPI 的变动是 CPI 变动的原因。此外，也可以这样理解，如果说 CPI 变动仍在合理范围之内，那么 MPI 的变动理应可以给予合理的解释。

表5　　　　　　关于 lnCPI 和 lnMPI 的 Wald-Granger 因果检验

假设	obs	df	Chi-sq	Prob.
lnMPI 不是引起 lnCPI 的 Wald-Granger 原因	24	2	18.63058	0.0001
lnCPI 不是引起 lnMPI 的 Wald-Granger 原因	24	2	5.267895	0.0718

第二，进行 AR 根图表检验。VAR 模型是否稳定也可以运用 AR 根图表进行检验。如果 AR 逆根倒数位于单位圆之外（根模小于1），则表明 VAR 模型不满足稳定条件；反之则反是。由于 AR 逆根的图与表具一致性，且图示更为直观，故在这里仅提供 AR 根图结果。运用 EViews 软件，可以得到 VAR 模型结果的 AR 根图（见图3）。图3反映的结果表明，AR 逆根没有位于单位圆之外，VAR 模型有效，满足了稳定性条件。

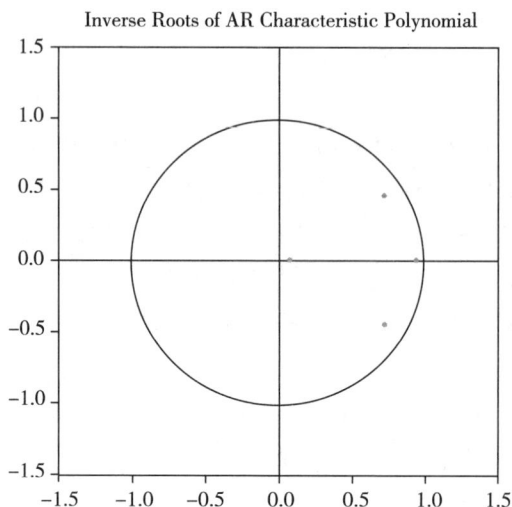

图3　AR 根图

第三，脉冲响应分析。运用 EViews 软件，可以得到 VAR 模型的 10 期脉冲响应图，如图4 与图5 所示。图5 表明，lnMPI 在 2 期之后对 lnCPI 存在明显正向影响，到 4 期时影响最大，到 8 期之后趋于稳定。图6 表明，lnCPI 在 2 期内对 lnMPI 存在一定的负影响，之后影响不明显并趋于稳定。可见，脉冲响应分析再次表明，VAR 模型中 lnMPI 对 lnCPI 的影响传导关系。

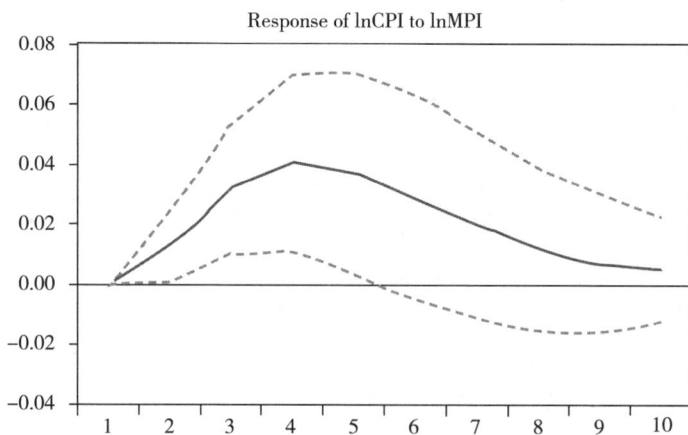

图4　lnMPI 对 lnCPI 的响应（10 期）

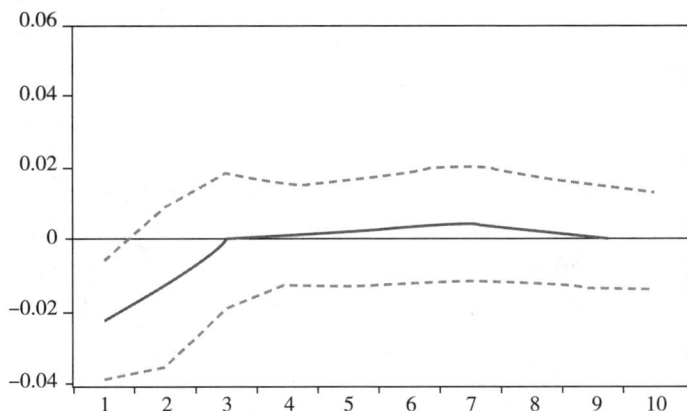

图 5　lnCPI 对 lnMPI 的响应（10 期）

第四，进行 VAR 模型的方差分解分析。运用 EViews 软件，可以得出 VAR 模型的方差分解的结果，如表 6 所示。根据表 6，10 期内 lnCPI 对 lnMPI 的方差分解的贡献比重一直不高，大部分维持在 1/3 以下；然而，lnMPI 对 lnCPI 的方差分解的贡献比重较高，大部分维持在一半以上。可见，VAR 模型的方差分解结果与脉冲响应结果较为类似，都能够验证 lnMPI 可以更好地解释 lnCPI。

表 6　　　　　　　　　　　　　VAR 模型的方差分解

期数	lnCPI 的方差分解			lnMPI 的方差分解		
	S. E.	lnCPI（%）	lnMPI（%）	S. E.	lnCPI（%）	lnMPI（%）
1	0. 023707	100. 0000	0. 000000	0. 042664	34. 81328	65. 18672
2	0. 040298	91. 83481	8. 165195	0. 054977	34. 75872	65. 24128
3	0. 053354	74. 32337	25. 67663	0. 060194	32. 71689	67. 28311
4	0. 064503	54. 53932	45. 46068	0. 063089	30. 09005	69. 90995
5	0. 074919	40. 47803	59. 52197	0. 065785	27. 75168	72. 24832
6	0. 084288	34. 25319	65. 74681	0. 068942	25. 55848	74. 44152
7	0. 091618	32. 99553	67. 00447	0. 072528	23. 22565	76. 77435
8	0. 096381	33. 44527	66. 55473	0. 076308	20. 98243	79. 01757
9	0. 098884	33. 85221	66. 14779	0. 079998	19. 27164	80. 72836
10	0. 099968	33. 80363	66. 19637	0. 083318	18. 26748	81. 73252

四、预测

由 VAR 方程结果，可以推算出 2016—2010 年连续 5 年的 lnCPI 和 lnMPI 的数值，并且可以以此换算 CPI 和 MPI 的值以及 M_2/GDP 的比值，如表 7 所示。根据表 7，按照目前经济数据进行预测，我国 M_2/GDP 变动指数年均增长了 1.73%。同时，CPI 年均增长 4.89%，这表明虽然有一定的通胀压力，但是通胀水平仍然低于 5% 的可控范围之内。

表 7　　　　　　　　　VAR 模型对 2016—2020 年的预测

年份	CPI（以1990年为基期）	MPI（以1990年为基期）	CPI（以上年为基期）	MPI（以上年为基期）	M_2/GDP	GDP（亿元）	M_2（亿元）
2016	291.58	257.41	102.37	101.39	2.0886	721370.5	1506640.3
2017	326.34	253.58	111.93	98.51	2.0575	768981.0	1582151.3
2018	350.35	257.29	107.36	101.47	2.0876	819733.7	1711291.7
2019	358.61	265.56	102.36	103.21	2.1547	873836.1	1882831.4
2020	353.06	275.64	98.46	103.80	2.2365	931509.3	2083303.8
年均增长（%）[1]	4.89	1.73	—	—	1.73	6.6	8.44

近年来，我国经济总体上处于下行状态。针对今后中国经济走势，经济界权威人士进行了综合判断，认为我国经济运行不可能是 U 形或 V 形，而是 L 形的走势。2015 年我国全年 GDP 增长 6.9%，2016 年上半年我国 GDP 同比增长了 6.7%[2]。亚投行预测我国经济 2016 年全年 GDP 增速为 6.5%[3]，社科院预测 2016 年我国经济增长为 6.6%~6.8%。为此，假定今后 5 年内，我国 L 形经济走势基本形成，并且 GDP 增长率全部维持在 6.6% 以上。根据这个假定，就可以测算出我国 2016—2020 年 GDP 值，并且根据 VAR 模型预测的 M_2/GDP 比值，可以进一步预测出我国 2016—

---

[1] 2016 年到 2020 年 4 年中增长的几何平均增长率。

[2] 数据来源：国家统计局。

[3] 数据来源：亚洲开发银行《2016 年亚洲发展展望》。

2020 年的 M$_2$ 值（见表 7）。由表 7 可以看出，到 2020 年，我国 GDP 预测值可以达到 931509.3 亿元，而同期 M$_2$ 余额预测值为 2083303.8 亿元。M$_2$ 预测值与 GDP 预测值的差额进一步拉大，M$_2$ 将超出 GDP 1.24 倍。

五、结论与启示

（一）研究结论

一是交易方程式理论仍然可以解释我国的货币现象。理论推导表明，M$_2$/GDP 变动指数与物价指数存在比例关系；而且实证分析证实 M$_2$/GDP 变动指数与 CPI 的协整关系，且二者之间敏感度约为 1。

二是 M$_2$/GDP 变动指数与 CPI 之间存在着长期稳定关系，而且 M$_2$/GDP 变动指数是引起 CPI Wald-Granger 的原因。这进一步表明，从长期来看，我国物价指数上涨在一定程度上是受到 M$_2$/GDP 变动指数不断扩大的影响，而并不是由 M$_2$/GDP 比值的变大所引起的。

（二）启示

首先，由于各国统计口径、数据使用习惯等原因，可能会出现一些指标对比出现差异的现象，因此利用新的指标看待问题，会更有实际意义。使用动态的指标（如指数），在一定程度上可以消除一些不相关因素的影响，能够动态地解释和理解现有的经济现象。所以，只是指出 M$_2$/GDP 数值不断上升，指出 M$_2$ 与 GDP 的差额不断扩大，这并没有多大现实意义。关键是，要理解这些数值变化的背后规律是什么。而现实中，M$_2$/GDP 变动指数就可以更好地体现背后的规律。

其次，目前所谓的货币超发现象，是我国内在经济规律的反映，不必过于恐慌。M$_2$/GDP 变动指数与 CPI 存在着长期稳定关系，这是我国经济发展规律，而且具有理论依据。事实上，到 2020 年，M$_2$ 与 GDP 的差额会进一步推广。为什么 M$_2$ 与 GDP 的差额会扩大？可能有一些深层次原因，值得进一步去探讨。但是，不能因为二者差额的不断扩大，过于恐慌起来。如果我国物价指数是可控的，经济增长能够保持 L 形趋势，供给侧结构性改革能够顺利进行，那么我们可以坦然面对我国的货币超发现象。

再次，货币政策仍然是刺激和维持我国经济增长的重要工具。M_2/GDP 变动指数涉及 M_2 变动以及 GDP 变动。无须赘言，在现有的经济基础上，维持 M_2/GDP 变动指数与其他指标（如 CPI）的稳定关系，适当采用积极货币政策，将有助于保证 GDP 的增长水平。当然，也不可否认，采用积极的货币政策应当是谨慎的，应当防止货币向资产领域的异常流动，滋长资产泡沫的风险。

最后，保证我国经济维持一定的增长速度，仍然是必要的。如前所述，M_2/GDP 变动指数涉及 GDP 变动，因此可以设想，在其他条件不变情况下，GDP 增长率持续下降势必会引起 M_2/GDP 变动指数异常增大。在我国经济高速增长时期，GDP 与 M_2 差额不断扩大，并没有带来不良经济后果。可见，货币超发与经济高速增长联系在一起，就不是什么大问题。但最大问题可能是，M_2/GDP 变动指数持续变大，是由于 GDP 增长率持续下降引起的。因此，我国必须警惕这样的结果发生，必须维持一定的经济增长速度。

（原载《首都经济贸易大学学报》2017 年第 3 期）

篮球运动的文化内涵与发展特征分析

胡冰洋

对于篮球文化的概念，从其广义角度进行分析，主要就是通过篮球运动形成的活动形式，进而创造出的物质以及精神财富的统一结合，而从狭义角度分析，主要说的就是在长期的篮球运动实践当中，形成正确的价值观念和与其相适应的规章制度以及组织结构等环节。篮球文化是推动篮球运动更好发展的核心所在，更是促进我国篮球事业稳定发展与进步的重要内容。

一、篮球运动文化

文化包括狭义、广义两个方面的含义。其狭义文化主要是指人类社会中所形成的一种意识形态，以及能够与其相适应的相关制度和设施等，而广义文化主要是说人类通过不断的创造所形成的物质财富和精神财富过程的统一形式，也可以说文化不单一是结果、更是个重要的过程，文化不仅仅是一种精神，也是物质。对于体育文化所涉及的内容相对比较多，范畴相对比较广。体育并不单一的是一种社会活动，也属于文化内容，对于篮球文化是什么这一问题，当前很多学者有不同的观点和思想。在 19 世纪末期，篮球运动进入中国。这使东西方文化出现相互碰撞、相互融合的现象，中国逐渐接受了篮球和篮球文化，并且随着时间的不断推移，时代的不断进步，中国也逐渐形成属于自己的篮球 CBA 等。另外，媒体行业的帮助使 NBA 与 CBA 之间的对抗也成为热爱篮球运动的人们所关注的话题和内容。

2018
中国金融论丛

■二、篮球文化的内涵和特征分析

（一）篮球文化的内涵分析

篮球文化主要是由理念层面、行为制度层面、物质层面和环境层面所构成的。其理念层面是通过运用什么样的理念进行相应工作的文化。其制度层面，主要是围绕篮球运动所形成的不同组织机构，通过用制定合理的政策法规以及管理体制等，对成员行为进行规范和统一，并且有效地使篮球运动能够在严格的要求下进行，从而促进篮球事业的稳定发展。物质层面，这一部分主要表现在实物形态，通过实体物品所表现出来的形式，包括产生的品牌效应等。环境层面，就是让篮球文化在传播时和传入地区社会、民族文化时与其产生碰撞和融合的形式，从而形成各具特色的地域性篮球文化，再通过文化的交流与学习，从而更好地促进篮球运动的发展与进步。

（二）篮球文化的特征分析

在篮球文化中主要就是以篮球运动为外在的表现形式，对于形式各异的篮球活动所传达和蕴含的篮球文化也是有所不同的，其文化表现形式具有一定的独特性特点。篮球运动是属于世界性的运动形式，而且篮球文化也可以分给不同参与者的文化内容，能够有效地呈现出文化群众的国际性特征。在全球化环境下的篮球文化能够使不同国家和地区的篮球文化形式相互传播、碰撞，能够有效地表达文化要素间的相互融合。

■三、当前我国篮球运动发展现状以及中国篮球文化分析

对我国当前篮球运动发展的现状进行分析，当前篮球运动还存在一些不足之处，篮球运动水平出现下降状态。教练员素质也有待提升。篮球运

动人员数量不断减少，后备人才出现匮乏的现象，在实际的篮球运动管理工作当中，存在新旧体制交叠的现象，在管理体制当中存在不畅通的问题，整体制度有待创新和提升，整体行为也存在不规范的现象。篮球职业俱乐部起步较晚，相应的机构存在机制不健全的问题。其发展也相对不够平衡，欠缺一定的自我造血功能，并且群众活动没有得到良好的普及，场地设施应及时地进行完善，对于这些问题，有关部门必须要重视起来，并且要制定科学合理的策略，更好地解决和改进相应的不足之处，从而真正有效地促进我国篮球产业的稳定发展。

中国的传统文化，是通过中国人民从古至今长期流传下来的重要的文化遗产，这些内容是通过中华民族世代相传所流传下来的，它已深深地烙在中华儿女的心中，是很难改变的一种形式。而对于中国篮球运动来说，一是无法摆脱中国传统文化的束缚，并且还失去了对专业技术和战术培养的重视。这些都对中国球员的发展带来一定的影响，导致整体的实力与其他西方国家存在较大差距等问题。因此，对于中国篮球文化，应该摆脱中国传统文化的约束，重视篮球运动技术战术的培养、不断提升篮球运动员的整体素质以及综合水平。这样才能真正有效地提升中国篮球运动的整体素质，并能够更好地促进篮球运动的发展，形成正确的中国篮球文化。

四、中国篮球运动的未来发展趋势分析

篮球运动最初的作用就是为了娱乐和游戏，西方国家的小孩在很小的时候就能接受非常系统化的篮球培训。几乎很多学校都开设了篮球运动教学课程，并且也拥有自己的篮球队。这使孩子在成长时能够一直不断地提升自己的篮球实力，而对于这一形式的篮球人才的选拔也是有着极大的作用，所以中国应该有效地学习西方形式。从小做起，有效地开展篮球人才培训，并不断提升篮球教练的综合水平，聘请更加优秀的教练。提升篮球教育水平，建设完善的运动器械，制定合理的篮球运动管理形式，从而更好地提升我国篮球运动整体水平，为促进我国篮球事业的更好发展奠定坚实基础。

（原载《黑龙江金融》2015 年第 6 期）

2018
中国金融论丛

公司利益辨析：传统与变革之间

林少伟

一、问题的产生：公司利益概念的注入

法律文本之构建，固然因语言之简洁与逻辑之周全所需而呈抽象化。但法律须被遵守（或信仰）这一特性则意味着法律概念须清晰化、明确化以及特定化，否则，法律信仰无从谈起，法律遵守也仅是纸上谈兵。因此，法律概念的引入，一方面必须具有对某一类型化内容的归纳概括进行抽象意义的创设与提升，另一方面则须对其内涵与外延进行精准的界定。在公司法的文本里，公司利益这一概念则处于这样一种左右为难的尴尬地位。《公司法》的目的在于保护公司利益，[①] 因此，《公司法》文本的建构，逃避不了公司利益这一概念的创设。

事实上，中华人民共和国第一部《公司法》就有四个条款直接援引公司利益这一概念，而经过重大修改后的2005年《公司法》也有四个条款出现公司利益这一字眼。为了明示这一概念在公司法文本中的位置与表述，笔者特制作以下图表，将我国1993年《公司法》与2005年《公司法》[②] 出现有公司利益这一概念的条款分别列出。

[①] 我国1993年《公司法》以及2005年《公司法》第一条均开宗明义地指出，制定《公司法》的目的在于"保护公司、股东和债权人的合法权益，……"

[②] 我国1993年《公司法》制定颁发后，经历过三次修改。1999年只是小修改，2005年对《公司法》进行大手术，具有重大变动，这被视为我国《公司法》走向现代化的开端，2013年仅对资本制度领域进行了修改。

1993 年《公司法》		2005 年《公司法》	
条款	内容	条款	内容
第五十九条	董事、监事、经理应当遵守公司章程，忠实履行职务，维护公司利益，不得利用在公司的地位和职权为自己谋取私利	第二十一条第一款	公司的控股股东、实际控制人、董事、监事、高级管理人员不得利用其关联关系损害公司利益
第六十一条	董事、经理不得自营或者为他人经营与其所任职公司同类的营业或者从事损害本公司利益的活动。从事上述营业或者活动的，所得收入应当归公司所有	第九十四条第三款	由于发起人的过失致使公司利益受到损害的，（发起人）应当对公司承担赔偿责任
第九十七条第三款	在公司设立过程中，由于发起人的过失致使公司利益受到损害的，（发起人）应当对公司承担赔偿责任	第一百五十一条第二款	关于股东派生诉讼中，如"情况紧急、不立即提起诉讼将会使公司利益受到难以弥补的损害的"，符合条件的股东可提起派生诉讼
第一百二十三条	董事、经理应当遵守公司章程，忠实履行职务，维护公司利益，不得利用在公司的地位和职权为自己谋取私利	第二百一十六条	关联关系，是指公司控股股东、实际控制人、董事、监事、高级管理人员与其直接或者间接控制的企业之间的关系，以及可能导致公司利益转移的其他关系

由上表可知，1993 年《公司法》文本对公司利益概念的引入呈现出三个特点：第一，直接引入公司利益概念而并没有对之进行正面的精准界定；第二，仅从负面角度解释公司利益不得被侵犯；第三，将公司利益与公司董事或高管相挂钩，强调董事或经理不得有损害公司利益的行为。2005 年《公司法》除了因确立派生诉讼制度而导致有一全新的条款规定外，其余大体上延续 1993 年《公司法》的相关规定，公司利益的概念也没有得到进一步澄清，而是继续延续旧公司法的特性，以负面清单的形式强调公司利益不得受到公司董事的侵犯。然而，公司利益这一概念，并不能因为法律文本的"负面"阐述而戛然而止。相反，在学理上对之进行界定，不仅关系到公司利益这一法律概念本身内涵与外延的确定，也直接影

响董事义务规则之设定与具体行为规范之内容。因为正如上述表格所呈现，法律要求董事不得有损害公司利益的行为，而如何判断董事行事符合公司利益，则显然需要对公司利益这一概念进行明确阐述。目前，大陆法学界对公司利益概念的研究基本处于真空地带，更多的是通过对公司具体利益者（股东利益或利益相关者）的研究反射公司利益的具体导向。[①]

董事负有以公司利益行事的义务已成为现代公司法的一大特征，也是各国立法者的共识，特别是在现代企业中，法律要求董事善意地以公司利益行事更可降低因所有权与经营权分离而产生的代理成本。[②] 在我国 2005 年修订的《公司法》中，有四条规定直接采纳"公司利益"一词，包括：何谓公司利益？如何判断董事行事符合公司利益？公司利益的概念在历史长河中是否有所改变？国内学界对此研究尚处真空地带，本文拟从普通法角度，梳理并解读公司利益一词的传统定义和新近变化，以为学界和立法借鉴。

二、公司利益概念辨析

从纯粹的公司法理论而言，公司利益这一概念并无值得探讨的必要，因为公司的核心特征之一是公司具有独立的法律人格，享有独立的法人财产权，独立享有权利和承担义务。鉴于此，公司如同自然人，具有独立的利益。所谓公司利益，即为"公司"的利益。在此情况下，公司利益与小明利益或小李利益并无二样，小明的利益即为"小明"的利益，小李的利益也为"小李"的利益，公司的利益当然也是"公司"的利益。从此意义上而言，何谓公司利益显然是一伪命题。

然而，公司虽为法律上的人，毕竟是拟制的人，公司的利益最终仍需体现在具体的个体上。传统的普通法认为，公司利益等同于股东利益。在

---

① 截至 2015 年 9 月 30 日，直接以公司利益为名的论文只有以下几篇：金海平：《股东利益至上传统的颠覆——国外公司利益相关者理论评介》，载《南京社会科学》，2007（3）；邓峰：《公司利益缺失下的利益冲突规则——基于法律文本和实践的反思》，载《法学家》，2009（4）；甘培忠、周游：《公司利益保护的裁判现实与理性反思》，载《法学杂志》，2014（3）。

② Bruce S. Butcher Directors' Duties：*A New Millennium*，*A New Approach*？（Kluwer Law International，2000），89.

Brady v Brady 一案中，上诉法院的诺斯（Nourse）法官直截了当地指出，公司作为虚拟的人，其利益不能跟与之有利益关系的人的利益相区分。这些与之有利益相关的人是谁呢？当一个公司运行良好且具有偿付能力时，这些人首先无疑就是现在以及将来的股东。因此，公司利益等同于（现在以及将来的）股东利益。这在大陆法系国家似显荒谬，比如在法国，公司利益为公司这一商业主体所独立享有，其利益当然也与其成员（即股东）或其他利益相关者（如雇员）相分离。

（一） 股 东 利 益

正如诺斯法官在 *Brady v Brady* 一案中所论，公司利益跟与之有利益的人的利益难以区别。然而，与公司有利益关系的人并非仅仅是公司股东，还有其他利害相关者，比如与公司签有协议，为之提供劳动力的雇员；比如购买公司产品或享受公司服务的消费者；比如为公司提供原料或材料以制造产品的供货商等。这些形色各样的人无疑与公司具有或大或小的利益关系。但英国普通法在此问题上厚此薄彼，只钟情于股东利益，并将之与公司利益挂钩。在 *Gaiman v National Association for Mental Health* 一案中，美加瑞（Megarry）法官认为，如不考虑公司成员，则很难确定公司的最佳利益。该观点也为后来的 *Greenhalgh v Arderne Cinemas Ltd.* 一案所认同，法官在此案中认为，所谓的"作为整体的公司"并不意味着作为商业实体的公司区别于法人团体成员。当公司作为商业组织，以利润为营业目标时，股东的利益主要体现在其所持有的公司股份的价值的提升。因此，董事须善意的以公司利益行事，实质上是要求董事提高股东所持股份的价值。

值得注意的是，股东利益的"股东"不仅指现有的股东，还包括将来的股东。诺斯法官在 *Brady v Brady* 一案中即指出公司利益与现在以及将来的股东利益有关联。美加瑞法官在 *Gaiman* 一案中也认为，以公司利益行事时须考虑现存及将来的股东。然而，这似乎令人不解，因为这意味着董事在行事时，不仅要考虑现有股东的利益，也须考虑那些将来可能成为股东的人的利益。在哪些人可能成为股东尚不确定的情况下，要求董事考虑这些不确定的人的利益，普通法这一要求是否过于荒诞？不然。普通法这一貌似苛刻要求的背后并非仅仅是针对将来"股东"的利益，而意在注重

"公司"长期的利益。假如董事只考虑现有股东，则其经营决策很可能陷入短视泥潭。因为当某项决策在长期上会增加公司价值，而在短期内则可能减少公司利润时，如仅要求董事顾及现有股东而非将来股东的利益，则董事当然会弃此决策。增加考虑将来股东利益这一要求，不但可避免董事会的短见行为，也可提高决策的灵活性。

此外，将公司利益视为股东利益也可能产生另一困惑，即股东之间可能存在利益冲突或不一致，此时如何界定股东利益？股东之间因持有股份份额的大小、是否直接参与公司经营管理、投资理念以及其他的差异而存在利益冲突并非少见。普通法对这一问题的解决是采取"整体"的概念，即当股东利益出现冲突或不一致时，公司利益以股东的整体利益为基点。所谓整体利益，实质上是指董事会在股东利益无法协调时，以公司的最大利益为导向，以部分股东的利益牺牲为代价所做出的决策。普通法认可这一决策并以此认定为公司利益。在此种情况下，所谓董事善意的以公司利益行事，很可能会损害部分股东的利益。普通法对此也无能为力，在鱼与熊掌不可兼得的情况下，只能取利多弊少的标准。当然，如有披以公司利益之外衣，而行损害股东利益之实的，股东也可寻求其他救济措施。普通法为防止这一情况出现，也加以"公平"的要求，即在考虑股东整体利益时，虽非（在权利方面）对每个股东均同等对待，但须公平对待股东。①在符合公平条件下，即使该决策所产生的效果可能不利于某些股东，也不影响该决策的效力。

（二）其他利害相关者

正如上面所述，普通法将公司利益默认为股东利益，公司利益即为股东利益，其他非股东的利害相关者，如雇员、消费者等并不构成公司利益的内容。但公司利益等同于股东利益仅是默认规则，它也存有例外，如公司章程或法律另有规定，则普通法的这一默认规则从属于例外约定或规定。如当公司资不抵债，无法偿付到期债务时，此时公司债权人的利益替代股东利益而成为公司利益。

在英国 2006 年《公司法》颁布之前，1980 年《公司法》引进公司雇

---

① Re BSB Holdings Ltd.（No. 2）[1996] 1 BCLC 155.

员利益，规定公司董事决策时，须考虑雇员利益，随后的 1985 年《公司法》第 309（1）节也规定，公司董事在履行职能时，考虑的事项既包括公司成员的利益，也包括公司雇员的利益。该规定的解读有二：其一，该规定推翻了普通法关于公司利益等同于股东利益的传统观点，即公司利益不再仅仅是股东利益的代名词，而是雇员利益和股东利益的结合体。但这一解读有一问题，即如何处理雇员利益和股东利益的关系？雇员利益是否和股东利益同等重要？当二者有所冲突时，该如何取舍？普通法原先所采取的"整体"的办法仅适用于处理某一类别团体内部的利益冲突，而难以应用于不同团体之间的利益冲突。其二，也有学者认为，该规定并不是对普通法关于公司利益等同于股东利益这一传统观点的根本推翻，而是在承认这一传统规则的前提下，要求董事考虑雇员的利益。[①] 这意味着雇员利益仍然服从于股东利益，董事的经营决策仍然以股东利益为首要导向，只有在不违反股东利益的前提下，才对雇员利益予以考虑。支持这一解读的证据在于，1985 年《公司法》并没有对此规定赋予执行力，这意味着即使董事没有考虑雇员利益，雇员也无法提起诉讼，以强制执行这一规定。强制执行力的缺失无疑是对普通法的传统规则的承认和延续。

当然，公司的利害相关者除雇员外，还有其他利害相关方，但英国 1985 年《公司法》除对雇员有所考虑外，没有对其他利益相关方做出规定，直至 2006 年《公司法》的颁布实施才有所改变。

三、判断标准

（一）主客观之辩

在明确何谓公司利益后，紧接着需要解决的问题是如何判断董事行为符合公司利益。即判断标准是什么？一般有两种标准：一是客观标准，二是主观标准。所谓客观标准，即并不以当事人（即董事）的意志为转移，从外在的客观因素和条件为基点，判断董事所行之事是否符合公司利益。

---

① David Kershaw, *Company Law in Context：Text and Materials* 305（Oxford University Press, 2009）.

所谓主观标准，即以董事当时决策时，内心是否以公司利益为导向，判断其行为是否符合公司利益。普通法规则认为，判断董事行事是符合公司利益选取主观标准。格林大法官（Lord Greene）在 Re Smith & Fawcett 一案中已明确指出，董事行使权力是否以公司的最佳利益为出发点，是以董事本身是否认为其权力的行使符合公司利益为标准，而非法院或他人。换言之，如董事在决策之时，心存善意，确实出于公司利益，即使该决策造成公司严重亏损，或在他人看来，该决策很是荒唐，也不能以此认定其违反义务。

当然，任何的主观标准并非绝对的主观。董事行事是否符合公司利益并非董事一句"我确实为公司利益着想"即可应付过去，否则，该判断标准也无任何意义可言。因此，法院在审查董事行事是否符合公司利益时，并不会仅以董事的言辞为依据进行判决，而是以董事做出决策之时的情况进行判断。但问题在于法院如何判断？在承认董事行事是否符合公司利益以主观为判断标准的情况下，法院既非神灵，也无神佑，何以能直抵董事的灵魂深处，知悉他们当时的想法？在 Regentcrest v Cohen 一案中，法官指出，判断董事行为是否符合公司利益，必须确定董事当时的真实想法。但如何确定董事的真实想法？帕克（Parker）法官认为，法院应深入董事当时的决策过程，通过审查决策过程中的各种因素，以判断董事当时是否确实出于公司利益。比如在此案中，公司董事免除了高达 150 万英镑的公司诉求，该决定最终使公司遭受重大损失。法官在判断该决策是否符合公司利益时，通过追问一系列问题，包括董事为何免除该重大的财务利益、当时公司在失去该财务利益后能否继续正常营业、董事免除该财务利益是否可能会使本人或有关系的第三人获益等。通过对当时决策的种种情形的判断和综合考虑，法院最终认为董事的决策是处于该董事职务的任一商人会合理做出的，因此认定其行事符合公司利益。

读者至此可能有所疑惑，帕克法官提及"处于该董事职务的任一商人会合理做出"该决策，这是否意味着判断董事行事是否符合公司利益应以合理的第三（商）人是否会做出该决策为标准？如是，则显然该标准已从主观标准转化为客观标准。普通法对这一问题的回答是否定的，它仍然坚持主观标准。在判断董事之决策是否符合公司利益的标准方面，第三（商）人或可作为佐证之一，但其证据力并不强。只要董事合理相信该决策乃出于公司利益，且法院通过考虑各种相关因素和分析相关证据，也认定该决策是董事出于合理相信符合公司利益的，即使处于该职位的第三（商）人会做出相反决策，也不构成义务的违反。

（二）后见之明（hindsight）

法官在判断董事做决策之时是否以公司利益为导向易犯后见之明。所谓后见之明，是指后见之判断（可得益于事件结果反馈的判断）与先见判断（不知晓事件结果时的判断）的差异。[①] 根据心理学研究，人们在知悉结果后所做出的后见判断往往异于在不知晓事件结果时的判断。具体到董事决策，则后见判断（即法院在审查当时董事之决策是否符合公司利益时）往往会过于夸大该决策所导致的最终结果的可能性。比如，具体到 *Regentcrest* 一案中关于董事做出免除重大数额债权的决策。假如在当时董事做此决策时，公司继续营业的可能性为 20%，如低于 20%，则该决策可能会被认为不符合公司利益。随后公司因该债权的免除而导致无法继续营业。此时，法院对董事的决策是否符合公司利益进行审查判断，在法官已然知晓公司已无法营业的情况下，他很可能认为当时的决策所导致的公司无法生存的可能性为 10% 或低于 20%，因此认定董事违反义务。这是典型的后见之明，即在知晓某个事件的结果后，一般会夸大或加重对先前事件所产生的后果。法官如抱有这种后见之明，则很可能置董事于不利地位，因为诉诸法院的案件，一般均是因董事决策不善而产生的不良后果。在法官已然知晓该事件的不良结果后，再由其判断董事当时所行之事是否符合公司利益难免不受后见之明的影响，这种审查与判断也对董事不公平。

帕克法官在 *Regentcrest* 一案中已留意到这一问题，他指出后见之明所可能产生的危险，并说"必须避免后见之明"。然而，彻底避免后见之明的有效途径是不知晓该事件的结果，只有在不清楚该事件后果的情况下，所做出的判断才可能与"先见判断"一样，不受后见之明的影响。但实际上这并不可能。此外，也有学者提出，在法官无法避免知悉该事件结果的情况下，可要求法官抹去甚至清空这一记忆，使之在相当于不知晓的情况

---

① B. Fischhoff, "Hinndsight ≠ Foresight: The effect of outcome knowledge on judgment under uncertainty" (1975) *Journal of Experimental Psychology*: *Human Perception and Performance* 288.

下做出判断也未尝不可。然而，这对于很多人而言，并不太可能。已有心理学家的实验证明，在人们知悉某信息的情况下，他的行为很难不受该信息的影响，哪怕他们想极力避免。[1]

（三）为何低标准

传统普通法对董事行事是否符合公司利益采取主观标准，这一标准明显降低对董事的要求，因为只要董事决策出于善意，即使造成公司损失，也不构成义务的违反。然而，普通法为何对此要求如此之低？一般认为，大致有以下原因。

（1）尊重董事对权力的行使。董事权力大多源于公司章程，而公司章程是公司股东之间合约的概括。因此，董事行使权力实质上是对公司股东意志的执行，股东对董事权力行使的尊重实际上是对股东自身的尊重，也是契约精神的体现。法院对董事权力行使的尊重则是对不干涉公司自治的体现。鉴于此，董事只要出于善意，以公司利益为导向，所做之决策即使最终被证实为不利于公司，也不应为此而遭受惩罚。

（2）平衡董事奖惩，鼓励公司投资。在复杂多变的商业环境中，董事决策稍有不慎，便可能招致不测，使公司遭受重大损失，甚至陷入破产。但当公司业绩蒸蒸日上，赚取巨额利润时，董事收入一般不会有大幅度的提高，特别是当董事没有持有公司股份，不能从公司股份价值的提升而直接受益时。如果要求董事为其认为正确的商业决策承担不利后果，则明显奖惩失衡。为平衡董事奖惩，使利益机制与责任机制产生良性互动，法律也不宜对董事决策做过分猜想。此外，普通法之所以定下如此低的要求，也考虑到公司具有积极进取、敢于投资的一面。如董事因惧于法律的震慑而缩手缩脚，选择稳当的投资策略，而舍弃高回报高风险的投资，则不但会挫伤公司的投资积极性，也会影响社会经济的整体发展。

（3）公司内部救济的优先。公司自治原则的提倡与流行，意味着外部力量（特别是法院）的让路与尊重。在公司可以自救的情况下，法院一般不情愿过多干预公司管理。而对于股东而言，在有内部救济措施的情况

---

① B. Fischhoff, "Perceived Informativeness of Facts" (1977) *Journal of Experimental Psychology*: *Human Perception and Performance* 349.

下，他们也偏向于通过其他措施纠正董事的失误或"错误"。

（四）主客观标准的转换

根据普通法，董事负有善意的以公司利益行事的义务。判断董事决策时是否以公司利益为向导，并不施以客观标准，或以理性的第三（商）人处于该职务时是否做出该决策，而是代以主观标准，以董事当时是否认为该决策符合公司利益为准绳。普通法这一要求有一潜在的前提：即董事须根据当时各种情况，形成自己的判断，并以此认为该决策符合公司利益。如董事没有形成自己的判断，而只是盲目听从他人的建议或意见，没有考虑到公司利益，则可能构成义务的违反。因为在此种情况下，他并没有以他认为符合公司利益的判断做出决策，而是跟从或同意他人的判断。较为典型的例子是名义董事，名义董事是指由大股东提名并代表大股东利益的董事。大股东显然对公司拥有较大的利益，在董事会里安插本人利益的代言人无可厚非，也非少见。如该名义董事能够根据章程授予的权力独立行使，独立进行判断，不受背后大股东的指使和控制，则该名义董事在法律上并无任何值得诟病或非议之处。但如名义董事依赖于提名大股东，并根据大股东的指示和旨意行事，则很可能违法。

鉴于此，董事在经营管理公司中，须以公司利益为出发点，独立判断，做出决策。如董事没有考虑公司利益而擅自决策，很可能违反董事义务。然而，这并不意味着，该决策的实施损害公司利益，相反，没有考虑公司利益的决策很可能最终有利于提高公司价值。读者至此或有疑虑，董事在决策时，如真心为公司利益着想，又怎会不顾公司利益而擅自决定？然而，这在实践中并不少见。比如在集团公司里，各子公司的董事本应以各自公司的利益为行事规则，但由于归属同一集团，子公司的董事在决策时，很可能不会考虑本公司利益，而以"大局为重"，考虑集团公司的利益。当然，在某种程度上而言，集团增益，也会为子公司增光添彩，但身为子公司的董事，在公司具有当然的独立法律人格时，不考虑本公司利益而以集团利益为重，也可能违反董事义务。对于这种情况，普通法在认定董事是否违反董事义务时，抛弃传统的主观判断规则，而代之以客观标准。即当董事未能考虑公司利益而做出决策时，此时判断其是否违反董事善意的以公司利益行事的义务，不再以该董事当时是否认为该决策符合公司利益为标准，而是以一名处于该职务的合理和诚实的人是否会做出该决策为标准。如果一名合理和诚实的董事在当时情况下会做出相同的决策，则被诉董事不构成义务的违反，反之则违反董事义务。

四、董事行为与公司利益的限制

董事负有善意的以公司利益行事的义务，这是否意味着董事可为了公司利益而"为所欲为"？是否可以公司利益为旗号，义正词严的违约？换言之，董事出于公司利益目的而所行之事是否应当有所限制？这些疑惑并非学术界凭空想出。在实践中，董事经常会碰到这些左右为难的问题，因为公司利益在复杂多变的商业环境中因时而异，此时符合公司利益的行为可能在一段时间后有所改变，不利于公司。比如某公司在今年 1 月份与他人签订合同，出售某种产品，价格为每件 10 元。半年后，该产品价格因市场需求的转变而急剧上升，涨至每件 50 元。在该公司尚未交付产品的情况下，董事是否可以选择违约以保证公司利益的最大化？如董事选择遵守契约，以原先约定的每件 10 元的价格交付货品，则股东可否以董事违反负有以公司利益最大化的行事义务为由对其提起诉讼或要求其承担责任？在这种情况下，普通法的态度明确且坚定，即董事负有善意的以公司利益行事的义务须受合同的约束，董事不能因顾全公司利益的最大化而选择毁约，损坏交易相对方的合法期待利益。

在上述例子中，董事如选择以维护公司最大利益为目标而违反合同规定，则公司须承担违约责任。此外，公司声誉也可能因此而受到损害，从而提高公司将来的交易成本。因此，即使普通法没有对此有所限制，理性的董事也很可能会选择尊重契约，以免因小失大。然而，这仅仅是在合同有明确规定的情况下，董事为了逃避法律责任而采取的"明智"策略，在其他情形下，如公司收购兼并，董事可能会面临更为艰难的抉择。假设 A 公司有意售卖旗下一子公司，B 公司经过调查后有意购买该子公司，A 公司遂与 B 公司签订收购协议。随后，A 公司发现 C 公司也有意购买，且出价高于 B 公司。此时 A 公司如何选择？读者或有疑虑，此时 A 公司所处情形如同上述例子中售卖（每件 10 元）产品的公司，根据普通法，A 公司不应为公司利益的最大化抛弃 B 公司而与 C 公司苟合。但在公司收购实践中，收购协议一般会允许卖方毁约，即当 C 公司以更高的价格购买 A 公司的子公司时，A 公司享有选择权，A 可坚持原先的选择，卖给 B 公司，也可售予出价更高的 C 公司。但为了保护 B 公司权益，收购协议中一般有所谓诱引禁止（non‑solicitation）的条款，即禁止出卖方 A 公司继续寻求下一个潜在的买方或限制向潜在买方披露关于售卖公司或资产的特定信息。这种诱引禁止的条款一般均会为买卖双方所接受。对买方而言，其为了购买对方资产或收购对方股权，必定会花费大量的时间和金钱做前期准备，如因卖方公司最终反悔而择其他卖方，无疑前功尽弃。对于卖方而言，诱引禁止的条款也并不过分。在卖方有意出售旗下资产或公司之时，如市场有意购买者为数不多，前来接洽并最终签订协议时，当视为双方均认可这一收购价格，对此交易均感满意。此时卖方也无须再寻求其他潜在买方公司，按约售出，也可专注于其他业务的开拓与发展。因此，在存有诱引禁止条款的收购协议中，公司董事以公司利益行事的义务无疑受到了一定的限制。

收购或兼并协议中，尚存有一种有"尽最大努力"或"尽合理努力"等字眼的条款。即卖方为了让收购顺利完成，须尽最大努力帮助对方完成某些事项，否则收购行动可能因此而搁浅。比如，当一公司有意售卖旗下一移动通信子公司时，该移动通信公司拥有的移动通信特许证可能会有明确的条款限制：当收购公司没有事先获得通信管理机构的事先许可时，被收购的移动通信公司的特许证也随之而失效，从而导致其事实上无法开展业务。在此种情况下，收购公司在与对方签订收购协议时，一般会要求对方须尽最大努力，协助其获得事先许可，以便收购顺利完成。此时，如公司董事发现出售旗下子公司已不再符合公司利益，或另有公司以更高价格购买，公司是否应按照协议规定，"尽最大努力"帮助对方获得通信管理机构的事先许可？换言之，董事在维护公司利益与遵守契约规定的左右之间，普通法如何规制？根据 *Fulham Football Clud Ltd. v Cabra Estates Plc.* 一案，上诉法院认为，董事按照合约规定行事，即使有损公司利益，也不会构成义务的违反。因公司利益的扩张并非无止境，在一定情况下受到限制是完全有必要的。

五、传统公司利益的反思

董事负有善意的以公司利益行事的义务，在传统普通法中，公司利益等同于股东利益。因此，董事这一义务实质上可转化为董事负有善意的以股东利益行事的义务。然而，传统普通法这一规则是否无懈可击？公司利益真等同于股东利益？公司雇员和债权人的利益为何不是公司利益？随着一系列的追问，公司利益的定义也需反思。

（一）传统公司利益的挑战

股东投资设立公司，从法律上而言，成立后的公司享有独立法律人格，享有法人财产权。但这一规范意义难以掩盖实践事实，在诸多股东看来，公司如同自己的所有之物（特别是在设立一人公司的情况下），因此，最大化实现公司利益，无疑是最大化实现这一公司"所有人"的利益——股东利益。然而，这一观点逐渐受到质疑，特别是在股东分布较为分散、人数较多的公众公司当中，公司利益等同于股东利益的观点备受挑战。主要的反对观点有以下四种：

1. 股东所有权的褪色

19世纪中期，随着生产力的大力提高，产业的多元化发展，投资者不再局限于投资设立中小公司或封闭式公司，而是主动出击，进行多元化投资。这种格局的变化也使得投资者难以集中精力经营管理某一家公司。此时，职业经理人便适时而现，他们不持有公司股份，名义上并不拥有公司，不是公司的所有者，却执掌公司生死大权，而股东对此也心甘情愿。这种所有权与经营权的分离导致公司逐渐"去人化"，公司的独立人格越来越突出，而股东所有权的色彩则相应逐渐淡化。

这种"去人化"的原因在于股东所有权的褪色。股东所有权体现为两个方面，一是对公司的控制，二是享有公司剩余财产的权利。然而，股东这两种传统权利在所有权与经营权分离的面前黯然失色。原因在于：第一，积极股东向消极股东的转变。所有权与经营权分离的结果必然导致股东不再积极地参与公司经营管理，只要管理者能够尽职尽责，提高公司效益，股东大可不必操心。事实上，他们在很大程度上也无法直接干涉公司的日常经营管理。根据公司章程的规定，在董事享有的授权范围内，股东不能直接干预。对股东而言，如对董事管理不满，他们也只能遵循法律和章程的相关规定，寻求解决办法。因此，股东所有权体现之一的控制权在此被大大削弱。第二，股东作为公司的所有者，在公司清算后，如有剩余财产，可以分配。但在公司正常的营业过程中，股东则通过分红等方式体现所有权的财产收益。因此，所谓股东剩余权益权，对于大多数公司而言，仅仅是虚无缥缈的权利，它的存在意义仅在于公司进入清算阶段时才有所体现。在正常情况下，股东的财产收益主要通过分红体现。对于一些不肯分配红利的公司而言，股东的财产收益很可能仅体现在股份转让时差价的获得。① 鉴于此，股东所有权逐渐褪色。

英国公司法专家艾尔兰（Ireland）教授甚至认为，股东这两种权利的褪色使其与公司债权人并无太大的区别。② 股东控制权的削弱，使得其如同债权人一般，难以干预公司经营。此外，股东的分红权也与债权人定期获得一定的利息没有太大的差别。当然，从理论上而言，公司股东与公司债权人具有本质上的区别。③ 但在实践上，他们均是"货币资本家"，对公司内部管理漠不关心，对公司产品生产也视而不见。他们在乎的，仅仅是投资或借贷出去的资本能否得到充足的回报。④ 在此意义上，如同伯利（Berle）和米恩斯（Means）所指出的，公司股东并不与贷款人有所区别。⑤

---

① 然而，这种差价的获得是否属于股东财产收益的体现值得怀疑。因为股东在获得股份转让差价的同时，也失去了股东的身份，所谓股东财产的收益权也无从体现。

② Paddy Ireland, Company Law and the Myth of Shareholder Ownership. *The Modern Law Review*, Vol. 62, Issue 1 (1999), 32–62.

③ 英国另一专家西利（Sealy）教授也指出，公司债权人与公司股东在法律意义上而言，具有重大的理论差异。但对于投资者而言，债权的投资或债券持有者在实践上与股份的投资者很是相似。他们都是经济活动中公司的有价证券，只是具有不同的风险和回报而已。见 L. S. Sealy, *Case and Materials in Company Law* 420–421 (Butterworths, 1996)。

④ 当然，对艾尔兰教授这一观点，也有不少学者提出质疑。见 David Kershaw, No End in Sight of the History of Corporate Law: The Case of Employee Participation in Corporate Governance. *Journal of Corporate Law Studies* (2) 1 (2002), 34–81。

⑤ A. A. Berle and G. C. Means, *The Modern Corporation and Private Property* (Harcourt Brace, 1932)。

2. 合约论的影响

美国著名学者伊斯特布鲁克（Easterbrook）和费希尔（Fischel）在其经典著作《公司法的经济结构》一书中，提出一简单且直接的问题，即何谓公司的目标？公司是以盈利为目的抑或可被广泛定义为具有一定社会福利意义的组织？公司应以长远为目标，实现公司利益的最大化，抑或仅仅追求短期利润而不顾长期利益？伊斯特布鲁克和费希尔认为，这些问题的答案根本不重要，也无人关心，因为这取决于公司设立人当时合意而成的契约条款的规定。以《纽约时报》为例，假如股东在设立《纽约时报》时，约定该报刊的首要目标是刊载新闻，盈利为其次，则不会有人对此提出反对意见，因为只要那些创始股东愿意，他们大可设立不以营利为首要目地的组织。《纽约时报》这一公司成立后，如有人愿意投资，成为该公司成员，这也意味着他们愿意遵循该合同条款。如果有一公司在设立时约定，公司所得利润的一半分配给公司雇员而非股东。只要他们有此约定，也不影响该公司的设立，至于该公司成立后能不能继续经营则另当别论。因此，公司是否以股东利益为首要目标，追求股东利益的最大化，完全取决于契约的规定。除股东外，公司也可约定以其他利益相关者的利益最大化为目标，只要契约有此规定，法律也不会加以干涉。[①]

伊斯特布鲁克和费希尔这种分析，被认为是对公司性质的一种新的解读，即认为公司是一系列合约的集合，这一系列合约是指包括股东、债权人、雇员、顾客等在内的合约。美国公司法专家班布里奇（Bainbridge）教授认为，合约论将公司"可视化"，公司不再被视为一个拟制的法人实体，而仅仅是股东之间意思表示的合意，是契约的体现。它是各个输入物合力提供产品或服务的结果：即雇员提供劳动力，债权人提供债务资本，股东则在一开始提供权益资本并在公司成立后承担遭受损失的风险和监督管理层，而管理层则监督雇员并协调各种公司输入物。在此，公司虽是法定人，却是各种合力结果下，具有复杂的一系列契约关系的法定人。此时，公司已不再是简单的法定人，甚至公司已不再被视为"人"，它仅仅是各种明示或默示的合约意志的体现，这种合约化的结果使得公司被"可

---

① F. Easterbrook and D. Fischel, *The Economic Structure of Corporate Law* 35（Harvard, 1991）.

视化"，各公司利益相关者之间的权利义务关系也清楚化、明确化。① 在合约理论面前，所谓的股东所有权的概念荡然无存，因为在合约的世界里，所有权虚无缥缈，即使存在着所有权，也是合约意志的其中一种表现。在股东所有权缺失的情况下，所谓公司利益等同于股东利益的传统法则也不再具有合理性。

既然公司可以契约化理论加以解读，那为何对于大多数公司而言，公司的目标何以仍怀抱股东利益，以股东利益最大化为目标？伊斯特布鲁克和费希尔认为，这种理论与实践不太相符的现象并不出人意料：首先，公司股东出资设立公司时，大多会以追求股东本身利益的最大化为首要目标，这种规约完全符合情理。另外，公司成立后，追求股东利益的最大化，也可吸引潜在投资者，增加公司资本，扩大经营规模。最后，公司股东出资后，须承担因投资失败而损失财产的风险，根据风险收益一致的原则，高风险的投入，意味着须有高回报的期待。然而，伊斯特布鲁克和费希尔接着提出，一味追求公司（股东）利益的最大化，可能在短期内实现。但从长期而言，这种追求目标的单一化很可能会影响该目标的实现。因为在商业世界里，公司并不是孤立存在的，它不仅内部存有雇员，外部也有其他的利害相关者。如没有考虑这些内外部的利害相关者，则公司利益很难得以长期增长，股东作为公司利益的最终享有者，必然也会受到影响。

3. 权力论

权力论源于多德（Dodd）教授于 1932 年在《哈佛法律评论》发表的一篇经典之作。② 他认为，现代企业的发展使得股东权利不断缩小，而董事作为公司的经营管理者却获得操控公司的能力。这种股东缩权而董事扩权的演变导致两个结果：第一，公司作为"虚拟"的人逐渐向"真正"的人转变。在公司法传统理论中，公司具有独立的法律人格，即与自然人一样，是法律上的"人"。此处的"人"虽与自然人在法律地位上无甚区别，但毕竟不是有血有肉的自然人。但在多德看来，在股东权利逐渐缩小

---

① Stephen M. Bainbridge, In Defense of the Shareholder Wealth Maximization Norm: A Reply to Professor Green. *Washington and Lee Law Review* Vol. 50, Issue 4 (1993), 1423 – 1447.

② E. Merrick Dodd Jr. For Whom Are Corporate Managers Trustees. *Harvard Law Review*, Vol. 45, No. 7, (1932), 1145 – 1163.

的情况下，公司在很多方面已经具有"真实的而非简单拟制"的人的因素。特别是在股东虽享有法律与章程规定的权利，但在理性冷漠的影响下而甚少行使，而董事却日渐享有更多权力的情况下，公司虽作为一个组织，但因缺乏内部监督力量而具有真正意义上的人的角色。在公司被赋予自然人的角色下，其作为市民或公民，在享有法定权利的同时，也须具有一定的社会责任感，承担相应的社会义务，履行一定的社会服务（social service）。对于公司而言，则是在决策中，不能仅以股东利益为归依，还应考虑其他利害相关者的利益。第二，公司权力的日益膨胀使得外在的干预具有必要性和正当性。权力的无限膨胀必然带来诸多问题，而在公司内部力量无法抗衡此权力时，外在规范的介入与干预则具有必要性和正当性。特别是对于大公司、集团或跨国公司而言，它们的一举一动，不仅影响公司自身，也会对所在的社区或社会产生重大的影响。

4. 社会责任论

根据权力论，多德教授认为公司之所以不应仅以股东利益为首要追求目标，尚需承担一定的社会责任，是因为公司具有越来越大的权力。这种日益膨胀的权力使得公司须受制于外在的力量（如国家以立法的形式加以干预）。但英国布鲁斯托大学已故教授帕金森（Parkinson）的逻辑与多德恰恰相反，帕金森认为，公司不是因为权力的膨胀而被赋予一定的社会责任，相反，公司是因须承担社会责任而具有更多的权力。公司之所以拥有日益膨胀的权力，其前提在于它须以负责任的态度行事，否则权力之泉难以源源不绝。但对于如何定义社会责任，帕金森却语焉不详，并没有给出具体的定义。①

公司作为一个私人组织，似乎并不应承担任何的社会公益功能，公司的存在只需为其成员服务即可，根据曼德维尔经典的私人恶德即构成社会公益这一原则，② 公司以利润为其首要目标最终也能促进社会公益。但帕金森教授认为，根据政治理论中的私权合法性，大公司应视为社会企业（social enterprises），这种社会企业拥有影响社会后果的决策权的合法性在于它们的决策须考虑社会公共利益。因此，社会公共利益是这些公司（社会企业）合法存在的根基，而社会据此也可以各种方式（立法为主要形

---

① J. E. Parkinson, *Corporate Power and Responsibility* (Oxford University Press, 1933).
② ［荷］伯纳德·曼德维尔：《蜜蜂的寓言》，肖聿译，中国社会科学出版社，2002。

式）确保公司的经营和决策与此一致。

帕金森教授也指出，要求公司据此承担一定的社会责任并非否定公司的营利性，公司盈利与承担社会责任并不具有根本性的冲突，公司完全可以在二者之间取得平衡。要求公司承担社会责任，其言下之意是要求公司不能以利润为单一的追求目标，而是将利润作为促进社会公益的手段。为此，他甚至建议，应重新审视公司法的具体规则，使其不再仅为公司股东利益服务。

（二） 传统公司利益的支持声音

如上所述，诸多学者提出种种理论，质疑公司利益等同于股东利益的传统规则。然而，在这些反对的声音中，也有自相矛盾之处。比如，多德教授认为公司之所以应承担社会责任，是因其拥有日益膨胀的权力，而帕金森教授认为公司承担社会责任以促进社会公益是拥有权力的前提，也是其拥有私权的合法性条件。但无论多德与帕金森对此分歧有多大，他们有一共同点，即认为公司是一组织，甚至认为这种组织是一种准公共实体（quasi - public entity），要求该实体承担一定的社会公益功能和履行一定的社会服务也并不为过。而伊斯特布鲁克和费希尔则将公司视为契约的聚集，这虽使股东所有权有所褪色，但却不能为外在的干预提供正当性和合理性，因为既然公司是一系列契约的聚集，则外在的干预也须征得契约当事人的同意。

然而，也有学者仍然坚持公司的目标在于盈利，认为提高公司的利润是承担社会责任的体现。弗里德曼即是传统公司利益规则的坚定支持者，他认为，要求董事或高管在经营决策时承担社会责任，要么是花言巧语般的修辞，要么是要求董事行事不得以雇主（股东）利益为依归。在弗里德曼看来，社会服务功能应交由政府履行，不能转移给公司承担。公司的目的在于为股东创造财富，从而推进社会的发展。①

此外，耶鲁大学的卡曼（Kraakman）教授和哈佛大学的哈斯曼（Hansmann）教授则以殊途同归的方法试图解决公司在股东利益与其他利害相关者之间摇摆不定、纠缠不清的局面。他们认为，公司作为法律上的人，拥有如此强大的权力，理应如同良好市民一样承担一定的社会责任，但公司承担社会责任并不意味着公司高管在经营决策中必须考虑利害相关者。卡曼和哈斯曼认为，提高公司的盈利能力本身就是承担公司社会责任的方式，也是最终实现社会公益的途径。他们在其经典的《公司法历史的终结》一文中指出，一切深思熟虑的人都相信，公司须以服务于社会整体公益的方式组织和运行，因此，股东利益并不比社会其他成员的利益重要得多。但基于逻辑与经验，达致这一目的（即增加社会福利）的最佳途径是使公司经营者对股东利益负责，因为实现股东利益，最终也必将增加社会财富或福利。②

六、开明的股东价值：第三条道路的开辟

历时八年、被称为具有历史性立法的英国公司法于 2006 年颁发。该法是英国议会有史以来通过的最厚重的法律文本，也是 1850 年以来对英国现有商事法律最具有广度和深度的修改。③ 在此次修改中，英国试图揭开公司利益之谜，开辟第三条道路，提出"开明的股东价值"（enlight-

---

① 弗里德曼认为社会责任不应由公司承担的理由如下：第一，公司财产不同于财政税收，不能用于公共支出，公司缴纳税款实质上是公司承担社会责任的一种体现方式，要求公司在缴纳税款之余仍然承担社会责任无疑是对公司财产与税款的混淆。第二，公司高管由股东任命，非由选民产生。因此，他们仅需对股东负责，而无须对选民（即市民）负责。第三，即使公司承担社会责任的命题成立，公司如何承担这一责任也是一大问题，即高管在经营决策时，如何权衡，以做出符合社会公益的决策。第四，强调公司社会责任，会使公司高管缺乏明确的决策指引。见 Milton Friedman, The Social Responsibility of Business is to Increase its Profits. *The New York Times Magazine*（13 September 1970）33；Milton Friedman, *Capitalism and Freedom*（Chicago University Press, 1962）。

② Henry Hansmann & Reinier Kraakman, "The End of History for Corporate Law"（2000）439. *Georgetown Law Journal*, 439 – 469.

③ Arad Reisberg, "Corporate Law in the UK after Recent Reforms：The Good, the Bad, and the Ugly"（2012）63. *Current Legal Problems* 315 – 371.

ened shareholder value），即在承认传统公司利益的规则上，认为董事在经营时应考虑其他利害相关者的利益。根据英国 2006 年《公司法》第 172 条第 1 款规定，公司董事必须以他善意地认为为了公司成员的整体而将最大可能地促进公司成功的方式行事，并在这样做时，考虑（与其他事项一起）（a）任何决定最终可能的后果；（b）公司雇员的利益；（c）培养公司与供应商、消费者和其他人商业关系的需要；（d）公司运作对社会和环境的影响；（e）公司维护高标准商业行为之声誉的愿望，以及（f）在公司成员之间公平行事的需要。①

2006 年《公司法》有较大完善，一方面，它不再沿用具有争议性的"公司利益"一词，而代之以"公司成功"这一稍具中性色彩的词语作为董事行事的目标。此外，它也并未完全抛弃普通法中关于促进股东利益的传统法则，恰恰相反，2006 年《公司法》首次直接提出"公司成员的整体"的利益。再且，现行《公司法》要求董事行事时，须考虑其他群体的利益，这一全新规定可谓是"第三条道路"的精华所在。鉴于此，英国有学者认为，这种折中的处理办法因既能坚守传统规则，维护股东利益，也顾及其他利害相关者的利益，适应时代的发展，在现阶段公司利益渐失方向、左右为难的情况下，不失为公司利益的发展方向。② 美国学者威廉（William）与康利（Conley）认为，英国这一立法取向发展了传统的股东价值，并融入欧洲大陆利益相关者的理念，促使公司董事在固守股东价值的同时，也须考虑更为广泛的利益相关者。③ 然而，英国这一立法改革是否真正开创了迥异于传统的股东价值及利益相关者的第三条道路？笔者认为，开明的股东价值在规定上仍存有诸多缺陷之处，且其实质上仍是以股东价值为首要目标，其本面目依然没变。

---

① S172 of Companies Act 2006.

② S Kiarie, "At Crossroads: Shareholder Value, Stakeholder Value and Enlightened Shareholder Value: Which Road Should the Unite Kingdom Take?" (2006) 17 *International Company and Commercial Law Review*, 329 – 343.

③ Cynthia Williams and John Conley, "An Emerging Third Way? The Erosion of the Anglo-American Shareholder Value Construct" *University of Carolina Legal Studies Research Paper* No. 04 = 09 at 7.

（一）如何解读"公司成功"

英国 2006 年《公司法》以"公司成功"代替公司利益，然何为公司成功？公司成功是否是公司利益的另一代名词？英国著名公司法学者戴维斯（Davies）教授认为，公司法采用"公司成功"而非"公司价值"或"公司利益"是有意为之且正确的，[①] 因为公司成功一词是较为模糊和难以定义的词组，而这正符合现实中各种不同类型的公司的需求。比如对于慈善类公司而言，它们的目标并非为了提高利润，增加公司利益，而是从捐赠人处获得财产，后对外发放，以服务于社会。依此类推，在商业社会中，公司类型多种，而公司目的也不尽相同，即使对于非慈善性公司而言，它们的经营目标也并不必然是盈利。因此，采用公司成功一词，无疑更符合实际情况。此时，越是模糊的词眼，越能体现立法者的匠心独运。但如此一来，公司成功与公司利益并无两样，至少在定义方面难有确切含义。

（二）董事如何追求实现"公司成功"

根据上述规定，董事应当以他善意地认为为了公司成员的整体而将最大可能地促进公司成功的方式行事，并在这样做时，考虑其他利益相关者的利益。然而，文本间接地描述掩盖不了实践的复杂。董事在实际行为中，应当如何在保证公司成员的整体利益上，兼顾其他相关者的利益？这是一个无法解答的神一般的问题。甚至，仅关于考虑公司债权人方面，就已存在诸多争议之处。董事应当在何种时候对公司债权人负有义务？根据新南威尔士上诉法院法官在 *Kinsela v Russell Kinsela Pty Ltd.* 一案的判决，只有在公司资不抵债而有清盘之风险时，董事才对公司债权人负有义务。[②]但问题在于，在千变万化的商业世界里，公司财务状况可能变化迅速。一个正常营业的公司，可能在某一天因失去某个重大客户而顿时有面临清盘之险。相反，一个处于财务窘困时期并可能随时宣布破产的公司也可能在

---

① Gower and Davies, *Principles of Modern Company Law* 510 (9th Edition, Sweet & Maxwell, 2012).

② Kinsela v Russell Kinsela Pty Ltd. ［1988］BCLC 250 at 252.

某段时期获得重大业务单而恢复正常财务能力。再且，对于某些公司而言，公司的盈利与亏损之间并非突然而至，而是具有一段持续的时期。比如，对于航空公司而言，在油价猛涨时期，航空公司成本无疑也随之上涨。一些规模较小的公司在历经一段时间后可能因成本过高而不得不宣布破产。而在这段艰难时期，如果强施义务于董事，要求他们经营决策时，考虑债权人利益，可能会约束他们采取激进行为以改善公司现状。① 可见，"开明的股东价值"指引下，公司债权人如何要求董事履行义务，董事应当如何行为，以追求公司成功，尚存有诸多疑问之处。

（三）　惩罚性后果的缺失

英国 2006 年《公司法》第 172（1）款要求董事在决策时须考虑利害相关者利益，然而，无救济即无权利，利益相关方的权益即便受到侵害，也无途径可诉求公司或董事予以纠正或赔偿。如公司雇员认为董事决策未将其利益考虑在内，明显违反《公司法》第 172（1）款规定，依据《公司法》现行规定，职工并无救济途径可循。反之，股东利益如受到侵害，则可通过派生诉讼等救济途径获取保障。这种强制约束力的缺位致使开明的股东价值取向之"开明"徒具其表，掩盖传统公司利益之实。当然，公司的职工同时也是股东，公司的行为可能对公司股东所在社区造成影响或公司的债权人成为公司股东后，对公司罔顾利益相关方的行为可以提起诉讼。此类诉讼虽其保护之利益不局限于股东而扩散到利益相关方，然其提起均以股东之身份为资格，实质上仍是以股东价值为首要目标，其传统的价值取向并未改变。这种可谓不伦不类的立法取向不但与传统英美法的另一代表美国迥异，同时也为一直紧随英国的澳大利亚所抛弃。②

2018

——

中国金融论丛

---

①　P. Davies, "Directors' Creditor—Regarding Duties in Respect of Trading Decisions in the Vicinity of Insolvency" (2006) 7. *European Business Organization Law Review* 301; D. Milman, "Strategies for Regulating Managerial Performance in the Twilight Zone: Familiar Dilemmas, New Considerations" (2004) 4. *Journal of Business Law* 493.

②　在澳大利亚国会的立法讨论中，公司与财经联合委员会拒绝采取英国这一立法取向，并指出"这种无止境地列举公司董事须考虑的事项不但无甚用处，且难以提供可供操作的指南。因此，要求董事决策时考虑其他因素事实上起着反作用，而且也有使董事混淆公司目的而不知所措的危险"。见 Parliamentary Joint Committee on Corporations and Financial Services, Commonwealth of Australia, Corporate Responsibility: Managing Risk and Creating Value (2006)。

七、结语：公司利益何去何从

事实上，公司利益何去何从并不是简单一两条法律条文即可概括规定。坚持传统的公司利益概念，将之视为等同于股东利益，虽然简单、易操作，但并不符合现代公司法的要求，也不利于整体社会经济的发展。因为现代公司虽仍强调盈利的重要性，但比以往更重视公司的长期利益，更考虑公司的长远发展。这种对长远利益发展的考虑和重视使得公司不可能贪图短期利润而牺牲长远目标，也决定了公司在经营过程中不可能仅以股东为单一的服务对象，其他包括雇员、债权人、供货商、消费者和社区等在内的利益相关者也需考虑在内。如此，公司方能长足发展，因为一个勇于承担社会责任的公司是不可能被世人所遗忘，也会受到社会的好评。然而，正如上面所述，将股东利益与其他利益相关者同等对待，无论在理论上抑或实践方面，均会产生不少困惑。首先，在理论上，将股东利益与其他利益相关者相提并论实质上抹杀了股东在公司具有不同于他人的特殊地位。股东作为公司的出资人，虽然不直接拥有公司财产，但享有各种独有的权利，如分红权、表决权和派生诉讼权等。这些权利唯独公司股东享有，而不为其他利益相关者所分享。可见，股东与其他利益相关者在法律地位上本身即不平等，将这二者同等对待实际上是对这一事实的藐视，也违背公司最为基本的法律关系。其次，在实践上，将二者同等对待并不具有可操作性。当公司行为侵犯股东权利时，股东可通过各种救济途径保障自身权益，典型如英国的不公平损害救济权（unfair prejudice）。[①] 然而，当其他利益相关者权益受到侵犯时，公司法所能提供的救济途径非常少，甚至是空白。比如上面所提及的英国开明的股东价值，即是因缺乏救济途径而徒具其表。如赋予各利益主体相应的救济途径，则不仅须对公司法进

---

① 不公平损害是英国公司法保护少数股东中最有价值和使用最为广泛的一种救济措施。在缺乏异议股东股份收买请求权（appraisal right）的英国，不公平损害救济措施不但可保护股东利益不受不公平损害，在很多情况下甚至扮演着退股权的角色。因为该权利的主要救济措施往往是由法院裁决，要求公司回购请求人的股份。在 2006 年公司法正式颁布实施后，相比其他制度而言，不公平损害制度改变不大，但其在保护股东（特别是少数股东）利益方面仍有着极其重要、无可替代的作用。参见 Brenda Hannigan, *Company Law* 417（Oxford University Press, 2009）。

行大刀阔斧的改革，也须修改其他相应部门法，因为区区一个公司法，显然不足以承担如此之重的压力。比如，在涉及消费者权益方面，还须修改相应的消费者权益保护法；在涉及公司债权人方面，也要对合同法作相应的修订；在涉及公司雇员方面，劳动法或劳工法也须得到相应的修改。可见，对传统公司利益的超越，实质上已超出《公司法》甚至《商法》的调整范围，没有其他部门法的配合，任何对传统公司利益的抛弃与超越均可能是虚幻的现实与美好的梦想。

具体到我国《公司法》对公司利益的定义应采取何种途径：是继续沿用传统的股东利益？抑或紧跟潮流，引进利益相关者，强调其他利益相关者的重要性？在国内学界普遍强调公司社会责任的今天，[1] 公司利益等同于股东利益这一传统规则在国内似被抛弃，至少不为学界所欢迎，取而代之的是强调公司对其他利益相关者的责任。特别在我国《公司法》第五条旗帜鲜明地要求公司须承担社会责任后，[2] 传统的公司利益定义至少在立法上似已发生变化。笔者认为，强调公司承担社会责任，并将之法定化是现代公司法的要求之一，也是现代公司发展过程中不可或缺的内容之一。然而，仅仅因此而认为传统的公司利益在我国《公司法》已发生改变则显然欠缺说服力。原因很简单，要求公司承担社会责任的规定在实践中并不具有可操作性。换言之，我国《公司法》如同英国立法，对此规定缺乏相应的救济途径，公司即使违反规定，没有承担相应社会责任，他人也无可奈何，只能望而兴叹。事实上，在实践中，漠视甚至侵犯少数股东利益的现象非常普遍，在股东利益本身无法得到保障的今天，过多强调公司社会责任可能本末倒置。只有在股东利益得到充分、适当和合理保障之时，强调公司社会责任方有积极意义，否则，不但公司可能裹足不前，社会经济也难以迅猛发展。因此，依笔者之见，我国《公司法》宜采传统的股东利益解释，董事行为以公司利益为标准，其核心之处仍在于服务股东利益，

2018

中国金融论丛

---

① 国内关于这方面的代表作可参见：刘俊海：《关于公司社会责任的若干问题》，载《理论前沿》，2007（22）。

② 我国《公司法》第五条规定"公司从事经营活动，必须遵守法律、行政法规，遵守社会公德、商业道德，诚实守信，接受政府和社会公众的监督，承担社会责任"。该规定很受学界欢迎，他们认为强化公司社会责任是现代公司法的重要内容，将社会责任立法化，是中国公司法现代化的特色之一。代表作可参见：刘俊海：《自觉承担社会责任是在全球金融危机背景下增强公司核心竞争力的重要方略——谈新〈公司法〉第五条的正当性与可操作性》，载《法治论坛》，2010（1）。

争取股东利益的最大化。特别是在我国社会转型时期，妄求董事为诸多利益相关者服务，不仅不利于董事的管理与行事，恐也会影响公司的持续发展，打击现在热火朝天的创业激情。有鉴于此，我国《公司法》的公司利益解释仍需限于股东利益。

(原载《月旦民商法杂志》2017 年第 3 期)

中国（广东）自由贸易试验区发展研究

吴 迪

广东自贸试验区成立于 2015 年 4 月 21 日，总面积 116.2 平方公里，包括广东广州南沙新区片区、深圳前海蛇口片区、珠海横琴新区片区，共 3 个片区。广东自贸试验区面向港澳，侧重服务自由化，更加突出同香港、澳门的合作，特别是加强对香港、澳门服务业与金融业的开放和衔接。广东自贸试验区战略定位于依托港澳、服务内地、面向世界，方向为建设成为粤港澳深度合作示范区、21 世纪海上丝绸之路重要枢纽和全国新一轮改革开放先行地。营造国际化、市场化、法治化营商环境，构建开放型经济新体制，实现粤港澳深度合作，形成国际经济合作竞争新优势，力争建成符合国际高标准的法制环境规范、投资贸易便利、辐射带动功能突出、监管安全高效的自由贸易园区。

■ 一、战略定位及举措

（一）建设国际化、市场化、法治化营商环境

一是加强法治环境建设。广东自贸试验区以法治环境建设为主要抓手，在扩大开放的制度基础上大胆尝试，以形成与国际标准相对接的投资贸易规则体系。按照公平、公正、公开的原则，试点对内的司法体制改革和对外贸易规则制度改革，一方面实现各类市场主体的公平竞争，另一方面完善自贸试验区出口贸易规则制度的完善。完善公众参与法规起草机制、委托第三方起草法规机制，发展国际仲裁等法律环境建设。二是实施负面清单制度。负面清单制度是自贸试验区的重要内容，负面清单可以最

大限度地减少和取消对外商投资的限制，建立与国际接轨的投资规则体系。

（二）深入推进粤港澳服务贸易自由化

一是对港澳服务业的开放。在《内地与香港关于建立更紧密经贸关系的安排》《内地与澳门关于建立更紧密经贸关系的安排》及其补充协议框架和基础上，探索对港澳服务业的深度融合和开放，进一步取消和放宽港澳投资者的限制。重点在金融、商贸、服务业中探索对港澳的深度融合和开放。二是推动服务要素的自由和便捷流动。在此基础上，推动粤港澳标准和规则的相互衔接。结合国家政策，制定外国专家和港澳专家和人才的认定、引进、奖励办法，为高层次人才的来华提供政策奖励，在项目申报、创新创业等方面给予特殊政策，加快推进粤港澳之间的信息互换、监管互认，在此基础上推动服务贸易的深度自由化。

◼ 二、取得成就

广东自由贸易试验区的设立意在进一步推动经济改革，释放政策红利、推动与国际接轨。自设立以来，广东自由贸易试验区逐步成为撬动中国改革开放的新支点。在扩大投资领域开放、推进贸易发展方式转变、金融领域创新等方面形成一大批可复制、可推广的经验。涉及行政管理、贸易、金融等诸多领域，具体体现在以下几个方面：

（一）贸易便利化

贸易便利化是自贸试验区取得主要经验成果之一。广东自由贸易试验区基本实现了在没有海关监管、查禁的情况下的货物自由进出口。广东自由贸易试验区基本都实行了境内关外政策，货物在自贸区边界上的进出就相当于在国境意义上的进出，可以享受关税等多种优惠政策。在监管模式上则采取"一线逐步彻底放开、二线安全高效管住、区内货物自由流动"的模式。监管重点从对货物的监管转变为对企业的管理。一线监管集中在对人的监管上，口岸监管单位只做必要的检验检疫措施，海关也从每批次逐一监管转向集中、分类、电子化监管模式，从而实现自贸试验区内人员与货物的高效快捷流动。在接下来的工作中，广东自贸试验区必然要进一步推动贸易自由与便利化的发展，进一步放松现有的贸易壁垒和贸易束缚措施，推动区内要素、资源的自由流动和对外的便利化交流。贸易便利化和自由化不仅是自贸试验区建设的目标和任务，同时也是自贸试验区对接国际的方法和手段，更是改革深入发展和开放进一步推进的标志。

（二）投资自由化

在当前国际经济的大形势下，各国都在争相采取投资自由化的政策和措施，以进一步吸引投资，发展国内经济。广东自贸试验区设立的初衷就是要试行投资自由化的政策，因此，从成立之日起，广东自贸试验区就采取了高标准的投资自由化规则，如公平竞争政策、准入前国民待遇和负面清单管理方式。其中，负面清单管理方式尤为重要，只要是未记录于负面清单上的投资事项，都被允许为合法的投资事项，这一管理模式的重点在于将非歧视、自由化和市场化确立为自贸试验区投资的主要原则。同时，从国家战略的大层面出发，广东自贸试验区应与其他自由贸易试验区使用同一张负面清单，并兼顾我国对外签订的投资协议以及一系列的投资谈判，从而体现出新时代我国国情与特色。

（三）金融国际化

金融制度的深化改革是自贸区的重要任务，目前金融深化改革的重要成果主要体现在金融国际化方面，最终效果是推动人民币的国际化。现代金融业作为服务业的重要组成部分，在现代企业运行中有着重要的作用。当前，国内的金融改革正逐步展开，涉及四个"化"，即利率市场化、汇率国际化、人民币境外使用的扩大化、管理的宽松化。广东自贸试验区在金融方面则更进一步，尝试更多金融创新的内容，不仅包括金融四化的改革，更要探索离岸金融内包括允许符合条件的外资金融机构设立外资银行，符合条件的民营资本与外资金融机构共同设立中外合资银行。

◻三、面临的问题

资源整合是广东自贸试验区面临的主要问题，广东自贸试验区战略定位中重要的一部分是对接香港、澳门特区，整合相关资源，实现发展合力，但从过往经验来看，从 CEPA 到港珠澳大桥，到空气质量问题（碳排放交易），我们看到在诸多问题上，粤港澳无论是发展方向还是战略定位理念都存在较大偏差，难以把协作效应发挥到最大。如何真正消化中央之前对前海、横琴以及南沙等方面的政策，包括 CEPA 的内容，整合粤港澳三地资源，是广东自贸试验区面临的主要问题。

此外，还有内部整合的问题。广东自贸试验区面积大于上海自贸试验区。但是前海、横琴、南沙自贸试验区在功能上互有重叠，形成互相竞争。虽然南沙、横琴、前海获批国家战略发展平台时定位有所不同，南沙定位为粤港澳全面合作示范区，横琴新区定位为粤港澳紧密合作新载体，而前海则是深港现代服务业合作区。但三个片区对产业和资源需求重叠的地方较多，需要进一步整合，令各自的特色进一步强化，形成分工互补的格局。

（原载《时代金融》2017 年第 10 期）

上海国际金融中心软环境的
现实问题与改革路径

史广龙

◼ 一、现状之镜：上海国际金融中心软环境调查

（一） 问卷调查的基本情况

本次问卷的内容包括六个部分：第一部分是调查对象个人、单位信息与单位全球总部所在地；第二部分是对金融监管环境的评价；第三部分是对金融市场情况的评价；第四部分是对商务环境的评价；第五部分是对司法环境的评价；第六部分是对上海国际金融中心的展望。为便于计量分析，问卷第二、三、四、五、六部分采用打分形式：5 分为最高分，代表很好、很高、很大；1 分为最低分，其意相反。

本次调查共收回有效问卷 338 份。调查对象既有各类金融机构从业人员（合计占 58%），也有接受金融机构服务的非金融企业与熟悉中国金融市场的财经媒体从业人员（合计占 42%）。调查对象所在单位中，总部位于上海的占 34%，总部位于上海以外大陆地区的占 42%，总部位于海外的占 24%，体现了问卷调查者所属机构背景的多样化与国际化。为保证调查质量，调查对象的选取体现了阶梯式的特征，管理层占 38%，中层占 44%，基层（包括所有财经记者）占 18%。被调查的对象多是中高层，涵盖了金融业与实体经济两个层面，均在上海从事业务，对上海国际金融中心软环境的状况有切身的体会，他们的意见与观点对于国际金融中心建设具有很高的参考价值。

（二） 上海国际金融中心软环境指标评估

1. 监管环境

受访者对于中国金融监管环境整体表现并不满意（平均分为 2.21 分），是本调查问卷得分最低的部分。其中，金融政策稳定性得分最高（2.89 分），并且超过一半的受访者认为中国金融政策稳定性达到 3 分；金融市场干预度与金融管制程度得分最低（分别为 1.81 分与 1.83 分），在一定程度上反映了多数市场参与者对于中国金融市场高度政府干预与金融监管压抑的高度忧虑；金融监管透明度、金融政策公平性与金融消费者保护得分偏低（分别为 2.37 分、2.05 分、2.30 分），并且均有将近 45% 的受访者认为，该项评价指标为 2 分。

表 1 金融监管环境

指标 \ 得分	1 分	2 分	3 分	4 分	5 分	综合得分
金融政策稳定性	3.65%	24.09%	52.55%	18.98%	0.73%	2.89
金融监管透明度	11.59%	44.20%	40.58%	2.90%	0.72%	2.37
市场干预度	29.20%	61.31%	8.03%	1.46%	0.00%	1.81
金融管制程度	31.39%	54.74%	13.14%	5.88%	0.00%	1.83
金融政策公平性	24.64%	47.83%	25.36%	2.17%	0.00%	2.05
金融消费者保护	17.39%	45.65%	26.81%	9.42%	0.72%	2.30
平均情况	19.64%	46.30%	27.75%	6.80%	0.36%	2.21

2. 金融市场

上海汇聚了中国主要的金融市场平台，在证券与衍生品领域具有主导地位。上述情况，在调查问卷中也相应地有所反应（平均分为 2.98 分）。问卷调查者普遍对上海金融市场的总体吸引力评价较高，超过一般的评分达到 4 分。在金融市场总体开放度方面，超过六成问卷调查者给出了 3 分，表现出在整体相对封闭的中国市场上，上海在开放程度方面基本令人满意。然而，上海金融市场也存在一定的缺憾，在金融产品丰富程度、股市公平公正公开度、债券市场吸引力、衍生品市场吸引力方面，虽然相当多的受访者给出了 3 分的成绩，但是总体均未达到这个分数，说明上海的金融市场若要保持和提高竞争力，还有很大的发展和完善空间。

表2　　　　　　　　　　金融市场

指标　　　得分	1分	2分	3分	4分	5分	综合得分
金融市场总体吸引力	2.17%	5.80%	31.16%	53.62%	7.25%	3.58
金融市场总体开放度	5.11%	10.95%	59.12%	22.63%	2.19%	3.06
金融产品丰富程度	5.88%	22.06%	46.32%	33.02%	0.00%	2.92
股市公开公平公正度	11.59%	34.06%	40.58%	13.04%	0.72%	2.75
债券市场吸引力	6.57%	20.44%	50.36%	21.90%	0.72%	2.90
衍生品市场吸引力	9.42%	27.54%	49.28%	13.04%	0.72%	2.68
平均情况	6.79%	20.14%	46.14%	26.21%	1.93%	2.98

3. 商务环境

上海的商务环境是上海国际金融中心软环境的一大亮点，总体平均分为3.37分，成为本此问卷调查得分最高的领域。金融人才素质得到了本次问卷调查单项指标的最高分（3.7分），在一定程度上说明了上海在吸引金融人才聚集方面取得了令人满意的成绩。除此之外，上海的商业信用环境（3.62分）是上海国际金融中心软环境指标中的次高分，金融信息交流环境方面也达到了比较高的分值（3.6分），同样，问卷调查者对上海的生活环境（3.47分）与信息技术基础（3.56分）也给予了肯定。然而，也表现出了对上海金融业运营成本偏高（2.24分）的忧虑。

表3　　　　　　　　　　商务环境

指标　　　得分	1分	2分	3分	4分	5分	综合得分
商业信用环境	0.00%	4.35%	33.33%	57.97%	4.35%	3.62
金融人才素质	0.72%	3.62%	26.81%	62.32%	6.52%	3.70
生活环境	0.00%	5.80%	45.65%	44.20%	4.35%	3.47
金融业运营成本	7.97%	65.22%	21.74%	5.07%	0.00%	2.24
信息技术基础	0.72%	2.88%	43.17%	46.04%	7.19%	3.56
金融信息交流氛围	1.46%	4.38%	35.77%	49.64%	8.76%	3.60
平均情况	1.81%	14.38%	34.41%	44.21%	5.20%	3.37

4. 司法环境

本调查问卷受访者对上海司法环境总体评价并不高（2.78分），在主要的金融司法指标中，上海金融司法专业性得到了本组的最高分（3.04分），说明受访者基本认可司法机构的专业能力。得分最低的两项指标分别为司法体系独立性（2.68分）与司法体系廉洁性（2.64分），说明问卷调查者对于当前司法体系受到较多的行政和外部干扰，影响司法审判质量，以及司法机构存在不廉洁、不自律问题有较大的忧虑。此外，本调查向问卷对象征询了对司法体系与仲裁体系的信任度。众所周知，两者在运行机制与成本费用方面存在很大差异，但是在结果评价上，问卷对象对仲裁体系的信任度（2.84分）仅仅略高于对司法体系的信任度（2.69分），说明仲裁体系在上海国际金融中心软环境领域的积极作用并未充分凸显出来，尚未成为可以与司法体系相竞争并且保证金融纠纷解决质量的有效途径。

表4 司法环境

得分 指标	1分	2分	3分	4分	5分	综合得分
司法体系独立性	13.87%	21.17%	48.91%	15.33%	0.73%	2.68
司法体系专业性	8.03%	13.14%	47.45%	29.93%	1.46%	3.04
司法体系廉洁性	12.41%	28.47%	43.80%	13.87%	1.46%	2.64
司法体系信任度	11.68%	21.90%	54.01%	10.95%	1.46%	2.69
仲裁体系信任度	7.30%	16.79%	62.04%	12.41%	1.46%	2.84
平均情况	10.66%	20.29%	51.24%	16.50%	1.31%	2.78

5. 前景展望

本调查问卷在上海国际金融中心当前情况与远景展望方面存在比较大的差异。有关上海与主要国际金融中心的差距，接近六成的受访者认为该项得分为2分（综合得分仅为1.85分），在一定程度上说明了上海在软环境建设方面还有很长的路要走。然而，在2020年上海建设成为国际金融中心的希望方面，绝大多数问卷调查对象给予了积极评价（综合得分为2.94分），表明了受访者对上海国际金融中心的发展具有较大的信心。

表5   上海国际金融中心前景展望

得分 指标	1分	2分	3分	4分	5分	综合得分
上海与主要国际 金融中心的差距	29.20%	59.12%	9.49%	1.46%	0.73%	1.85
2020年上海成为 国际金融中心的希望	9.42%	26.81%	29.71%	28.26%	5.80%	2.94
平均情况	19.31%	42.97%	19.6%	14.86%	3.27%	2.40

（三）上海国际金融中心软环境的评估结论

本次调查问卷包括对金融监管环境的评价（2.21分）、对金融市场情况的评价（2.89分）、对商务环境的评价（3.37分）、对司法环境的评价（2.78分）、对上海国际金融中心的展望（2.40分）共五大评估领域，上海的总体得分为2.8分。在金融监管环境方面，"一行三会"分别在上海投入了比较大的人员力量，然而这些投入受制于体制原因，并未反映出上海的金融监管环境具有明显的吸引力；就国内金融市场而言，上海积聚了主要的证券交易所、（金融）期货交易所，然而在软环境领域，仍然存在一定的差距；尽管近年来，上海的商务运营成本逐年增高，却获得了受访者比较高的评价，表明在成本高企的情况下，积极改善软环境将大大增强上海国际金融中心的竞争力；上海的司法环境整体得分并不高，在上海国际金融中心建设的软环境领域，司法尚未成为核心竞争力。上海国际金融中心现状与展望的得分存在很大差距，这说明受访者对于通过改善软环境，明显提升上海国际金融中心的竞争力抱有信心。

二、他山之石：全球主要国际金融中心的重要举措

当前全球主要国际金融中心，除了伦敦与纽约外，都不真正具有在世界范围调配金融资本的能力，然而，一些地区性的跨国金融中心，如中国香港、新加坡等，已经走出了差异化的发展道路，并形成了各具特色的竞争优势。下文将以全球领先的三大国际金融中心集群为例，基于本次调查

问卷之外的访谈情况，分析提升国际金融中心竞争力的突破口与重大举措。

（一）纽约：以美国经济实力为基础的全球性金融中心

1. 壮大资本市场，丰富交易品种

美国的金融体系主要建立在多层次的资本市场基础之上，既有纽约证券交易所、纳斯达克证券交易所这样上市标准较高的国际化市场，也有美国证券交易所以及纳斯达克小型股市场这样面向中小企业融资的全国市场，同时还存在各类的区域性股票市场以及各类柜台交易市场。在相当长的一段时期，美国一直是全球跨国公司首选的上市地。除了证券交易市场之外，美国还有大量具有国际影响力的商品交易所、金融产品交易所等衍生品交易场所，交易品种丰富，衍生品交易活跃。在国际资本市场与衍生品交易中，位于华尔街的投资银行发挥着举足轻重的核心作用，纽约作为这些金融机构总部的所在地，实际上也就具有了国际性的影响力。

2. 推动金融创新，吸引国际人才

纽约作为全球公认的金融中心，长期以来一直是金融创新的主要诞生地，并对整个金融业产生着持续的深远影响。在次贷危机之后，美国虽然对于金融衍生品加强了监管，但是并未在法律层面堵塞金融创新之路。由此，美国本土的金融机构可以在相对清晰的法治环境下，从事金融创新活动。国外金融机构也愿意在美国设立地区性总部，分享金融创新性产品可能带来的高额利润。美国拥有全球最具竞争力的金融和科技人才培养体系，华尔街的金融机构可以通过高薪吸引这些人才在纽约从事工作，富有竞争力的人才队伍保证了充足的金融创新人力资源。

3. 加强金融监管，寻求利益平衡

在美国国内，金融监管一直存在着两种不同的声音，金融资本与中产阶级之间的利益冲突始终存在，这就决定了只有双方的利益代言人在国会层面形成妥协，加强监管与放松监管的各种法案才可能获得通过，因此，不至于出现过度监管或者过度放松的极端情况。美国的金融监管始终是在危机发生之后对现有监管框架进行必要的修补，这一方面固然反映了法律具有滞后性，另一方面也说明了金融危机是重新平衡利益的触发点。实际上，美国如果实施严苛的监管制度，国际金融中心的天平就很容易偏向伦

敦。来自伦敦的竞争压力迫使美国的金融监管不至于走得太远。

4. 明确政府边界，发挥法治优势

由于美国具有反对权力滥用的政治传统，监管部门的权力实际上被限定在非常小的范围之内，具有非常明确的权力制衡机制，这保证金融业可以在相对明晰的法治环境下从事交易。金融领域大量交易适用相同的规则，如果法律制度存在缺漏、法律实施存在困难、法律救济存在不足，金融交易就会面临极大的法律风险。尽管纽约在金融机构运营成本以及金融监管宽松度上很难与后发金融中心竞争，但是国际金融机构仍然非常愿意在纽约从事国际业务或者在跨境交易中适用美国法律，其中一个非常大的诱惑就是健全的法制环境与专业和廉洁的司法体系。

（二）伦敦：联结欧美的国际金融中心战略思维

1. 发挥欧美纽带作用，增大国际业务比重

欧洲大陆国家虽然在第二次世界大战之后经济地位有所衰落，但伦敦依然凭借地缘、语言与法律优势，成为欧洲国家与美国开展经济活动的天然平台。同时，英联邦国家也是全球主要的离岸金融中心，虽然取得了政治上的独立，但是基本法律制度与英国极为接近，为伦敦成为资本从欧洲大陆高税收强管制国家流入低税收弱管制国家创造了制度上的便利条件。除此之外，英国在保证本国货币独立性的前提条件下，成为欧盟成员国，为在英国开展以欧洲为重点的银行、证券和保险业务创造了有利的条件，同时也在一定程度上避免了由于欧元本身的"试验风险"对英国经济可能造成的直接冲击。

2. 完成国有企业改造，营造开放竞争氛围

英国在进行国有企业私有化改革之前，也存在着国有股独大、效率低下等严重问题。撒切尔政府推动的改革需要庞大的资金支持，为此，旨在完成公有事业部门私有化改革的初衷，在资本市场上演变为包括开放一部分股票认购额给海外投资者在内的一揽子改革措施。英国的资本市场国际化程度伴随着国企改革的推进逐步加深。在开放股票市场给国外投资者的同时，英国的金融服务业也调整了监管制度，使得按照美国模式成长起来的金融机构，能够比较便利地在伦敦开展业务，成功地吸引了外国投资者，伦敦股票市场实现了投资者的国际化。

3. 聚集金融中介机构，保障服务市场繁荣

英国的教育机构能够培养出高品质的金融、商业与法律人才，而且其劳动力市场相对于欧洲大陆的德国、法国等经济强国，劳工保护适可而止，这对于周期性波动明显、劳动力成本高昂、随时可能需要减少员工数量的金融服务业而言尤其重要。英国作为老牌的殖民国家，对于英联邦成员国的法律、财务、教育等方面产生了深远的影响。伦敦的商业律师、会计师等专业性的服务机构，具有提供国际化服务的天然基础。随着亚洲经济的崛起，特别是中国香港、新加坡等殖民地发展成为跨国乃至国际金融中心，伦敦金融城的金融机构可以非常容易地将财务、商业、会计与法律人才输入到这些地区，与伦敦总部联合开展国际化业务。

4. 放松金融市场管制，维持监管制度优势

伦敦的跨国和国际业务比重大，在美国加强金融管制的同时，只要伦敦保持宽松的金融监管体系，实际上就具有了相对于纽约而言的竞争优势。金融机构更愿意在监管成本较低，业务活动更为自由的地区开展活动。原先属于英国殖民地的中国香港、新加坡实际上也延续了这一竞争思维，并在大国环顾的环境下，形成了金融监管上的优势。美国 2007 年次贷危机之后，加强金融监管的呼声日益高涨，为了保证伦敦的竞争优势，英国成为欧盟金融监管改革的主要反对者，同时，伦敦金融业也公开反对欧盟开设金融交易税以及英国对金融业提高税率。

（三）中国香港、新加坡：立足亚洲的金融平台战略

1. 利用中枢区位优势，发挥地缘政治特色

中国香港的位置得天独厚，与伦敦和纽约三分全球，在时区上相互衔接，国际金融机构在中国香港设立亚洲总部，可以有效衔接欧美市场，保证金融资本 24 小时在全球的不间断流动。新加坡地处东南亚国际贸易的中枢地带，历史上与东南亚国家具有非常紧密的联系，人口与语言呈现出多元化形态，政治格局稳定，相对于格局动荡的东南亚其他国家而言具有非常明显的竞争优势。同时，新加坡在中美之间保持了非常微妙的平衡，既是美国在东南亚地区的重要盟国，也非常深地介入到中国改革开放进程之中。此外，中国香港与内地关系的微妙变化，也可能增加金融业对于中国香港政治稳定的担忧，最终成为新加坡领先中国香港的重要契机。

2. 推行经济自由政策，发挥法律制度特色

中国香港和新加坡吸取了伦敦的成功经验，发展高度自由化的金融体系。跨国金融机构在中国香港和新加坡设立地区性总部可以有效利用自由经济体的优势，管理资本在亚洲乃至全球的流动，并可以从事在其他国家和地区具有较多限制的金融交易。此外，无论是新加坡还是中国香港，都继受了英国的法律体系，与美国法具有深厚的历史渊源。由于国际金融机构中英美国家的金融机构占据绝对的优势地位，在金融交易中倾向于使用本国的律师更为熟悉的法律制度。更为重要的是，新加坡与中国香港法治化程度高，能够保障在法律框架内订立的符合金融机构意图的金融交易最终可以得到有效地贯彻和实施。

3. 发挥制度平台特色，接力区域金融市场

中国香港长期以来一直缺乏足够大的经济体成为金融中心进一步发展的基石。但是，随着中国内地经济的逐步崛起，中国香港依靠与内地的紧密联系，逐步发展成为具有鲜明特色的国际金融中心。近年来，越来越多的中资金融机构与大型企业将海外总部设立于中国香港，避开国内的金融管制，依赖中国香港的自由金融环境从事跨国金融活动或者上市，成为中国香港金融业持续发展的新生力量。新加坡背靠东盟，面向东亚，除了可以成为该地区金融机构交易的主要运营地之外，也同中国香港一样希望可以分得中国内地人民币国际化与中国企业在该地区投资所需金融服务可能产生的利益。

4. 塑造比较竞争优势，营造英语工作环境

中国香港和新加坡不仅有效地移植和消化了英国金融制度，更突出了自身的特色，在主要金融指标上全面超越英国的表现，成为吸引国际金融机构，发展金融市场的关键。除此之外，中国香港和新加坡注重英语教育，劳动力具有在全英文环境下进行工作的能力，比较能够吸引跨国金融机构常驻，并在本地吸引人才，经过一定培训之后派往亚洲其他地区。这些软环境因素的形成需要长时间的制度变革与努力，后进国家很难在短时间内通过制度变革接近和赶超，这些稳定的比较竞争优势因素，成为国际金融机构与国际金融活动长期在中国香港和新加坡聚集的原因。

三、应对之道：在重点领域和关键环节实现突破

（一）化解监管离散，落实金融监管合署办公

采取金融办与"一行三会"层面的金融监管联席会议＋合署办公等多种方式，增强垂直管理的金融监管部门与上海金融管理部门的沟通、联系与协作。一方面可以在现行体制下打破部门之间的藩篱，增强监管协作；另一方面也可以尽快发现本地已经出现的系统性风险，寻求预防与解决机制。金融监管联席会议＋合署办公试行一段时期之后，可以考虑推行中国（上海）金融监管实验方案，继续保持中国人民银行上海总部、上海金融办的独立性，但将"三会"合并成立独立于地方，但派驻在上海办公的国家金融监管局。先试先行金融监管改革方案，可以为中央政府金融监管改革积累经验。

（二）降低合规成本，提高金融监管透明度

近年来，随着金融机构混业经营的逐渐加剧，已经不再可能像以往一样单纯关注某一监管部门的金融政策就可以从事合规管理，而是需要同时关注多个监管部门的监管政策走向，为此有必要发展综合性的金融监管信息平台，设立固定的金融监管发言人，统一监管口径。同时，由于金融监管部门的处罚决定，多是针对特定主体的具体行政行为，往往不能引起业界的普遍重视，为此，有必要在综合金融监管政策的同时，提高金融监管部门政策与行政处罚的透明度和传播力，降低金融业务合规风险与成本。一个清晰透明的监管体系，对于吸引国际投资者而言至关重要。

（三）整合交易平台，组建中国交易所集团公司

就全国而言，由于历史原因，存在着上海证券交易所与深圳证券交易所、全国中小企业股份转让系统三个全国性证券交易场所，上海期货交易

所、郑州商品交易所、大连商品交易所、中国金融期货交易所四家衍生品交易场所，全国性的资本市场被人为分割。在经营上，各交易所在监管层划定的特定领域内垄断性的运营，彼此之间缺乏竞争，导致整个中国资本市场交易平台缺乏活力，金融产品种类与推出速度都远远落后于国外同行。为提高资本市场运营与监管效率，增强交易所的国际竞争力，建议由上海证券交易所牵头，在上海组建中国交易所集团公司。

（四）创新采集机制，实现信用数据贯通兼容

征信系统的主要信息来源依然是银行方提供的信用数据，尽管也包括移动通信、公共事业缴费、案件执行信息等，但是所占份额有限，因此数据并不能充分、准确、及时地反映个体或者企业的真实信用状况。为此，有必要进一步改良资信收集方式。应该允许债权人主动到征信系统记录债务人违约情况，如果债务人不提出异议，则违约行为应保存在信用记录中。通过这种方式，可以有效提高债务人履行债务的积极性，进一步改善上海的商业信用环境，也可以鼓励债权人提供个人和企业的违约数据，大大增加信用数据量。在积累经验之后，可以考虑将上海经验向全国推广，中国的信用体系最终进入全民征信时代。

（五）推进法院改革，塑造金融司法国际形象

上海作为公平、开放性的金融市场，才可能吸引更多的国内外投资者和金融机构进驻上海。应将上海的司法改革发展为全国的标杆，并成为上海金融市场的标志性国际形象。在上海建立独立建制的金融法院，已经是大势所趋，是解决当前金融案件司法审判中仍存在的痼疾的必然选择。上海可以考虑争取全国人大和最高人民法院的支持，金融法院先行先试，由其审理本地金融类民商、行政和刑事案件，以及所有涉及注册于上海的金融交易平台的法律纠纷，例如，证券、期货、黄金、外汇等交易平台上发生的所有虚假陈述、内幕交易等各类案件。此外，必须真正落实行政权力不得干预司法活动，确保金融司法独立、专业、廉洁、高效。

（六）真正市场运作，筹建中国跨国金融调解院

第三方金融纠纷调解机构在设置之初就应该保证人员、资金与组织构架的合理性，以非营利的公共服务组织为主要发展目标，采用公司制形式，具有独立法人资格，成立具有国际化水准的理事会，大胆聘请海内外专业人士。在运营上，应吸收国外经验，保证上海跨国金融调解院的独立性与中立性，同时，采用市场化方式，由具有国际视野的专业法律与经营人才进行日常管理，避免出现当前上海各类金融仲裁调解机构空壳化、行政化，实际上无法发挥跨国金融纠纷解决功能的尴尬局面。

（原载《经济纵横》2016 年第 5 期）

"一带一路"倡议与自贸区
建设之关系研究

夏陆然

国家发展改革委等三部委联合发布的《推动共建丝绸之路经济带和21世纪海上丝绸之路的愿景与行动》中提出，"一带一路"建设以实现"政策沟通、设施联通、贸易畅通、资金融通、民心相通"为目标。其中，"贸易畅通"的内涵是：在"一带一路"沿线实现贸易上的通畅，实现投资贸易的便利化，努力消除投资和贸易壁垒，在区域内积极构建良好的商贸环境，积极同沿线国家及地区共同商建自贸区。① 这对于认识"一带一路"倡议和自贸区建设的关系具有指示性作用。

一、互促共建："一带一路"倡议与自贸区建设的关系

"一带一路"倡议与自贸区建设均是当前中国国家层面的大事，是"根据国内国际形势的变化与时俱进提出的新的改革开放战略"②，是推动中国经济发展的重要推手，是全面深化改革的一套重拳，彰显出本届政府深远的政治智慧与坚定的改革决心。

---

① 国家发展和改革委员会、外交部、商务部：《推动共建丝绸之路经济带和21世纪海上丝绸之路的愿景与行动》。

② 林毅夫：《"一带一路"与自贸区：中国新的对外开放战略》，选自《"一带一路"引领中国——国家顶层战略设计与行动布局》，6页，中国文史出版社，2015。

（一）"一带一路"倡议与自贸区建设具有内在的一致性

"一带一路"倡议是中央应对深刻变化的全球形势、统筹国际国内大局所做出的重大战略决策部署。实现贸易畅通就是通过发展与沿路国家的贸易往来、促进沿线地区的经济繁荣和稳定，从而实现新时期中国对外开放的水平提升。自贸区战略则是从本国经济社会发展的实际出发的，根据国际经贸新形势所做出的重大战略转向。

"一带一路"和自贸区都侧重于发展与沿线国家或地区的区域经济合作，其主要原因及成立的基础在于，中国与沿线国家和地区的贸易总额已经超过中国外贸总额的60%，从沿线国家和地区获得的投资已超过外资总额的70%。通过"一带一路"倡议，与这些国家或地区逐步建立起双边共赢的自由贸易区，中国经济会表现出更加明显的溢出效应，此举也必将受到国内及沿线国家地区的欢迎。同样，新设自贸试验区在"一带一路"沿线产生，将逐步促成"一带一路"大市场的形成，使沿线国家和地区在交通运输基础设施建设、贸易来往、文化交流等领域加深合作力度、提高共识，从而以更广范围、更高层次的合作推进"一带一路"建设的进程。

这两大政策对于推进改革开放、推进形成全方位的对外开放新格局，从而最终实现中华民族伟大复兴的"中国梦"都具有深远的意义。因此可以说，"一带一路"倡议与自贸区建设是"一体两面，相互促进"的关系，二者将共同促进中国对外开放新格局的形成。

（二）自贸区是"一带一路"倡议的抓手与落实之处

葛剑雄先生指出："经济带肯定是要多边的，如果要使'一带一路'走得通、走得顺畅，就必须有贸易的促进。"[①] "一带一路"倡议要落地落实，就必须依靠经贸的步步推进，而自贸区是促进经贸、加速"一带一路"落地的一个抓手或步骤。

正如研究者所说："'一带一路'实际上是统筹改革开放的全新战略，

[①] 葛剑雄：《丝绸之路　历史地理背景和未来思考》，选自《改变世界经济地理的"一带一路"》，上海交通大学出版社，2015。

是中国新时期对外开放的'龙头'。"而建设自贸区是中国欲图重塑对外经贸关系的最直接表现,更是中国全面深化改革的表现,不仅是提供一些优惠政策,而是全面的制度创新、机制创新。自贸区大多包括贸易便利化和贸易自由化以及金融自由化,这将改变中国的发展之路。而自贸区内,创新的发展模式可以超越中国现有的体制,使中国能够在世界经济领域发挥更大作用。

换句话说,如果"一带一路"沿线国家的经贸合作能够进一步加深,顺利实现通"五通",其中需要大量活力的基点就必定在于发展自贸区。借助自贸区和世界进行全新的对话,和"一带一路"沿线国家或地区进行深入的经贸往来,将是把中国在嵌入到世界经济格局里面的一个重要举措。

"一带一路"沿线国家多是欠发达,经济水平不高。与这些国家建立的自由贸易区的层次自然都不会太高,但这些国家和地区对于外部市场的依赖性十分强。因此,中国在推进"一带一路"倡议的同时,不仅能够提升与沿线国家和地区之间的经贸交往水平,更能通过这条途径,实现与沿线国家和地区的产能合作,而这些产能是沿线国家和地区在发展过程亟须,能够为提升沿线国家的工业化水平、提升本地的产业发展水平提供重大机遇。另一方面,巨大体量的中国内需市场,将成为沿线国家和地区的经济长久稳定增长提供重要支撑,成为其贸易往来的重点对象。自贸区作为"一带一路"倡议重要的支点与落脚点,将充分发挥为中国与沿线国家的比较优势提供舞台的作用,推进沿线国家和地区各类资源的自由流动和有效配置。

(三)"一带一路"将起到串联带动自贸区发展的作用

"一带一路"倡议所涉及的国家和地区中既有经济社会发展水平很高的发达国家,也有基础设施亟待提高的发展中国家,经济水平、社会体制也存在很大的不同。"一带一路"倡议的目的,就是促成整个"一带一路"所涉及的地域中的国家产生优势互补、合作共生的效果,有效推进区域内国家和地区的经济合作和商贸往来。"一带一路"倡议的落地能够快速地带动周边国家、地区的协同发展,形成良性循环。所以,我们可以说"自贸区与'一带一路'是协作关系,如同节点和线路之间的关系,互相依存。"

自贸区与"一带一路"是内在协同的关系。正如电路和开关，又如珍珠项链和单个的珍珠。它们既互相依存得以共同存在和发展，也彼此促进、相互联动、相互发挥作用。

二、两大战略相互策应的相关建议

基于对"一带一路"倡议和自贸区建设的相互关系的认识，在"一带一路"沿线重点推进自贸区将是必要之举。我们在探索推进的过程中应当注意以下几点。

（一）应做好科学规划，加强组织协调

"一带一路"倡议背景下的自贸区建设，面临着愈加复杂的国际国内经济形势，为了平稳实施、全面推进两项建设，必须做好注重长远目标、兼顾近期任务的科学规划。通过明确而合理的规划，统筹各自贸区进行互不冲突、互补互利的发展方式，使"一带一路"的集合效应充分、顺利发挥出来，有效减少因行政规划不科学、不可理而带来的过程消耗或重复建设。中国与"一带一路"沿线国家或地区建设或谈判自由贸易区、推进自由贸易区建设，将是一项需要长期坚持工作。在整体性的工作过程中，很多内容要加强统筹，形成有效的协调机制，通过合力谋求共同发展，而不是盲目竞争、重复建设、相互消耗，组织协调将是建设工作的重点内容。

（二）应明确发展重点、稳步逐级扩大

当前，应该利用好中国现有的组织优势和周边优势，在原有国际关系的基础上搭建中国的自由贸易区网络。作为"一带一路"倡议核心的国家，中国应当在全球贸易中获得更大的效益。但是，与早期的国际自由贸易区成员国相比，中国的水平规模、发展阶段都还有很大空间。现在，必须尽快构建一个以中国为核心的自由贸易区网络，将之打造成为全球自由

贸易区网络中的一个重点，使中国在世界经济贸易格局中斩获更加有利的地位。

形成了核心之后，则应当突出重点发展区域。基于地域因素，以及贸易发展水平，在推进自由贸易区建设的进程中，中国应优先与东北亚、东盟国家发展自由贸易区，在此基础上，再逐步向其他亚太国家扩展。中国应避免陷入在发达国家自贸区网络中被边缘化的窘境。虽然当前东北亚形势微妙、韩国一意孤行部署萨德系统的局势、美国在南海问题上不断制造麻烦、中国台湾政治局势难定等因素，以中国为核心的亚太自贸区建设进度举步维艰，但也唯有形成了强有力的"核心经济圈"，才能有能力、稳扎稳打地向外继续推进。

（三）着力推加政策的建设

"一带一路"作为国家三大战略之一，可以说，从中央部门到地方政府，先后出台了一些制度政策。但这些政策是否符合要求、得到沿线国家、沿线省区市的考验也充满不确定性。战略的成功不仅受到国际政治、地缘政治和经济力量等因素的影响，更受到沿线地方政府不同诉求的影响。在"一带一路"倡议的大背景下制定行政政策，应主动听取沿线国家或地区的意见和建议，尽量照顾、满足不同省、区、市的诉求，尽可能让利益多元化，并达到利益最大化、效果最佳化。

（四）应推动形成统一、稳定的自由贸易规则

当中国与多个国家和地区的自由贸易区建设完成之后，下面该做的应当是突破界限，设立一以贯之的"游戏规则"。随着"一带一路"倡议和自由贸易区建设水平的不断提升，保持"一带一路"政策与自由贸易国际规则及其他规则的一致性是必然的选择。已经与中国签订自贸协定的国家和地区，应作为一个有机的整体，在统一一致的自贸区规则的范围内行事。如此，既能够用一种规则约束和服务各成员国，也能够反过来服务和推动与中国的"一带一路"沿线地区的发展，从而使"一带一路"倡议和自由贸易区建设的各项政策、法规互为促进、相辅相成，最终形成一个稳定、有力的有机整体。

综上所述，"一带一路"倡议与自贸区建设有着深层的联系，二者都是中国经济改革的两条便利，也是必经之路，更将是中国增强世界性影响、致力于人类命运共同体建设的两个重要砝码。

（原载《丝绸之路》2017 年第 22 期）

大数据时代个人信用评分的新趋势

张　晶

◤一、信用评分模型的应用背景

近年来，我国消费信贷和信用卡业务的发展日新月异，对信用风险评估提出了更高的要求。信用评分模型是国际上普遍应用的消费信贷管理技术手段，它运用先进的数据挖掘技术和统计分析方法，通过对消费者的个人信息和消费历史记录等数据进行综合分析，构建模型来对消费者未来信用表现加以预测，并依据信用评分对消费信贷管理做出决策。FICO 信用评分是国际上最具代表性的信用评分，它依据历史支付记录、未偿还的债务、信用历史的长度、对新信用卡账户的申请以及信贷组合这五个方面的数据，用一个 350～800 的分值来表示消费者的信用风险，分值越高意味着信用风险越低。

然而，传统的信用评分模型在应用方面存在着明显的局限性，主要原因在于它过分依赖于消费者的银行历史交易记录。要想对个人进行信用评分，至少要获取其六个月以上的银行还款记录，而实际情况是，很大一部分消费者是没有银行信贷账户的。目前，央行征信中心收录的自然人共 9.7 亿（截至 2017 年 4 月 30 日），其中，拥有信贷记录的人数仅 4 亿左右，没有信贷记录的人数多达 5 亿，这样就无法对其进行信用评分，使其在申请信贷服务的过程中困难重重。

随着互联网和大数据技术的日趋成熟，在信用评分模型的数据来源中得以引入更多维度的创新数据，这使得在传统数据缺失情况下的信用评分成为可能。大数据背景下的征信并不是对传统信用评分模型的完全替代，而是在相对成熟的传统信用评分的基础上，在数据来源和处理技术等方面加以改进和创新。大数据背景下的信用评分模型仍然是应用成熟的数据挖掘技术来对征信数据进行提取、分析、建模、预测和决策，其基本步骤及各环节所耗费的时间大致如图 1 所示。

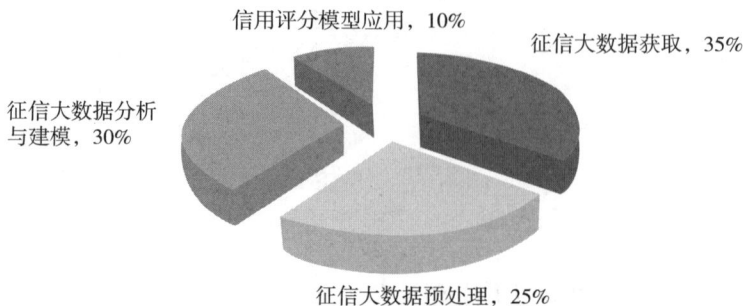

信用评分模型应用，10%

征信大数据获取，35%

征信大数据分析与建模，30%

征信大数据预处理，25%

图1 大数据征信各环节所耗费时间

（1）征信大数据的获取：包括确定征信数据的来源和内容、征信数据历史时段的选择、数据的提取和汇总等。在面临海量数据的情况下，数据获取环节在整个数据挖掘过程中往往是花费时间和精力最多的。

（2）征信大数据的预处理：对征信数据的质量进行检查以确保其可靠性，包括数据类型的转换、数据格式的转换、缺失值的处理、极值的处理和转换、变量标准化、从原始数据中提炼出衍生变量等。

（3）征信大数据的分析与建模：应用统计分析方法和机器学习算法，利用统计分析软件和大数据分布式计算平台等技术手段，对征信大数据进行分析和建模。这是数据挖掘中最核心的环节，不仅依赖先进的统计学方法、机器学习算法和信息技术，也高度依赖专业数据分析人员的知识和经验。

（4）信用评分模型的应用：包括模型结果的显著性检验、准确性检验，以及对结果进行经验性解释，提出相应的信用风险管理策略。也包括将建立好的信用评分模型转换为程序包，便于后续的研究和使用，提高模型的实际应用价值。

◻二、征信数据来源的新趋势

（一）数据维度的增加

征信数据是信用评分模型的基础，传统信用评分模型的数据来源比较单一，主要是金融属性的信息，如消费者的历史支付记录、债务记录、消费记录等。随着大数据技术的发展，更多维度的信息可以拿来为信用评分服务，如消费者的电子商务数据、社交网络数据和搜索行为数据等。以美国金融科技公司 ZestFinance 为例，传统信用评分模型一般只用到 50 个左右的特征变量，否则建模的难度会非常大，在计算上难以实现，而随着大数据处理技术的突飞猛进，ZestFinance 信用评分可以包含大约 100000 个特征变量。因此，在搜集征信数据时，不仅需要考虑传统的、金融属性的数据，还需要关注创新的、非金融属性的数据。

与传统征信相同，大数据背景下征信数据来源的选取仍以经典的"5C"要素分析法为理论基础。"5C"要素分析法是个人信用风险分析的基本方法之一，它从品德（Character）、能力（Capacity）、资产（Capital）、抵押担保（Collateral）、经济状况（Condition）这五个方面来对消费者的还款能力和还款意愿进行评估。利用互联网和大数据技术可以获取到大规模维度的消费者数据，但是这些数据对征信来说未必有用，应基于"5C"要素分析法初步排除那些相关性明显不大的数据，以便简化后续的处理和建模工作。

传统数据在大数据征信中仍发挥着重要作用，根据现有的行业经验，大数据征信中传统数据大约占 30%，创新数据大约占 70%。基于"5C"要素分析法以及国内外征信机构的先进经验，大数据征信可以考虑的数据来源如表 1 所示。其中，传统数据已被国内外各大商业银行和征信机构广泛使用，理论研究和行业应用都相对成熟，而创新数据的研究和应用尚处于起步阶段，研究前景相当广阔。

表 1 大数据征信的数据来源

数据类别	数据来源	具体内容
传统数据	身份信息	年龄、性别、婚姻状况、文化程度、教育背景、住房状况、现住址居住时间、户籍
	职业情况	职业、工龄、单位性质、在现职年限、职务、职称、年收入
	银行交易记录	账户情况、存款情况、贷款历史（房贷、车贷、信用卡贷款）、持有信用卡情况、还款记录
	刷卡消费记录	信用卡消费记录、分期付款情况、借记卡消费记录
创新数据	公共事业记录	法院判决记录、税务记录、公积金缴纳记录、水电煤付费记录、车辆违章信息
	电信数据	电信付费数据、业务开通时间、通话时长、通话频率、电话的位置信息
	电子商务数据	IP 地址、终端设备信息、交易记录、支付记录、搜索记录、地理位置信息
	社交网络数据	朋友圈人数、朋友圈信用等级、社交活跃度
	其他第三方数据	物业费缴纳记录、医疗欠费记录、个人保险信息
	直接询问用户	问卷、心理测验

（二）数据量和数据时效性的提升

伴随着征信数据维度的增加，待处理的数据量也发生了极大幅度的增长。传统信用评分模型的数据量通常以 TB 为单位，而由于有互联网和大数据技术作为支撑，大数据征信所处理的数据量已达到 PB 单位。传统信用评分模型由于受到信息技术方面的限制，通常需要采用随机抽样的方式，从总体中抽取一部分样本用于建模，而大数据技术强大的计算能力使得对总体数据的分析变得可行，而不是只分析少量样本数据。大数据思维的特点之一在于"样本＝总体"，搜集的征信数据越多，越容易发现一些细节信息和异常情况，对信用风险的预测就越准确。以信用卡违约分析为例，它是通过观察异常情况，并与正常交易情况相对比来识别的，它不仅要求正常还款情况的样本量足够多，异常欠款情况的样本量也必须足够多，只有达到一定的业务规模并搜集大量数据才能实现这一点。因此，在选择征信数据源时，必须要求数据源的覆盖面足够广、用户数量足够多。

大数据征信对数据源时效性的要求也更高。传统信用评分模型使用的大都是消费者的历史数据，数据分为观察期和表现期两个阶段，观察期是收集消费者信用行为历史信息的时间段，一般要求消费者有持续 6 个月以上的信贷记录，表现期是收集待预测信用表现信息的时间段，一般为 12 ~ 24 个月，因此存在着较长时间上的滞后性，预测结果可能与消费者的现实情况存在不符之处。而大数据征信致力于数据维度的横向拓展，在它所使用的创新数据中，有很大一部分是消费者当前的信息，如电子商务数据和社交网络数据等，这些数据可以通过先进的互联网和大数据技术实时地获取到，使得信用评分模型的时效性有所提升。

（三）数据获取方式的改变

传统信用评分模型所使用的数据主要来自征信机构和银行内部，银行在开展信贷业务的过程中获取到丰富的数据，例如，通过让消费者填写信贷服务申请表来获取消费者的身份和职业信息，以及通过开展消费信贷业务来获取消费者的交易历史记录、消费历史记录、还款历史记录等。之后对数据进行加工、整理和存储，形成银行征信系统的数据仓库，为后续的数据挖掘和建立信用评分模型提供数据基础。

在大数据时代，信息共享才能实现更大的价值。大数据征信不仅要用到来自银行内部的数据，它的数据维度更广，包含来自法院、税务局、交通管理局等政府机构的公共事业记录，包含来自通信公司、保险公司、医疗机构等第三方的数据，也包含来自互联网行业的电子商务数据和社交网络数据等。因此征信机构必须与第三方机构建立稳定的合作关系，通过购买或者交换来获取第三方数据。随着大数据征信行业的兴起，一大批数据代理商如雨后春笋般涌现。美国征信业作为全球范围内历史最悠久、模式最成熟的行业参照，目前已有大约 30000 家数据代理商来为征信机构提供第三方数据。

我国征信行业的基本格局长期以来都是以人民银行征信中心作为唯一的、主导的征信机构，随着互联网金融的兴起，一些互联网公司利用其自身拥有规模庞大的互联网数据这一先天的优势，开始着手个人征信业务。2015 年 1 月 5 日，人民银行发布《关于做好个人征信业务准备工作的通知》，首批授予 8 家企业以开展个人征信业务的牌照（如表 2 所示），此外，另一些互联网公司利用自身的数据和技术优势，也在布局着征信市场，准备向人民银行申请第二批征信牌照（如表3所示）。这些企业在征信数据源方面各有特色，经过多年的经营它们已在不同的行业积累了大量的交易数据，有效的大数据征信离不开这些企业的数据共享。

表2　　　　　　首批获得人民银行征信牌照的企业及其数据特色

征信机构	背景企业	数据特色
腾讯征信	腾讯	腾讯8亿活跃用户（包括QQ、微信、财付通、QQ空间、腾讯网、QQ邮箱、微博等）的社交、支付、金融等数据
芝麻信用"芝麻分"	蚂蚁金服	阿里巴巴的电商交易数据和蚂蚁金服的互联网金融数据（包括信用卡还款、网购、转账、理财、水电煤缴费、租房信息、住址搬迁历史、社交等）
前海征信"好信度"	中国平安	平安集团9000万的线下客户和2亿线上客户的金融数据（包括产险、寿险、银行、信托、证券、互联网金融公司等）
鹏元征信"鹏元800"	深圳市政府支持	个人职业收入、行业平均收入、区域平均收入等统计类数据
中诚信征信"万象分"	美国Moody's	全国一百多家中小银行的业务数据
中智诚征信	民营企业	以"反欺诈"业务为主，欺诈记录和诈骗者的黑名单
考拉征信"考拉分"	拉卡拉	拉卡拉十年积累起来的近亿级个人用户的还款、转账、公共缴费数据，百万线下商户日常经营的相关数据
华道征信"猪猪分"	新奥资本、银之杰	居民燃气数据、三大电信运营商数据、华道小贷联盟的P2P网贷数据、公安数据

表3　　　　　　准备申请人民银行征信拍照的企业及其数据特色

征信机构	背景企业	数据特色
京东金融	京东、美国ZestFinance	京东十多年积累的上亿用户的电商交易数据、退货记录、购物评价记录、物流数据
百度金融	百度、美国FICO	百度搜索、手机百度、百度地图等应用积累的过亿用户的信息搜索和网页浏览等行为数据
拍拍贷"魔镜"	拍拍贷	拍拍贷8年来收集的600多万用户的40多亿条P2P网贷行为数据

续表

征信机构	背景企业	数据特色
快钱	万达	万达每年几十亿人次线下客流和快钱公司现有的零售、保险、商旅、电商、金融机构数据
小米金融	小米	小米硬件与软件1亿用户的各种行为数据，以及小米商城的电商消费数据
宜信"致诚阿福"	宜信	宜信积淀了9年的400万条小微企业主和农户的借款数据、40万条风险黑名单以及通过自有搜索引擎从互联网上抓取的数据
安融征信"MSP"	安融惠众	1100余家P2P公司300余万人的信贷记录

在这种强调"信息共享"的数据获取方式下，值得注意的是数据源稳定性问题。由于征信机构依赖于第三方企业来提供数据，因此要应对可能出现的数据提供商停止提交或延迟提交数据的问题。一方面，数据是这些第三方企业的核心资产，收集、处理和存储数据付出了巨大的时间和资金成本，有可能出现企业拒绝共享或提高数据价格的情况，例如，一些P2P平台只愿意向央行提供黑名单数据，而不愿意提供具体的网贷业务数据。另一方面，一些数据提供商对用户信息的共享受到有关法律的限制，如电商企业的消费者信息（包括身份信息、财务信息、地址信息等）受到消费者隐私保护的相关约束，在发生信息泄露时必须明确双方的责任分担问题。虽然在整个征信业范围内完全实现数据共享的可能性不大，但仍需要在一定范围内致力于打通信息孤岛，实现征信数据的平台化。

三、征信数据建模的新趋势

在建立信用评分模型之前，需要对收集来的数据进行预处理。传统信用评分模型采用的大都是结构化的数据，在数据预处理的过程中强调仔细的数据清洗以提升数据质量。其中最普遍的问题就是空数据问题，传统信用评分模型对空数据的接受度比较差，必须采用删除样本或缺失值插入法等方式进行处理，否则不利于建模。相比之下大数据征信更乐于接收数据

2018 中国金融论丛

的纷繁复杂，不再过于强调数据清洗（这在海量数据的情况下也很难做到），而是以庞大的数据规模来弥补数据精确性上的不足，收集到的数据以非结构化数据为主，模型对空数据的接收度也更高。以ZestFinance公司为例，其用来记录客户信息的矩阵布满了空数据，开发的信用评分模型可以处理超过30%的空数据。

传统信用评分模型大都使用统计学方法来建模，来挖掘消费者特征变量（一般为50个左右）与信用风险之间较强的因果关系，其中以Logistic回归和决策树模型的应用最为普遍。而在大数据思想下，往往不必深究信用风险发生的原因，只需要让数据自己说话。因此建立信用评分模型时，不再热衷于寻找消费者特征变量与信用风险之间的因果关系，而是关注两者之间相关关系。大数据征信下消费者特征变量与信用风险之间的相关性较弱，并通过增加数据的维度（特征变量多达几万个）来加强这些弱相关数据的描述能力。

大数据征信往往采用机器学习算法来建模。机器学习就是计算机利用已有的经验数据，产生某种模型，并利用模型预测未来的一种算法。这种算法模拟了人类思考和学习的方式，即从已有的经验出发，学习知识和技能，从而对新情况做出有效的决策和判断。个人信用评分从本质上说是一个分类问题，即从消费者的征信历史数据中产生一种分类模型，根据该模型判断消费者是属于个人信用违约的消费者还是非违约的消费者。该问题恰好是机器学习所解决的问题，机器学习算法在处理非线性分类问题方面表现很好，对于多维度、大样本的分类数据有着强大的学习能力，经过反复的训练使得分类模型趋于精确，从而显著地提高信用评分模型的准确度和适应性，适用于大数据征信的机器学习算法如表4所示。

表4	适用于大数据征信的机器学习算法
机器学习算法	简要说明
人工神经网络（Artificial Neural Networks，ANN）	是一种有效的处理分类问题的方法，适用于需要同时考虑许多复杂因素、不确定性和模糊程度较高的分类问题。它并被证明在信用评分问题上具有良好的表现。其基本思想是：将各种投入要素经过神经网络系统的加工得到产出的信息
深度学习（Deep Learning）	其实质是需要有场景经验来调优的、更复杂、更深层的人工神经网络

续表

机器学习算法	简要说明
支持向量机（Support Vector Machine，SVM）	在解决高维数据和非线性的分类问题中表现出优良的性能。其基本思想是：将样本映射到一个高维空间中，用一个最优分类超平面将两类样本分开，使得分类间隔最大
随机森林（Random Forest，RF）	其实质是集成了多棵决策树的分类器，对多棵决策树进行随机组合，构建随机森林，让森林中的每一棵决策树分别进行分类判断，最后对分类结果进行汇总
GBDT（Gradient Boosting Decision Tree）	其实质是包含多棵决策树的集成算法
集成学习（Ensemble Learning）	使用多种算法进行分类判断，并依据某种规则将各个算法的分类结果加以整合，从而获得比单个算法更准确的结果

目前，机器学习在征信领域的应用已成为国外征信机构研究的焦点，美国 ZestFinance 公司大约每个季度都会开发出新的基于机器学习算法的信用评分模型，Experian、TransUnion、EQUIFAX 等一批重要的征信机构都在针对某一领域的征信数据进行挖掘。但这属于公司的核心机密，出于商业保密的考虑，他们没有对外透露模型的具体细节。大数据时代没有免费的午餐，我国征信机构需要结合国内消费者的特点，自己开发出符合中国征信业特色的模型。国内征信机构在算法研究方面表现积极，例如蚂蚁金服采用深度学习算法对征信数据进行挖掘，中诚信在其信用评分模型中引入了神经网络、决策树、自动向量机、协同过滤、随机森林等多种机器学习算法，所有算法和计算机程序均为自主研发。

四、征信信息技术的新趋势

（一）分布式数据库和列式数据库

在大数据征信的背景下，收集到的征信数据中只有一小部分是结构化数据，而绝大部分是非结构化数据，无法利用传统的关系型数据库对其进行存储和处理。列式数据库非常适合处理超大量的非结构化数据，它从一开始就是面向大数据环境下的数据仓库和数据挖掘而产生的。列式数据库在存储模式上是革命性的，不同于传统关系型数据库的按行存储，列式数据库是基于列模式存储的。虽然它不像关系型数据库那样强调输出结果的精确性，但是它的数据加载速度极快。在大数据时代，快速获得全局的大致轮廓，要比严格的精确性更重要。

另外，由于单台计算机的存储容量限制，为了确保计算机的运算速度和稳定性，海量的征信数据并不是存储在单一的计算机上，它通常是分散在多台计算机和多个硬盘上。在这种情况下，必须借助分布式数据库技术来完成对征信大数据的处理。利用分布式数据库系统对征信数据进行部署的基本框架如图2所示，系统的主要控制器包括数据处理器、应用处理器和通信处理器三种。其中，数据处理器负责对各个场地的征信数据分别进行管理，应用处理器负责对分散在多个场地的征信数据进行综合提取和处理，通信处理器利用计算机网络为数据处理器和应用处理器在多个场地之间传递请求和数据。

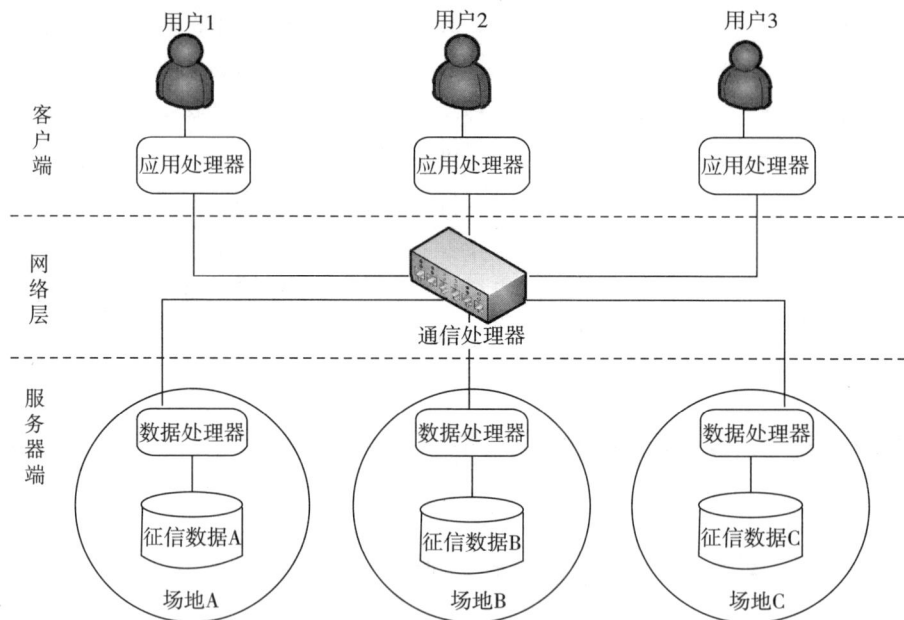

图2 分布式数据库系统的基本框架

新。目前，我国征信业已形成了以央行征信中心为核心、以若干家金融科技公司为支撑的基本格局，但总的来说大数据征信尚处于起步阶段，在软硬件技术、模型算法、信息安全、法律监管等方面还存在相当多不完善的地方，有待于后续逐步解决。在互联网经济和先进信息技术的共同推动下，大数据征信的发展必将充满潜力，大有可为。

（原载《征信》2017 年第 12 期）

英国不公平损害救济制度述评

林少伟

◼一、不公平损害救济的历史演变

（一）1948 年《公司法》之前

1948 年《公司法》制定之前，不公平损害尚未现形，但在实践中已有所萌芽。因受到福斯（Foss）规则制约，股东只有在符合例外情形下才可以提起派生诉讼保障公司权益。但在公司具体经营过程中，少数股东可能会受到大股东或董事的压制，当这种压制不足以构成对股东个人权利损害（即不能提起股东个人权利之诉）和不符合福斯规则例外情形下，如果没有其他救济措施保护股东，则显失公平。因此，1929 年公司法第 168 条规定，在特定情形下，小股东可向法院提起诉求，而法院可基于衡平法上的"公平和正义"理念赋予"解散公司"的救济。解散公司虽可以将股东脱离苦海，免受压迫，但同时也剥夺了其他股东继续经营公司的愿望。此外，解散公司这一救济措施并不符合现代商业经济的发展要求。一旦要求公司解散，不仅影响公司的债权人和职工，也对社会经济发展造成负面影响。再者，公司被强制要求解散时，公司资产可能严重贬值，作为已遭受到不公平损害的股东可能会遭受二次伤害，只不过此次的伤害源自法官的判决。一言以蔽之，解散公司的救济手段如同杀死下金蛋的鹅，对任何人均无益。

（二）1948 年《公司法》

在准备制定 1948 年《公司法》时，学界已认识到基于衡平法的公平与正义解散公司的种种缺陷。鉴于此，1948 年《公司法》第 210 条规定法院在接受股东诉求时，可根据具体情况，自由裁量给予小股东适当救济方式。然而，该规定在实践中却令人大失所望。因该规定实质上源于衡平法上的解散公司制度，股东如想提起受压制之诉，须首先满足衡平法上关于解散公司的条件，而这一要求在实践中足以对股东提起诉讼构成程序性障碍。有统计指出，在 1948 年《公司法》实施后，仅有两件成功的案例。其中，第 210 条的规定在后来的案例中被认为是累赘、苛刻和错误的。这也导致该条文在后来的公司法修改中被大幅度调整。

（三）1985 年《公司法》

在 1985 年《公司法》之前，Jenkins 委员会在 1962 年发布建议报告，并对第 210 条规定进行全面的反思和探讨。Jenkins 委员会认为，该条文在实践中几无可行之处，在理论上也遭受很多质疑，与其完善该制度，不如直接推翻重整，以"不公平损害"代替"压制"。委员会认为不公平损害救济制度的实施同时需要以下三个方面：第一，赋予法官更多自由裁量权，使法官在此类案件中能灵活自主的处理。第二，解散公司不再是股东救济的唯一途径。解散公司可作为救济方式的其中一种，但法官应尽量避免适用该措施。第三，法院可以授权他人以公司名义提起诉讼。Jenkins 委员会的建议在 1980 年《公司法》修改中被采纳，并出现在《公司法》第 75 条规定中。这也是不公平损害第一次真正出现在英国《公司法》中，并对后来产生巨大的影响力。1980 年《公司法》第 75 条的规定摆脱了原有救济方式的狭隘，实现了救济维度的恰当化。但殊为可惜的是，不公平损害这一概念并没有得到清晰的定义。直至 1985 年《公司法》的出台，不公平损害制度基本上得以完善。1985 年《公司法》第 459 条虽然没有直接对不公平损害这一概念做出明确定义，但通过对其构成要素的列举间接解释这一概念。第 459（1）条规定，公司成员在以下情况下可以向法院提出申请，即当公司事务已经或者正在以一种对公司一部分成员（至少包括他自己）的利益不公平损害的方式执行；或公司之实际或被提议的作为或不作为将要对公司某些成员利益造成不公平损害时。在原告资格上，公司法遵从普通法关于外部人不能起诉之原则，要求有资格行使该权利的只限于公司成员（即股东），即公司成员只能基于其成员的身份提出申请。如该成员同时担任公司董事而基于董事的身份提起申请的，法院不予支持。

1985 年《公司法》这一规定广受欢迎，特别是对于私立公司而言，因股份流通性较弱，股东退出公司途径较少，通过不公平损害救济方法是实现股东退出公司的途径之一。而 1985 年第 459 条的规定应用范围非常广泛，法官可自由裁量的救济措施相对较多，它既避免了解散公司的单一救济方式，同时也规避了福斯规则，对于公司异议股东而言是一大福音。但正是因为其大受股东欢迎，这一制度经常被股东滥用，导致滥诉情况比较严重。此外，不公平损害制度本身有耗费司法资源之特点。首先，法院须审判大股东是否有不公平之行为以及该不公平行为是否对其他股东构成损害。其次，也是最为重要的是，法院须对公司及其股东的全面情况进行审核考虑，以做出何种救济方式的裁判。因此，不公平损害救济不但耗时长，且耗费贵。不但浪费司法资源，且对公司本身也造成破坏。

（四） 法律委员会报告

在 2006 年《公司法》修改期间，法律委员会发布股东救济报告，其中，针对不公平损害提出以下立法建议：第一，简化小型公司的救济程序。即针对小型公司的特点，简化该程序，以利于小股东提起诉求，但该简化程序是属于可选择性程序还是强制性选择尚不明确。第二，拓宽救济措施。委员会认为应该赋予法院更多的自由裁量权，增加法院对股东争议处理的灵活性。第三，植入诉讼时效。委员会认为不公平损害行为也应受到诉讼时效的约束。报告提出，股东应从知道或应当知道引起不公平损害行为的事实之日起三年内提起诉讼，否则该权利不予保护。但贸工部对此持反对意见，主张以司法审查的方式替代诉讼时效。公司法审议与指导小组对诉讼时效的植入采取冷淡态度，立法者最终也没采纳诉讼时效的植入。

二、2006 年《公司法》的最新规定

2006 年《公司法》大体上延续了 1985 年《公司法》的不公平损害救济制度，其第 994 条第（1）款规定：基于下列理由，公司成员可以通过诉状向法院申请本部分之下的法令——（a）公司事务以不公平损害所有成员或一部分成员（至少包括他自己）的利益的方式正在或已经进行，或者（b）实际或被提议的公司作为或不作为（包括代表其作为或不作为）构成或将构成这样的损害。该项权利具有不可剥夺和不可转让性。

法院如认为申请人的诉状有合理理由，可以颁布它认为适当的任何法令，对被诉称事项授予救济。根据 2006 年《公司法》第 996 条第（2）款规定，法院法令可以：（a）调整公司事务在将来的执行；（b）要求公司不得从事或不继续从事被起诉的行为，或要求公司从事被起诉人因疏忽而没有做的行为；（c）授权该个人或数人根据法庭认为适当的条件代表公司或以公司的名义提起民事诉讼；（d）要求公司未经法院同意不得对其章程做出任何或任何指定的修改；（e）规定其他成员或公司自己购买公司任何成员的股份，如果是公司自己购买，据此减少公司资本。

从上述规定可知，不公平损害并不局限于私立公司，公众公司股东也可以行使该权利。但在实践中，该权利经常为私立公司股东使用。这与法官的偏好无关，法官并非不愿意支持公众公司股东对该权利的行使。之所以出现这种情况，乃源于私立公司本身治理机构的特点。在私立公司中，特别是对于股东人数不超过 5 人的小型公司，其封闭性很强，公司人性化也非常明显，股东一旦遭受其他股东的侵害而想退出公司时，不像公众公司股东那般可自由转让股份而自如退出，小型公司股东的退出一般会受到章程或股东协议的诸多限制和约束。因此，不公平损害救济为私立公司股东所偏好。

三、不公平损害制度评析

（一）公司事务的含义

根据规定，不公平损害行为只限于公司事务的行为，而公司法并没有明确公司事务的定义。普通法认为，公司事务首先应当与公司股东或董事的个人事务相区分，如因股东或董事的个人行为对其他股东造成不公平损害，则受损害之股东不得行使该权利。但在公司具体经营过程中，公司事务和个人行为有时并不那么容易区分。哈曼（Harman）法官对此指出，下面行为并不构成公司事务：（1）对顾客或职工的不礼貌或冒犯性行为；（2）被告律师以私人身份要求申请人转让其股份到被告并辞去董事职务；（3）被告向银行偿还公司贷款但其没有向公司告知此事。此外，关于股东投票权的行使方面，普通法认为，股东行使投票权是其股东权的表现形式，本身并不属于公司事务，即使该股东投票权的行使受到董事会影响。但如果股东会通过的决议对股东造成不公平损害，则股东可对此提起不公平损害之诉。

（二）利益

不公平损害救济前提之一是股东利益受损，因此，利益的概念必须得到澄清。首先，股东利益的受损既可以指全体股东利益的受损，也可以指部分股东的利益受损。其次，也最为重要的是，该利益必须基于股东的身份所享有。如股东同时担任公司某个职位或与公司有合作关系，则应区分该利益是基于股东的身份抑或基于其他身份所享有。基于股东身份所享有的利益一般源于公司章程的规定，即当股东依据章程所享有的权利以不公平的方式遭受损害时，其有依据第994条向法院提起诉求的资格。此外，股东在一定情况下也可根据股东协议提起诉求，但该情形须受到"公司事务"要求的限制。

如对"利益"这一概念解释过于狭隘，过于限制其范围，则股东的权益很可能难以得到有效保障。因此，普通法认为应当对"利益"做扩大解释，法院在审查诉求时也应当考虑更多的其他因素而不局限于利益本身的考察。霍夫曼（Hoffmann）法官指出，股东所受损的利益不应当被狭隘和技术性诠释。根据霍夫曼确定的原则，对股东利益造成不公正损害的还包括以下方面：参与公司管理以及对影响公司的决策有被咨询的权利、作为公司债权人或公司借贷资本的提供者的利益。

（三）不公平损害之义

股东申请不公平损害救济时，须证明其利益受到或将受到不公平的损害。换言之，股东须证明被诉行为具有损害性和不公平性。

1. 损害性

股东首先须证明其利益受到一定的损害。一般而言，这种损害是财务性或金钱意义上的。比如，因不公平行为使得股东所持股票的价值减少或有减少的危险，这种损害可能源于公司资产被挪作他用。证明被诉行为具有损害性较为简单，因为对公司财务有损害的行为，也对公司股份持有者的利益构成损害。当然，不公平行为的损害性也不一定全部体现为财务性或金钱意义上，在其他情形下仍然可能构成损害性行为。比如将股东逐出管理层或解除其董事职位，这种行为虽完全没有损害其持有股份的价值，但也可能构成损害性。

2. 不公平性

由于《公司法》并没有对不公平损害这一概念进行解释，因此，所谓"不公平"似乎可由法院依其裁量权进行解释。只要在具体个案中发现有不公平之行为，法官即可认定。这种不确定的标准，一方面反映了法院不愿意对法律赋予它们广泛的自由裁量权做出任何评注，另一方面也反映了英国法院不愿意干涉公司内部事务，尤其不愿意根据事后对某一特定决议所存在的具体情况的认识而对公司管理行为做出第二次评价。但普通法发展至20世纪90年代，对不公平的认定已形成一定的标准，这种标准并非主观随意，也不是法官仅根据案件特定情况而恣意适用的。如同霍夫曼法官所言：公平这一概念必须具有司法适用性，且其具体内容的适用须基于理性原则。霍夫曼法官提出了认定不公平的两个原则：（1）该行为违反了对公司事务本应如何进行而达成共识的某些条款；（2）对某些规则的适用或适用方式与衡平法上的善意相冲突。

帕顿（Patten）法官对上述两个原则做了进一步说明：第一，不公平这一概念虽具有客观之聚点，但并不能以此认为其处于真空当中。判断某个行为是否具有不公平性，应将其放置于公司结构这一法律背景进行考量，而这虽通常以公司章程或股东协议为依据，但受制于衡平原则。当坚持执行严格的法定权利会出现不合理的结局时，衡平原则可缓和弱化这种严格的法定权利。第二，一般而言，遵守公司章程和股东协议的行为通常不会构成不公平行为，除非这些协议的执行在某种特别的情况下会造成不公平（inequitable）。第三，虽然不可能详尽列举不公平行为的种种情形，但不公平的判断须遵循已确认和建立的衡平规则，而非以公平这一定义模糊的概念为标准。第四，判断某一行为是否不公平的标准，应宽松于根据1948 年《公司法》第 210 条基于公正与公平的理由解散公司的标准。第五，一个通常有效的判断方法是自问对某种权力或权利的行使是否涉及违反当事人之间的协议或协定。

（1）确定不公平的标准之一：违反了关于公司事务应如何进行所达成的协议

判断某个公司事务的进行方式是否给其他股东带来不公平，应关注该行为是否违反股东之间已达成的章程或协议。因这些章程或协议是规范股东权利义务关系的文件，对章程或协议的违反通常是对股东某项权利的侵犯。但并非所有违反公司章程或股东协议的行为均可引起不公平损害之诉，原因在于有些不当行为虽违反章程或协议条款，却不足以产生不公平，比如违反了章程某些细枝末节或技术性的规定。

章程或股东协议在公司经营过程中可能发生变更，不管是通过明示方式还是默认方式。在此情况下，法官在判断被诉行为是否违反章程或股东协议时，应特别注意章程或协议的条款是否在某种情况下已被变更。此外，如果董事在履行对公司的授信义务时，涉怀有恶意或心怀不轨，也可能违反协议，从而导致不公平损害之诉。霍夫曼法官在 *Re Saul D Harrison & Sonsplc* 一案中认为，当董事的行为有"不可告人的目的"时，该行为可视为不公平行为。他认为，关于不公平这一概念的理解，经常可以转化为另一个事实的判断，即董事须在股东授权的范围内以公司的整体利益为准，履行授信义务。如果董事或董事会之行为有不可告人之目的，则他们显然已处于股东与公司的契约之外。尼尔（Neill）法官也同意这一观点，他认为，如董事所为超过授权范围或有不合理、不可告人之目的，则股东可提出不公平损害之诉求。

此外，有学者指出，不公平行为似乎隐藏着一种潜在规则，即董事行为违反公司章程或股东协议，构成不公平损害的，一般都属于不可批准型行为，即董事所违反的授信义务的行为不能得到批准或认可，因为被认为是不公平的。但如可被批准或认可，则该行为仍是否可认定为不公平呢？普通法对此回答不太清晰，从上述潜在规则的反证似可推理出，受批准或认可的违反章程或协议的行为不具有不公平性。但霍夫曼法官曾指出，董事会受多数原则保护这一事实并不必然推理出该原则可保护不当行为不受"不公平"的限制，它不能使董事违反授信义务的行为游离于不公平的边界之外。

（2）确定不公平的标准之二：基于衡平原则的考虑

对于大多数纯商业关系的公司而言，股东之间的权利义务关系均体现于公司章程或股东协议，公司事务的管理经营均需遵循这些规约。而对这些规约条款的违反，一般会被视为不公平的损害行为，股东可依据向法院提起诉讼。比如一些大规模的公众公司或者上市公司股东，他们之间的关系一般体现在公司章程或股东协议，他们的合理期待或其他要求均可在这些公司宪章中获得支持。因此，对于纯商业公司而言，只要董事行为违反公司宪章条款，则很可能具有不公平性，无须以衡平原则进行判断。此外，对于一些虽非纯商业公司，但股东之间的具体权利义务关系在相关协议有详细规约的，这些公司也可以纯商业公司对待。但对于准合伙型的公司而言，不公平性的判断标准扩展至衡平原则。换言之，在准合伙型的公司中，即使董事所为没有违反章程或协议的规约，如有违反衡平原则，也可能构成不公平损害。值得注意的是，一个公司很可能不会永远是纯商业公司或准合伙公司，二者在经营过程中可能会发生相互转换关系，本来以纯商业关系设立的公司后来可能会转变为准合伙型的公司。

那何谓准合伙型的公司？威尔伯福斯勋爵（Lord Wilberforce）指出，如公司具有以下任一或多个特征，则可认定为准合伙公司：第一，该团体的组成和经营基于相互信任的个人关系。第二，有协议或默契约定所有成员或部分成员（不排除有部分"沉睡"的成员）参与该团体的经营。第三，股份的转让有严格的限制。如丧失信任或某个成员被免除管理职位，该成员不能随意转让股份。值得注意的是，上述特征仅仅是准合伙公司的几个共同特征，而并非是详尽的列举。除此之外，还有其他因素可使公司具有准合伙的性质。甚至就连"准合伙公司"这一概念本身也并不能回答董事行为在何种情况下须受到衡平原则的约束，它仅是"一个有用的简略标签而已"。

（四） 不公平损害救济的阻却事由

遭受不公平损害的股东并非享有绝对的救济权，当公司对受不公平损害的股东提出公平的出价时（即公司以合理价格收购声称受到不公平损害的股东的股份），法院可据此拒绝股东的救济。在法院看来，既然公司已认识到自己所犯之错误，并愿意为弥补这一错误而伸出和平之手，获得对方谅解，那么法院在此情况下就不适宜强行介入，进一步破坏双方所剩无几的友好关系。此外，在公司已对股东发出公平出价时，由双方自行谈判解决，不但可节约司法资源，也减少费用，节省双方宝贵的时间。再者，不公平损害的主要救济措施即为颁发购买令，强制要求公司或被告购买异议股东的股份，以使异议股东全身而退。在公司已做出公平出价的情况下，股东仍然提起不公平损害之申请，可谓无此必要。鉴于此，普通法认为，当股东受到不公平损害时，如公司已对其发出公平购买股份要约，而该价格是股东提起不公平损害之申请所能期待得到的最为现实的救济时，法院即可认定该公平出价已构成阻却事由。

（五） 救 济 措 施

根据 2006 年《公司法》第 996（1）条的规定，法院如认为该诉求具有合理理由，则可以颁布其认为任何适当的法令，对被诉称事项予以救济。由此规定可知，法院对原告股东所能给予的救济措施理论上而言是无止境的，因为只要其"认为适当"，就可颁发任何法令予以救济。救济措施的多样化和广泛性，一方面意味着法院可运用其自由裁量权，不拘泥于特定条款而做出正当的判决。另一方面也意味着法院必须针对每个具体个案的情况，全面考量，以便颁发合适的法令。2006 年《公司法》在允许法院可以其自由裁量权采取任一合适法令救济原告股东的同时，也对一些可能的救济措施进行了归纳，包括但不限于以下几种救济措施。

1. 调整公司事务在将来的执行

不公平损害之诉是基于公司事务以不正当的方式损害公司所有或部分成员而引起的，因此对该损害的救济首先应是对将来公司事务的处理做出调整，以使在可预见的未来一段时间内，公司其余成员不再受到类似的损害。法院在颁发此令状时，可要求公司的某个或多个成员参与公司管理（当然，如果委任某个成员参与管理公司可能会造成管理层之间关系恶化的，则法院一般会谨慎使用该权力），甚至也可为公司事务将来的处理做出全面的准则，以便董事遵守。

2. 要求公司从事或不从事、继续或不继续从事被起诉的行为

这是最为简单直接的救济措施，即当公司事务以积极的作为方式不公平损害所有或部分公司成员时，法院可直接要求公司停止该行为。反之，如公司的不作为导致公司利益遭受不公平损害时，法院同样可直接要求公司有所作为。

3. 授权诉求人以公司名义或代表公司根据法院的指引提起民事诉讼

这实际上是法院通过颁发法令，允许申请人提起派生诉讼。该救济措施最早出现在1962年詹金斯委员会报告中，该报告建议引进派生诉讼作为不公平损害救济措施之一。然而，该报告之所以有此建议，是因为当时股东如欲提起派生诉讼，会面临重重困难。通过授权申请人提起派生诉讼，可以绕开派生诉讼所设置的障碍，有利于保护少数股东的利益。但2006年《公司法》将派生诉讼成文化后，派生诉讼的提起程序与以前普通法大不一致。因此，通过设置授权诉求人可提起派生诉讼作为不公平损害之救济，以避开福斯（Foss）规则所设置的程序障碍，现在看来似无必要。在实践中，这一救济措施也未曾使用过。这一救济措施之所以不受欢迎，另一原因是申请人须投入巨大的精力提起不公平损害之诉，如诉求获得法院支持，方可提起派生诉讼。在派生诉讼的程序障碍已大为减小的现在，与其耗费大量的时间与被诉人周旋于不公平损害是否具有合理依据，不如径行提起派生诉讼。此外，股东如直接提起派生诉讼，可受民事诉讼规则第19.9（7）条关于诉讼费用的保护，而通过不公平损害救济转入派生诉讼的，则不在此规定的应用范围之内。最后，诉求人通过不公平损害之诉，即使顺利获得法院支持，转而提起派生诉讼，又幸运胜诉，诉求人本应心满意足。但实际上诉求人不但可能分文不得，且在付出大量精力和时间之余，仍须自掏腰包。因为派生诉讼胜诉后，所得之利益（如被

告的赔偿金）归于公司而非原告（即股东或不公平损害之诉中的诉求人）。

4. 要求公司其他成员或公司购买原告成员的股份

此救济措施是不公平损害之诉求中最受诉求人欢迎也最为法院接受的。当公司成员利益受到不公平对待时，既然双方情不投，意不合，最佳的解决途径莫过于说再见。由实施不公平损害行为的公司成员或公司本身购买该股东股份，一方面既让诉求人股东全身而退，不再陷入公司内部各种矛盾中左右为难；另一方面也可使公司集中精力于自身的投资经营，不用耗费精力与时间与异议股东纠缠不清。特别是在双方关系破裂，难以继续信任和合作时，一方退出公司可谓是解决问题的最佳途径。有法官一针见血地指出，该救济措施的目的在于使难以继续合作的双方能够干净清白的分开。因为与其双方勉强维持关系继续合作，不如一鼓作气，分清账本，让一方退出公司，一举永诀。

在确定购买股份的救济措施后，如何确定购买价格殊为关键。一般而言，双方可就股份购买价格进行磋商，如不能达成协议，法院可径行委托专家进行评估，并由其提交评估报告。虽然股份的价值评估因具体个案而异，但根据《公司法》的规定，该股份须以公平的价格进行购买，而何谓公平亦可能难以达成一致。Millett 法官就股份价格的确定提出三个方法：（1）按公司继续运行为基础，以比例为原则确定股份价格。（2）在前面确定的价格的基础上进行一定的折扣。（3）按公司处于清算或破产的阶段为基础，以比例为原则确定股份价格。对于准合伙型的公司而言，当诉求人为小股东时，股份价格的确定应以比例为原则，不能打折扣。当诉求人大股东时，同样也应以比例为原则，股份的价格不能溢价，也不能以折扣价售出。对于非准合伙型的公司，除非有特殊情况，否则对于少数股份的收购，一般以折扣价购买，即使该少数股份额达到49%。对于超过50%以上的多数股份而言，则很可能以溢价收购。这种因股份持有量的不同而导致购买价格差异的原因在于，对少数股份的收购一般不会影响公司的经营管理。但对于超过50%的股份的收购则大不相同，此时股份受让者对公司经营和战略无疑具有很大的影响力甚至决定权。因此，超过半数的股份转让价格一般会以多于按比例确定的价格进行处理。

在判断公司股份价值方面，另一个考虑因素是基于公司是否继续经营抑或公司处于清算或破产阶段。如公司继续经营，公司股份的估价无疑会远高于处于清算或破产阶段的价格。普通法虽然对此没有明确清晰的规则判断何种情况下应选择以公司继续运行为基础，何种情况下应选择以公司处于清算或破产为基础对公司股份进行评估作价，但无可否认的是，法院一般不情愿使用后者，如同米利特（Millett）法官所说，当购买者购买其中一方的股份时，其意图无疑是继续经营公司，因此，采取后者作为评估作价的基础很难具有说服力。此外，当一方愿意购买另一方股份时，很难想象公司在股份收购后会陷入破产境地。再者，如允许以公司处于清算或破产阶段为基础评估作价，一旦股份收购完毕，公司继续经营，业务蒸蒸日上，则可能出现坏人受益，好人吃亏的现象。因为在大多数情况下，股份的购买者一般为被诉求人，而深受不公平损害的股东则是被收购者，假如以公司处于破产或清算的阶段为基准计算公司股份价值，那前者无疑可以较低的价格购得后者股份。在公司继续运行、经营良好的情况下，前者可获得丰厚的回报，而后者则赔了夫人又折兵。

☐四、不公平损害制度是否可为中国所借鉴

不公平损害制度在保护少数股东利益方面具有不可替代的作用，其因适用的广泛性和救济的多样性而深受股东欢迎。鉴于国内少数股东备受压迫的现象层出不穷，公司长久不分配股利的严重性，有学者建议借鉴英国，引进不公平损害制度，以更有力地保护少数股东利益，为中国资本市场的健康发展保航护驾。笔者对此持反对意见，认为国内不适宜引进不公平损害制度，理由如下：

（一）两国法律环境与规范结构的差异

法律的移植并非简单的规范植入，而是牵一发而动全身，涉及输出国与移植国两国之间社会、经济、文化和法律环境等因素的影响。不公平损害制度的移植则涉及法律环境与规范结构的影响。在英国的法律规制中，对少数股东保护的措施并不多，主要有股东个人诉权、基于公平合理请求解散公司、不公平损害救济以及派生诉讼。数目不多的救济措施似乎与英美法系国家发达的法律体系格格不入，因为作为英美法发源地的英国，其

对股东权益理应提供一系列措施悉心呵护，以促进资本市场的资本发展，然而在股东权益法律规制方面，只有区区几种措施，就足以为股东提供充分而有力的保护。这种少而精的规制体系，其实并不神秘，原因在于不公平损害制度在整个股东保护体系中的地位。如同上文所论述，不公平损害制度适用非常广泛，只要股东利益受到不公平损害，则可向法院提起诉求。而法院在认定事实时，可颁发任何其认为适当的法令，这意味着不公平损害救济措施的多样性。鉴于此，不公平损害备受股东青睐，也处于英国少数股东权益保护体系的龙头地位，具有极其重要的作用。

在中国，虽然股东备受压迫的现象层出不穷，但在法律规制层面上，保护少数股东的法律措施多种多样，各种规范也紧密相扣，很少有某一种具体措施具有龙头地位和作用。如引进不公平损害制度，不但会破坏原有法律规范的结构，也会在理论上和实践上产生诸多问题：如何处理不公平损害救济措施与其他少数股东保护措施的关系？因为不公平损害的诸多救济措施与我国其他少数股东保护措施具有重叠之处，该制度的引进势必影响其他制度的修整，如此一来，我国公司法原有保护股东权益的规范结构也必将进行大幅度的调整。在公司法修改生效不到六年的情况下，对之进行大幅度的修改和重整无疑不利于法律的稳定性。

（二）不公平损害救济措施与我国诸多制度有所重合

不公平损害最为常用的救济措施是要求公司或被告人收购异议股东股份，使之退出公司，以解决双方矛盾。这种救济效果在中国相对应的制度是异议股东股份回购请求权，即《公司法》第七十五条的规定，如公司连续五年不向股东分配利润，而公司该五年连续盈利，且符合本法规定的分配利润调减的，对股东会该项决议投反对票的股东可请求公司按照合理的价格收购其股权；如在股东会决议通过之日起 60 日内股东与公司不能达成股权收购协议，股东可以在股东会决议通过之日起 90 日内起诉。除此之外，不公平损害的其他救济措施也能在中国公司法找到相应制度，如强制解散对应《公司法》第一百八十三条关于司法解散公司的规定，要求被诉求人赔偿诉求股东的救济可对应《公司法》第二十条关于股东有损害赔偿权的规定。可见，中国公司法并不缺少股东权益保护机制，不公平损害制度的引进在很大程度上仅仅是对原有制度的重复。

当然，也有人认为，不公平损害的救济措施优于国内本身具有的保护机制，比如在股份回购救济措施方面，股东提起的不公平损害之诉一旦获得法院支持，则可马上就股份的回购与公司进行磋商协调。而国内异议股东的股份回购请求权则须等上漫长的五年，望眼欲穿也可能一无所获。然而，这种优劣仅仅是具体立法技术的差异，并不能以此而否定整个制度方向。其次，也正是因为某些制度存在技术性缺陷，所以才有必要对之进行改进和完善，并增强其在实践中的应用。假如因某个制度的细枝末节出现缺陷，而生搬硬套与之具有同等效能的制度，这是典型的因小失大，也是浪费立法资源的典型体现。

（三）不公平损害制度本身也有缺陷

不公平损害虽广受英国股东欢迎，但其本身并非完美。最令人诟病的是该诉讼程序耗时长，花费大。因为法院不仅需要对被诉行为是否具有"不公平性"进行确定，在颁发具体救济令时，也须综合考虑双方当事人的具体情况和需求。这一缺陷不仅不利于原告股东，使之在决定是否提起诉求前思虑再三，也会影响被告和公司。因长时间的诉讼不仅会分散被告的精力，也会影响公司的正常运营，从而间接导致其他股东可能利益的受损。

此外，不公平损害本身与派生诉讼也有重叠之处，派生诉讼的前提是公司利益受损，而不公平损害救济的前提是股东利益而非股东权利受损。因此，在公司利益受损的情况下，股东利益也可能因此而遭受损失。此时，符合派生诉讼条件的行为也同样符合不公平损害救济。在已实施派生诉讼的今天，如引进不公平损害制度，如何区分和融合二者程序，是学界和司法界不可避免的难题。

（四）改进与增强现有股东保护措施才是当务之急

我国现有的少数股东保护措施并不少，与其盲目地引进或移植其他制度，不如改进和增强现有的措施。事实上，在公司法基本方向和主要制度已经确定的今天，学界和司法界的首要任务是通过释法完善制度，通过执法实施制度。我国少数股东利益之所以备受剥削，公司利益任由控制股东操纵，股东随时可能遭受由股东或董事控制下所做出的不正当决策的侵害，很大程度上并非是因为制度的缺位，而是制度规范的不完备。比如借鉴于美国的股东派生诉讼，于 2005 年修改的《公司法》中首次被采纳。该诉讼权利旨在保护少数股东和公司的利益不受控制股东和董事的侵犯，然而在实践中，该权利的行使却少之又少，在 2006 年生效后至 2012 年 8 月底，仅有 103 例派生诉讼案件，这明显与立法初衷不相称。此时学界需要考虑的并非引进其他具有同样功效的制度，而是改进和完善现有的派生诉讼制度，比如降低起诉门槛，完善股东向董事会或监事会请求起诉的程序，完备关于双方和解和司法审查制度等，使之具有更强的可适用性和灵活性。因为即使引进其他制度，也可能出现水土不服而具有反作用之效。鉴于此，与其无休止地生搬硬套外来之物，不如改进与增强现有的股东保护措施。

五、结语

中国传统法律文化缺少现代化成分，具有强烈的公法色彩，而甚少有私法文化的痕迹。此时，通过移植外国先进制度，便成为构建中国现代法律体系不可或缺的一部分。然而，法律的移植并非绝对、一概地接受，而须考虑该制度所对应的配套元素是否能够本土化，否则再先进和现代的制度，也可能沦落为花瓶角色，成为法律文本的点缀。不公平损害制度即是如此，其在英国备受股东欢迎，也是保护少数股东权益极为重要的法律机制，然而因两国法律环境和规范结构等各种因素的差异，我国并不适宜引进该制度。相反，学界应将主要的精力用于如何改善和增强享有的保护机制，在规范的既有架构内实现对预定价值的回归。

（原载《民商法论丛》）

管理决策创新创业人才培养平台的建设与实践

张　晶　宋福根

一、引言

创新创业教育是当前高等院校教育教学综合改革的热点问题。就管理学科来说，企业是经济社会的主体，管理就是决策，社会对管理决策创新创业人才的需求尤为巨大。因此，深化现代企业管理决策人才的培养模式，提高管理决策人才的实践能力和创新能力，是当前和今后一段时期内推进我国高等院校管理学科教育教学综合改革的一项重要内容。

政府高度重视高校创新创业教育活动的开展，教育部强调实验教学资源建设和共享，广泛搭建实习实训平台，办好各级各类创新创业竞赛。为满足管理决策课程的教学需要，国外很早就利用信息技术研制了各种管理决策实验系统，应用于管理决策人才创新创业能力的培养。国内高校也先后引进和汉化了不同版本的实验系统，用于管理决策课程教学。然而，这些实验系统未能完整地体现现实中企业创新创业的主要过程，实践性不强；实验过程也未能基于互联网技术在更大规模的范围内进行，应用面不广。

本课题组经过多年努力，阶段性成果已取得了良好的人才培养效果和显著的教学教改成果。在此基础上，进一步完善了现代企业创新创业的理论体系，并运用现代仿真技术，集管理决策理论和创新创业实验系统于一体，构建出一套基于 Internet 的综合性、全天候、开放式的创新创业决策虚拟仿真实验平台，形成鲜明的管理决策人才培养特色。该平台建设隶属于国家级管理决策虚拟仿真实验教学中心项目，平台网址为 http：//jctd. dhu. edu. cn。

二、实验平台的创建原理

现代企业管理决策的内容涵盖了管理学、经济学、会计学、市场营销学、生产运作管理、供应链管理、财务管理等多个领域的知识，传统的课堂教学难以将分散在不同课程中的理论知识融会贯通。同时，企业创新创业过程的实践性很强，包含工商注册、税务登记、银行开户等一系列烦琐的流程，企业在经营过程中面临的市场竞争环境也非常复杂。以教师课堂授课为主体的讲座性创新创业指导大都是纸上谈兵，无法进行市场竞争环境下管理决策人才培养的创新创业实践尝试。

本项目所研发的创新创业决策虚拟仿真实验平台涵盖了管理决策相关的多个领域的知识以及现代企业创新创业的整个流程。学生可以在该平台上模拟创办和经营一家企业，在仿真的市场竞争环境下，学生可以体验企业创办、筹资融资、市场营销、生产管理、采购管理、财务预算、兼并收购等环节的决策仿真，实现多门管理类课程的交叉以及管理理论与创新创业实践的紧密结合。

（一）企业创办环节

通过筹资融资方式创办的股份制企业，是现代企业的一种主要形式。该平台模拟了现代企业创办过程中的工商注册、筹资融资、生产厂房投资、生产设备购买、人员招聘、原材料采购等内容，使用者可以在短时间内高效地遍历和体验企业创办过程中的主要活动。

使用者首先需要对企业的工商注册环节中一系列烦琐的流程进行仿真实践，包括企业名称登记、法人代表登记、营业执照领取、银行验资、税务登记、注册资金划转、申领发票、社保工资办理等流程。部分工商注册流程的仿真如图1和图2所示。

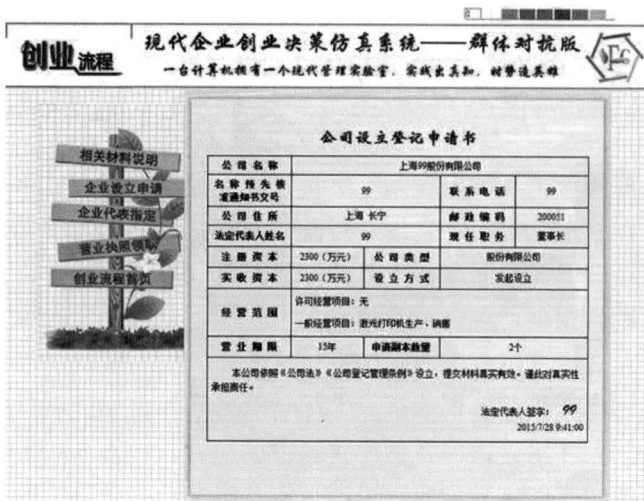

图1 公司设立申请仿真

图2 营业执照领取仿真

之后,该平台会对企业所处的市场环境进行仿真,并给出市场资源(如银行贷款、原材料、劳动力等)的制约条件,如表1所示。使用者需要分析市场形势,把握市场机会,并基于所能支配的一定数量的资金,进行生产厂房建造、生产设备购买、生产人员招聘和运营资金贷款等活动的实践尝试,实现企业从无到有的构建过程。

表 1 企业创业市场环境的仿真

第 1 周期（创业周期）形势报告	
市场容量	经市场调研已知，创业周期各企业竞销市场容量平均为 2500 万元。
原材料	原料价格与其历史平均价格相比，将大幅度增长，增幅为 10.00%。
附　件	附件价格与其历史平均价格相比，将有明显下降，减幅为 5.00%。
人员费用	工薪水平与其历史平均工资相比，将有明显增长，增幅为 5.00%。
批量招标	周期招标产品为 E 型产品，招标批量为 3000 台。
批量订购	特殊产品订购为 B 型产品，订购批量为 5000 台。
订购价格	特殊产品单位定价已由用户给定，为 950 元/台。

（二）经营决策环节

企业创办完成后，使用者可以进入企业经营环节的决策仿真，得到更完善的管理决策仿真实践环境。现代企业的基本特征是面向市场、参与竞争、自主决策、自负盈亏。该平台根据市场经济环境下的企业运行原理，仿真了不同类型的竞争市场、变动着的周期市场形势以及可根据需要灵活设定的企业数量。在企业外部，仿真了现代企业与各外部经济体之间的业务往来关系，包括供应链上下游的采购和销售市场、银行、劳动力市场等，如图 3 所示。在企业内部，仿真了销售、生产、研发、采购、仓库、人事、财务、管理等主要部门以及部门之间的联系。

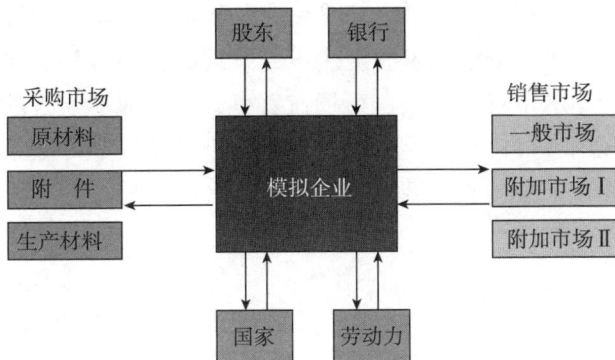

图 3　企业与外部经济体之间联系的仿真

该平台给出不同周期的市场形势之后，用户作为企业的创办者和决策者，综合运用管理决策基本理论和方法，分析各周期市场形势，创造性地对市场竞争环境下企业的产品定价、广告投入、研发费用、生产计划、物料采购计划、资金贷款、人员聘用等一系列内容做出决策，形成一套完整的经营决策方案，如图4所示。

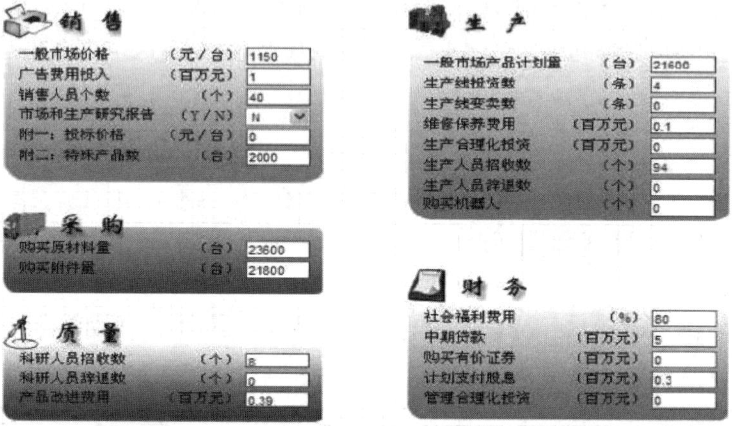

图4　用户输入企业经营决策方案

该平台为使用者提供"预算"功能，使用者制订出初步的决策方案之后，平台可以针对该方案进行生产和财务预算，生成企业的预算报告，包括生产数据报告、成本预算报告、财务预算报表等。使用者根据预算报告对原方案做出调整，如此循环，直到得到一个满意的决策方案。

使用者提交决策方案之后，该平台在几秒钟之内即可计算出市场竞争结果，给出参与市场竞争的各企业决策方案的综合评分和名次。并详细地给出各企业产品的市场销售量、市场占有率、生产成本、税前经营成果等结果数据。使用者可以根据这些结果数据分析自己提交的决策方案是否有失误之处，并在下个仿真周期做出经营策略上的调整。

三、实验平台的运行模式

（一） 实训服务模式

该平台基于云计算技术向其他高校提供服务，其他高校可以通过 Internet 远程接入该平台。到目前为止，该平台已向国内三百多所高校开放远程端口，为其提供管理学科创新创业类课程的辅助教学，获得了很好的口碑。

在运行控制方面，该平台完全采用信息化技术，实现了整个决策仿真过程的自动化管理。每个账号同一时间最多可以容纳 1200 名学生的虚拟经营操作，只需要一位教师在终端主持人系统进行控制即可。系统总体架构主要包括主持人系统、工作站系统和数据库系统三部分，其构成原理如图 6 所示。

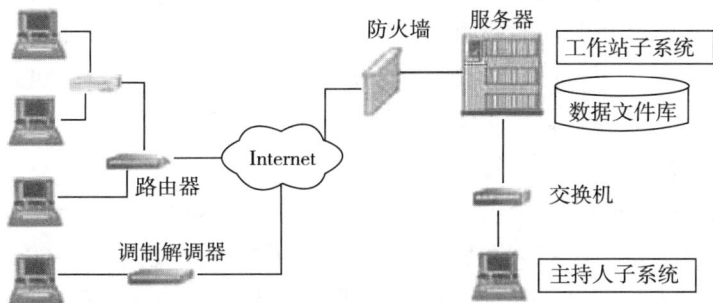

图6　实验平台体系架构

该平台用户可以进行"人机对抗版"和"群体对抗版"两种决策仿真实验模式。在"人机对抗版"中，计算机本身作为一家虚拟企业，与使用者共同构成了寡头垄断类型的竞争市场。计算机企业能够根据优化决策模型智能地给出经营决策方案，与使用者所代表的企业展开市场竞争。在这种模式下，只需要使用者一个人，就可以体验市场竞争环境下的经营决策效果。在"群体对抗版"中，每位使用者代表一家企业，使用者之间展开竞争。由于决策者是带有主观色彩的人，因此在这种模式下市场环境的不确定性更高，市场竞争也更加激烈和复杂。当使用者人数较多时，市场类似于垄断竞争类型，而当使用者人数较少时，市场类似于寡头垄断类型。

该平台的实训服务可以为高校管理学科的创新创业课程提供辅助教学。课程的学习方式由理论学习环节和仿真实践环节两部分构成。该课程的微视频、理论知识和理论考试都放在平台网站上，高校账号接入远程端口之后，学生即可根据微视频自主学习，并在平台网站上参加理论考试，平台会自动计算理论考试的成绩。在仿真实践环节，该平台根据虚拟企业的创办和经营结果，自动计算出一个分数，作为学生的实践成绩。该平台采用信息化技术实现了评分、排名与遴选的自动化，因此可以保证学生成绩的客观性。同时，这种高效的、自动化的考核方式也使面向大规模学生数的创新创业教育变得可行。

（二）学科竞赛模式

除了向其他高校远程提供实训服务之外，还可以依托该平台开展"上海市大学生创业决策仿真实践大赛"。该竞赛由上海市教委主办，东华大学承办，于每年 10 月份举行。该竞赛旨在深化人才培养模式创新与实践教学改革，切实加强大学生实践能力和创新精神，不断提高管理类人才培养质量。

学生以组队的方式报名参加比赛，每个参赛队包括 5 名成员，他们将以公司合伙人的身份共同完成企业创办和经营的整个过程，每个人对应不同的角色分工，如营销经理、生产经理、财务经理等。参赛队通过浏览器访问该平台，即可在任何地点参加比赛。平台目前最多可以容纳 8000 个参赛队同时在线参与比赛，当参赛人数超过限制时，可以通过增设服务器来进一步扩充在线人数容量。参赛学校可以申请远程使用平台中的"实训服务"功能，作为赛前的校内演练和选拔之用。

在竞赛过程中，该平台将报名的参赛队划分成若干个市场，每个市场包括一定数量的参赛队（即企业），参赛队在其所属的市场内展开竞争。每个市场内参赛队的数量可以灵活划分，最多可容纳 40 家企业。在已经举办过的三届竞赛中，每个市场内企业的数量设置为 25 个左右，这种情况下市场类似于垄断竞争类型。

各参赛队首先要完成企业的创办，包括企业名称登记、企业法人指定、银行账户开设等。企业创办完成后，该平台将给出仿真的市场形势，并在每个市场内部对这若干家企业进行初始的市场份额分配。随后各参赛队展开一轮又一轮的市场竞争，每个决策周期为期一天。比赛分为初赛、复赛、决赛三个阶段，初赛为 5 个周期，复赛为 7 个周期，决赛为 10 个周期，整个比赛为期 22 天。各阶段结束后分别淘汰一批参赛队，最终获奖名单根据决赛情况筛选。比赛过程中的排名和遴选完全由平台自动计算，无人工干预，可以保证大赛公平、公正、公开。

四、实验平台的应用效果

该平台投入运行以来，访问量已接近 16 万人次，已向国内三百多所高校开放实训服务账号，并已依托该平台成功举办了三届决策仿真实践大赛。从用户的反馈情况来看，该平台寓教于乐，趣味性强，融会贯通，应用面广。

1. 综合性

由于管理学科的交叉性，学生在系统学习管理决策的基本理论之后，迫切地希望能够在实践中综合应用所学的理论知识来学以致用。运用该平台即可达到这一效果，该平台仿真了企业创办和经营过程中的主要管理活动，涉及管理学科的多个领域，包含了许多经典的管理决策模型，能够让学生以企业决策者的身份体验企业的创办和经营过程，在短期内迅速掌握和巩固理论知识，并综合运用理论指导实践。

2. 规模化

由于教学资源有限，如何将创新创业教育覆盖到每一个学生，一直是创新创业类课程建设的难点。使用该平台的其中一个优势在于，可以实现管理学科创新创业教育的规模化。由于每个实训服务账号可同时容纳上千名学生，并且只需要一位教师在终端控制教学过程，课程的考核也完全由平台自动计算，因此可以实现创新创业教育的普及，利用有限的教学资源提高授课效率。

3. 趣味性

使用该平台对学生进行创新创业教育，有助于增加教学的趣味性，实现了"翻转课堂",将学生变为课堂的主导。学生可以通过平台上的微课程进行理论知识的自主学习,教师不再是仅仅充当课程的讲授者,而是负责理论部分的答疑、主持仿真实验、主持考试和担任仿真实践大赛的指导老师。在仿真实验过程中,学生与学生之间扮演着竞争者的关系,或者合伙人的关系,可以激发学生的创新意识、竞争意识和合作意识,以及把握市场机会的敏锐感。

五、结束语

利用该平台,使用者能够在有限的时间内体验现实中企业创办和经营的主要流程,深刻领会现代管理决策理论的内涵,激发创新创业实践的热情,获得在实际中需几年时间才能感受到的经验,培养管理决策的综合能力、实践能力和创新能力。该平台的应用对深化管理学科教学改革、改进创新创业课程的教学模式、提高管理决策人才培养质量有着非常重要的现实意义。

（原载《实验室研究与探索》杂志）

跨境资金池监管的域外经验与中国道路

史广龙

跨境资金集中运营管理是中国政府实现资本项目可兑换，进一步推进了人民币国际化进程的重大举措。对企业而言，跨境资金池的推广，有利于提高集团跨境资金营运能力，控制汇兑风险，降低融资成本，提高综合收益，从而增强全球竞争能力。然而，我们必须清楚地看到，在资本项目可兑换尚未完全打通的情况下，跨境资金集中运营管理容易被滥用，异化为热钱进出中国的通道，或者演变成严重损害境内成员企业乃至其债权人利益的工具。有鉴于此，在推进中国跨境资金池实施的过程中，金融监管丝毫不能放松。从根本上说，在跨境资金集中运营管理方面，有效监管与广泛实施并行不悖。

一、中国跨境资金池之基：以监管跨境资金流动为重点

中国经常项目外汇管理采取了渐进的改革思路，先后经历了严格管制、逐步放松、到最终实现人民币经常项目可兑换三个阶段，只要交易真实、合法，对外支付已经不予限制。相对而言，资本项目放开的难度更大，一直被视为发展中国家经济危机的催化剂。为此，监管者对于开放资本项目一直心存疑虑，步伐上也更为审慎，尽管这一议题经过长期讨论，仍然停留在逐步放松管制的阶段。以风险可控为底线的中国金融改革，将跨境资金集中运营监管的重点放在了跨境资金池流动方面，主要采用六种工具，落实监管目标，包括注册地限制、营业额限制、宏观审慎参数、净流入额控制、结算银行监管、行政机构监管。

中国跨境资金池主要监管工具

准入控制/事前监管	额度控制/事中监管	主体控制/事后监管
注册地限制	外币进出额控制	结算银行监管
营业额限制	本币净流入控制	行政机构监管

（一）监管工具的展开

1. 注册地限制

跨境资金池的成员企业必须分别注册于境内和境外，否则根本就不存在资金在集团企业成员之间跨境调剂余缺的基本需求，也就没有跨境资金集中运营管理的必要。除此之外，跨境资金池的主办企业原则上应该注册在中国大陆，自贸区跨境资金集中运营管理的主办企业必须在自贸区注册并实际运营。但是，对于集团总部在海外的跨国公司而言，监管规则允许设立主办企业在境外的非自贸区跨境人民币资金池。

2. 营业额限制

监管部门对于企业集团设立境内资金池，并没有经营规模的限制。然而，在跨境资金池领域，除自贸区人民币资金池外，都必须满足特定营业额的要求。这与监管部门试图通过自贸区大力推动人民币国际化，但同时又担忧本外币的跨境流动超出控制能力，转化为金融风险的忧虑相关。具体而言，非自贸区跨境人民币资金池境内成员上年度营业收入不低于 10 亿元人民币，境外成员上半年营业收入不低于 2 亿元人民币；自贸区与非自贸区跨境外币资金池都要求上年度本外币国际收支规模超过 1 亿美元。

3. 外币净进出额控制

无论是自贸区跨境外币资金池，还是非自贸区跨境外币资金池，都将净融入外币资金限制在不得超过外债总规模的范围之内。在外币资金融出方面，非自贸区跨境外币资金池国际外汇资金主账户从国内外汇资金主账户净融出资金不得超过对外放贷总规模。自贸区外币跨境资金池，国际外汇资金主账户从国内外汇资金主账户净融出资金不得超过境内成员公司所有者权益的 50%。

4. 本币净流入额控制

自贸区跨境人民币资金池与非自贸区跨境人民币资金池均对净融出额

不设限。在人民币的净融入方面，自贸区跨境人民币资金池对人民币的净融入不设限；非自贸区跨境人民币资金池对净融入额实行上限管理，计算公式为：跨境人民币资金净流入额上限 = ∑（境内成员企业的所有者权益×跨国集团的持股比例）×宏观审慎政策系数。在非自贸区跨境资金池规则颁布之处，宏观审慎政策系数在初始阶段被设定为 0.1，当前宏观审慎政策系数已经修改为 0.5。

5. 行政机构监管

中国人民银行及国家外汇管理局具有制定跨境资金池规则的权限，具体监管工作由其分支机构实施。由于监管规则确定了在满足准入条件的情况下，以备案制为核心的思路，形成在跨境资金池的监管上，行政机构主要进行事后监管的模式。一旦从事跨境资金集中运营管理的跨国公司或者结算银行出现违规情况，监管机构将根据法律法规对其进行调查和处罚。

6. 结算银行监管

由于人民银行及外汇管理局在备案制的框架内，逐步退归跨境资金池监管的后期，促使结算银行承担的更多责任。对于已经达到设立资金池条件的跨国企业集团，结算银行要在配合主办企业准备材料后，至当地的监管机构进行备案。在跨境资金池集中运营管理实施的过程中，结算银行要为跨国集团提供软件系统和金融服务方面的支持。在跨境资金池运行的全程，结算银行应根据监管机构的要求向其提供数据信息，这是保证行政机构及时发现跨境资金池违法违规行为的关键。

（二）监管效果评析

1. 隐性合规成本高

在设立跨境资金池的过程中，企业需要与跨国金融与法律服务中介机构合作，除了需要负担内部人员的人力成本之外，尚需要承担高额的中介费用。自贸区跨境资金池规则框架的设计在具体细节上欠明确，增加了中介机构设计全球资金池方案的难度，最终增加了跨国公司的成本。

2. 限制主办企业注册地

跨境资金池本应成为外资跨国公司节约资金成本，或者以中国为亚太区中心调拨区域资金的推动机制，但要求自贸区资金池主办企业必须在自贸区注册和运营，远离目前集团在海外的资金实际运营中心，造成人员迁移费用成本高昂，降低了中国作为区域财务中心的竞争力。

3. 金融政策风险大

监管层制度设计的初衷在于，平衡企业集团内部跨境资金调配的便利性与防范因为本、外币的大规模跨境流动可能对整个金融体系造成的危害（刘源，2015）。但是额度控制相关制度的实施缺乏必要的灵活性，并且无法排除监管层突然收紧跨境资金流动的可能性，跨国公司面临的政策风险大大增加。

4. 过分担忧通道功能

监管层担心跨境资金池成为"热钱"进出中国畅通无阻的渠道具有一定道理。但是，极具隐蔽性的虚假贸易与地下钱庄已经撕开了中国跨境金融活动的防火墙。从根本上说，资金池违规风险大、成本高，不适合进行不法本外币跨境活动。每笔交易都存有记录，一旦监管部门发现滥用问题，企业不仅面对处罚，而且将长期处于办理外汇业务的不利地位。

5. 制度欠缺国际视野

跨境资金池从来就不是单一国家的法律与监管问题。将主办企业设置于金融管制严格，外汇进出受控的国家，将大大降低跨境资金池的功效。中国目前的监管环境并不适合构架全球性资金池。在这种大背景下，如果仍然坚持跨境资金池的中国定位，必然导致很多跨境资金的运营绕道中国香港或者新加坡等金融管制宽松的地区（史广龙，2015）。

▉二、国外跨境资金池之鉴：银行与中资企业必须注意的风险

当前以监督资本跨境流动为核心的监管框架，建立在监管层控制资本跨国流动的实践基础之上，是长期路径依赖的产物，具有天生的缺陷，而且将随着中国资本项目的开放而逐步消除。相应地，跨境资金集中运营管理的监管必然逐步走向常态化，债权人、中小股东等利益相关人保护问题将取代监管跨境资金流动成为核心。如何有效防范跨境资金池借机抽逃资本，损害成员企业及其债权人利益，并最终构建起一套旨在限制跨境资金池负外部性的法律框架，将成为监管者迟早要面对的现实问题。外国的成功经验值得中国监管者借鉴。同时，参与架构跨境资金池的中资银行与跨

国公司必须高度重视这些政策风险。

（一） 爱尔兰

爱尔兰的法律环境相对宽松。总体而言，爱尔兰注册的公司加入跨境资金池并没有制度上的限制，爱尔兰公司可以其母公司和其他关联公司提供贷款，包括通过该公司的控股公司向其他子公司或者直接向同一集团下的其他子公司提供贷款或者准贷款。然而，在正式加入资金池前，爱尔兰成员公司应确定其已经具备加入资金池的权利能力并获得了公司权力机关的批准。

首先，为满足这一条件，公司股东会应该通过决议，对公司的章程进行相应的修订，授权公司的执行机关加入资金池。其次，如果公司与其债权人就公司资金的调拨或者向外提供贷款存在事先约定，则公司应该获得该债权人的同意。最后，公司的董事会应该确保在做出决议时，公司加入资金池并向外提供贷款并不至于引起或者可能引起公司陷入支付不能的破产境地。

公司的董事对于公司具有维护公司整体利益的信托义务。如果公司本身陷入支付不能的破产境地，董事会仍然要求向母公司输送利益（包括提供贷款），则违反了信托义务并将导致行为无效（Willems，2012）。除此之外，如果公司的管理层明知公司向其他资金池成员提供贷款可能因为这些成员公司破产而无法归还，则公司的管理层已经违背了信托义务，并可能为此承担个人责任。

（二） 英国

英国对于该国企业加入跨境资金池，或者以英国公司为主办企业设立资金池并没有制度上的障碍。具体而言，英国公司加入资金池意味着需要向资金池内的其他企业提供贷款，这一特殊的交易结构需要有公司章程层面的具体依据。除了获得公司股东会的批准之外，如果公司与其债务人约定为保护债务人的债权利益，公司对外提供贷款的能力受到限制，则公司还需要获得其债权人的同意或者由其放弃此项权利，方得加入跨境资金池协议。

在实际操作过程中，为了降低法律风险，公司董事会应该通过决议确定加入资金池协议符合公司利益。质言之，在董事会决议中明确对于预期利益的估计并判断其他成员企业破产清算可能导致的风险。除此之外，公司董事会中应该有专门成员监督跨境资金池协议的实施状况，特别关注其他资金池成员的财务信息，并定期向董事会进行汇报。当英国公司的董事会认为加入资金池协议的风险超过了可能获得的收益，则应该尽快解除协议，因为一旦资金池成员企业出现支付不能的情况，该成员企业的债权人则可能主张权利，导致英国公司向其提供的贷款无法收回。

如果英国公司的董事会成员在决定加入资金池协议时，或者在监督资金池成员财务状况过程中，没有尽到信托义务，则董事会成员要赔偿公司因此而造成的损失（Jansen，2011）。此外，如果英国公司的董事会成员同时也在资金池协议中的主办企业或者其他成员企业担任董事职务，则为了避免利益冲突情况下，可能引发的责任风险，该董事会成员最好不要参与到决定英国公司是否加入资金池协议的决议讨论与决定过程之中，除非英国公司的股东大会明确该董事会成员可以参加决议过程。

（三）德国

根据德国《银行法》（*Gesetzüber das Kreditwesen*），企业集团资金池的主办企业及其参与成员并不属于金融机构的范畴，因此设立资金池也就无须联邦金融监管局的批准。然而，在集团资金池运行的过程中，实际上隐藏了极大的民事责任与刑事责任风险，特别是在未达到资本维持原则或者某个成员企业出现支付不能的情况下。

在 *Bremer Vulkan* 一案中，集团某个成员企业获得的补贴被注入资金池内以便维护其他集团企业的利益，但这一补救性措施徒劳无功，整个集团企业最终还是进入了破产程序。法院认为，将某个成员企业的补贴以此种方式注入集团资金池内，构成了对成员企业财产的剥夺。由此，集团企业的母公司及其股东要对该成员企业破产程序中的债权人承担责任。除此之外，所有成员企业董事会成员与监事会成员都要因其未能履行职责而承担刑事责任（Zahrte，2010）。

德国联邦最高法院在 2003 年的一个案件中，进一步声明，当一个有限责任公司的所有者权益低于法定注册资本时，该企业不得向其股东提供贷款。尽管这一裁决并未直接声明涉及成员企业之间的资本调拨，但是毫无疑问适用于集团资金池，由此引发了德国企业界对于联邦最高法院过分限制集团资金池的异议，因为这一规定实际上将导致泥沙俱下的问题，影响资金池积极功能的发挥。为此，德国在 2008 年修订《公司法》的过程中，进一步阐明了如下例外原则：如果集团成员企业提供的贷款能够全额收回或者与集团母公司订立控制协议或者损益转移协议，则所有者权益低于法定注册资本的成员企业仍然可以向其他资金池成员提供贷款（Baare，2013）。

（四）法国

法国《货币与金融法典》（*Le Code Monétaire et Financier*）规定，存在直接或者间接持股关系的关联企业之间的资金调拨，并不排他性地属于银行的特许营业范畴。由于这一例外性规定的存在，根据法国法律组建和运营资金池并不要求取得银行牌照。实际上，集团资金池相关法律问题，更多地体现在公司法之中。首先，法国公司只有在其目标范围之内才能缔结资金池协议；其次，资金池协议应该通过公司权力机构的批准；最后，加入资金池协议须符合法国成员公司的利益。

参加资金池的法国公司董事会成员面临的潜在法律风险主要是"滥用公司财产"，即在违背公司利益的情况下，董事恶意使用公司的财产或者资金。根据法国法律规定，董事滥用公司财产最高可判决入狱 5 年并/或处总额最高达 37.5 万欧元的罚金。在瞬息万变的商业环境下，加入资金池是否真正有利于公司利益非常难以判断。即便集团公司构建资金池可以非常明显地减低资金成本，但是落实到具体的公司，仍然很难保证所有成员公司都能受益。

法国通过一系列判例，发展出了以下三项原则作为加入资金池是否构成"滥用公司财产"的判断标准：一是资金在集团内部企业之间的调拨必须以足够的利息回馈，并且对整个集团而言必须落到实处；二是将资金从某成员企业调拨都另一成员企业必须符合整个集团的经济利益；三是在某一成员企业的存续已经存在或者可能存在困难的情况下，不得向其调拨其他企业的资金。上述三项原则，已经成为司法层面审查资金池成员企业董事会责任的核心标准（Willems，2012）。

三、跨境资金池监管的私人实施：唤醒沉睡的相关人

在资本项目逐步放开的过程中，跨境资金池监管体系必然要相应进行调整，随着监管者逐渐退出对于跨境资金池流动的监管，跨境资金池成员企业的中小股东和债权人等利益相关者应被唤醒，在中国现有的法律框架下，通过诉讼机制维护自身合法权益。借此，中国跨境资金池监管框架将完成由倚重行政监管到注重利益相关者私人救济的嬗变。

（一）保护中小股东利益：公司机关决议与跨境资金池协议

1. 企业加入资金池须公司机关决议通过

公司法仅规定，公司向其他企业投资或者为他人提供担保，依照公司章程的规定，由董事会或者股东会、股东大会决议；公司章程对投资或者担保的总额及单项投资或者担保的数额有限额规定的，不得超过规定的限额。但是，并没有涉及公司加入集团资金池的问题。从本质上说，公司加入集团资金池必然涉及向主办企业提供借款，这是比向他人提供担保更能影响企业经营活动的法律行为。因此，公司法有关向其他人提供担保应按照公司章程的规定，由董事会或者股东会决议，并且不能超过固定限额的法律规定应该类推适用于公司加入跨境资金池的情况。

2. 未经公司权力机关通过构成决议瑕疵

根据跨境资金池的监管规则，无论是央行还是外汇局的分支机构所要接受的备案材料的清单中都不包含成员企业的董事会或者股东会决议，而仅仅要求成员企业加入跨境资金池的协议文本。在这种情况下，如果跨境资金池成员企业的管理层在未经过董事会或者股东会批准的情况下，擅自加入跨境资金池，则其行为将可能影响到跨境资金池协议的效力。实际上，该问题直接涉及至今仍然存在争议的公司决议瑕疵与公司对外担保等法律行为效力的关系。认为决议瑕疵导致协议无效，有利于保护公司债权人的利益。相反，认为决议瑕疵不影响协议效力，则主要出于保护交易安全，维护善意第三人的利益。

3. 跨境资金池决议瑕疵应优先保护债权人

具体到跨境资金池协议的效力问题上，如何判断哪种利益更值得优先保护，必须植根于更为具体的交易结构与利益关系。跨境资金池最显著的特色在于公司间借款发生于跨国集团内部。在整个借款合同交易结构内部，法律主体是具有股权关联关系的若干企业，并且这些企业的实际控制权集中于某个境内或者境外的控股公司，并不存在需要特别保护的善意第三人利益。相反，如果放任决议瑕疵情况下，跨境资金池协议效力不受影响，则可能从根本上损害成员企业债权人的利益。在这种情况下，即便不直接认定存在决议瑕疵情况的跨境资金池效益无效，也应该在导致债权人利益受损时，追究跨国集团主办企业承担连带责任，除非其能证明自己不存在过错。

（二）保护债权人利益：资本维持原则与跨境资金池运行

1. 资本维持原则是维护债权人利益的防线

通过跨境资金池将跨国公司各关联公司系统性地连接在一起，有利于集中集团内企业的流动资金，降低整个企业集团的外部借贷成本。但是，如上所述，这一制度性安排在一定程度上可能损害成员企业债权人的利益。组建跨境资金池不可避免地出现将一个企业的流动资金以贷款的形式划归其他需要流动资金成员企业使用的情况。如果在资金流出之后，这些获得流动资金的企业无力偿还债务，则借出资金的成员企业对其债权人的偿还能力就可能受到影响，增加了自身陷入支付困难甚至破产的可能性。为保障债权人的利益，公司法设定了基本的底线，即跨境资金池成员调拨企业的流动资金不能导致净资产最终低于注册资本，由此，资本维持原则成为在公司法层面防范大股东滥用权利，损害债权人利益的最后防线。

2. 资本维持原则在跨境资金池领域的内涵

资本维持原则是指公司在其整个存续过程中，应当保持其实际财产始终处于一定水平之上。在实际操作过程中，违反资本维持原则的行为应该做相对广泛的理解，这些行为不仅包括直接抽逃资本，也包括通过借款等方式，将公司的流动资金归入公司股东从而导致公司的净资产低于公司注册资本的情况。据此，公司直接或者间接地以任何方式向其股东或者其关联企业提供资金或者其他财务方面的利益，包括但不限于借款、担保、利润分配、对外投资等，如果导致公司的净资产低于公司的注册资本，上述行为违反资本维持原则，应予以禁止。在具体的判断上，应该以跨境资金池导致成员公司资产负债表的变化情况为准，如果资产总额减负债总额得出的所有者权益情况，因为成员企业加入资金池向关联企业提供贷款而出现净资产低于公司注册资本，在这种情况下，相关交易原则上应该认定为无效，除非公司向外提供的贷款具有完全意义上的可收回性。

3. 跨境资金池成员企业管理层的责任机制

公司管理层在公司净资产因为加入资金池而低于公司的注册资本的情况下，仍然决定向资金池成员提供贷款，则可能因为违反对于公司的忠实义务而承担责任。公司董事和高级管理人员违反忠实义务，给公司造成损失的应当承担赔偿责任。如果由于集团公司滥用跨境资金池导致公司的法人资格被否认，则应该由公司股东承担连带责任。除了民事责任之外，跨国公司在资金调拨过程中，如果导致公司注册资本实际上被转移，则构成抽逃注册资本。根据《公司法》的规定，公司的发起人、股东在公司成立后，抽逃其出资的，由公司登记机关责令改正，处以所抽逃出资金额百分之五以上百分之十五以下的罚款。如果上述行为数额巨大、后果严重或者有其他严重情节的行为，还可能构成抽逃出资罪。

（原载《金融与经济》2016 年第 9 期）